# 介護事故の
# 裁判と実務

## 施設・職員の責任と
## 注意義務の判断基準

弁護士
編著 古笛恵子

ぎょうせい

# ‖ はしがき ……………………………………………………

　2021年6月、一般社団法人日本老年医学会、公益社団法人全国老人保健施設協会は、「介護施設内での転倒に関するステートメント」を公表しました。一般社団法人日本介護支援専門員協会、一般社団法人全国介護付きホーム協会、公益社団法人日本介護福祉士会、公益社団法人日本看護協会、一般社団法人全国デイ・ケア協会、日本転倒予防学会、公益社団法人認知症グループホーム協会、公益社団法人全国老人福祉施設協議会ほかも賛同しています。

　そこでは、「転倒」が、尿失禁、褥瘡、せん妄などと並ぶ老年症候群の一つとして解説されています。「転倒は疾患であり、事故ではない……」との記述も紹介されています。ステートメント1は「転倒すべてが過失による事故ではない」です。

　ある意味、法的には当然のことではあるにもかかわらず、なぜ、医療・介護の現場からこのような声があがったのでしょうか。

　確かに、介護事故訴訟については、研究者、実務家を問わず、類似の事案で異なる判断が示され介護現場に混乱をもたらしているとか、介護事故訴訟はまだ未成熟で発展途上などの指摘がなされています。弁護士としても、介護事故について、介護者に法的責任があるのか、責任があるとして相当な賠償額はいくらであるのかと相談を受けた際、交通事故はもとより医療事故と比較しても、確信を持った答えをすることができません。過去の裁判例を調べても180度異なる結論を見つけることが可能です。結局のところ、裁判所次第、担当裁判官次第と回答せざるを得ないのが正直なところです。

　しかし、医療・介護の現場があげてくれた声に、法的に責任ある回答を準備しなければならない時期は優に過ぎています。極めて難しい問題で、簡単に解決できるものでないことは重々承知しつつも、もはや法律実務家として避けて通ることができない喫緊の課題です。

　このような思いでいた折、本書を編集させていただく機会を得ました。

まずは、法律の枠を超えて介護事故を理解することが必要と考え、医学、介護・福祉、社会科学の世界から見える介護事故についてご報告いただきました。そのうえで、介護事故訴訟に携わっている先生方に、多数の裁判例を分析していただき、法的問題について整理、解説していただきました。私自身が欲していた内容となり、あらゆる形で介護に関わるすべての方に読んでいただきたい内容となりました。

　本書が、介護事故をめぐる混乱状況を解決する大きな転機となれば幸甚です。

　最後になりましたが、本当に無理なご依頼を引き受けていただきご執筆いただいた先生方、介護実務についてご教示いただきました全国老人保健施設協会の皆様、陰に日向に常に支えて下さった株式会社ぎょうせい出版事業部の堂坂美帆様には心より感謝申し上げます。


　2024年9月

古笛　恵子

# 目　次

はしがき

凡　例

編者略歴・執筆者一覧

## 第1章　社会科学からみる介護事故

### 社会問題としての介護事故

長沼　建一郎

Ⅰ　介護事故の裁判例と社会の「風向き」
　　──ある誤嚥事故裁判の報道をめぐって ······························ 1

　1　本節の視角 ························································ 1

　2　ある誤嚥事故の判決 ················································ 2

　3　ネット上の反応の分類 ·············································· 4

　4　投稿されたコメントの分析 ·········································· 5

　5　介護事故裁判への社会の「風向き」の変遷 ····················· 17

Ⅱ　介護事故の社会的な位置づけ
　　──集約され、集中する介護事故リスク ························· 20

　1　本節の視角 ······················································ 20

　2　現象としての転倒や誤嚥 ·········································· 21

　3　高齢期への時間的な集中 ·········································· 21

　4　公的介護保険による空間的な集中 ·································· 22

　5　装置としての準市場 ·············································· 23

　6　介護事故リスクの集中 ············································ 24

　7　介護事故防止の困難性 ············································ 26

　8　小　括 ·························································· 27

Ⅲ 誤嚥事故判決（名古屋地裁令和5年8月7日）の再検討
　　──「ハンド」が足りない ・・・・・・・・・・・・・・・・・・・・・・ 28

　　1　本節の視角 ・・・・・・・・・・・・・・・・・・・・・・・・・・・・・・・・ 28
　　2　誤嚥事故発生の予見可能性 ・・・・・・・・・・・・・・・・・・・・ 28
　　3　具体的な予見可能性・結果回避義務 ・・・・・・・・・・・・ 29
　　4　いわゆるハンドの公式 ・・・・・・・・・・・・・・・・・・・・・・・ 31
　　5　具体的な事故の回避コスト ・・・・・・・・・・・・・・・・・・・ 32
　　6　小　括 ・・・・・・・・・・・・・・・・・・・・・・・・・・・・・・・・・・・・ 34
　　7　補説～パンという食材に関して～ ・・・・・・・・・・・・・・ 35

Ⅳ　むすびに代えて ・・・・・・・・・・・・・・・・・・・・・・・・・・・・・・ 36

# 第2章　医学からみる介護事故

## 高齢者の転倒は事故ではなく老年症候群である

鳥羽　研二

Ⅰ　転倒の「老年症候群」の中での位置づけ ・・・・・・・・・・・・ 42
　　1　老年症候群とは ・・・・・・・・・・・・・・・・・・・・・・・・・・・・・ 42
　　2　老年症候群予防 ・・・・・・・・・・・・・・・・・・・・・・・・・・・・・ 48
　　3　慢性期医療における老年症候群予防 ・・・・・・・・・・・・・ 48

Ⅱ　とくに慢性期医療や介護現場で問題となる老年症候群・・・ 49
　　1　転倒以外の重要な症候群 ・・・・・・・・・・・・・・・・・・・・・・ 50
　　2　転倒のリスクとその評価 ・・・・・・・・・・・・・・・・・・・・・ 51
　　3　転倒スコアからみた80歳以上の高齢者の特徴 ・・・・・・・ 59

Ⅲ　より実用的な、現場での易転倒者の発見方法 ・・・・・・・・ 60
　　1　転倒リスク・予防効果評価に有効な足背関節挙上角度 ・・・・・・ 60
　　2　看護師の視覚情報による転倒危険者
　　　　─フレイル該当者のスクリーニング方法─・・・・・・・・・ 62

Ⅳ　療養環境現場で、転倒予防はどの程度可能か？・・・・・・・・ 64

目　次

# 第3章　要介護者を取り巻く環境

## 1. 要介護者の身体的機能

山野　雅弘

Ⅰ　転倒と老年症候群 ……………………………………………… 68
　　1　当施設での転倒の実態 ……………………………………… 69
　　2　転倒の発見状況 ……………………………………………… 71
　　3　自宅での転倒 ………………………………………………… 72
　　4　高齢者の転倒予防ガイドライン …………………………… 72
　　5　介護施設内での転倒に関するステートメント …………… 73
　　6　介護現場には対応すべき優先順位がある ………………… 78

Ⅱ　誤嚥と老年症候群 ……………………………………………… 79
　　1　嚥下障害のリスク …………………………………………… 79
　　2　尊厳の保持と安全のはざまで ……………………………… 79
　　3　要介護者の嚥下機能 ………………………………………… 80
　　4　食事介助に関する指針 ……………………………………… 82
　　5　口から食べられなくなったときの対応や考え方 ………… 84

Ⅲ　認知症と老年症候群 …………………………………………… 86
　　1　介護施設の利用者の認知症合併の割合 …………………… 86
　　2　認知症の種類と症状 ………………………………………… 87
　　3　認知症の対応や治療 ………………………………………… 89
　　4　身体拘束ゼロについて ……………………………………… 90
　　5　認知症ケアの向上を目指して ……………………………… 91

Ⅳ　そ の 他 ………………………………………………………… 92
　　1　皮下出血 ……………………………………………………… 92
　　2　感染症 ………………………………………………………… 92
　　3　離　設 ………………………………………………………… 93
　　4　褥　瘡 ………………………………………………………… 93

5　まとめ ‥‥‥‥‥‥‥‥‥‥‥‥‥‥‥‥‥‥‥‥‥‥‥‥‥ 93

## 2. 要介護者の施設

山野　雅弘

1　介護保険施設・高齢者施設 ‥‥‥‥‥‥‥‥‥‥‥‥‥‥‥‥ 94
2　障害者施設 ‥‥‥‥‥‥‥‥‥‥‥‥‥‥‥‥‥‥‥‥‥‥‥ 96
3　介護現場の実態からみる介護事故 ‥‥‥‥‥‥‥‥‥‥‥‥‥ 96
4　10団体の共同声明『介護・医療現場における転倒・転落
　　～実情と展望～』 ‥‥‥‥‥‥‥‥‥‥‥‥‥‥‥‥‥‥‥ 101
5　介護保険施設等における事故の報告様式 ‥‥‥‥‥‥‥‥‥ 101
6　全老健事故検討会 ‥‥‥‥‥‥‥‥‥‥‥‥‥‥‥‥‥‥‥ 104
7　介護保険施設等における事故報告に関する調査研究 ‥‥‥‥ 106

## 3. 要介護者の介護サービス

高瀬　幸子

Ⅰ　高齢者編 ‥‥‥‥‥‥‥‥‥‥‥‥‥‥‥‥‥‥‥‥‥‥‥‥ 113
1　介護保険法の概要 ‥‥‥‥‥‥‥‥‥‥‥‥‥‥‥‥‥‥‥ 113
2　入所機関における介護サービス ‥‥‥‥‥‥‥‥‥‥‥‥‥ 121
3　介護保険法に基づく在宅介護サービス ‥‥‥‥‥‥‥‥‥‥ 128
4　おわりに ‥‥‥‥‥‥‥‥‥‥‥‥‥‥‥‥‥‥‥‥‥‥‥ 133
Ⅱ　障害者編 ‥‥‥‥‥‥‥‥‥‥‥‥‥‥‥‥‥‥‥‥‥‥‥‥ 134
1　障害者総合支援法の特徴と障害支援区分 ‥‥‥‥‥‥‥‥‥ 134
2　障害者総合支援法によるサービス ‥‥‥‥‥‥‥‥‥‥‥‥ 136
3　介護保険サービスとの関係 ‥‥‥‥‥‥‥‥‥‥‥‥‥‥‥ 140
4　おわりに ‥‥‥‥‥‥‥‥‥‥‥‥‥‥‥‥‥‥‥‥‥‥‥ 142

# 第4章　介護事故と法的責任

## 1. 介護事故の刑事責任

水谷　渉

Ⅰ　刑事責任とは ･･････････････････････････････････････････････ 145

Ⅱ　業務上過失致死罪とは ･･････････････････････････････････････ 146

Ⅲ　介護刑事事件の件数 ････････････････････････････････････････ 147

   1　医療刑事事件の事件数 ･･････････････････････････････････ 147

   2　介護刑事事件の事件数 ･･････････････････････････････････ 148

Ⅳ　介護刑事事件の手続 ････････････････････････････････････････ 151

   1　捜査の始まりと刑事弁護 ････････････････････････････････ 152

   2　警察による捜査 ････････････････････････････････････････ 153

   3　検察官による捜査 ･･････････････････････････････････････ 157

   4　検察官による判断 ･･････････････････････････････････････ 158

   5　裁判所の手続 ･･････････････････････････････････････････ 159

Ⅴ　介護刑事事件の無罪事件 ･･････････････････････････････････ 162

   1　特養あずみの里事件 ････････････････････････････････････ 162

   2　茨木市障がい者施設傷害致死事件 ･･････････････････････ 168

## 2. 介護事故の民事責任

古笛　恵子

Ⅰ　介護事故とは ･･････････････････････････････････････････････ 170

   1　介護の事故 ････････････････････････････････････････････ 170

   2　事　故 ････････････････････････････････････････････････ 170

   3　介　護 ････････････････････････････････････････････････ 171

|  | 4 介護過誤の責任 ･･････････････････････････････････････ | 172 |
|---|---|---|
| **Ⅱ** | **介護事故における民事責任** ･･･････････････････････････ | **173** |
|  | 1 介護事故の法的構成 ･･･････････････････････････････ | 173 |
|  | 2 不法行為構成 ･･･････････････････････････････････････ | 174 |
|  | 3 債務不履行構成 ･･･････････････････････････････････ | 174 |
|  | 4 注意義務違反 ･･････････････････････････････････････ | 177 |
| **Ⅲ** | **注意義務の基準** ･･･････････････････････････････････ | **180** |
|  | 1 最善の注意義務 ･･･････････････････････････････････ | 180 |
|  | 2 介護水準 ･･･････････････････････････････････････ | 180 |
|  | 3 介護慣行 ･･･････････････････････････････････････ | 181 |
|  | 4 水準論の進化 ･･････････････････････････････････ | 182 |
| **Ⅳ** | **介護事故訴訟の問題** ･･･････････････････････････････ | **182** |
|  | 1 裁判例における介護水準 ･･･････････････････････････ | 182 |
|  | 2 注意義務違反の認定 ･･････････････････････････････ | 183 |
|  | 3 類似事故の比較 ･･･････････････････････････････････ | 184 |
|  | 4 問題の背景にあるもの ･･････････････････････････ | 186 |
| **Ⅴ** | **介護水準論の志向** ･･･････････････････････････････ | **188** |
|  | 1 介護のリスク ･･････････････････････････････････ | 188 |
|  | 2 介護の視点 ･･････････････････････････････････････ | 189 |
|  | 3 介護に関する知見 ･･････････････････････････････ | 190 |
| **Ⅵ** | **介護水準を決する事情** ･･･････････････････････････ | **191** |
|  | 1 具体的注意義務 ･･･････････････････････････････････ | 191 |
|  | 2 リスクの顕在化 ･･･････････････････････････････････ | 192 |
|  | 3 日常生活上のリスク ･･････････････････････････････ | 195 |
| **Ⅶ** | **介護事故における損害** ･･･････････････････････････ | **196** |
|  | 1 交通事故の損害算定 ･･････････････････････････････ | 196 |
|  | 2 医療事故の損害算定 ･･････････････････････････････ | 199 |
|  | 3 介護事故の損害算定 ･･････････････････････････････ | 202 |
| **Ⅷ** | **さいごに** ･････････････････････････････････････････ | **208** |

# 3. 介護事故による死亡慰謝料

木ノ元　直樹

| | | |
|---|---|---|
| Ⅰ | はじめに | 209 |
| Ⅱ | 介護施設 | 209 |
| | 1　医療施設（病院）との違い | 210 |
| | 2　介護施設の分類 | 210 |
| Ⅲ | 高 齢 者 | 211 |
| Ⅳ | 問 題 点 | 212 |
| | 1　慰謝料とは | 212 |
| | 2　民法起草者の考え方 | 214 |
| | 3　旧来の裁判例 | 214 |
| | 4　交通事故における慰謝料額の基準化 | 215 |
| | 5　私見と提言 | 218 |
| | 6　杉浦論文と大島論文 | 222 |
| | 7　介護事故における高齢者の死亡慰謝料額に関する裁判例 | 226 |
| Ⅴ | 介護施設が直面する問題と慰謝料調整機能 | 235 |
| | 1　はじめに | 235 |
| | 2　介護人材不足とケア不足 | 236 |
| | 3　介護人材不足の原因 | 237 |
| | 4　死亡慰謝料との関係 | 238 |
| | 5　その他 | 239 |
| Ⅵ | ま と め | 239 |

# 第5章　介護事故の裁判例

## 1. 転倒・転落に関する裁判例

島戸　圭輔

Ⅰ　転倒に関する裁判例 ················································ 241
　　1　居室内およびそれに準じる状況における転倒 ··············· 242
　　2　トイレにおける転倒 ······································· 246
　　3　共有スペースその他の施設内の転倒 ······················· 249
　　4　送迎中の転倒 ············································· 257
Ⅱ　転落に関する裁判例 ················································ 261
　　1　ベッドからの転落 ········································· 261
　　2　窓からの転落 ············································· 265
　　3　その他（介護用リフトからの転落） ······················· 269
Ⅲ　検　　討 ························································· 269
　　1　予見可能性について ······································· 269
　　2　結果回避義務の内容、結果回避可能性 ····················· 271
　　3　早期に治療を受けさせる義務 ······························· 276
　　4　工作物責任 ··············································· 276
　　5　因果関係 ················································· 277
　　6　過失相殺・素因減額 ······································· 277
　　7　その他（立証責任の転換） ································· 278

〈裁判例一覧表：転倒事故〉 ··········································· 279

〈裁判例一覧表：転落事故〉 ··········································· 291

## 2. 誤嚥事故の裁判例

垣内　恵子

**Ⅰ　誤嚥に関する裁判** ････････････････････････････････････ 296
　　1　誤　嚥 ･････････････････････････････････････････････ 296
　　2　誤嚥に関する裁判の傾向 ････････････････････････････ 297
　　3　誤嚥に関する裁判の典型例 ･･････････････････････････ 298
**Ⅱ　裁判例の検討** ････････････････････････････････････････ 301
　　1　裁判例の概観 ･････････････････････････････････････ 301
　　2　裁判例における注意義務違反 ････････････････････････ 304
　　3　その他いくつかの裁判例 ････････････････････････････ 312
　　4　最後に ･････････････････････････････････････････････ 315
〈裁判例一覧表：誤嚥事故〉･･････････････････････････････････ 316

## 3. 施設事故の裁判例

峯川　浩子

**Ⅰ　はじめに** ･･････････････････････････････････････････････ 339
**Ⅱ　施設事故と法的構成** ････････････････････････････････････ 339
　　1　管理責任と法的根拠 ････････････････････････････････ 339
　　2　法律構成による相違点 ･･････････････････････････････ 341
**Ⅲ　裁判例の紹介** ･･････････････････････････････････････････ 345
　　1　概　要 ･･････････････････････････････････････････････ 345
　　2　転倒事故 ･････････････････････････････････････････････ 346
　　3　転落にかかる事故 ･･････････････････････････････････ 356
　　4　離設・徘徊にかかる事故 ･･･････････････････････････ 363
　　5　その他 ･･････････････････････････････････････････････ 368
**Ⅳ　おわりに** ････････････････････････････････････････････････ 369
〈裁判例一覧表：施設事故〉･･････････････････････････････････ 373

## 4. 加害事故の裁判例

外岡　潤

Ⅰ　はじめに･･････････････････････････････････････････････ 379

Ⅱ　事　　例･･････････････････････････････････････････････ 380

　1　利用者同士の接触事故（大阪高判平成18年8月29日【1】）･･･ 380

　2　職員が利用者の同居親族の責任を問う
　　（名古屋地岡崎支判平成27年4月8日【2】）･･･････････････ 387

　3　鉄道会社が、当該高齢者の同居および別居の親族の責任を問う
　　（最判平成28年3月1日【3】）････････････････････････････ 394

〈裁判例一覧表：加害事故〉････････････････････････････････ 405

**巻末資料**

介護・医療現場における転倒・転落〜実情と展望〜 10団体共同声明 ･････ 406

# ◆凡　　例◆

## 1　法　令

　本文中の法令名は、特に言及のない限り原則として正式名称で記しました。

## 2　裁判例・文献

　裁判例を示す場合、「判決」⇒「判」と略しました。また、裁判所の表示及び裁判例の出典（代表的なもの一つを掲載している）については、次に掲げる略語を用いました。

　なお、【　】内の数字、記号は各節内の裁判例一覧表の番号と対応します。

### ⑴　裁判所

| | | | |
|---|---|---|---|
| 大 | 大審院 | ○○地 | ○○地方裁判所 |
| 最 | 最高裁判所 | ○○支 | ○○支部 |
| ○○高 | ○○高等裁判所 | | |

### ⑵　判例集等

| | | | |
|---|---|---|---|
| 刑録 | 大審院刑事判決録 | 判時 | 判例時報 |
| 民録 | 大審院民事判決録 | 判タ | 判例タイムズ |
| 民集 | 最高裁判所民事判例集 | 交民 | 交通事故民事裁判例集 |
| 集民 | 最高裁判所裁判集民事 | 自保 | 自保ジャーナル |
| 新聞 | 法律新聞 | 賃社 | 賃金と社会保障 |

### ⑶　判例データベース

| | |
|---|---|
| 裁判所ウェブサイト | 裁判所ホームページ裁判例情報 |
| LEX／DB | TKC ローライブラリー |
| D1-Law | 第一法規 法情報総合データベース |
| LLI/DB | LLI/DB 判例秘書Internet |

### ⑷　文献（法律雑誌・定期刊行物）

| | |
|---|---|
| ひろば | 法律のひろば |
| 法セ | 法学セミナー |
| 日老医誌 | 日本老年医学会雑誌 |

# ◆編者略歴◆

●**古笛　恵子**（こぶえ・けいこ）

　弁護士（コブエ法律事務所）。中央大学法科大学院客員教授、早稲田大学大学院講師。日本賠償科学会理事、日本交通法学会理事。

　主な著書に、『事例解説 介護事故における注意義務と責任』（編著、新日本法規出版）、『事例解説 リハビリ事故における注意義務と責任』（新日本法規出版）、『新版 注解交通損害賠償算定基準』（共著、ぎょうせい）等多数。

# ◆執筆者一覧（掲載順）◆

### 第1章

**長沼　建一郎**
（ながぬま・けんいちろう）　法政大学社会学部社会政策科学科 教授

### 第2章

**鳥羽　研二**
（とば・けんじ）　地方独立行政法人東京都健康長寿医療センター 理事長

### 第3章

1.　**山野　雅弘**
2.　（やまの・まさひろ）　公益社団法人全国老人保健施設協会 理事・事故検討会委員長（介護老人保健施設紀伊の里 施設長・医師、金沢大学医学部 臨床教授）

3.　**高瀬　幸子**
（たかせ・さちこ）　上智大学総合人間科学部社会福祉学科 准教授

### 第4章

1.　**水谷　渉**
（みずたに・わたる）　弁護士（駒込たつき法律事務所、日本医師会総合政策研究機構）

2.　**古笛　恵子**
（こぶえ・けいこ）　弁護士（コブエ法律事務所）

3.　**木ノ元　直樹**
（きのもと・なおき）　弁護士（木ノ元総合法律事務所）

編者略歴・執筆者一覧

## 第5章

1. **島戸　圭輔**
（しまと・けいすけ）　　弁護士（二番町法律事務所）

2. **垣内　惠子**
（かきうち・けいこ）　　弁護士（涼和綜合法律事務所）

3. **峯川　浩子**
（みねかわ・ひろこ）　　常葉大学法学部法律学科 教授

4. **外岡　潤**
（そとおか・じゅん）　　弁護士（弁護士法人おかげさま）

※2024年9月現在

# 第1章 社会科学からみる介護事故

## 社会問題としての介護事故

### 長沼　建一郎
法政大学社会学部社会政策科学科 教授

## I　介護事故の裁判例と社会の「風向き」
── ある誤嚥事故裁判の報道をめぐって

「風向きが変わったときも

　踏ん張れる礎（いしづえ）のあることを」

（ボブ・ディラン「いつまでも、若くあれ」）[1]

## 1　本節の視角

　高齢者施設内での転倒や誤嚥をはじめとするいわゆる介護事故は、2000年に公的介護保険が創設された前後から大きな問題であり続けている。ただ介護事故をめぐる裁判に対する社会の「風向き」は、少しずつ変わっているように思える。

　それは介護全般をめぐる社会の動向や認識にもかかわる。もちろん裁判での法的な論点や判断は、社会の風向きに合わせてただちに変わるものではない。また社会の風向きが「正しい」とは限らないし、何をもって社会の風向きと見るか自体も難しい。そもそも裁判の判断は、社会や市民の感覚とは「ずれ」が

---

1　ボブ・ディラン（佐藤良明訳）『The Lyrics 1974-2012』（岩波書店、2020年）538頁。

第1章　社会科学からみる介護事故

あり得て、それが悪いというわけではない。しかし両者がまったくかけ離れているのも問題だろう。

　本節ではそれらについて、2023年の1つの裁判事例を題材として考えてみることで、イントロとしての問題提起としたい。あわせて本章のその後の節ではこの裁判例を念頭に置きつつ、社会学や経済学の知見も参考にしながら、介護事故について幅広く考える材料の提供を試みたい。

## 2　ある誤嚥事故の判決

　特別養護老人ホームで、88歳の高齢者が誤嚥で死亡したという事故をめぐる裁判があり、利用者の請求が認められた（名古屋地裁令和5年8月7日判決（D1-Law28312798））。

　判決の内容は新聞でも報じられ、ネットにも載せられて広く関心を引いた。共同通信の配信記事は以下のとおりである[2]。

---

　名古屋市の特別養護老人ホームで2021年、パーキンソン病だった入所者の80代男性が食事中に誤嚥死したのは、施設が注意義務を怠ったためだとして、遺族3人が運営元の社会福祉法人「甲（仮名）」（名古屋市）に約3千万円の損害賠償を求めた訴訟の判決で、名古屋地裁は7日、約2500万円を支払うよう命じた。

　乙裁判官（仮名）は判決理由で、亡くなる1カ月半前にも朝食を喉に詰まらせ、むせ込んだことがあり、同じように食事を提供すれば、より重大な結果が生じる危険を認識できたと指摘した。

　その上で、「十分な情報共有や原因分析がされなかったとうかがわれる」と過失を認定した。

---

**2**　「特養ホームで誤嚥死、賠償命令　2500万円、名古屋」共同通信、2023年8月7日〈https://news.yahoo.co.jp/articles/37e64cddb4681f30d7f64ae89eb1b247b1832263〉。
　なお2023年2月には同じ名古屋地裁で誤嚥による死亡事故についての判決があり（名古屋地裁令和5年2月28日判決（判時2582号64頁）、特養で食事中に食べ物を喉に詰まらせ死亡した81歳の入所者の遺族への賠償（約1370万円）が施設側に命じられた。この判決に関しては「ひろゆき」氏が「認知症の高齢者は預からないのが安全」とTwitterに書き込んだことも話題になった。これらの件に限らず介護事故をめぐる裁判例は、時折ネット記事で話題になる。

このように特養の入所者が食事の誤嚥により死亡して、施設が賠償を命じられたというシンプルな事案だったこともあり、ネット上でも多くのコメントが寄せられた。なお新聞では報じられていたが、誤嚥したのは朝食のロールパンで、1か月半前に詰まらせた時も主食はロールパンだった。またアルツハイマー型認知症の症状も有していた。

仄聞するところでは、判決を受けて施設側はただちに控訴したが、本件とは直接関係のない経営上の理由から取り下げられたとのことで、そのまま判決は確定した。

したがって、少なくとも1つの裁判例として記録に残ることになった。しかも上記のとおり比較的シンプルな事案なので、介護施設や介護職員の行動にも影響を与えやすく、今後リスクマネジメント的な観点から、典型的な事例の1つと位置づけられる可能性もある。

しかしこの地裁の判決自体の当否は別としても、控訴されていたら帰趨はわからなかった。もちろん地裁同様の結論が維持される可能性もあったが、少なくとも現時点でそのように断定することはできない[3]。とくにこれを機に「特養で食事にパンを出して、誤嚥して死亡したら施設は賠償しなければならない」という図式が流通してしまうのは望ましいことではないだろう。

実は本件についてのこのような経緯を書いただけで、最低限の所期の目的は達したといえる。介護施設側が、納得して判決を確定させたものではない。下級審の裁判例についても、とかく「裁判になるとこういう判決が出る」という形での言説が流通してしまいがちだが、それに惑わされるべきではないし、安易にその流れに掉さすべきではない。

同時にこの裁判例に関しては、ネット上で様々な（ただしほとんどは判決に批判的な）コメントがあった。玉石混交ではあるものの、それらの中には傾聴すべき指摘もあり、逆に留保を要する指摘も混じっていることから、それらを紹介することには意味があるように思われる。

---

**3** 実際に前掲注（2）でふれた誤嚥事故においては、控訴審では遺族からの賠償請求がすべて棄却された（名古屋高裁令和6年4月18日判決）。

第1章 社会科学からみる介護事故

## 3 ネット上の反応の分類

　言うまでもなくインターネット上の掲示板は、誹謗中傷も跋扈する場で、お
よそ社会全体の声として分析する対象としては適当でないかもしれない。実際、
本件についても感情的な、また一方的な、さらには書きなぐりのようなコメン
トも少なくない。

　さらにネットへの投稿の発信者については、もちろんその偏りが想定される。
まずもってネットを見て、自分でもそれに書き込むような時間と意欲、欲求が
あり、世代的にはそれほど高くない年齢層が中心かもしれない。

　しかもこの記事への投稿は、実際の判決文や事案を踏まえたものではなく、
あくまで上記の報道内容をもとにした投稿であり、明らかな事実誤認もある（た
とえば「これで有罪というのはひどい」というように、刑事事件的にコメント
しているものも少なくない）。

　ただこの判決に対しては「自分は介護に携わっている人間ですが」という趣旨
の前置きとともに、具体的・実際的なコメントも多く寄せられていた。またそれ
らの内容は区々で、いいかえれば集団的・組織的な投稿は見受けられなかった。

　そこで改めて共同通信の記事に対するコメント投稿[4]にすべて目を通して、
分類を試みた。といっても事案と判決自体に関わるコメントと、一般論として
語るコメントとが入り混じりつつ、内容的にもきわめて多岐にわたるのだが、
あえて整理すれば概ね以下の7つに分類できるように思われる。

---

　①　事故の不可避性、誤嚥回避の困難性

　②　常食（パンという食材）提供の擁護

　③　判決の社会的影響への懸念

　④　高齢者に対する高額賠償への批判

---

**4**　共同通信の配信記事がYahoo!サイトに載せられており、それに対するコメント（いわゆ
るヤフコメ）。2024年3月1日時点では、前掲注（2）のサイトに132件のコメントがあ
る旨表示されている。
　なお文中の投稿内容の紹介は適宜パラフレーズしたものである。

⑤　裁判を提起した家族への批判

⑥　判決を下した裁判官への批判

⑦　中立的な意見表明や論評

　投稿はほとんどが判決に批判的なものだったが、中立的な意見表明や論評（たとえば「こういう判決になってしまうのか」「食事形態を変更していたらよかったのだろうが」というような）も散見されたので、内容は区々だがまとめて⑦としている。

　以下では上記のそれぞれ（⑦は除き）について、判決の論理との関係、さらにその背景にある社会の「風向き」という角度から見ていきたい。

## 4　投稿されたコメントの分析

### (1)　「つねに高齢者を見ているのは無理だ」

#### ア　事故の不可避性、誤嚥防止の困難性

　まず判決自体に対しては、とくに介護に携わっている人からの投稿を中心として、「誤嚥をすべて防ぐのは不可能だ」「高齢者は誤嚥するものだ」「高齢者をつねに見ていろというのは無理だ」「人手が足りないのでマントゥーマン体制までは取れない」「近くで見ていたって誤嚥は防げない」「それぞれリスクを抱える高齢者の事故をすべて防げるものではない」「虐待とは区別すべきだ」というような指摘が多くみられた。

#### イ　判決の論理との関係

　もっともこれらの指摘は、判決文の論理とは若干「すれ違い」がある。すなわち本件の判決は、1か月半前にあった「むせ込み」をもとに、これまでと同じ態様で食事を提供するのであれば常時介助等が必要だったとの趣旨を判示しているからである。

　判決では「被告には、少なくとも本件むせ込みの後は、常時介助などの方法により、そうした事故が発生しても職員が速やかに対応できるような態様でA（編注：入所者）の食事を提供すべき注意義務が生じていた」「被告は、ロール

# 第1章　社会科学からみる介護事故

パンの大きさが4等分であれ6等分であれ、これまでと同じ態様で食事を提供すれば再びAの嚥下機能の低下によるむせ込み等の事故が発生し、より重篤な結果が生じるという具体的な危険を認識し得た」と述べている。

だからここでは介護職員の多忙さ、また誤嚥の不可避性、事故防止の困難性などを裁判所がわかっていない、無視しているという話とはやや次元が違う。判決は、つねにすべての高齢者を見ていなければダメだということを言っているわけではなく、それなりに注意義務の内容を絞り込んでいるものといえる。

それでもこのような絞り込み方で適切なのかという疑問は残る。たとえば1か月半前に一度「むせ込み」があった入居者（利用者）については、以後の食事の際に常時介助が必要だとすると、毎回の食事に相当の人員配置を要することになるからである。

なお判決では「むせ込み」についての情報共有不足や、誤嚥発生後の対応の遅さも問題とされている。ただこれは常時介助をしていて、早く誤嚥に気付くことができれば死亡には至らなかったという趣旨であり、そのこと自体は常時介助すべきだったとの判示と表裏のものでもあろう（実際には誤嚥にはただちに気付いたものの、それへの施設側の対応が遅れた、適切ではなかったというケースはあり得る）。

このように損害が生じた被害者への救済を重視した法的判断が出されるのは、介護事故裁判の一般的な傾向に沿うものでもある。その背景は多様だが、とくにいわゆる不作為にかかる責任でもあり、利用者のすぐ傍で付き添っていることは「できなくはなかった」という点が裁判では利用者側に有利に働くものと考えられる[5]。

### ウ　背景にある社会の「風向き」

ところで上記アでみたような判決への批判的なコメントの背景には、社会の一定の「風向き」があることを見逃すべきではないだろう。

---

**5**　拙著『介護事故の法政策と保険政策』（法律文化社、2011年）第5章を参照。

それはひとことで言えば、介護の職場は「ブラック的」で大変だという同情的な見方である。すなわち介護施設の職員は過重労働で、人手は足りず、賃金や夜勤を含めた労働時間等の労働条件も悪く、とても気の毒であるという認識と評価が広く共有されていることが推測される。その中で、たまたま目を離した隙に誤嚥・死亡したら、故意の虐待などではないのに責任が問われるというのは酷だという見方になるものと考えられる。

介護の仕事の厳しさが、介護従事者自身によって発信される機会が増えたことも、このような「風向き」の形成に寄与しているかもしれない。また認知症の高齢者に接する機会が身近でも増えていることも、介護の大変さを一般に浸透させることにつながっている面があろう。

### エ　厳しい業務環境の勘案

実際問題としては、介護の業務環境の厳しさを理由に、介護サービスの提供側に求める注意義務の水準をただちに引き下げることには慎重であるべきだろう。忙しければ、ミスがあってもよいというものではないからである。しかし逆に個々の介護職員に求める注意義務の水準を、業務環境とは完全に切り離すことでよいかは、もう少し検討すべきであるように思う。あまりにも介護の実情を顧慮しない司法判断は、結果的に「不可能を強いる」ものになりかねない。それでは以後の介護実務に対して、行為規範としての意味も持ち得ない。

とくに特養施設の人員基準は3:1以上（3人の入居者に対して常勤介護（・看護）職員1人以上の配置）が基本であり、それは常時でなく夜間も事務も含めての平均である。他にも食事に1対1で介助や見守りを要する入所者がいたら（それは特養の入居は原則要介護3以上である以上、ごく普通に想定できる）、かなりの数の職員がいなければ仕事が回るはずがない。

そのような人員配置は、各施設が決定するものではなく、国の定める基準である。しかも介護の人員不足が深刻な中で、判決が提示する注意義務水準は、現実的に遵守可能なのだろうか——実際には事故に対する結果責任になっているのではないかという疑問がある。

## 第1章　社会科学からみる介護事故

### ⑵　「高齢者に常食（パン）を出せなくなる」

#### ア　常食（パンという食材）提供の擁護

　次に、食事の形態（常食、とくに誤嚥を引き起こしたパンという食材）に関してもコメントが多くみられた。「介護施設では普通の食事が出せなくなってしまう」「利用者が好きなものを食べられなくなっていいのか」「食事が数少ない楽しみなのに」「本人や家族が希望してもパンは出せなくなる」「トロミ、きざみは高齢者は嫌う」というような指摘である。

　あわせて「こういう判決があると、胃瘻や栄養チューブに傾くだけだ」「胃瘻を入居条件にするしかない」というようなコメントも多く見られた。

#### イ　判決の論理との関係

　もっともこの点についても判決とは若干「すれ違い」があり、判決は必ずしも常食（パン）の提供自体を注意義務違反としているわけではない。すでに上記⑴でみたように、「むせ込み」経験をもとに、これまでと同じ態様で食事を提供するなら常時介助等が必要だったというのが判決の趣旨である。その限りで判決は決してパンの提供を否定しているわけではない。

　それでも、もし常食（パン）を出すなら常時介助が必要だということになれば、人員が限られている中で実際的にはそういう体制をとるのが容易ではない以上、介護施設側としては常食（パン）は出さないという方向に傾くだろう。

　実際、常食（パン）の提供を回避すること自体は困難ではない。他の食材を出すとか、きざみ食なり流動食にすれば、少なくともパンの誤嚥は避けられる。あるいは栄養チューブや胃瘻管（PEG）に依拠すれば、食物の誤嚥のおそれはなくなる。しかし早々に常食をあきらめることは、高齢者の「生きる力」を削ぐことになりかねないし、とくに栄養チューブや胃瘻は、尊厳を損なう点から人権に関わると言われることもある。

　同時に判決の論理からすると、事故が発生する1か月半前から（その間は問題なく食事はとれていたが）ずっと違法状態だったことになるし、他にもむせ込み経験のある高齢者にパンを出すなら常時介助を要することになり、いった

い全部で何人の介護職員が必要になるのかという疑問を持たざるを得ない。

　ウ　背景にある社会の「風向き」

　これらの批判的な意見の背景には、さらに社会の一定の「風向き」があると考えられる。それは自己決定の尊重と、延命治療への忌避というべきものだろう。すなわち1つには、食べるものについての自己決定を最期まで大切にすべきだという見方であり、もう1つは胃瘻等を通じた延命は望ましくないという見方である。いたずらに長く生きるよりも、食べたいものを食べて、自分らしく生き切ることに価値を置く考え方とも言える。

　これらの見方には、やや一方的な要素も含まれているかもしれない。たとえば胃瘻は絶対悪というわけではないし、また延命に関わる一切を否定するのも行き過ぎだと思われる。

　それでも判決で安全性重視の方向が強く打ち出されれば、現下の介護の業務環境では前述したように常食の提供を早々に諦める方向に傾きがちであろう。介護実務では、利用者の意向や満足度（あるいはQOL）、自立支援の要請等と、安全性とのバランスをギリギリのところで確保しようと努めているものの、一方では利用者の満足度等を向上させても追加的に得られるものは特段ない中で、逆にもし事故が起きると賠償が命じられるという落差は大きい。

　エ　パン自体の危険性への疑問

　加えて留意すべきだと思われるのは、食材としてのパン自体の危険性の評価である。

　これからは高齢者であっても利用者（入居者）のパンへの選好は大きくなることが想定される。それをたとえば餅と同じような形で、そもそも危険な食材として位置づけることには慎重であるべきだろう。

　これらは杞憂ではなく、実際に介護施設でパンを避ける傾向が強まっているという声は耳にする。「パンを誤嚥させたら大変だ」という認識が定着しつつあるのかもしれない。

　確かにパンには危険な面はあるが（水を含むと膨れるなど）、他の食材と比べて突出して誤嚥を発生させる食材として（たとえば餅と同様に）基本的に排

第1章　社会科学からみる介護事故

除すべきだとまで言えるかどうかは、即断できないように思われる。何しろパンは主食として提供される機会が多いことから、たとえば固形の食材について、誤嚥がランダムに発生するとすれば、パンで誤嚥するケースが多くなるのは当然でもある（**Ⅲ 7**をあわせて参照）。

　その意味で、危惧されるのは「パンは危険な食材で、誤嚥すると裁判で負ける」という言説が流布することである。繰り返しになるが、少なくともこの判決はパンの提供自体を注意義務違反としているわけではない。

## (3)　「これでは日本の介護が崩壊する」

### ア　判決の社会的影響への懸念

　事案や判決から直接は離れて多かったコメント（マクロ的な観点というべきか）は、「こんなことでは介護は成り立たなくなる」「誰も介護の仕事をしなくなってしまう」「施設が潰れてしまう」「認知症や持病のある高齢者を介護施設が引き受けなくなる」「免責を入所時に約束するしかない」というような指摘である。

　実際にこのような判決内容がもし法準則として確立すれば、介護実務にかなり影響はあるだろう。ちなみに控訴すべきだという趣旨の投稿も複数あった。

　介護職員が個人責任を問われたわけではないのだが、「給料が安い介護職員が気の毒だ」との指摘も多かった。

### イ　判決の論理との関係

　もっとも判決に、そのような政策的な観点を正面から求めることは難しい。裁判はあくまで個別の事案への判断であるし、たとえば最高裁ならそれが以後の法準則となるが、本件は下級審による事例判断である。

　その意味では本件判決の影響は限定的であり、同じ誤嚥事故であっても、少し事案が異なれば（あるいは事案が同じでも、裁判官が異なれば）判断も違ってくる可能性がある（だから控訴したらどうなっていたかはわからない）[6]。

---

**6**　前掲注（2）および（3）でふれた裁判例を参照。

一般論としても1件の下級審の裁判例を取り上げて、あたかもこのような司法判断が確立しているように語ってしまうことは、いわゆる介護危機を「自己実現」させてしまうおそれすらある。

### ウ　背景にある社会の「風向き」

それでもこのような批判的な意見の背景には、やはり社会の一定の「風向き」が想定される。それはいわゆる介護危機、介護崩壊、介護難民への憂慮である。すなわち高齢化が加速する中で、人手不足に代表される介護危機が深刻で、何とか回避しなければという問題意識があり、その裏にはもし介護体制が崩壊してしまったら、自分たちも介護を受けられなくなるという危惧がみてとれる（もっとも何かとすぐに「崩壊」を言いすぎる日本人のメンタリティも否定できないが）。

「介護人材が2040年に69万人足りなくなる」という厚労省の試算[7]は確度の高いものと考えられ、そのことはすでに特養の対象者限定（原則要介護3以上）や、その待機者リストが先触れ的に示している。ここから先も、要介護高齢者が増加し続けることは間違いなく想定される事柄である。

すでにふれたように、このようなマクロ的な観点は、直接判決には影響させられないとしても、法的判断に際して「まったく」勘案しなくてよいのかは別途検討を要しよう。

このような司法判断が定着すれば、「介護の仕事を誰もやらなくなる」というのは極端だとしても、介護施設側が入居者の選別を強める可能性は小さくない。現在でも認知症や誤嚥性肺炎の有無が施設の入居条件に関わることは少なくない。

### エ　行為規範としての役割

判決の影響という観点から留意したいのは、介護事故では自動車事故のように被害者救済に重点を置いた補償責任が制度化されているわけではないので、民事上の過失の有無が、それ以後も介護サービスの提供側（介護施設等）に対

---

**7**　厚生労働省「第8期介護保険事業計画に基づく介護職員の必要数について」（2021年7月9日）〈https://www.mhlw.go.jp/stf/houdou/0000207323_00005.html〉

第1章　社会科学からみる介護事故

して行為規範として機能するという点である。

介護事故についても、無過失責任と強制保険のセットでその補償責任を制度化することは考えられなくはない。しかしそれは医療過誤の例を見てもかなり難しい方策であるし、その中では劣悪な事業者に対する法的なコントロールが難しくなる。

この点、自動車事故では行政規制に加えて刑事罰も場合によっては役割を果たしており、医療事故においても同様である。しかし介護事故はそうではないし、おそらくそうあるべきではないだろう。刑事責任では制裁効果として強すぎるし[8]、行政による関与については、無数の介護事業者に対して自治体等が実効的なコントロールを行うのは難しいと考えられるからである。

もしそうだとすると、判決による民事責任の有無にかかる分水嶺が、以後の行為規範としても中心的に機能することになる。そのときに結果責任を問うような判決を出すことは、介護の場での事故防止のインセンティブを消してしまうことになる。結果さえ起きれば過失ありと判定されることになれば、事故の防止努力を尽くす意味がなくなってしまうからである。

## ⑷　「高齢者への賠償額が高すぎる」

### ア　高齢者に対する高額賠償への批判

判決への内在的な批判としては、高齢者への高額賠償という点も取り上げておきたい。

この判決では被害者である高齢者を対象とする賠償額が高いことについても、批判的なコメントが多く寄せられていた。「高すぎる。何をどう計算すると2500万円になるのか」「寿命ではないか」「事故とは関係なく亡くなっておかしくない年齢なのに」「家族は大喜びだ」というような指摘である。上記⑶

---

**8**　刑事責任を問うことについては、特養でのおやつ（ドーナツ）の誤嚥事故に際して大きな問題となった（長野地裁松本支部平成31年3月25日判決（判時2471号137頁）および東京高裁令和2年7月28日判決（判時2471号129頁））。筆者自身のコメントとして「おやつ誤嚥事故・有罪判決の衝撃」週刊社会保障3032号（2019年）44〜49頁および「おやつ誤嚥事件・2審逆転無実判決の射程」週刊社会保障3085号（2020年）42〜47頁。

で紹介したように、「施設が潰れてしまう」というものも多かったが、実際には保険でカバーされることが多いだろう（ひるがえって「その金銭目当てで家族が裁判を提起したのではないか」というものもあったが、その点は後記(5)で扱う）。

### イ　判決の論理との関係

前述したとおり、配信記事では「約2500万円を支払うよう命じた」と紹介されているだけで、その内訳等は報じられていなかったが、判決での賠償総額約2500万円の中でウェイトが大きかったのは本人の慰謝料1500万円である（別途、遺族固有の慰謝料100万円）。この慰謝料に関しては「……その他本件に現れた一切の事情を総合し」て金額が定められたうえで、それが相続人3人に分割されたが、その水準はたとえば交通事故などと比較すれば、やや低いものといえるだろう。ただしこれとは別に死亡逸失利益（年金収入と平均余命(5年)から算定されたもの）、葬儀費用、弁護士費用が認められている。

いずれにせよ総じて一般的な事故死の水準に近い賠償額が示されており、とくに高い賠償額ということではないだろう。ただ介護施設内でも通常の病死であれば、このような賠償額は得られない。そのことから施設内での誤嚥による死亡の場合には数千万円の賠償が命じられることに違和感が生じることは理解できる[9]。

### ウ　背景にある社会の「風向き」

この点についてむしろ気になるのは、その背景にある社会の「風向き」である。すなわち高齢者あるいは長寿化自体に対するネガティブな見方がある点が否定できない。「どのみち死んでもおかしくない年齢ではないか」というニュアンスである。

これに本件では後記(5)でふれる請求主体（家族・遺族）という要素も絡んでくる。しかし純粋に賠償額の水準という意味でも、そこに高齢者への世代的な、極言すればヘイトというべき要素ないし風潮があることが否定できないように

---

**9**　P. S. アティア（望月礼二郎訳）『法の迷走・損害賠償』（木鐸社、1999年）のいう「ダメージ・ロッタリー」（損害賠償くじ）にあたったというニュアンスでもあろう。

第1章　社会科学からみる介護事故

思われる。それは若い世代を中心とした現役層のある種の被害者意識——寿命
が伸びた高齢者を支えるために、自分たちは負担ばかり負わせられているとい
う感覚に起因するものでもあろう。そこから「どうせ寿命なのに、たまたま施
設での事故死なら高額の賠償請求をできるのか」「苦労している若い介護職員
が気の毒」というような見方につながっていくのではなかろうか。

### エ　高齢者の取扱い

　それでも介護事故の裁判の検討に際して、この論点を直接議論することが適
切かどうかは疑問がある（どちらかといえば後記(5)の家族にかかる論点の方が
介護事故の固有性に関係するように思う）。

　そもそも死亡時の損害の算定は、ある種の哲学的な要素も絡んでくる難問で
ある。「命の値段」に優劣はつけられないが、だからといってすべての死亡損
害を一律にするわけにもいかないからである。

　その中で、介護事故に際しての死亡損害の算定だけを取り出して扱うことは
難しさを伴う。たとえば仮に「笑う相続人」的な請求が見られるとしても、だ
からといって介護事故に際しての死亡事故損害だけを低く算定する理屈は立ち
づらい。

　それでも介護事故については、交通事故や一般的な不法行為と比べると、事
前に契約関係（介護サービスの提供にかかる契約）が先行している点は特徴的
である。いいかえればあらかじめその段階で、事故に伴う損害（死亡損害を含
めて）にかかる約定を行っておく余地はあり、その点に着目して法政策的な対
応を考えることは可能であろう。

### (5)　「家族が施設を訴えるのはおかしい」

#### ア　訴訟を提起した家族への批判

　やや外在的な論点としては、訴えた家族（遺族）への批判について取り上げ
たい。

　この判決に関しては、家族による裁判提起自体への批判的なコメントが多く
見られた。「親を預けておいて、事故があったら急に訴えるというのはどうな

のか」「自分なら訴えたりはしない」「普段顔も見に来ない家族ほど、何かある
と途端にクレームを入れてくる」というようなものである。「そんな風に文句
を言うなら、最初から自分たちで介護すればいいじゃないか」という趣旨のコ
メントも多かった。

### イ　判決の論理との関係

　この点について、もちろん判決ではとくにふれていない。相続人たる家族（遺
族）からの請求ということに尽きるだろう。

　実際問題としては、いわゆるクレーマー、モンスター的な家族や、事故によ
る死亡を奇貨とする「笑う相続人」がいるのも事実かもしれない。それでも介
護事業者側に明確に事故の原因があるケースもある中で、裁判提起自体を否定
するのは一方的だろう。

　また普通のライフコースでは老親介護は初めてのことも多いはずで、その中
で施設に預けたところ、事故に遭ったというのは何度も経験することではない
だろう。まして老親が事故でいきなり亡くなったりしたら、激怒することがあっ
ても不思議ではなく、それに対して「施設を訴えるとはけしからん」的な反応
は短絡的でもあろう。

### ウ　背景にある社会の「風向き」

　ただむしろ気になるのは、これらのコメントの背景にある社会の「風向き」
である。すなわち本来は、家族自身が介護するべきだという考え方が見え隠れ
する。

　とくに家族が自分（たち）では親を介護せずに介護施設に「丸投げ」してお
いて、何かあったら手のひらを返したように訴えるという行動への嫌悪感や反
撥があるものと考えられる。これは生活保護バッシングなどと同様に、安易に
介護保険や介護サービスを利用することへのネガティブな見方であり、本来は
自分（たち）で何とかするのが正しいという（いいかえれば自助を重視する）
価値観に基づくものでもあろう。

　しかしながら、少なくとも家族自身が老親を介護するのが「あるべき姿」と
はいえない。2000年の公的介護保険の創設は、そもそも「介護の社会化」が

第1章　社会科学からみる介護事故

目標であったはずである。

　とくに介護をめぐる事情が逼迫しているからといって、家族介護への復帰を促すような風潮は、望ましいとは言えない。それは家族の側の人生を不本意な形で挫くことにもなる。その意味で、あたかも介護施設を利用するのが老親を介護する責任を放擲しているようにみなす論調は、適切なものではないだろう。ただ政府の施策の方向（とりわけ地域による介護体制の重視等）が、そういう風潮を後押ししている面もあるように思われる。

　その観点からすると法政策的には、もっと前の段階で打てる手があるのではないか。すなわちサービス利用開始時に、入所者（利用者）の家族にも介護サービスが内包するリスクを理解してもらうとともに、家族による機会主義的な行動を抑止するという趣旨も含めて、契約段階でそこに家族を引き入れる工夫の余地があるのではないだろうか。

### (6)　「裁判官は介護の実態を知らない」

　最後に判決を下した「裁判官への批判」についてもふれておきたい。

　すなわちネット上では判決への批判の一環として、「裁判官は、介護の実態を知らない」「一度自分で介護をやってみろ」「この裁判官は将来介護を受ける資格がない」というような（やや感情的な）コメントがかなり多かった。

　これらについては、そもそも取り上げるに値しないものかもしれない。言うまでもなく裁判ではあらゆる事柄が扱われるのに対して、1人の裁判官があらゆる事柄に通暁することはできない。また逆に、当該領域の事情に通暁した人間なら裁判官の役割を適切に果たせるというわけでもない（それでも東京地裁等に医療集中部ができているように、訴訟類型に応じた専門的な裁判のあり方を考えることがまったく絵空事というわけではないが）。

　実際問題として、裁判では当事者は十分に主張する機会はあるはずである。だから介護実務について裁判官はよく知らないとしても、そうであれば訴訟当事者（あるいは代理人）がそれを裁判官に知らせればよいだけである。もっとも両当事者は逆の主張をするので、その中で説得力を持たせられるかというこ

社会問題としての介護事故

とになるが、それはフェアなあり方でもあろう。

　いずれにせよ一方的な価値観にもとづいて、それに沿わない考え方をこき下ろすような社会の風潮は、望ましいものではないだろう。もっともそれは必ずしも社会の風潮だけの話でもない。当事者はもちろん専門家にしても、自らの主張にそった結論を出した判例を称賛し、そうではない判例をこき下ろす傾向は見受けられる（筆者自身も例外ではないかもしれない）。しかし専門家であれば、その判例の内在的な論理を精査して、分析・検討を加えたうえで判決を評価していくべきだろう。

## 5　介護事故裁判への社会の「風向き」の変遷

### (1)　介護保険創設前後の「風向き」

　いくつかの角度から、誤嚥事故に関する名古屋地裁の判決（令和5年8月7日）への反応と、その背景にある社会の「風向き」、それと判決の論理との関係などを見てきた。ネット上のほとんどの投稿はこの判決に批判的で、それは介護サービスの提供側の事情や主張に親和的なものだが、その背景には留保を要するところもあった。

　そもそも言及してきたような社会の「風向き」は、必ずしも一貫して観察されてきたものではない。少なくとも2000年に公的介護保険が創設されて、いわゆる介護事故裁判が目立ち始めた頃は、「風向き」は一枚岩ではないにせよ、介護サービスの提供側に対して少なくとも今と比べると厳しいものがあったように思える。

　その理由としては、第一に社会福祉基礎構造改革（いわゆる「措置から契約へ」）の中で、利用者の権利主張を前面に出しやすくなったことが考えられる。そもそも介護事故をめぐる裁判が目立ってきたのがその証左でもある。

　第二に、虐待事案との近縁性があげられる。意図的な虐待と、過失による事故とでは大きく異なるものの、たとえば不作為に伴う事故とネグレクトでは、ある意味では接近するし、劣悪な労働環境で生じやすいという意味でも一定の連続性は否定できない。

17

第 1 章　社会科学からみる介護事故

　第三に、医療過誤との類似性が挙げられる。医療過誤ではその密室性（加え
て専門性や封建制）があることで、一般的に責任追及が難しいといわれる。そ
れは医療機関内というもいわばブラックボックスの中での有害事象という意味
で、介護事故と類似するものがある。

　これらがあいまって、介護事故で損害を受けた側からの賠償請求を後押しす
る「風向き」が醸成されていたように思われる。

　その中で裁判例は、比較的容易に利用者側の請求を認める方向で推移してき
た[10]。それは裁判所が社会の「風向き」を読んだということではなく、介護事
故の事案に内在する構造的な諸要因が大きく作用したものといえる。とりわけ
介護事故の裁判では、見守りや付き添いが不十分だったという、いわば不作為
に伴う責任を問う形が多く（それは典型的な医療過誤とは異なる点でもある）、
あとから考えれば「何とかできないこともなかった」「もっと注意していれば
よかった」と評価されやすいことが大きく作用しているものと考えられる。ち
なみにそのような裁判例の傾向は、現在でも続いている。

## (2)　その後の「風向き」の変化

　しかしその後の介護保険や介護の業務環境をめぐる厳しい状況は、社会の「風
向き」を大きく変えてきたように思われる。

　すなわち高齢化の進展と財政難の中で、介護ニーズの増加を受けて、介護保
険制度は改正に次ぐ改正を迫られる一方、介護人材不足が深刻の度合いを増し
ていて、実際に介護に従事する人たちは非常に厳しい環境のもとで勤務してい
ることも広く認識されるに至った。2015年以降は特養への入所が原則要介護3
以上に限定されたが、特養では入所希望者の長い待機リストができている。

　それらを受けて介護サービスの利用は、介護保険以前に復したというわけで
はないのだが、結果的には旧来のイメージ——「お世話していただく」という
ニュアンスを再び帯びてきたともいえる。サービスの稀少性を前提とすると、

---

**10**　もっともこの点の評価（是非ではなく事実認識として）は分かれるとも思われる。筆
　者自身の見方は拙著（前掲注（5））第5章を参照。

「介護サービスを利用できるだけでもありがたく思うべきだ」ということになり、そうすると事故が発生しても「忙しい介護職員にお世話してもらっていたのに、急に文句を言うのか」「まして裁判を提起するとは」という見方にもなり得よう。

別の見方をすれば、いわゆるネオリベラリズム（ないしは新自由主義）的な改革や風潮が幅を利かせる中で、ある種の自己責任意識が浸透していることの反映といえるかもしれない。

### (3) 「風向き」の変化をどう受け止めるか

とくに本件に関しては、社会の「風向き」は結果的に介護サービスの提供側の主張や事情に親和的なものとなっている。それは厳しい介護の業務環境が広く知られるに至ったことの反映という意味では、評価すべき面がある。ただしその内実はやや複雑であり、過度に自己責任を重視する傾向などもみられる。そして全体的にはこの判決とそれを下した裁判官、また裁判を提起した原告（家族側）に対して、誹謗中傷に近いものも含めて、非難の目が向けられている印象がある。

それは社会保障全般に関する社会の「風向き」とも軌を一にする面があろう。高齢化と財政難の中で、社会保障の諸制度もリストラ基調であるところ、その給付に依拠して生活することへの風当たりは強い。「自分で努力しないで社会保障に頼るのはよくない」「そんなことだから国民の負担がどんどん重くなる」というような論調である。

そのような風潮に掉さすことには強く逡巡するが、他方、本件のような判決がもし定着すれば、それこそ介護危機を後押ししかねない。社会の「風向き」の中には、家族介護への復古をよしとするような傾向すら見受けられる。司法判断と社会の「風向き」が乖離したままだと、あるいは乖離がより大きくなると、そのような「風向き」が一層強まる懸念もある。

社会の「風向き」が直接的に裁判の判決に反映するのが必ずしも望ましいことだとは思われず、そのことは本件の分析からだけでもいえる。しかしながら

第1章　社会科学からみる介護事故

厳しい介護環境というマクロ的な要因およびそれに対する社会の見方や評価
（あるいは国民意識）とはまったく関係なく裁判での判断が下され続けること
にも疑問がある。そこではその懸隔を少しでも架橋したり縮めるような努力や
工夫が、法学的な議論にも期待されているというべきではないだろうか。

　さらには本件でも垣間見えていたような、介護事故のもつ社会的な位置づけ
を踏まえることで、通常の市民関係における不法行為や債務不履行とは異なる
注意義務のあり方を検討することも必要であるように思われる。

　以下ではその点について、少し幅広い視点から検討を試みたい。

## Ⅱ　介護事故の社会的な位置づけ
### ──集約され、集中する介護事故リスク

　「主権的管理の標的は人口であり、主権的管理の本質的メカニズムは安全
　装置です」

（ミシェル・フーコー）[11]

## 1　本節の視角

　Ⅰでは1つの誤嚥事故・裁判事案をもとに、介護事故と社会（その「風向き」）
との関係を見てきたが、この節ではやや幅広い視点から、介護事故の社会にお
ける位置づけについて見ていきたい。そこでのあり方は、直接的ではないにせ
よ法解釈的な検討にも影響を及ぼすことが考えられるからである。

　すなわち介護事故やそれをめぐる裁判は、多層的に集約され、集中した局面
において発生している。その点をふまえれば、そこでの注意義務のあり方につ
いても、通常の市民関係における不法行為や債務不履行とは異なる見方が求め
られる。

　同時にそのような位置づけを実現させたのは、人間自身でもある。いいかえ

---

11　ミシェル・フーコー（高桑和巳訳）『安全・領土・人口』（筑摩書房、2007年）132頁。

社会問題としての介護事故

ればいわゆる後期近代社会が、再帰的（ブーメラン的）にこの事態をもたらしたものともいえる[12]。本節ではこれらの点について、社会学の知見も参考にしながら、少し幅広い角度から見ていきたい。

## 2 現象としての転倒や誤嚥

まず介護事故の代表的な類型である転倒や誤嚥は、現象自体としてはもともと人間であることに付随して発生する。

人は歩いていれば転ぶことはあるし、食べていれば誤嚥することはある。その意味で典型的な介護事故に分類される誤嚥や転倒は、介護サービスや介護保険とは関係なく発生し得る事柄だといえる。それは子どもでも成人でも起きることで、高齢者になれば顕著に多くなるとしても、事故の現象としては（たとえば誤嚥であれば気道で窒息する現象だという意味で）本質的な違いはない。同様に、高齢者による転倒や誤嚥でも、介護保険のもとで介護サービスが提供されている際に発生することもあるが、介護サービスや介護保険とはまったく関係なく（たとえば自宅や公道や街のレストランで）発生することもある。

その意味では介護事故裁判と言われるものは、たまたま特養などで転倒・誤嚥した事故をもとにした法的紛争だといえる。もちろんその「たまたま」（発生した場所）が大切な要素であるにせよ、現象としては人間であること自体に随伴する事柄だといえる。

## 3 高齢期への時間的な集中

それでも人間の歴史をさかのぼれば、かつてはここまで高齢期に転倒・誤嚥が集中して発生することはなかった。多くの高齢者が比較的元気で長生きするようになったので、結果として高齢期に転倒・誤嚥が集中して発生するようになったのである。

---

12　いわゆる後期近代社会の再帰性については、ウルリヒ・ベック＝アンソニー・ギデンズ＝スコット・ラッシュ（松尾精文ほか訳）『再帰的近代化』（而立書房、1997年）、ウルリヒ・ベック（東廉＝伊藤美登里 訳）『危険社会』（法政大学出版局、1998年）など。

21

第1章　社会科学からみる介護事故

　たとえばある生物学者によれば、人間の本来的（生物的）な寿命は50〜60歳と推定されている[13]。それが医学の進歩などを通じて、より長く引き延ばされているのだ。逆に言えばかつてサルが木から降りたときには、人体は50〜60年程度の耐用年数で設計されていて、その後に少しは進化しているものの、それほど急に人生100年時代に追いつく形にまではなっていない。

　そうすると長生きすれば、もともとの人体の耐用年数を超えてしまい、いろいろなところに無理が生じてくる。心臓病が多くなるのはその典型例だろうし、脳の耐用年数切れが認知症だともいえる。そして大腿骨の消耗が転倒・骨折を、喉頭蓋の消耗が誤嚥を引き起こしているものと考えられる。

　だから寿命が延びたことによって、転倒や誤嚥リスクが高齢期に集中して発現するようになったといってもよいだろう。逆に言えば転倒・誤嚥するような年齢まで、人間が死なないで長生きするようになったということもできる。そして寿命が延びたのは、医学の進歩や栄養状態の改善、ライフスタイルを含めて人間自身が実現したことである。そのような観点からは、ライフサイクルの中で、介護事故のリスクを人間みずからが高齢期に集約し、集中させている（いいかえれば再帰的・ブーメラン的な現象である）ともいえるだろう。

## 4　公的介護保険による空間的な集中

　以上のプロセスとパラレルに、介護という事柄自体（事故とは関係なく）も社会の中で集約され、集中させられてきた。

　すなわち介護、ないしはケア・お世話という事柄は、人間はつねに様々な局面で行っている（たとえば子どもに対してはずっとケアをしている）。それでも高齢者介護という意味では、むしろ現代的な問題としてクローズアップされてきたものだといえる。もちろん老親介護にしても「姥捨て」の語が示すように、昔からある事柄ではある。しかし3でみたプロセスと並行して、ライフコース内での配置という意味では「ケア・お世話される」という事象は高齢期に集

---

13　小林武彦『なぜヒトだけが老いるのか』（講談社現代新書、2023年）80頁以下。

社会問題としての介護事故

約して生じるようになっている。それはそもそもケア・お世話される必要がある年齢まで長生きするようになったためであるし、以前なら死亡していたケースが医学の進歩により要介護状態で踏みとどまるようになったということでもある。

　そういう事柄への対応を「介護」と位置づけて、あるいは「介護サービス」の対象として、法制度に組み込んできたのはまさに後期近代社会における人為的・政策的な所産である。介護という言葉にしても、日本でこれほど頻繁に使われるようになったのは公的介護保険ができて以降であろう（そのため現在でもその内実は意外とあいまいである）。

　すなわち様々な場所で——家族によるお世話として、あるいは社会的入院として——行われてきた（そしてオーバーフローしてきた）事柄を「介護」として括って、公的介護保険の対象としたのが日本での政策的な対応であった。さらにいえば、それ以前から福祉の措置制度として介護の提供は行われていたし、民間介護サービスも行われていた。介護の淵源は多様であり、それらを「要介護高齢者に対する介護サービス」と位置づけて、法制度的には公的介護保険のもとに集約させたものといえる。その物理的な場所としては、施設に限らずむしろ在宅や地域が重視されているものの、いずれにせよ空間的にも集約が図られた。

　そのように「介護」が集中する場では当然、転倒や誤嚥などもしばしば随伴する。つまり事故のリスクも集約され、その発生も集中してきたことになる。

## 5　装置としての準市場

　このような公的介護保険を中心とした介護システムは、国家によってまさに人為的・政策的に構築された装置だといえる[14]。しかし典型的な近代装置（軍隊、監獄や公務員組織のような）とは異なり、いわゆる準市場ないし疑似市場

---

**14**　ミシェル・フーコー・前掲注（11）参照。ミシェル・フーコーは国家による統治のあり方が、人口を対象とするいわゆる生政治の中で「セキュリティ（保障）の装置」として再編されたとしている。

23——●

第1章　社会科学からみる介護事故

という形で、部分的に市場ないし私法的な仕組みとの融合が図られている。すなわち介護サービスは国が直接提供するのではなく、独立的な介護事業者によって、法的には契約を通じて提供されている[15]。

　このような準市場（ないし疑似市場）の中で介護施設や介護職員は、国に仕える公務員ではないし、だからといって公的制度と無関係な純然たる市民社会の活動主体でもない。その中間的・折衷的な位置づけの中で、すでに述べてきたように事故のリスクが充満する局面に対峙している。

　もちろん介護事業者はあくまで独立した法主体で、政府の指揮命令を受ける公務員ではない。どこでどんな事業を行うか、そもそも事業を行うかどうか、自身で判断している。要件を満たせば指定を受けて介護保険法から費用が支給されるものの、介護保険とは関係なく事業を行うこともできる。

　しかし同時にそれが国の介護システムの最前線（フロントライン）を担っており、今日では介護事業者なしにはシステム全体が成り立たないことも事実である。そしてそこでの介護のあり方は社会保障施策の一環として、たとえば年金額や医療の水準と同じように、基本的には国がその内容を決めている。

　すでに見たように政省令等によって施設の人員配置基準も定められている。それを超える配置も可能ではあるが、介護人材不足の中では、やはり国が定めた介護報酬のもとでは基準どおりの配置すら容易ではないのが実情である。

## 6　介護事故リスクの集中

　介護サービスの提供は、いわゆる準市場のもとで、利用者（国民）と介護事業者との対等な契約として法的には構成されている。そのことから事故に際しては、その部分がいわば切り取られて通常の市民社会の法理が適用されがちだ

---

[15] 準市場（ないし疑似市場）においてはサービス等の供給は民間事業者が行う一方、その費用は公的に供給される。利用者側からすると、サービスの選択の幅が広がる可能性があるが、政府の側からすると、市場の活用、民営化という文脈になる。それはいわゆるネオリベラリズム（ないしは新自由主義）的な政府のあり方に対応するともいえる。
　準市場についての早い時期の文献として、郡司篤晃編著『医療と福祉における市場の役割と限界——イギリスの経験と日本の課題』（聖学院大学出版会、2004年）。

が（実際、裁判ではほとんどが民法上の不法行為や債務不履行の問題となる）、それは介護事故をめぐる多層的な構造の、法的にはいわばもっとも表面の層である点に留意する必要がある[16]。

それはシステム全体が国家の装置だという意味では、むしろ国家賠償法の想定する構図に近いともいえる。国家賠償法のもとでは、国の過誤に起因して国民に被害が生じた際に賠償責任を負うのは末端の公務員ではなく、国家自体である。このとき国家賠償法1条2項が定めるとおり、公務員自身は責任を負わず、故意と重過失の場合に求償されるにとどまる。

これと対比すれば、介護事故が起きた場合に介護施設や介護職員に求める責任のあり方を、民法の通常の不法行為——被害者救済に重点を置いた枠組みの中で、杓子定規に判断することでよいかは慎重な判断を要しよう。あえて単純化していえば、私法と公法の中間的な位置づけを模索すべきであるように思える。

すなわち基本的な方向としては、介護事故の置かれた位置づけを勘案するなら、通常の市民関係（不法行為や債務不履行）よりも、介護施設や介護職員が責任を負うべき範囲・領域は限定的に解すべきであるように思われる。そうでないと、その「装置」全体を成り立たせることで得られている社会全体の恩恵に比して、介護施設や介護職員だけに著しく責任や不利益を負わせることになってしまうからである。事業者側のいわゆる報償責任を根拠として被害者救済を実現する契機は、ここでは乏しい。

とくに介護施設という場は、事故のリスクが充満している。それはここまで述べてきたように、国が介護システムという装置のもとで、時間的にも、空間的にも、そのようなリスクを人為的・政策的に集約して配置しているためである。そしてそれに処するためにどの程度の人員や費用を投入するかも、基本的に国が政省令や通知等（施設の人員・設備・運営基準や介護報酬等）を通じて決めている。

---

**16** 法的にはこの多層性をより詳細に見る必要がある。拙著・前掲注（5）第3章および第9章。

第 1 章　社会科学からみる介護事故

　それらを受けて、介護施設では手厚い見守りなどは難しくなっている。あるいは手厚く見守ろうとしても、見守るべき対象や場面が多すぎて、極言すればそれは施設全体かつ24時間365日にわたる。前述したとおり、施設の人員基準を超える配置も可能だが、基準どおりの配置すら容易ではないのが実情である。介護事故はそのように、事業者が任意に設定したわけではない環境において発生している。

## 7　介護事故防止の困難性

　加えて介護業務において、事故の防止は必ずしも中心的な職務ではない。つまり介護（介護サービス、介護自体）と介護事故との関係を見ると、「介護の不達成」が介護事故というわけではない。

　すでにふれたように、介護とは何かということ自体が難しいが、その目的は少なくとも安全性の確保だけではなく、対象となる高齢者の生活支援、QOLの向上などが中心的に挙げられるだろうし、介護保険法では自立支援を謳っている。この時に事故の防止は、もちろん安全性の確保という意味で1つの目標といえるが、介護サービスを提供する契約との関係では主たる債務とまでは考えにくく、そこでの事故も通常は付随義務や保護義務違反の問題として位置づけられよう。

　さらに難しい点として、介護事故の防止、安全性の確保は、介護の本来の目的ともいえる生活の質（QOL）の維持・確保、自立支援の要請などと相反する場合がある。

　Ⅰでみた常食の提供がその端的な事例といえる。常食（パンなど）の方が利用者には好まれるし、みずから咀嚼して嚥下することで自立する力を維持することにもなる。しかし常食の提供は、誤嚥のリスクを伴う。もし安全性の確保が最優先であれば、常食の提供はなるべく控えるべきであろう。実際には両者のギリギリの調整・両立を図ろうとするのが介護の仕事であり、それは対象とその時の状況に応じて適宜判断していくしかない。

　誤解をおそれずに言えば、よい介護をすればするほど事故のリスクは大きく

26

なるという面がある。あるいは事故のリスクをとることで、よりよい介護が可能になるという面が否定できない。

しかもすでに見てきたように人員が限られている中では、安全性を確保しつつ、よい介護を行うというのは、きわめて高度かつ困難な要請である。喩えれば「走らず急げ」「急がず走れ」というような話でもあろう。そのように「介護」と「介護事故」との間で基本的な相克があることが、そこで求められる注意義務のあり方にまったく影響しないと考える方が不自然であるように思われる。

## 8 小 括

介護とそれに伴う事故、さらにそれに関する裁判が発生するのは、個々の人間のライフコースにおいて、最終的な局面（時間・空間）といえる。そしてそれは人間自身が（あるいは後期近代社会自体が）時間的に、また空間的にそれらを集約し、いいかえれば人為的・政策的に集中させてきたものだといえる。そこはいわばすべてが流れ込み、折り重なり、溶け込むような局面でもある。

そこでは全体として、いつ誰に何があってもおかしくはない状態となっている。その意味で介護事故は、リスクや可能性というよりは、「どのみち誰かには、遅かれ早かれ」発生するという性格を帯びており、発生の蓋然性とか必然性に近づいている。ただしそれはあくまで「全体としては」であり、逆にそれがどの施設、どの利用者について、いつ起きるかというピンポイントでの予測は難しい。そのような構造の中で介護事故は発生し、時には裁判となる。

そういう局面に真正面から対峙しているのが介護施設であり、介護職員である。そのような事故に際しての介護従事者の法的な責任をどう考えるかの検討は、独立的に発生した事故の加害者・被害者という角度からだけ切り取ってみるのではなく、そのように集約され、幾重にも集中させられている多層的な構造を踏まえて深めていくべきであろう。

次節ではこのことを、冒頭（Ⅰ）でみた裁判例に即して改めて考えてみたい。

第1章　社会科学からみる介護事故

## Ⅲ　誤嚥事故判決（名古屋地裁令和5年8月7日）の再検討——「ハンド」が足りない

「自動車を運転していても、右の方を見ていれば左は見ていないわけです」

(山口厚)[17]

## 1　本節の視角

　Ⅱでみてきた介護事故裁判の社会における位置づけをふまえて、改めてⅠでみた誤嚥事故の判決（名古屋地裁令和5年8月7日）を振り返ってみたい。

　介護事故が発生するのは、その多層的な構造に起因して、もともと介護事故の多発・頻発が想定される局面においてである。すなわち時間的にも、空間的にも介護事故の発生リスクが様々な形で集約され、集中していて、そこでは介護事故は「どのみち、遅かれ早かれ、誰かには発生する」事柄になっているともいえる。

　それは通常の不法行為責任——たとえば見ず知らず同士の偶発的な事故など——とは位置づけが大きく異なる。それが介護システムという国が構築した仕組み（「装置」）の中で、誤解を怖れずにいえば「起こるべくして起こった」事故だとすれば、その仕組みの最前線で事故のリスクに対峙していた介護施設や介護職員の責任を問うことには慎重なスタンスが求められよう。

　とくに限られた介護人材という厳然たる条件（個々の場面においても、社会全体としても）のもとでは、その法的責任の判定にあたっては経済学的な知見も参考にしながら効率性の観点も視野に入れていく必要があるように思われる。

## 2　誤嚥事故発生の予見可能性

　より具体的に考えると、誤嚥による窒息を回避するタイミングはおよそ3つある。第一には食材の選択や調理の際、第二に食事の介助や見守りの際、第三

---

**17**　山口厚ほか「インタビュー『問題探究 刑法総論』山口厚先生に聞く（5）過失」法学教室239号（2000年）67頁。

28

に誤嚥発生後の対応である。

そこでこの判決では I でみたとおり、食材の選択ではなく、通常の形態で食事を提供するのであれば常時介助等が必要だったという点に注意義務違反を求めている。常時介助をしていれば、誤嚥を引き起こした時に、ただちに対応して救命できたはずだという趣旨である。そしてこの常時介助等が必要だったことの根拠として、1か月半前に「むせこみ」があったことを述べている。

確かにもし常時介助していれば、誤嚥してもすぐに気付くことができただろう。しかしながら、その常食の提供から事故への因果関係がどの程度の偶然性／蓋然性を含んだものだったか、十分検討されていないように思う。

いいかえれば常食（パン）を提供することで、その利用者に誤嚥が発生することを具体的に予測できたか、予測すべきだったかということである。それについての精査を行わず、結果が発生したあとで、回顧的に原因となっていた事柄を防いでいれば事故は回避できたはずだというだけでは単なる結果論になってしまう（あわせてそれを回避する選択肢を実際に採れたかという点については 4 で検討する）。

## 3　具体的な予見可能性・結果回避義務

一定のリスクがある事柄に関しては（もちろんリスクがあっても社会的に有用だから行われているわけだが）、抽象的な意味での予見可能性・予見義務は「いつでもある」といえるので、II の検討をふまえれば、そこで具体的な予見可能性や結果回避義務があったかどうかを問題とすべきだろう。本件に即していえば、「パンを提供したにもかかわらず、常時介助しなかった」という事柄から、その利用者の誤嚥や窒息の発生が具体的に予見可能だったか、また実際に回避可能だったかということである。

その予見可能性にかかる具体性の在処は事故の種類によっても様々だが、ひとつには「蓋然性」という視点がある。つまり「こんなことをすれば、そうなるに決まっている」というような場合には、具体的な危険があり、結果回避義務が生じるといえるだろう。それは一般的には、事故に至る発生確率が（その

# 第1章　社会科学からみる介護事故

時に当該利用者に関して）顕著に高かったかということだし、憲法学でいうような「明白かつ現在の危険」があったかということでもあろう。

　しかるにこの事案では、一度「むせ込み」があったのち、1か月半にわたり、何も問題は生じなかった。そのこと自体が上記のような「蓋然性」まではなかったことを示しているように思われる。

　ただそれとは別に、仮に確率的には低くても「決して行ってはいけない」という事柄はあり、その場合にはそれ自体で結果回避義務を構成するものといえる。

　たとえば薬の誤配や乳幼児にアルコールを投与することなどがこれにあたり、食材で言えば「餅の提供」がこれにあたるだろう（もちろん「餅」にしても、食べれば必ず誤嚥するとまでは言えないものの、高齢者に関しては禁忌に近いといえる）。これらに関しては、それによって事故や損害が生じる確率が高いかどうかにかかわらず、単独で致死的な要因となる可能性があることからも、「決して行ってはいけない」ことだといえる。

　もしパンの提供がそのような禁忌にあたるのであれば、本件では「むせ込み」後、1か月半にわたり「決してあってはならない」状態が続いていたことになる。しかし本件はそこまでそれ自体で悪性の強い事柄だといえるだろうか（おそらく他の利用者に対しても、あるいは他の施設でも、そのような事例は無数にあるだろう）。あくまで結果的に誤嚥が発生したことから、さかのぼってパンの提供が問題とされているように思われる。

　ちなみに不法行為法理論では、結果不法と行為不法とが区別されることがある。後者の行為不法とは、結果が発生していない（しなかった）としても、それを行ったこと自体で非難に値するという趣旨である[18]。

　行為不法というべき事柄については、たとえ実際の事故などが起きなくても、新聞報道等がされることがある。最近では健康被害は出ていないが、医師の指示とは違う薬が処方されたという病院の件が報道されている（「医師指示と違う薬、患者9人に誤処方」朝日新聞2023年8月23日（朝刊））。実際の損害は生

---

[18]　たとえば潮見佳男『不法行為法』（信山社、2004年）24頁以下、吉田邦彦『不法行為等講義録』（信山社、2008年）22頁以下。

じていないが、行為「それ自体」が問題とされたわけである。

　それと比べて本件のパンを提供しながら常時介助していなかったというケースは、まさに事故が発生したために裁判にもなったわけだが、これが（事故にはならず）ただ事実として発覚したとして、それが報道されたり、社会的に問題とされるとは考えづらい。いいかえれば社会正義等の観点から、そのような事態を（事故になる前に）全国で摘発して回るべきかといえば、そこまでは考えづらい。

## 4　いわゆるハンドの公式

　注意義務の存否を別の角度から見ると、社会的に有用だがリスクを伴う事柄については、そのリスクによる損害を回避するためのコスト、あるいはそれを回避しようとした場合に失われる利益との兼ね合いが問題となる。これはアメリカ法で「ハンドの公式」として知られているものだが、日本でも一般的な判断基準として概説書等でも取り上げられている[19]。

　この「ハンドの公式」は、典型的には失敗のリスクがある手術や、副作用がある薬剤等を評価する際に有用である。それらは一定の確率で望ましくない帰結を伴うことは前もってわかっているので、一般的・抽象的な予見可能性はあるのだが、それを行わないことと比べて「より望ましい」といえるのであれば（いいかえればそれを回避することに伴うコストが大きい場合には）、注意義務違反とはしないというものである。たとえばその処置をしなければ死んでしまうという場合には、リスクがあっても処置を試みるべきだといえる。

　それは数式では「B（回避コスト）＜P（損害発生の蓋然性）×L（被侵害利益の重大さ）→ 過失あり」（発生確率×損害額を損害回避費用が下回るにもかかわらず、それを採らなかった場合であれば過失と認定される）という形で表されるが、その結論自体は常識的なものであろう。

---

**19**　たとえば内田貴『民法Ⅱ 債権各論』（東京大学出版会、1997年）317頁以下。アメリカの伝説的な裁判官の名前に由来する。
　　様々な批判はあるものの、アメリカではこのハンドの公式は「すべての不法行為のケースブックで言及され、あらゆるロー・スクールで議論の対象とされている」とされる（樋口範雄『アメリカ不法行為法』（弘文堂、2009年）75頁）。

第**1**章　社会科学からみる介護事故

　同時にこれは経済学的な効率性の視点にもとづくものでもある。リスクを伴う事柄が容認されるかどうかを、全体として福利が向上するかどうかにもとづいて判断するからであり、別の言い方をすれば局所的な部分最適を追求することで、他の部分に甚大な「しわ寄せ」が（回避コストという形で）生じないかを視野に入れて判断するということでもある。

　この考え方を本件にあてはめると、常食（パン）を提供しつつ、常時介助を行った場合のコスト（また失われる利益）がどのようなものかを検討する必要がある。しかもここでは常時介助自体のコストとあわせて、介護施設内で実際に介護職員がそれを行うことに伴って失われる利益を意識する必要がある（なお常食（パン）を提供しないという選択肢もあるが、これについてはⅠでふれた）。介護人材が個々の局面でも、施設全体（さらには社会全体）においても限られている以上、それを1か所に振り向けることは、他の箇所への対応の断念を意味するからである。いいかえれば限られた資源の効率的な活用という観点を無視することができない。

　品位を損なうことを怖れずに駄洒落に走れば、「人手」が足りないことについての「ハンド」の公式に照らしての検討が足りないのではなかろうか。

## 5　具体的な事故の回避コスト

　具体的には以下のようなコストを顧慮する必要がある。

　第一に、常時介助というのは相当に時間と手間がかかる事柄である。

　実際、より誤嚥の危険性の高い高齢者に対しては、まさに常時介助が求められ、その「一口ずつ」の介助の仕方が不十分だったとして誤嚥事故の責任が認められた裁判例もある（たとえば松山地裁平成20年2月18日判決（判タ1275号219頁））。いいかえれば食事の間は、そのような高齢者1人に介護職員1人を割り当てる必要があり、判決の考え方からすると一度「むせ込み」があったあとは、毎回必ずそうすべきだということになる。しかしそれを同時に何人もに対して行うだけの人員配置は難しいし、1人の介護職員が順次、多数の入居者に対してそれを行っていたら、いつまでたっても1回の食事が終えられない

だろう。

　もちろん食事介助だけが介護職員の仕事ではない。Iでみたように、介護施設での配置基準（常時という意味ではなく、土日や夜間も含めての配置人員）は利用者3人に対して1人であり、誤嚥の「可能性」がある高齢者、過去に「むせ込み」経験が一度でもある高齢者一人ひとりを毎回の食事に際して常時介助することは、現在の日本の介護施設ではきわめて困難だろう。

　第二に、その裏表ではあるが、そのように1人の高齢者に対する食事介助に集中すれば、当然他の利用者への介助などはできない。仮に何人かの介護職員を、何人かの高齢者への常時介助に割り当ててしまうと、他の多くの高齢者への見守りなどには手が回らなくなる。右の方を見ているときは、左を見ることはできないのである[20]。

　逆に言えば、常時介助までは要しない高齢者に対して求められるのは一般的な「見守り」であるはずで、どうしても必要な何人かへの常時介助と、広く全体（他の入居者）への見守りというのが一般的には唯一実行可能な役割分担であろう（もっともそれすら覚束ないのが現行の人員配置のもとでの実情かもしれないが）。要するに1人の利用者を常時介助するということは（そのこと自体は可能であったとしても）、他の多くの利用者の介助や見守りを断念するというコストを伴わざるを得ないのである。

　第三に、仮に利用者への常時介助が可能であったとしても、それを行うことが当該利用者の利益に資するかどうかは議論の余地がある。「食べさせてもらう（あげる）」ということは、「自ら食べる」機会を失うことを意味するからであり、要するに自立支援の要請とは逆行する。

　判決の論理によるならば、1回でも「むせ込み」があった後は、毎回食事介助すべきだったということになるが、それは当該入居者への介護のあり方として、少なくとも食事に関しては自立を断念することに近い。それは1つの大きなコストというべきであり、そのようなコストを払ってでも毎回必ず常時介助

---

**20**　山口ほか・前掲注（17）参照。ただ今後はAI（センサー）等の活用に期待する余地はあろう。

33

# 第 1 章　社会科学からみる介護事故

すべきだったとは即断できないように思われる（このときなるべく手を出さずに「見守る」ことにするのは有効な方策といえるが、すでにふれたとおり、それを常時行うということは「常時介助」と同じだけの人手を要する）[21]。

　以上の諸点からすると、本件においては実際的な結果回避コストは非常に大きかったものといえる。

## 6　小　括

　以上の検討をふまえると、法解釈論のレベルでも本件については注意義務違反を認めるべきではなかったのではないかと考えられる。

　Ⅱで述べてきたように、介護施設には事故のリスクが多層的に集約され、集中している。そのような構造からすれば、事故の場面だけを切り取っての法的判断は「木を見て森を見ず」となりかねない。

　極端な例を持ち出せば、大規模災害現場での救助のようなもので、全員を救うことは不可能に近い。あちらの人を救おうとすれば、こちらの人は救えなくなるのである。

　それは介護施設や要介護高齢者の「悲惨さ」を殊更に言っているのではない。

---

21　本件での原告側の請求内容として、常時介助と別に「常時見守り」の義務を怠ったという言い方がされているが、あまり介護実務で使われる表現ではなく、何を意味しているのか必ずしも明瞭ではない。

　　インターネットでこれを検索すると、遠隔での見守りの電子機器の紹介の中でこの語が用いられている記事が多くヒットする以外には、福祉医療機構のサイト（WAM NET）で、「歩行は常時見守りが必要」という介護計画書は、表現としてあいまいで不適切であるとの趣旨が指摘されている（「トラブルに学ぶリスク対策　事例⑪」〈https://www.wam.go.jp/content/wamnet/pcpub/top/column/troubleshooting/trouble011.html〉）。

　　自立支援の観点から、直接介助してしまうのではなく、本人が自分の力で移動したり食べたりするのを「つねに見守る」という意味合いだとすれば、その限りで若干ソフトな語感があり、常時介助ほどには作業負荷も重くないようなニュアンスもある。しかしそれが「つねに目を離さずに」ということであれば、1人の入居者に対して1人の介護職員が「つきっきり」でないと実現できないので、常時介助と同じだけの人員と時間を要する。

　　ちなみに別の誤嚥事故にかかる最近の判決（前掲注（2）名古屋地裁令和5年2月28日判決）では、施設側は「常時見守らせるべき注意義務を負っていた」とされ、これが比較的安易に介護サービスの提供側に求められるようになれば深刻な事態となることが憂慮されたが、その控訴審（前掲注（3）名古屋高裁令和6年4月18日判決）は、「常時見守りのための職員を配置すべき義務を負っていたとは認められない」とした。

「人間は年をとったら自然にそうなる」というだけの話でもない。これまでみてきたとおり、むしろそういう構造が、人間自身によって、人為的・政策的に作られているという点が重要なのであり、法的判断においてもその点を見過ごすべきではないだろう。

## 7　補説〜パンという食材に関して〜

　パンという食材をめぐってはIでもふれたが、高齢者が誤嚥しやすい食材として喧伝されることがあるので、若干付言しておきたい。

　この点、パンや餅に限らず、現在では誤嚥しやすい食材として様々な情報が流通していて、これらを集めていくと、どんな食材も用いられなくなってしまいそうである（そうすると胃瘻にも傾きやすくなる）。

　おそらくあらゆる食材に関して、それを提供して誤嚥した場合には、「もっとこのような形で提供すべきだった」という指摘は可能なのである。たとえば今回のロールパンであれば、ちぎって出すべきだったということであるし、穀類であれば、粥にすればよかったということになる。食材のこんにゃくを切る大きさをめぐって（ミリ単位で）争われたのが、古典的な介護事故の裁判例でもあった（横浜地裁平成12年6月13日判決（賃社1303号60頁））。それらの指摘の先には、いうまでもなくきざみ食や流動食があり、栄養チューブや胃瘻がある。

　ただその中で、たとえば消費者庁がニュースリリース「みんなで防ごう高齢者の事故！」（2019年12月18日）[22]で注意すべき高齢者の誤嚥事故として取り上げているのは「餅による窒息」だけであり（これは冬の時期の告知ということもあったが、他の注意喚起文書等とあわせてみると）、おそらく少なくとも消費者庁の認識として格段の注意を要すると位置づけている食材は、今のところ「餅」だけだといってよいのではないかと思う。

　たとえば消費者庁がネットに掲げている「高齢者の事故の状況について—『人

---

**22**　https://www.caa.go.jp/policies/policy/consumer_safety/caution/caution_009/pdf/consumer_safety_cms204_191218_01.pdf

第1章　社会科学からみる介護事故

口動態調査』」調査票情報及び『救急搬送データ』調査票分析—」（2018年9月
12日）[23]では、事故要因別に見た高齢者の「ものが詰まる等」による救急搬
送者数（2016年）が載せられている（東京消防庁「救急搬送データ」をもと
に消費者庁で作成したもの）が、食品では多いものから順に、

| | | |
|---|---|---|
| 1 | 食物※ | 424人 |
| | （※食品であるが、詳細不明のもの） | |
| 2 | おかゆ類 | 110人 |
| 3 | 餅 | 88人 |
| 4 | 御飯 | 79人 |
| 5 | 肉 | 76人 |

となっていて、「主食類が多くなっており、日常の食事で事故が起きている傾
向が見られました」と分析されている（パンは分類としても登場していない）。

　実際、統計によってはパンが誤嚥件数の上位に来ることもある。しかし問題
は食物の分類の仕方で、このような統計では「おかず」が細かく分類されて、
まとまった事故数としては「パン」が結果的に多くなることもある。パンは主
食なので、提供される機会自体も多いためである。逆に同じ主食でも「ごはん」
については粥を別分類にすれば、それぞれの数は少なくなったりする。

　カテゴリーの括り方により、数値はどのようにも見えることがある。また食
材の適切さは、相手によっても（またその時々でも）変わってくる。パンを危
うい食材と一律に決めつけることには慎重であるべきだろう。

## Ⅳ　むすびに代えて

　介護事故およびその裁判は、多層的な位置づけのもとで発生する事柄である。

---

**23**　https://www.caa.go.jp/policies/policy/consumer_safety/caution/caution_009/
pdf/caution_009_180912_0002.pdf

## 社会問題としての介護事故

その表層には介護サービスを提供する契約関係があるが、その下に折り重なっている様々な層について見るとともに、表層だけを切り取って法的判断を行うのは適切ではないということを述べてきた。しかしそのもっとも表層の部分についても、実は十分に検討されているわけではないように思う。

　介護事故ではそれが発生した後の法的な対応が裁判で問題となるが、見ず知らず同士に偶発的に生じた不法行為とは異なり、介護関係においては事前に介護サービスを提供する契約が先行している。そこで契約内容を決める際に、あらかじめリスク・プランニングの観点を織り込んでおく余地はあるはずである。

　現状では介護サービスを提供する契約は、政省令の内容等を受けて、結果的には標準書式的なものになっている。しかし本来は各当事者が自身の意向と判断に基づいて自由に法的関係を展開していくために、契約スキームを活用できるはずであり、それは利用者側が介護サービスの種類や相手方を選択できるという点に尽きるものではないだろう。

　将来発生し得る介護事故への対応に向けても、契約スキームを活かす方策はあるはずである。しかし現状ではもっぱら一部の事業者側が免責約款としての活用を企図しているようでもある（Iでみたネット上の投稿でも「もう事故があっても責任は負わない旨を事前に了解してもらうしかない」というような指摘が一定数見られた）。

　契約スキームを活かすことで、事業者側と利用者側の双方にとって有益な、あるいは逆に消耗や悔恨を減らすような工夫の余地はいろいろあり得る。様々な保険スキームを活用する可能性とあわせて、事前にとり得る法政策的な方策を模索していくことは今後の重要な課題であろう。筆者自身も機会を改めて検討したい。

# 第2章 医学からみる介護事故

## 高齢者の転倒は事故ではなく老年症候群である

### 鳥羽 研二

地方独立行政法人東京都健康長寿医療センター 理事長

[要 旨]

　従来「転倒は事故」、骨折は「骨粗鬆症を基盤とする疾患」という硬直したとらえ方がなされてきた。このため、転倒は自宅では個人の責任、病院の敷地に一歩入ったとたんに医療機関の責任という奇妙な構図に誰も異論を唱えず、「転倒」が内的因子と外的因子の双方からおきる症候であるにもかかわらず、外的因子は「バリアフリー」、内的因子は施設や院内の「事故防止委員会」などがもてはやされ、リスクマネジメントの対象とされてきた。転倒の危険因子のうちのどれが重要かを判定して、その順に予防対策を立てるといった科学的アプローチが決定的に欠けており、医療政策にも街づくりにも生かされてこなかった。

　転倒骨折は、寝たきりの3番目の原因として重要である。

　骨折予防効果のある骨粗鬆症薬が登場して久しいが、依然として大腿骨頚部骨折は増加している。高齢人口の伸びを考慮しても骨折の原因の86%を占める転倒予防対策が不十分であることは明らかである。

　転倒のリスクの評価は、施設入所者をベースに組み立てられており環境要因への配慮がない[1]。「運動器の不安定性に関与する姿勢と中枢制御機能に着目し

---

1　Morse Fall Scale 1989, STRATIFY 1997.

## 第2章　医学からみる介護事故

た転倒予防ガイドライン」（厚生労働科学研究費補助金長寿科学総合研究事業報告書）の端緒はこのような反省に立って、2000年から始まったミレニアム・プロジェクトの骨運動器研究の複数の研究班の班長が一同に集まり、「地域住民に適応できる転倒リスク評価の標準版」を作成することから始まった。この完成版が「転倒スコア：Fall Risk Index; FRI」である。

　転倒スコアは環境要因も得点化し、再現性、妥当性、有用性を検討した、唯一のリスク評価法である[2]。また従来、重心動揺計、1分間歩行テストなど特殊機器や検査員が必要な方法が省略可能となった点も重要である[3]。

　本スコアを用いて、全国7地域2500名以上で調査した結果は、衝撃的なものであった。従来危険因子とされた「段差」は転倒者と非転倒者で差がなく、町のバリアフリーを進める行政の根拠は崩れたといっても過言ではない。

　転倒スコアは9/10のカットオフポイントで転倒リスクを判定できる。感度特異度とも70%以上である。また転倒スコアは将来の要介護度の悪化との相関が強いことが示された[4]。

　転倒スコア下位項目は各ケアプラン策定の項目になる。虚弱の強い集団での予防体操の効果は極めて限定的で[5]、前期高齢者では転倒予防効果が認められた[6]。以上から、運動介入は持続性を担保するため、家庭でも取り入れられ、短時間で気軽にでき、転倒関連筋骨格系に対し重点的な作用をもつ方策が求められる。

　転倒スコアの研究から、他の老年症候群でもある重要な5つの因子が抽出され、猫背や躓きが危険因子として抽出されたことから、姿勢と転倒、脳と転倒に着目して研究が継続され、歩行と転倒の動的観察に基づき、足関節筋力と柔軟性、膝関節屈曲、脊椎後弯と転倒の関連を明らかにし、姿勢による転倒危険度を測定する「Dorsiflex meter（足首背屈角度測定器）」が開発され、実用に至っ

---

**2**　鳥羽研二ほか「転倒リスク予測のための『転倒スコア』の開発と妥当性の検証」日老医誌42号346 ～ 362頁（2005年）。

**3**　松林・2008年厚労科研長寿科学研究報告書。

**4**　松林・前掲注（3）。

**5**　大河内・2007年厚労科研長寿科学研究報告書。

**6**　鳥羽・2007年厚労科研長寿科学研究報告書。

ている[7]。

　また、転倒のメカニズムの研究から、重点的に行うべきストレッチ、筋力向上の部位が示され、簡便な転倒予防体操や有効な履物が明らかになった。バランス、躓きと脳虚血の関連を調査し、血圧や脳循環の影響が明らかになり、予防薬開発への基礎的データとなった。筋肉減少の新たな血液マーカーとしてビタミンC、MuSK（筋特異的受容体型チロシンキナーゼ）を発見した。

　高齢者の転倒は疾患であり、事故ではない。転倒は、身体的要因（内的要因）と環境因子（外的要因）によっておきると解説されてきた。ところが、我々の日本7地域の住民調査で、転倒者と非転倒者の環境要因を比較したところ、家の中の段差は「段差あり」が両者とも69%でまったく差がなく、階段の使用も、坂道も差がなかった。差があった項目は、「家の中が片付いていない」「家の中が暗く感ずる」といった、整頓や、照明の工夫で対処できるものであり、事故というより、身体的原因に起因する「疾患」「症候群」として転倒を捉え、転倒予防にかける経費は、バリアフリーより身体的な工夫を生かした「予防医療」に注がなくてはならない。

　以上10年間の研究班の集大成として転倒危険者を簡単に予測し、転倒数を減少させる有効な方法を確立し、上述のガイドラインを策定するに至った。同ガイドラインは、すでに奈良県では、転倒スコアを保健事業に採用し、転倒の減少を見ている。転倒予防手帳の配布は、約15%の転倒を減らす教育効果があることもわかっている。各自治体や医療福祉関係者が、版権を気にすることなく自由に活用していただき、1人でも高齢者の転倒骨折が減るよう願っている。

　今回のテーマである80歳以上の転倒について改めてサブ解析した。転倒スコアの平均値は10を超え、半数以上が転倒危険者であった。単一の因子が独立して危険因子とはならず、加齢と転倒スコア総数、ポリファーマシー（多剤服用）が重要な因子であった。

　80歳以上の高齢者では、すべての老年症候群を洗いだし、処方の前に、非薬物療法として、それぞれの病態に適切なケアプランをすることが、転倒予防

---

**7**　Toba et al., GGI

に役立つと思われる。

# I 転倒の「老年症候群」の中での位置づけ

## 1 老年症候群とは

### (1) 定 義

老年症候群は高齢者に多く見られ、医師だけでなく介護、看護が必要な、症状や徴候の総称と定義される。教科書では、少なくとも50以上の老年症候群が挙げられている。症候群という名称が誤解を生みやすいため、高齢者に特有な病的状態（Geriatric Condition）という名称も使用されている。

### (2) 特性と考え方

#### ア 老年症候群の特徴

老年症候群の特色はまず、頻度が高いこと、複数の症状を合わせ持つことが挙げられる。このため、現在の細分化された医療体制では、高齢者は複数の診療科を受診しなければならないことも多い。逆に高齢者は、複数の老年症候群の診断と治療、指導まで一元的にしてくれることを望んでいる。

#### イ 時間軸をもとに理解する

老化に伴う生理的変化は、臓器によって速度と異なるが、次第に低下し、戻りできない〔**図表2-1**〕。これらは高齢者の環境変化

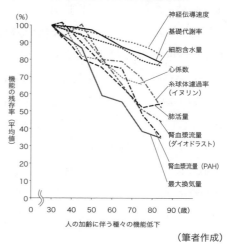

図表2-1 臓器機能の生理的加齢変化

（筆者作成）

42

における様々な症状の発現に関わっている。たとえば、基礎代謝の低下は80歳では平均体温を若年者より1度下げ、「寒がり」となり、夏の冷房嫌いから熱中症の誘因にもなる。細胞内水分量の低下や腎機能の低下による塩分喪失傾向は、高齢者が脱水になりやすい背景である。心係数や肺活量の低下は、坂道などで息切れし、途中で立ち止まる光景の一部を説明している。

　ウ　老年症候群の分類

　老年症候群は、とくに疾患や外傷などなくても誰にでもおきる生理的老化に伴う症状（感音性難聴、暗順応による夕刻の視力低下、夜間頻尿、生活に支障のないもの忘れ、坂道での息切れなど）と、疾患や外傷によって症状がおきてくる病的老化に伴う症状があり、高齢者ではその両者が重複している。病的老化による合併症の症状として考えられるものと、他臓器疾患への影響や、社会的条件にも影響されて出現してくる二次的な症状も含まれる。

　最近では遺伝的な背景や生活習慣の影響も含め**図表2-2**のような模式が考えられている。

**図表2-2**

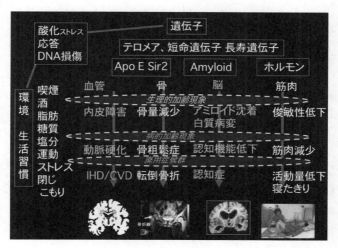

（筆者作成）

　身体的な自立と老年症候群との関連で考えると、誰しも「剛健；robust」から「プレフレイル；prefrail」を経て「フレイル；frail」となり、「要介護；

## 第2章　医学からみる介護事故

dependent」に至る。フレイルの臨床症状は感覚器中心の、視力低下、聴力低下といったものから、閉塞性肺疾患関連、中枢神経関連のもの忘れ、うつなど広範囲にわたる。これらは、65歳から徐々に増加する老年症候群と85歳以上の超高齢者から急速に増加し、ADL（日常生活活動度）との関連が深い症候群と重なる部分が大きい〔**図表2-3**〕。フレイル予防は本邦では介護予防と呼ばれているが、フレイルの理解、介護予防の理解には、多くの老年症候群の理解が欠かせない。

**図表2-3　3つの老年症候群とフレイルに関連する老年症候群（まる囲い）**

N of Geriatric Syndrome

急性疾患関連
慢性疾患関連
廃用症候群関連
前フレイル→フレイル

めまい、息切れ、腹部腫瘤、胸腹水、頭痛
意識障害、不眠、腹痛、黄疸
リンパ節腫脹、下痢、低体温、肥満
睡眠時呼吸障害、喀血、吐下血

認知症　脱水、麻痺、関節変形、視力低下
発熱、関節痛、腰痛、喀痰・咳嗽、喘鳴
食欲不振、浮腫、しびれ、言語障害、転倒
悪心嘔吐、便秘、呼吸困難、体重減少

ADL低下、骨粗鬆症、椎体骨折、嚥下困難
尿失禁　頻尿、譫妄、鬱、褥瘡、難聴
貧血、低栄養　出血傾向、胸痛、不整脈

Age: -59　60-64　65-69　70-74　75-79　80-84　85-

出典：鳥羽研二「施設介護の問題点」日老医誌34巻12号984頁（1997年）より一部改変

もう1つの理解の仕方は、救急病態、慢性病態、廃用性病態、終末期病態という臨床の現場においての時間軸による分類である。

　とくに、施設や在宅の長期療養においては、廃用症候群の理解と対策が必要である。褥瘡や誤嚥、失禁は寝たきりになってすぐに、体圧や体位によって起きてくるのに対し、筋萎縮、関節拘縮は月単位、認知機能低下は年にわたると器質的変化に繋がる〔**図表2-4**〕。

　終末期に共通に出現する症状は、一部が急性病態や廃用症候群と重なっているため〔**図表2-5**〕、次第に症状が悪化していく中（臨床経過の時間軸）で出現してきたかといった情報が肝要であり、経験のある看護師の情報はきわめて役に立つ。

**図表2-4　日常生活活動度の低下に付随する老年症候群**

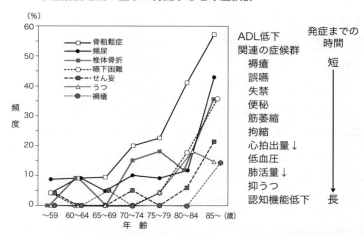

出典：鳥羽研二ほか「老年看護病態・疾患論〔第5版〕」（医学書院、2018年）46頁

**図表2-5　死の数か月〜数日前の症状**

```
*  衰弱
*  寝たきり
*  全介助
*  顔色不良（やつれ、青黒い）
*  傾眠
*  注意力障害（呼びかけにこたえる時間が短くなる）
*  口をあけての呼びかけにも協力困難
*  時間場所の見当識障害
*  食事、飲水減少（食べること、飲むことがいやになる）
*  経口薬物嚥下困難
```

　傾眠や見当識障害をはじめ、**図表2-5**の病態は、救急で頻繁に見られ、とくに慢性病態でも電解質異常、肺炎などの感染症など日常診療でありふれた原因でおきてくることも多い。治療により可逆的な病態であるかは常に念頭において診療にあたらなくてはならない。

　エ　老年症候群の一元的な原因はあるか？

　精力低下、認知判断力の低下、うつ、筋力低下など加齢に伴う原因不明の症

## 第2章 医学からみる介護事故

状の一部は、老化に伴うホルモン減少とも関連が示唆されている。とくに男性更年期や遅発性の男性ホルモン欠乏（LOH）は注目されており、安全な介入についてもトライアルが始まっている。最近では、老化遺伝子、ビタミンKなどの役割も研究が進んでいる。

一方、虚弱関連の症状を若年期に発症する病態にビンスワンガー白質脳症があり、50代でも尿失禁、認知症、妄想、歩行障害、転倒、誤嚥が出現する。白質の非顕在性のラクナ梗塞（脳梗塞のひとつ）や、循環障害は、30歳くらいから増加するが、個人差も大きい〔**図表2-6**〕。この白質病変（Periventricular Hyperintensity; PVH）の定量的変化は老化に伴い、個人差はあるが増加し[8・9]、老年症候群と広く関連する[10]〔**図表2-7・図表2-8**〕。

**図表2-6　核磁気共鳴撮像装置（MRI）による大脳白質病変の個人差の例**

（筆者作成）

---

**8**　Howard Bergman, Luigi Ferrucci, Jack Guralnik, David B. Hogan, et al: Frailty: An Emerging Research and Clinical Paradigm—Issues and Controversies. J Geront Biol Sci Med Sci, 2007 July; 62（7）: 731-737.

**9**　鳥羽研二「介護保険と高齢者医療：施設介護の問題点」日老医誌34巻12号981～986頁（1997年）

**10**　Sonohara K, Kozaki K, Akishita M, Nagai K, Hasegawa H, Kuzuya M, Yokote K, Toba K: White matter lesions as a feature of cognitive impairment, low vitality and other symptoms of geriatric syndrome in the elderly, Geriat Geront Int, 8: 93-100, 2008.

**図表2-7　大脳白質病変のFazekas重症度分類の年齢変化**

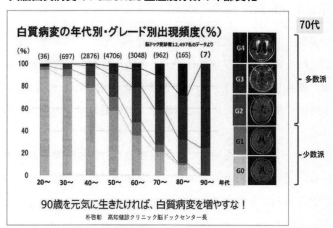

出典：朴啓彰・沖田学「ウルトラ高齢社会における自動車運転外来の役割〜認知機能が低下した運転者への医学的支援〜」(2020年)より

**図表2-8　PVHスコアと老年症候群**

(n=190)

|  | あり | なし | 有意差　p |
|---|---|---|---|
| 嚥下障害 | 12.2±4.4 | 4.5±4.8 | 0.001 |
| 体重減少 | 6.9±4.1 | 4.4±5.0 | 0.012 |
| 振戦 | 9.1±6.5 | 4.4±4.7 | 0.003 |
| 筋固縮 | 9.2±4.8 | 4.5±4.9 | 0.023 |
| 幻覚 | 8.5±5.9 | 4.4±4.7 | 0.004 |
| 妄想 | 7.6±5.2 | 4.4±4.8 | 0.01 |
| めまい | 6.1±6.5 | 4.4±4.4 | 0.062 |
| 頻尿 | 8.0±5.8 | 3.8±4.2 | ＜0.0001 |
| 尿失禁 | 7.5±5.1 | 4.3±4.8 | 0.002 |
| 歩行障害 | 6.7±5.1 | 4.2±4.7 | 0.003 |
| つまづき | 6.4±4.5 | 3.9±4.9 | 0.001 |
| 転倒 | 6.6±4.9 | 4.3±4.8 | 0.012 |

出典：Sonohara et al., GGI 2008

　この成績は、加齢に伴う白質病変の頻度増加は、介護現場では80歳以上が多数を占めるが、これらの年齢群では、中等度以上の白質病変が7割に達し、ほとんどの要介護者は、内因性の転倒危険を脳内に抱えていることがわかる。

第2章 医学からみる介護事故

## 2 老年症候群予防

　継続して仲間と運動を週に一度している集団では、7年間で日常生活活動度や運動機能にほとんど低下が見られず、この集団において、老年症候群（夜間頻尿、不眠、腰痛、視力低下）の経年的変化を観察すると、運動継続年数は、これらに予防的に働いていた。また転倒頻度の加齢による増加にも抑制的な効果が見られる。

　運動は性ホルモンの分泌を増し[11]、認知症の予防にも有効な成績が海外から示されている。栄養と運動というありふれた健康増進の方法にこそ、寝たきり、老年症候群予防の鍵があると考えられる。

## 3 慢性期医療における老年症候群予防

　在宅、地域では、加齢による生理機能の低下や自立度の低下が、二次的な疾患や障害とならないような、予防医療、啓発活動が求められる。

　白内障は、高齢者では最終的に100%罹患するが、視力障害の発現は個人差がある。難聴は高齢者では1／3程度に認められるが、コミュニケーション障害となっていても配慮されないことも多い。これらは閉じこもりやうつ傾向になりやすく、認知機能低下の危険因子としても注目されている。

　訪問看護だけでなく、外来の場面で感覚器障害の有無を内科、外科はじめすべての診療科の看護師が初診時にはチェックして、適切な医療と家族を含めた生活指導を行いたい。

　歩行速度が低下し、ついには通院困難となる高齢者も増えてきている。保健師や訪問看護に繋ぐ連携も重要であるが、急に通院困難となったわけではない。歩く速度が遅くなった、躓きやすくなったなどのエピソードを定期的にチェックして、地域包括支援センターや自治体の介護予防プランを紹介し、家庭でできる簡単な転倒予防体操を指導することが求められる。

---

11　Akishita M, Yamada S, Nishiya H, Sonohara K, Nakai R, Toba K, Effects of physical exercise on plasma concentrations of sex hormones in elderly women.

少しずつ痩せてきて、肺炎やインフルエンザなどに罹患しやすくなることもよく経験される。生理的な加齢に伴う免疫機能の変化だけでは、肺炎にかかりやすい程度は軽いが、低栄養が加わると免疫不全状態になり、肺炎などで不幸な転機を取ることが少なくない。栄養バランスの悪化は、フレイル、転倒や認知機能の低下にも繋がることが知られており、地域で、外来で体重をしっかりとモニターし栄養指導、食事指導、配食サービスの利用など多角的サービスを利用して低栄養予防に努めたい。以上、老年症候群は外来でも地域でも、リハ職種、視能訓練士、栄養士、看護師、歯科、医師など多職種を症状ごとにまとまってコーディネートして対応する（多職種連携）ことが望ましい。

## Ⅱ　とくに慢性期医療や介護現場で問題となる老年症候群

施設などでの老年症候群の頻度や構成は、少し若い時期から日常生活活動度の低下に起因する老年症候群が増えているが、三層構造は変わらない〔図表2-9〕。

図表2-9　医療施設、介護施設、在宅医療における老年症候群の構造

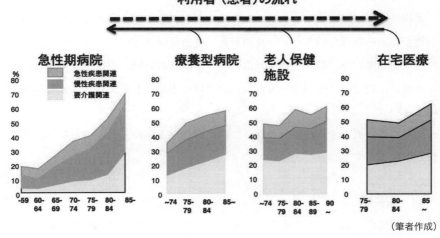

（筆者作成）

第2章　医学からみる介護事故

以下では、主要な老年症候群において述べていくこととする。

## 1　転倒以外の重要な症候群

### (1)　誤嚥性肺炎

90歳以上ではとくに直接死因として重要である。

高齢者の入院入所における肺炎の頻度は、嚥下性肺疾患研究会のデータでは126/146と87％に上る。この予防のため、介護現場では、摂食介助に毎食1時間を要することも稀ではない。

一般社会の最も多い誤解は、食べ物を誤飲して、誤嚥性肺炎が起きると考えていることであるが、大きな間違いである。

大多数の誤嚥性肺炎は、夜間知らず知らずの間に、細菌などを含んだ口腔内の液体を誤嚥し、それが喀出できないため、肺内で炎症を繰り返す病態である。食物残渣が含まれると、免疫反応によって、肺内に封入体として取り込まれるため、病理診断が可能である。

若年者では、誤嚥した場合も、嚥下反射、咳反射、気管繊毛運動によって喀出され、肺炎に至ることは稀である。要介護者などの場合は嚥下反射、咳反射、気管繊毛運動のすべてが低下しており、介護施設の誤嚥性肺炎の頻度は人年法で40％を超える。

誤嚥性肺炎は脳の疾患とも言われ、嚥下反射、咳反射を高める薬剤などの有効性が確かめられているが、一連の対策は健康保険対策になっておらず、嚥下食とケアの多大な負担を強いている。一方、食事の誤嚥、誤飲をきっかけに起きた肺炎は自宅では肺炎であるが、施設では「事故」と捉えられ、裁判係争が絶えない。

加齢に伴い低下する代表的な嚥下、喀出機能を「事故」と捉えるなら、老衰死も事故死とするべきである。

### (2)　尿失禁

ケア現場医において多大な負担を強いる大きな要素が、排泄障害である。

高齢者の転倒は事故ではなく老年症候群である

　在宅ではとくに、オムツや下着の交換頻度が課題であり、施設でも大きな差があった。トイレ誘導で人らしく排泄することは、意欲の向上に役立つが、昨今の人手不足や「転倒事故」を恐れ、ベッド上で排泄させることも少なくない。しかしながら尿失禁や便失禁を放置し無欲となっても「事故」とは扱われない。

### (3)　認知機能低下

　施設入所者では50 〜 80%に認められる。老年症候群発現の時間軸による観点から、フレイルと認知症を表にまとめた〔**図表2-10**〕。たとえば、老人保健施設で認知症短期集中リハビリテーション対象者は認知症の中期〜進行期であり、フレイル関連の老年症候群もすべて併せ持っていると考えて、対処する必要性が高い。

図表2-10　**認知症とフレイルにおける老年症候群の共通性と発現時期の相違**

| どんな症状？ | 認知症 | フレイル |
|---|---|---|
| 同じ話 | 初期 | 中期 |
| 置き忘れ | 初期 | 中期 |
| つまずき | 中期 | 初期 |
| 歩くのが遅い | 中期 | 初期 |
| 意欲の低下 | 中期 | 初期 |
| 体重減少 | 中期 | 初期 |
| 閉じこもり | 中期 | 中期 |
| 咀嚼、飲み込み | 進行期 | 中期 |
| 尿失禁 | 進行期 | 中期 |

(筆者作成)

## 2　転倒のリスクとその評価

### [ポイント要約]

1) 転倒の危険因子は身体的要因（内的因子）と環境要因（外的因子）がある
2) 内的因子は、歩行機能に関連するバランス、筋力や立位や歩行に影響する疾患、症状、薬剤に大別される。
3) 外的因子は、段差、障害物、階段、坂といった普遍的な要素と床や履物といった個別の要素に分けられる。

第2章　医学からみる介護事故

> 4）転倒リスク評価は、集団でのスクリーニングでは、普遍的かつ簡便な方法が求められる。
> 5）転倒スコアは、この要点をすべて満たし、感度・特異度に優れている。

　転倒・骨折は高齢者における寝たきり要因の第3位に位置づけられ、骨粗鬆症性骨折の中で最も重い骨折である大腿骨頸部骨折は、その90％以上が転倒によって生ずるとされている[12]。転倒は骨折を合併しなくても、数度の転倒を経験すると、意欲やADLを低下させる[13]。地域住民におけるADL依存の危険因子として、転倒は約2倍のリスクであり[14]、転倒予防は寝たきり予防にきわめて重要である。

　従来、転倒危険因子は、特定のフィールドでの横断的、あるいは縦断的解析によってなされているが、抽出された危険因子は、身体的脆弱性、歩行機能の低下など共通の危険因子がある一方、めまいや認知症などは成績が一致していない[15]。転倒、内的要因である身体的側面と、外的要因である環境要因による複合的症候群と捉えられるが、後者は地域や文化的、生活習慣的側面により大きく異なる可能性もある。

　従来の転倒危険因子は、病歴、現症、血液検査、生活能力などの簡便な検査、専門調査員による測定検査、特殊な機器を用いた検査などが統一性なく調査され、一般健康診断に適応できるかどうかの観点に著しく欠けていた〔**図表2-11**〕。

**図表2-11　測定方法の難易度で分けた、転倒の危険因子**

| 【特殊機器、医師の問診などが必要な専門検査】 |
| --- |
| ・歩行運動系（関節症、ミオパチーなど）<br>　　　歩行速度遅延<br>　　　バランス低下<br>　　　下肢筋力低下 |

---

**12**　鈴木隆雄「転倒の疫学」日老医誌40巻2号85～94頁（2003年）、鳥羽研二ほか「効果的医療技術の確立推進研究」2003年度班研究報告。
**13**　Rubenstein LZ. Falls. In: Yoshikawa TT eds. Ambulatory Geriatric Care; 1993.
**14**　前掲注（13）。
**15**　前掲注（13）。

高齢者の転倒は事故ではなく老年症候群である

・心血管系障害（不整脈、起立性低血圧など）
・神経系障害（痴呆、パーキンソニズムなど）
・薬剤（鎮静剤、睡眠剤など）

**【問診表などで可能な簡易な方法】**
・老研式活動能力指標低下
　（手段的ADL、知的能動性、社会的役割の13項目で構成）
・過去の転倒歴
・環境要因：照明不良、障害物、段差、不適切な履物など

（筆者作成）

　転倒リスクを簡便に網羅して問診表に活かすためには、まず、内外の文献的レビューをもとに、転倒リスクの選別を行う必要がある。転倒危険者早期発見の評価方法作成ワーキンググループの研究班の会議によって簡易な「転倒リスク予測表」が作成され、多数の地域住民で評価の妥当性、有効性が検討された。

## (1)　方　法

　平成14年度厚生労働省科学研究効果的医療技術の確立推進、転倒骨折班の合同討議、内外のレビュー[16・17]から、筋力低下、バランス欠如、歩行障害、視力障害、移動障害、認知機能障害、転倒不安ADL障害、起立性低血圧、加齢、転倒の既往、慢性疾患、薬剤、段差が必須項目として挙げられた。これらの項目を具体的に質問表のみで被験者が内容を理解し、かつ因子のもつ意味が変容しないよう議論を重ね、問診表を完成した〔**図表2-13**参照〕。繰り返し再現性、季節変動などの基本的検討はすでになされ、良好な結果を得ている[18]。

## (2)　調査対象

　全国7地域（浦臼町、仙台市、塩尻市、中之条町、多摩地区、香北町、相良村）

---

16　前掲注（12）。
17　鳥羽研二ほか「転倒リスク予測のための『転倒スコア』の開発と妥当性の検証」日老医誌42巻3号346〜352頁（2005年）。
18　前掲注（17）。

## 第2章　医学からみる介護事故

の住民2439名（男性932名、女性1507名：76.3 ± 7.4歳）。問診表の意味を説明し調査の同意を得たのち、自記式にて回答、自記不可能な場合は調査員が聞き取り調査を行った。

解析は、1）過去の転倒歴を従属変数として、多変量解析を行った。2）観察期間中の転倒歴を従属変数として、過去の転倒歴を含む、調査票の項目を独立とし重回帰分析を行った。年齢、性は強制注入した。p値が0.05未満を統計学的に有意とした。なお有意な傾向として、p＜0.1の項目も記載した。

検討結果は、各項目の出現頻度：過去1年の転倒歴は708名（男性229名、女性479名、平均年齢77.5 ± 7.4歳）、転倒率は29.0％、観察期間中は25％であった。年齢別転倒率は**図表2-12**に示す。

**図表2-12　高齢者の1年間の転倒率（全国7地域）**

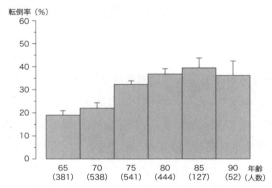

出典：鳥羽研二（監修）『高齢者の転倒予防ガイドライン』（メジカルビュー、2012年）より

骨折は1.8％にみられた。問診表と転倒者と非転倒者における各項目の異常と判定された頻度を**図表2-13**に示す。

観察期間中の転倒を評価しえた376症例で、過去の転倒歴を従属変数として、多変量解析を行った。独立した有意な危険因子として、つまずく（p＜0.0001）、階段昇降にてすりが必要（p＜0.01）、歩く速度が遅くなってきた（p＜0.01）、家の中に障害物がある（p＜0.05）、階段の使用（p＜0.05）、坂道の使用（p＜0.05）、が抽出された。ロジスティック回帰分析においては、つまずくが3.8倍の転倒危険率、階段昇降にてすりが必要、歩く速度が遅くなってきたの身体要

高齢者の転倒は事故ではなく老年症候群である

**図表2-13　転倒スコア**

質問項目と陽性頻度

| 1) | 転倒回答数2395名で708例（4.7±1.0回/年）28.8% | | | | |
|---|---|---|---|---|---|
| | | 全体 | 非転倒者 | 転倒者 | 有意差(p) |
| 2) | つまずくことがある | 56.5% | 45.3 | 83.3 | ＜0.0001 |
| 3) | 手摺につかまらず、階段の昇り降りを出来ない | 50.6% | 45.0 | 63.8 | ＜0.0001 |
| 4) | 歩く速度が遅くなってきた | 65.2% | 59.2 | 79.6 | ＜0.0001 |
| 5) | 横断歩道を青のうちにわたりきれない | 17.0% | 12.7 | 27.5 | ＜0.0001 |
| 6) | 1キロメートルくらい続けてあるけない | 35.8% | 30.5 | 48.5 | ＜0.0001 |
| 7) | 片足で5秒くらい立てない | 38.6% | 32.5 | 53.2 | ＜0.0001 |
| 8) | 杖をつかっている | 28.3% | 22.0 | 43.7 | ＜0.0001 |
| 9) | タオルを固く絞れない | 16.8% | 12.2 | 28.2 | ＜0.0001 |
| 10) | めまい、ふらつきがある | 32.4% | 24.7 | 50.6 | ＜0.0001 |
| 11) | 背中が丸くなってきた | 44.9% | 40.3 | 55.8 | ＜0.0001 |
| 12) | 膝が痛む | 47.3% | 41.1 | 62.3 | ＜0.0001 |
| 13) | 目がみにくい | 53.1% | 48.4 | 64.3 | ＜0.0001 |
| 14) | 耳が聞こえにくい | 42.5% | 39.1 | 50.7 | ＜0.0001 |
| 15) | 物忘れが気になる | 63.7% | 59.4 | 74.0 | ＜0.0001 |
| 16) | 転ばないかと不安になる | 45.8% | 37.0 | 64.8 | ＜0.0001 |
| 17) | 毎日お薬を5種類以上飲んでいる | 31.2% | 27.2 | 40.8 | ＜0.0001 |
| 18) | 家の中で歩くとき暗く感ずる | 11.4% | 8.5 | 18.3 | ＜0.0001 |
| 19) | 廊下、居間、玄関に障害物 | 20.8% | 17.1 | 29.6 | ＜0.0001 |
| 20) | 家の中に段差がある | 69.1% | 68.9 | 69.5 | 0.79 (ns) |
| 21) | 階段を使わなくてはならない | 27.7% | 27.5 | 28.2 | 0.74 (ns) |
| 22) | 生活上家の近くの急な坂道を歩く | 33.3% | 33.6 | 32.5 | 0.60 (ns) |

出典：鳥羽研二（監修）『高齢者の転倒予防ガイドライン』（メジカルビュー、2012年）より

因が2倍の危険率だったのに対し、環境要因は2倍以下だった。階段の使用は、0.6倍で転倒に対して、転倒率を減少する方向の因子であった。年齢、性は有意ではなかった。

　観察期間中の転倒を評価しえた1378症例で、観察期間中の転倒を従属変数

第2章　医学からみる介護事故

として、ロジスティック回帰分析を行い、独立した危険因子として抽出された
下位項目の転倒危険度（オッズ比）を算出した[19]。

　独立した有意な危険因子として、過去の転倒歴（p＜0.0001）、歩く速度が遅
くなってきた（p=0.04）、杖の使用（p=0.02）、背中が丸くなってきた（p=0.02）、
5種類以上の服薬（p=0.03）、が抽出された。ロジスティック回帰分析におけ
るオッズ比は、過去の転倒が4.5倍と最もオッズ比が高く次いで、歩く速度が
遅くなってきた（1.9倍）、杖の使用（1.8倍）、背中が丸くなってきた（1.8倍）、
5種類以上の服薬（1.7倍）であった。

　これらのオッズ比を四捨五入して整数倍にし、重み付けした「簡易転倒スコ
ア」〔**図表2-14**〕の合計点を用い、観察期間中の転倒予測の有用性を検討し
たところ、カットオフポイント6/7点において、感度68%、特異度71%の実用
性に足る成績が得られた。

**図表2-14　簡易式の「転倒チェック」シート**

該当項目に✓をつける

| | | |
|---|---|---|
| ☐ | 過去1年に転んだことがある | 5点 |
| ☐ | 背中が丸くなってきた | 2点 |
| ☐ | 歩く速度が遅くなってきたと思う | 2点 |
| ☐ | つえを使っている | 2点 |
| ☐ | 毎日5種類以上の薬を飲んでいる | 2点 |
| | | 合計　　点 |

※7点以上は「要注意」

出典：鳥羽研二（監修）『高齢者の転倒予防ガイドライン』（メジカルビュー、2012年）より

## (3) スコアの意義

　転倒は多数の内的要因、外的要因による、多危険因子の重層的な症候群
（Multiple Risk Factor Syndrome）の1つである[20]。

　ルベンスタインは、転倒に関する大規模研究のレビューを行い、筋力低下、

---

**19** Okochi J, Toba K, Takahashi T, Matsubayashi K, Nishinaga M, Takahashi R, Orui
T: Simple screening test for risk of falls in the elderly, Geriatr Gerontol Int 2006; 6:
223-227.
**20** 前掲注（12）。

## 高齢者の転倒は事故ではなく老年症候群である

バランス欠如、歩行障害、移動障害、ADL障害はほとんどすべての研究で一致した危険因子であるが、視力障害、認知機能障害は半数の研究では危険因子として有意でなく、起立性低血圧は7研究中2つのみ有意であった[21]。このように、比較的人種や地域の差異が大きくないと予測される内的要因でも、危険因子としての重みには、対象によって異なる成績である。転倒の危険評価表の開発は、主として、介護施設[22]や病院[23・24・25]で行われ、過去の転倒、認知機能、感覚機能、運動・歩行機能、薬剤、立ちくらみ、慢性疾患が挙げられている。転倒の大部分は家庭内でおき、居間など室内で過半数がおきるとされているが、外的要因に関して、危険因子を標準化する試みはほとんどない。地域における転倒危険因子の抽出は多く行われているが[26・27・28・29・30]、機能評価は質問紙表のみで完了せず、測定に人手を要するものがほとんどである。また、内的要因と外的要因を公平に並べて、転倒の危険因子としての意味を調査した研究はなく、外的要因を加えた地域での簡易な危険因子評価表は見当たらない。

　転倒スコアは、内的要因に関しては、筋力低下、バランス欠如、歩行障害、

---

21　前掲注 (13)。

22　Tinetti ME, Williams TF, Mayewski R.:Fall risk index for elderly patients based on number of chronic disabilities, Am J Med. 1986 Mar; 80 (3) : 429-34.

23　Nyberg L, Gustafson Y. : Using the Downton index to predict those prone to falls in stroke rehabilitation. Stroke, 1996 Oct; 27 (10) : 1821-4.

24　Morse JM, Morse RM, Tylko SJ: Development of a scale to identify the fall-prone patients. Canad J Aging, 1989: 366-377.

25　Brians LK: The development of the RISK tool for fall prevention, Rehav.Nurs. 1991; 16: 67-69.

26　Tinetti ME, Speechley M, Ginter SF.: Risk factors for falls among elderly persons living in the community, N Engl J Med 1988; 319: 1701-1707.

27　O'Loughlin JL, Robitaille Y, Boivin JF: Incidence of and risk factors for falls and injurious falls among the community-dwelling elderly, Am J Epidemiol 1993; 137: 342-354.

28　Davis JW, Ross PD, Nevitt MC, Wasnich RD. : Risk factors for falls and for serious injuries on falling among older Japanese women in Hawaii, J Am Geriatr Soc, 1999; 47: 792-8.

29　Campbell AJ, Borrie MJ, Spears GF.: Risk factors for falls in a community-based prospective study of people 70 years and older, J Gerontol 1989; 44: M113-M117.

30　Tromp AM, Pluijm SMF, Smit JH: Fall-risk screening test, A prospective study on predictors for falls in community-dwelling elderly, L Clin Epidemiol 2001; 54: 837-844.

## 第2章　医学からみる介護事故

移動障害、ADL障害と関連する外的因子に焦点を絞り、バリアフリーの観点から、障害物、段差、階段、坂道など多様な普遍的外的因子を下位項目に挙げた。視力障害と関連して、「部屋が暗く感ずるか」も加えた。

ロジスティック回帰分析で転倒歴を規定した危険因子は、内的要因として、「つまずく」「階段昇降にてすりが必要」「歩く速度が遅くなってきた」が抽出され、外的要因では、「家の中に障害物がある」「家の中の段差」「階段の使用」「坂道の使用」が抽出された。これらは、筋力低下、バランス欠如、歩行障害、移動障害、ADL障害[31]と関連する内的因子を具体的記述によって因子として捉えたものと評価されよう。

外的要因では、「家の中に歩行上の障害物がある」「家の中の段差」という、比較的改善可能な因子が関連していたことは、転倒予防に関連しても興味深い。また、階段の使用が転倒予防の方向に働いていたことは、転倒予防体操、筋力訓練の可能性を示唆するものとして興味深い。

過去の成績では、転倒の既往は、転倒危険因子として最も重要で、内外研究で3.8倍平均である[32]。今回の前向き研究でも、過去の転倒が4.5倍ともっともオッズ比が高く、骨粗鬆症と関連する「円背」（1.8倍）、歩行速度の遅延（1.9倍）、杖の使用（1.8倍）、5種類以上の服薬（1.7倍）などの身体要因が有意で、環境要因は有意ではなかった。

環境要因関連の要素が有意でなかった原因は、これらの要素を強く持つ群は過去の転倒者に多いため、「転倒歴」を独立変数とした場合に独立した危険因子としてのパワーを失ったと考えるのが妥当であろう。

しかしながら、転倒予防事業で、今後の転倒危険者を抽出する検査を考える場合、従来のように、筋力検査（歩行速度、片足立ち時間、握力）などに時間を費やすより、過去の転倒回数を十分聴取し、身体的側面（骨粗鬆症、姿勢障害、歩行障害）の情報を得るため、「転倒スコア」を活用することが簡易で有用であると考えられる。

---

**31**　前掲注（13）。
**32**　前掲注（12）。

転倒スコアは、また21の多因子を同時に聴取できるため、要介護度調査と同様に、転倒予防のケアプラン作成に活かすべきであると考えられる。

## 3 転倒スコアからみた80歳以上の高齢者の特徴

今回のテーマである80歳以上の転倒について改めてサブ解析した。転倒スコアの平均値は10を超え、半数以上が転倒危険者であった〔**図表2-15**〕。

施設入所者でない、一般コミュニティでも、80歳以上では半数がいつ転んでもおかしくない状態といえる。

**図表2-15**

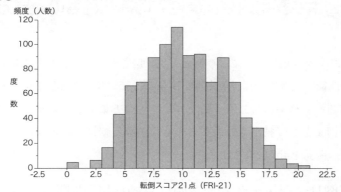

出典:鳥羽研二「超高齢者の転倒予防ケアプラン」健康長寿ネット

また、単一の因子が独立して転倒危険因子とはならず、加齢と転倒スコア総数、ポリファーマシーが重要な因子であった。

80歳以上の高齢者では、すべての老年症候群を洗いだし、処方の前に、非薬物療法として、それぞれの病態に適切なケアプランをすることが、転倒予防に役立つと思われる。たとえば、以下のような症例に即した検討が有用となろう。

> 症例(85歳、高血圧、転倒歴あり、歩行速度減退、入浴時に介助)では、高齢(85歳で4割転倒)、過去の転倒(最も強い危険因子;翌年転倒率2/3)、筋力低下(フレイルで2倍)、めまい、に加え神経障害や視力障害(記載はないが)が存在しよう。この様な症例は虚弱(フレイル)の典型であり、いつ再度転んでもおかしくない。男性の場合、転倒後にぼんやりしたり、注意力が欠けた場合「慢性硬膜下血腫」

第**2**章　医学からみる介護事故

を疑うことが肝要（女性の倍）。転倒を繰り返しているので、ADL低下、意欲低下、要介護の危険も高い。適切な靴、杖の使用、階段・浴室はもちろん、玄関や居間など必要部分への手すりの設置、コルクなど転倒しても怪我のない素材への内装など、費用が出せれば考慮する。デイケアで短期集中リハビリなどによって歩行能力を高めるサービス利用も進められる。起立性低血圧、高血圧、糖尿病性神経障害、高齢、全てが脳血流ホメオスタシス阻害因子で、血圧調節許容幅は少ない。過度の降圧を避け、極度の減塩も禁である。入浴は見守りができない家庭状況ではデイサービスでの入浴が無難だろう。

# Ⅲ　より実用的な、現場での易転倒者の発見方法

転倒のリスク評価において、姿勢と転倒、脳と転倒に着目した測定方法として、足背関節挙上角度の原理測定機を開発し、転倒リスク評価を検討した。

転倒関連筋骨格系に対し重点的な作用をもつ方策が求められる。猫背や躓きが危険因子として抽出されたことから、姿勢と転倒、脳と転倒に着目して測定方法の開発を計ることとした。

## 1　転倒リスク・予防効果評価に有効な足背関節挙上角度

転倒スコア21項目は、該当陽性項目数に比例して、用量依存性に転倒率を増すが、前向き研究による、ロジスティック回帰分析では、過去の転倒歴、円背、杖の使用、歩行速度の低下、5種類以上の薬剤の使用が特に重要である[33]。過去の転倒歴は5倍の転倒危険率（オッズ比）を有するが、ケアプランの策定、転倒のメカニズムを解明するには、過去の転倒歴規定因子にも配慮する必要がある。過去の転倒歴の最大規定因子はつまずき（オッズ4倍）である。今回姿勢の変化とつまずき・転倒を調査した。

杏林大学転倒予防外来受診者188名に対し、転倒歴、転倒スコア、足背関節

---

**33**　Okochi, Toba GGI 2007

挙上角度（**図表2-16**の足背関節挙上角度測定装置により測定）、胸椎後弯角を調べ、相互の関連を分析した。**図表2-17**にみられるように足背関節挙上角度が少なくなると用量依存性に転倒が増えた[34]。胸椎後弯は用量依存性に転倒頻度を増した。足背関節挙上角度は、女性は男性より少なく、骨粗鬆症を基盤とした姿勢異常が、原因の一端と推測され、女性に転倒骨折が多い一因であることが示唆された。

**図表2-16　試作したDorsiflex Meterとその測定風景**

出典：Toba GGI 2003

**図表2-17　足背関節挙上角度と転倒率の関係**

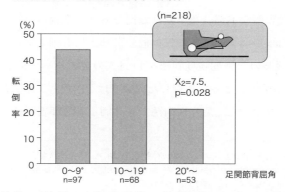

出典：Toba K, Nagai K, Kimura S, et al.: New dorsiflexion measure device: a simple method to assess fall risks in the elderly GGI, 2012; 12（3）: 563-564.

34　Toba GGI 2003

第2章　医学からみる介護事故

　足関節筋力と柔軟性、膝関節屈曲、脊椎後弯と転倒の関連の一部が明らかになった。これにより重点的に行うべきストレッチ、筋力向上の部位が示され、簡便な転倒予防体操や有効な履物が明らかになった[35]。

## 2　看護師の視覚情報による転倒危険者 ─フレイル該当者のスクリーニング方法─

　フレイルの評価は、

---

1) 代表的な表現形（フェノタイプ）によるFriedらの5項目の「CHS基準」
2) 網羅した表現形（老年症候群）の集積数によるRockwoodらの「Frailty Index」
3) 生活機能重視の「Clinical Frailty Scale」（要介護度）
4) この中間形の25項目の基本チェックリスト（佐竹）

---

に分かれるがCHS基準は大規模研究には適するが、訓練した測定者と場所、器具が必要でFrailty Indexは病院などデータベースが揃っていないと難しい。

　Clinical Frailty Scaleは介護保険向きで、個人の課題は置き去りである。

　基本チェックリストは優れたツールであり、質問紙法として優れているが、時間のない場面でのスクリーニングとして、より簡便な方法が求められている。フレイルの代表的な不都合な事象は転倒であり、筆者らの転倒予測スコア（Fall Risk Index）はフレイルの転倒危険者抽出に有効である[36]。一方転倒評価指標と看護師の転倒危険度判断を1154人の老人ホーム入居者でRCT（ランダム化比較試験）によって比較した成績では[37]、両者にその後の転倒頻度の差はまったくなかった。急性期病院でも評価と看護師判断に差は見出さ

---

**35** Toba K, Nagai K, Kimura S, Yamada Y, Machida A, Iwata A, Akishita M, Kozaki K: New dorsiflexion measure device : A simple method to assess fall risks in the elderly Geriatr Gerontol Int 12（3）, 563-564, 2012.

**36** 前掲注（17）。

**37** Meyer G, Köpke S, Haastert B, Mühlhauser I, Comparison of a fall risk assessment tool with nurses' judgement alone: a cluster-randomised controlled trial, Age Ageing, 2009 Jul; 38（4）: 417-419.

れていない[38]。このように時間と人手をかけて行っている転倒危険度評価は、看護師の判断で代替できる可能性があるが、看護師の判断の価値は、ナースの直感という科学性が担保されていない用語のためもあって、泉らの成績[39]以降長く検討されてこなかった。

今回、看護師の視覚情報による転倒危険度の判断と既存の転倒評価指標を同時に施行し、看護師の視覚情報による転倒危険度の判断の持つ意味の解析を行った。

看護師の転倒危険度判断（少ない、ややある、大きい）における3群間の、総合的機能評価指標の比較では、「少ない」と判断された群に比較し、「ややある」「大きい」と判断された群では、基本的ADL低下、フレイル基準（CHS）の該当項目数が多いことが示された〔図表2-18〕。

**図表2-18　視覚情報による転倒危険度判断（3群）とフレイル該当率**

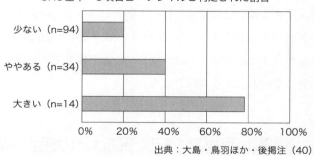

出典：大島・鳥羽ほか・後掲注（40）

また、看護師の転倒危険度判断と転倒関連評価指標との検討では、転倒スコア（Fall Risk Index;FRI）は危険度判断が高くなるにつれ、平均値で4.6、6.3、10.0と有意に（$p < 0.001$）増加した。

握力は、転倒危険度が少ないと判断した群と比べ、危険度が高い群では平均半分の握力であった（$p < 0.001$）。開眼片脚立ち試験は、危険度の高いと判断

---

[38] Webster J, et al, The STRATIFY tool and clinical judgment were poor predictors of falling in an acute hospital setting J Clin Epidemiol. 2010 Jan; 63（1）: 109-110.
[39] 泉キヨ子「入院高齢者の転倒予防ケア」日老医誌42巻4号403～405頁（2005年）。

第2章　医学からみる介護事故

された群では左右とも平均0.5秒で、転倒危険度が少ない、ややある群より大幅に短かった（p＜0.001）。3m Up and Goテストでは、少ないと判断された群は、他の群より所要時間が短かった（p＜0.01）。

　足首の柔軟性（Dorsiflex Meter）は、転倒危険度が高いと判断された群では他群より、可動角度が有意に小さく（p＜0.001）、平均値で10度以下であった。

　看護師の転倒危険度判断と転倒スコア下位項目との相関を検討したところ、階段昇降、歩行速度（横断歩道を青のうち渡りきる）、歩行持続力1km、バランス（片脚立ち5秒以上）、握力（タオルを絞れる）、杖の使用と関連があった。また、転倒不安（p＜0.01）、ポリファーマシー（p＜0.01）とも関連があった。

　視覚情報による転倒危険度の判断と既存の転倒危険度関連検査の多角的検討の結果、看護師は筋力、歩行速度、バランスなど転倒危険要素を総合的に判断して転倒危険度を効率よく判断し、結果的にフレイルのスクリーニング機能も有することが判明した[40]。

　これらは、多様な視覚情報（見た目）の価値の高さを再評価すべきと考えられる。将来画像判断能力を有するロボットやAIが登場した時に、これらの情報処理過程を生かすことができれば、フレイルの早期発見、転倒予防のシステム化、省力化に繋がることが期待される。

## Ⅳ　療養環境現場で、転倒予防はどの程度可能か？

　国際的な文献では、介護環境における年間転倒率は2〜3回／ベッドである。半年入所の老健で平均3人中2人、長期入所の特養ならば年1人1.5回は転倒することになる。

　2023年の海外の老人ホームにおける18論文のシステマティックレビューによれば、転倒発生率は43％で地域住民の2倍近い[41]。海外でも転倒事故は施設

---

**40**　大島浩子・鳥羽研二ほか「看護師の視覚情報に基づく転倒危険度の判断に関する研究
―もの忘れ外来における検討―」日老医誌56巻2号164〜170頁（2019年）。

の責任であり、訴訟対象という弁護士の広告が増えている。その中で転倒は予防可能「Fall is preventable」と謳っているのが悲しい事実誤認である。

　古いデータであるが、我々が3年間、転倒予防チームを作成し、あらゆる知識、技能、啓発を行った縦断調査の結果を示す〔**図表2-19**〕。

**図表2-19　ベッド数あたりの年間事故発生頻度**

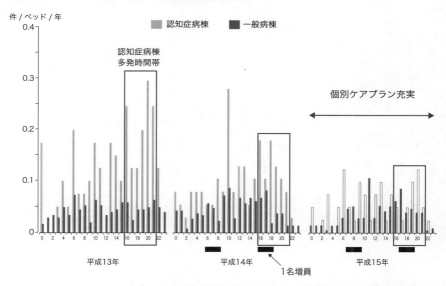

出典：鳥羽研二「転倒予防ガイドライン策定研究」厚労科研2003報告書

　スタッフ教育、危険時間帯への配置、個別ケアプラン充実など3か年の成果は年平均1転倒/1ベッドから、0.5転倒/ベッドまで半減できたが、これが限界であった。より看護師配置の多い大病院向けの医療機能指標は0.4転倒/ベッドとなっているのはこれらの成果をふまえた結果と思われる。

　以上、どんなに努力しても、転倒を完全に防ぐことはできない。それはどんなに排尿誘導を頑張っても尿失禁をゼロにできない、嚥下リハビリを頑張って

---

41　Lu Shao, Ying Shi, Xi-Yan Xie, Zhong Wang, Zhang-An Wang, Jun-E Zhang Incidence and Risk Factors of Falls Among Older People in Nursing Homes: Systematic Review and Meta-Analysis, Am Med Dir Assoc 2023 Nov; 24（11）: 1708-1717.

## 第2章　医学からみる介護事故

も誤嚥は根絶できないのと同じである。

　老年症候群に対する真摯な医療介護の取組みは、過酷な労働に薄給なスタッフが懸命に頑張って初めて持続しているものである。これらの献身に対して、感謝の代わりに稀に起きた転倒による不幸な転機を「事故」として、スタッフの気力、意欲を奪っていく風潮は今こそ根絶しなくてはならない。

# 第3章 要介護者を取り巻く環境

## 1. 要介護者の身体的機能

山野　雅弘

公益社団法人全国老人保健施設協会 理事・事故検討会委員長
（介護老人保健施設紀伊の里 施設長・医師、金沢大学医学部 臨床教授）

[要　旨]

人は加齢とともに筋力は低下し、老化によって様々な症状すなわち老年症候群が起こる〔**図表3-1-1**〕。人は加齢により、筋力は生理的にも衰える。

**図表3-1-1　骨格筋力の加齢変化**

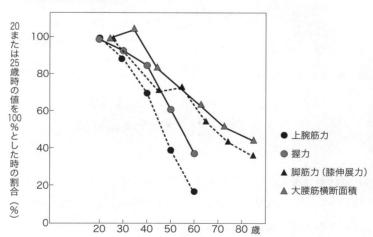

出典：平井俊策「1．ヒト老化度測定基準の設定及びその老年病との関連に関する研究　1-1 神経系」理化学研究所『ライフサイエンスの現状と将来［1集］』（創造ライフサイエンス研究会、1981年）77頁、久野譜也「散歩では高齢者の筋力低下は防げない―高齢者の筋力低下のメカニズム―」大内尉義編『老年病のとらえかた』（文光堂、2002年）137〜147頁を参考に筆者作図

# 第3章　要介護者を取り巻く環境

　介護保険施設の入所者や通所の利用者は、圧倒的に高齢者である。そして何らかの基礎疾患や障害を合併している。また、障害者施設の要介護者も先天的・後天的にかかわらず身体機能の低下がみられる。しかも、障害者の方々も高齢化が進んでいる。鳥羽研二先生は1997年、すでに「施設介護の問題点」という論文を発表し、加齢によって起こる症状について急性疾患関連・慢性疾患関連・要介護関連に分けて、述べている〔**図表3-1-2**〕。本項で述べる転倒、嚥下障害、認知症も老年症候群に含まれている。

**図表3-1-2**

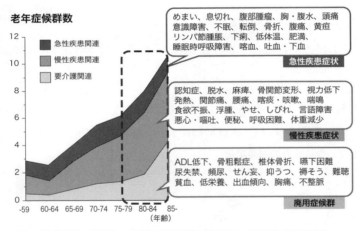

出典：鳥羽研二「施設介護の問題点」日老医誌34巻12号981〜986頁（1997年）

## Ⅰ　転倒と老年症候群

　転倒は要介護者に限らず高齢化すなわち老化に伴い最も起きやすい症状（出来事）である。介護施設でのいわゆる介護事故の60〜70%が転倒・転落というデータがある〔**図表3-1-3**〕。

**1. 要介護者の身体的機能**

#### 図表3-1-3　事故の傾向

（令和4年10月20日から令和5年9月30日まで）

受付事故件数【総数720件】
※新型コロナウイルス感染症は含みません

| うち対人事故 | 670件 |
|---|---|
| 　転倒・転落 | 514件 |
| 　誤飲・誤嚥 | 19件 |
| 　溺水 | 2件 |
| 　誤薬 | 2件 |
| 　食中毒 | 27件 |
| 　その他・不明 | 106件 |

出典：公益社団法人全国老人保健施設協会 資料

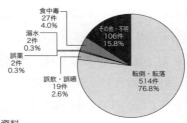

## 1　当施設での転倒の実態

筆者が施設長を務める介護老人保健施設紀伊の里（以下「当施設」という）での転倒の実態を紹介する。

#### 図表3-1-4　発生時の状況　　図表3-1-5　発生場所

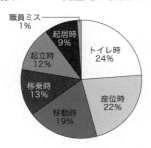
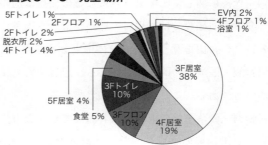

#### 図表3-1-6　転倒・転落発生時間帯

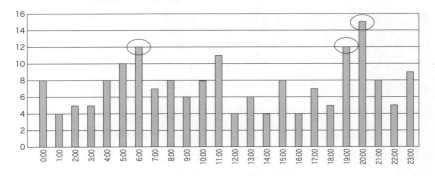

出典：〔図表3-1-4・3-1-5・3-1-6〕ともに当施設における事故報告書

# 第3章　要介護者を取り巻く環境

　当施設における転倒・転落事故件数は、令和3年1月〜同年12月において、転倒は112件、転落は65件、転倒・転落は177件発生している（紀伊の里事故報告書より）。**図表3-1-4**は発生時の状況、**図表3-1-5**は発生場所、**図表3-1-6**は転倒・転落発生時間帯を示している。

　このデータから見えてくることは、当施設では、居室が3階から5階まで3フロアあり、3階は重度要介護者、5階にいくにつれ介護度の低い利用者という部屋割りをしているので重度の利用者ほど転倒しやすく、発生場所は圧倒的に居室が多い。時間帯として6時、19〜20時に多く、これは動作でいうと起居時でベッドから車椅子、車椅子からベッドへの移乗時に相当する。すなわち、最もスタッフの少ない時間帯で起床時や就寝時に利用者が1人で動いて転倒や転落を起こしており、ほとんどがそれを発見しているということである。それらをすべて「事故報告書」として報告してきていたがその後、後述のように転倒・転落に関して床に座り込むなどの発見は別の報告様式とした。

　介護保険施設では利用者の尊厳が最も重視されるので、転倒を恐れて利用者の行動の自由を奪う行為、身体拘束などはもってのほかであり、令和6年の診療報酬（医療）の改正においても、患者を安易に拘束してはならない方向に向かいつつある。これは当然のことである。

　転倒・転落予防の取組みは各施設で様々な方法で行われている。主なものとして、①環境の整備や調整、②離床センサーやICTの活用、③福祉用具の活用、④すべてのスタッフが統一して介護ができるような情報の共有・ケアの標準化、⑤ポジショニング、⑥ヒヤリハットの活用、⑦リハビリテーション（生活リハビリも含む）などである。当施設では、81台の旧式のベッドを電動低床ベッドに置き換えた際、利用者一人ひとりのベッドの普段の高さを個別に移乗しやすい高さに決めたところ、その前後1か月で移乗時の転落が27件から7件に減ったという成果を得た（自研例）。

　また、看護学部との共同で、2000年4月1日の介護保険法施行の6か月前は車椅子のいわゆる安全ベルトを使用し、施行日から一斉に使用をやめ、同年9月30日まで経過をみたが、その前後で車椅子からの転落や転倒の数に有意な

**1. 要介護者の身体的機能**

差はなかった（自研例）。

## 2 転倒の発見状況

　介護施設における転倒事故と呼ばれているものの中で、スタッフの目の前でまさに転倒を目撃したというのはその10%もなく、居室の巡回等で床に座り込んでいるのを発見したとか、夜に音がしたので様子を見に行ったら床に倒れていたのを発見したというのが、ほとんどである（当施設事故防止委員会資料）。

　老化による筋力低下はADL（日常生活動作）の低下を招き、バランス感覚も鈍らせる。ほかにも老化による様々な感覚機能の低下など心身機能の低下で転倒が起こりやすくなることは容易に想像できる。そして老化とともに骨も脆くなっていくのは生理的変化であるので転倒の仕方によっては骨折も同時に起こる。さらには転倒しなくとも脆い骨のため「いつの間にか骨折」といった事態も起こる可能性が高まる。

　余談であるが、日本以外の先進諸国の介護施設では、目の前で利用者が転倒しかけていたらスタッフは助けてはならないということになっている[1]。スタッフが巻き込まれて労災的な被害を受けないようにという意味である[2]。あくまでも自由に行動してもらい、転倒したら自己責任という考え方である。

　こういう「出来事」は、自宅でも施設介護であっても起こる可能性は同様にある。

---

1　株式会社日本総合研究所「介護保険施設等における事故報告に関する調査研究事業報告書（令和5年度老人保健事業推進費等補助金老人保健健康増進等事業）」（令和6年3月）。
　　同調査研究事業は、介護保険施設のリスクマネジメントについて、国による事故情報の一元的な収集・分析・活用の仕組みを視野に入れた標準様式の改定案の作成および報告のあり方等について提言をまとめる。また、諸外国における介護現場のリスクマネジメントについてレビュー等を行うとともに、複数自治体に対して、自治体へ報告された事故報告の詳細な分析やインタビュー調査等を行いつつ、国による事故情報の一元的な収集・分析・活用の仕組みの構築に向けた検討・課題の整理を行う。
2　「令和5年度介護保険施設等における事故報告に関する調査研究事業」における種田憲一郎（国立保健医療科学院医療・福祉サービス研究部上席主任研究官）の発言より。

# 第3章 要介護者を取り巻く環境

## 3 自宅での転倒

「平成17年度高齢者の住宅と生活環境に関する意識調査」[3]では、自宅での転倒の調査結果を示している。自宅内で転んだことのある人を男女別にみると、男性7.2%、女性13.4%であり、女性で割合が高くなっている。年齢階級別にみると、年齢が高いほど転倒事故の割合が高く、「85歳以上」では25.3%であり、4人に1人の割合となっている。一方、70歳未満の転倒事故は10%未満となっている〔**図表3-1-7**〕。

**図表3-1-7　60歳以上の男女における自宅内での転倒事故**

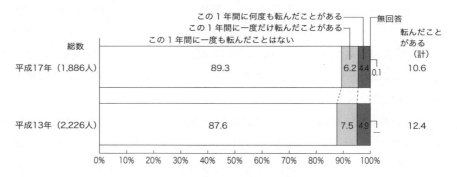

出典：内閣府「平成17年度高齢者の住宅と生活環境に関する意識調査」（図2-1）

## 4 高齢者の転倒予防ガイドライン

2012年7月に発行された『高齢者の転倒予防ガイドライン』[4]では転倒リスクの評価方法、転倒を起こしやすい疾患別の転倒リスクとその対応策、一般的な転倒予防法や転倒と骨折に関する関係等が述べられている。しかし、残念ながら転倒をゼロにする方策はない。同ガイドラインの巻頭言で鳥羽研二先生は、次のように述べている。

---

[3] 内閣府「平成17年度高齢者の住宅と生活環境に関する意識調査結果（全体版）」〈https://www8.cao.go.jp/kourei/ishiki/h17_sougou/index2.html〉。
[4] 鳥羽研二監修（運動器の不安定性に関する姿勢と中枢制御機能に着目した転倒予防ガイドライン策定研究班執筆）『高齢者の転倒予防ガイドライン』（メジカルビュー社、2012年）。

**1. 要介護者の身体的機能**

「従来『転倒は事故』、骨折は『骨粗鬆症を基盤とする疾患』という硬直した
とらえ方がなされてきた。このため、転倒は自宅では個人の責任、病院の敷地に
一歩入ったとたんに医療機関の責任という奇妙な構図に誰も異論を唱えず、『転
倒』が内的因子と外的因子の双方から起きる症候であるにもかかわらず、外的
因子は『バリアフリー』、内的因子は施設や院内の『事故防止委員会』などがも
てはやされ、リスクマネージメントの対象とされてきた。転倒の危険因子のうち
のどれが重要かを判定して、その順に手防対策を立てるといった科学的アプロー
チが決定的に欠けており、医療政策にも、街づくりにも生かされてこなかった。

　転倒のリスクの評価は、施設入所者をベースに組み立てられており、環境要
因への配慮がない（Morse Fall Seale［19891, STRATIFY［1997]）。本ガイドラ
インの端緒はこのような反省に立って、2000年から始まったミレニアムプロジェ
グトの骨進動器研究の複数の研究班の班長が一同に集まり、『地域住民に適応で
きる転倒リスク評価の標準版』を作成することから始まった。……高齢者の転
倒は疾患であり、事故ではない。事故というより身体的原因に起因する『疾患』、
『症候群』として転倒をとらえ、転倒予防にかける経費は、バリアフリーより身
体的な工夫を生かした『予防医療』に注がなくてはならない。」

　それでも介護施設において転倒は事故であるという国民的な認識、施設スタッ
フにとっても同様に転倒は事故であるという認識は払拭されていない。

## 5　介護施設内での転倒に関するステートメント

　2021年7月に一般社団法人日本老年医学会と公益社団法人全国老人保健施
設協会（以下「全老健」という）は、「介護施設内での転倒に関するステート
メント」「介護施設内での転倒を知っていただくために〜国民の皆様へのメッ
セージ〜」[5]（以下、それぞれ「ステートメント」「メッセージ」という）と
題して発表することになった。

---

**5** Statement on falls in long-term care facilities by the Japan Geriatrics Society and
the Japan Association of Geriatric Health Services Facilities:Geriatr Gerontol Int
2022; 22: 193-205

# 第3章　要介護者を取り巻く環境

**図表3-1-8**

　その経緯は、日本老年医学会内に「老年症候群の観点から見た転倒予防とその限界に関する検討ワーキンググループ」を設置され、施設における転倒の状況ならびに転倒予防に関する介入研究のエビデンスを整理し、転倒が老年症候群の一つであることの理解を促すステートメントを作成することとなった。ステートメントは介護施設職員を主な対象に想定していたが、広く国民の理解を得ることが必要な内容を記載することになった。そこで、外部委員の助言により、「メッセージ」を作成することになった。

　これは高齢者医療・介護の専門医が日本国内の転倒関連の約200本の論文を検討し、マスコミ、法曹界、転倒予防の研究者、国民の代表、日本医師会などの査読を経て発出したものである。

　ステートメントの概要は、次のとおりである。

---

① **転倒すべてが過失による事故ではない**
　　転倒リスクが高い入所者については、転倒予防策を実施していても、一定の確率で転倒が発生する。転倒の結果として骨折や外傷が生じたとしても、必ずしも医療・介護現場の過失による事故と位置づけられない。
② **ケアやリハビリテーションは原則として継続する**
　　入所者の生活機能を維持・改善するためのケアやリハビリテーションは、それに伴って活動性が高まることで転倒リスクを高める可能性もあ

る。しかし、多くの場合は生活機能維持・改善によって生活の質の維持・向上が期待されることから原則として継続する必要がある。

③ **転倒についてあらかじめ入所者・家族の理解を得る**

　転倒は老年症候群の一つであるということを、あらかじめ施設の職員と入所者やその家族などの関係者の間で共有することが望ましい。

④ **転倒予防策と発生時対策を講じ、その定期的な見直しを図る**

　施設は、転倒予防策に加えて転倒発生時の適切な対応手順を整備し職員に周知するとともに、入所者やその家族などの関係者にあらかじめ説明するべきである。また、現段階で介護施設において推奨される対策として標準的なものはないが、科学的エビデンス（医学・医療に関する信頼性の高い研究成果に基づく科学的事実）や技術は進歩を続けており、施設における対策や手順を定期的に見直し、転倒防止に努める必要がある。

　ステートメントおよびメッセージでは様々なエビデンスが示されているが、「介護施設入所者でよくみられる複合的な転倒・骨折のリスク因子」として載せられているイラストが最もわかりやすい〔**図表3-1-9**〕。

**図表3-1-9　介護施設入所者でよくみられる複合的な転倒・骨折のリスク因子**

出典：前掲・メッセージ5頁（図3）

## 第3章 要介護者を取り巻く環境

「睡眠薬」や「色々な薬」、「スリッパ」（不適切な履き物）については施設の判断・指導で改善できるが、その他の「個人の（転倒の）要因」はほとんどすべての利用者（要介護者）が抱えている問題である。転倒の予見可能性と言われるとほとんど全員、転倒のリスクがあると言える。それに対して安全配慮義務、結果回避義務がどこまで要求されるのか——。転倒に関するステートメントを発出するにあたり転倒に関する論文を精査してわかったことは、20年の間転倒予防に関して取り組んだが、高齢者（とくに85歳以上）の男女において有効な転倒予防手段はないということである。それでも介護保険施設は利用者の尊厳を守り自立支援・自己決定を尊重し、できる限り本人の意向を重視して（介護保険法1条）、ケアを提供する。とくに老健施設は、在宅復帰やADL向上、悪化防止を目標にケアやリハビリテーションを提供するという役割を持っている（介護保険法8条（平成29年6月2日公布）、介護老人保健施設の人員、施設及び設備並びに運営に関する基準（平成11年厚生省令第40号））。

それにあたり、利用者一人ひとりの機能の評価（アセスメント）のもとにサービスを提供するのであるが、どう考えても歩行、自力移動が困難であるという評価をせざるを得ない利用者もある。それでもご家族の希望や本人の希望の強い時には何とか応えようとすることもある。そんな時には当然、転倒は起こりやすくなる[6]。

介護施設に新規で入所となる方々は、自宅で介護が困難になり、施設を利用されるケースが一般的である。自宅ではあちこち伝い歩きながら、あるいは這ってでも移動されていた方も、広い施設に来られるとそれだけで転倒をはじめとしたリスクが高まる（導線が長くなる、廊下の幅が広くなり反対側の手すりに行くまで何も持つところがない等）。また医療機関から紹介されてくる方も完全に良くなってこられる方は少ない。そして、一般的に大きな病院よりスタッフ・設備が劣る可能性のある介護施設にやってこられる家族は、老健施設にいけば「必ず（?）」改善すると期待があることもある。この期待値のズレが言い争いの原因になることもある。

そして転倒に関連して施設職員と入所者およびその家族が共有すべき情報

---

6 前掲・ステートメント3頁

## 1. 要介護者の身体的機能

等、転倒（転落を含む）発生時の対応手順の例も資料として付けられている〔**図表3-1-10、3-1-11**〕。

### 図表3-1-10　転倒に関連して施設職員と入所者およびその家族が共有すべき情報など

**1. 入所時に転倒リスク評価の実施**

☐　施設ケアプランに転倒リスク評価・対策の記入（入所時と定期的な見直し）

**2. 入所者・家族への説明の実施（入所時、必要に応じて追加で実施）**

☐　転倒リスク評価の結果

☐　入所時および入所中の健康状態悪化や基本的な生活動作低下（食事・入浴・排尿・排便・移動・着替えなどの介助が必要）に伴う転倒の危険性

☐　施設に移るという環境の変化による転倒の危険性の増大

☐　リハビリや治療に伴って運動能が回復することに伴い転倒リスクが高まる例があること

☐　身体拘束（動けないようにしばりつけたりすること）をしないこととその理由

☐　施設内で実施している転倒防止対策

☐　本人および家族に気を付けてほしいこと

☐　転倒の発生機序と転倒予防策を講じていても一定の確率で転倒が発生しうること。特に転倒リスクの高い人ではその可能性が高いこと

☐　転倒に伴って骨折や頭蓋内出血などが発生して生活機能の低下や生命に影響を及ぼすことがあり得ること

☐　転倒発生時の施設の対応手順（頭部外傷時のCT撮影の考え方、骨折時の対応など）

**3. 転倒予防、転倒関連死や骨折予防のための医師による医療内容の見直し**

☐　血栓を予防する薬（抗血小板薬・抗凝固薬）

☐　睡眠薬、抗不安薬、抗精神病薬、抗うつ薬

☐　高血圧や糖尿病の薬

☐　骨粗鬆症に対する薬が必要かどうか

☐　6剤以上の薬の内服

　1と2は原則として複数の職種で実施する。

出典：前掲・メッセージ11頁

第3章　要介護者を取り巻く環境

**図表3-1-11　転倒（転落を含む）発生時の対応手順例**

**1. 発見者による転倒者の病状の把握**

☐　外傷の状況や骨折の有無

☐　意識レベル、声かけへの反応、指示することへの反応

☐　頭痛、嘔気、動く時・動かそうとした時の痛み

☐　嘔吐、瞳孔の左右差、麻痺

**2. 関係者への報告と情報共有**

☐　医師への報告（医師がいる施設）

☐　早急な家族への連絡

☐　詳細な転倒記録の記載

☐　職員間での情報共有

☐　市区町村への届出（骨折等の場合）

**3. 医師の対応**

☐　救急搬送の必要性の判断

☐　X線撮影の必要性の判断

☐　頭部CTの必要性の判断

☐　血栓を予防する薬の中止の必要性の判断

☐　転倒者の様子を確認する時間の計画

出典：前掲・メッセージ12頁

## 6　介護現場には対応すべき優先順位がある

　令和6年度介護保険制度改正において、ICTを活用した見守り機器の活用に対し加算される内容が盛り込まれた。しかし、夜勤帯など限られたスタッフの人数で見守り機器のアラームが働いても、その時の介護の優先順位もあり、不眠で徘徊している利用者の対応や別の利用者の排泄対応等で、アラームの利用者のもとへ駆けつけられないケースもある。その結果、自己転倒されているのを発見ということになることもある。

　Ⅰ1の「当施設での転倒の実態」で述べたように、転倒および転落は発見して対応することがほとんどである。それを「事故」報告として呼んでいいのかという疑問を常に持っている。「事故報告」という名称自体に、すべて施設

●——78

**1. 要介護者の身体的機能**

に過失があるというように思われかねない危惧を持っている。このことについては、次節の「2.要介護者の施設」で詳しくふれる。

# Ⅱ　誤嚥と老年症候群

## 1　嚥下障害のリスク

　嚥下機能は、加齢とともに低下する。パーキンソン、アルツハイマー、脳血管障害後遺症などの疾患を持っていればさらに嚥下機能は低下し、誤嚥さらには窒息して急変することがある。高齢者が正月に自宅で餅を詰まらせる死亡事故が毎年のようにニュースで放送される。人間は一般的に1日800回嚥下する。夜間睡眠中も50回唾液を嚥下している。胃ろう（PEG）の利用者でも唾液は出ているので、むしろ口腔ケアがしっかりなされていないと誤嚥性肺炎は容易に起こりうる。

　食事時においては、毎食（1回ごとの嚥下）ごとにスタッフは非常に気を遣っている。一番注意すべきは窒息である。普通に生活している利用者が急に命に関わる状態になるからである。

## 2　尊厳の保持と安全のはざまで

　介護保険施設では、尊厳の重視や利用者本人の希望、安全のバランスをぎりぎりのところで、一人ひとりの利用者に最適な食事形態を検討し提供している。嚥下しやすい安全な食べ物の形態（テクスチャー）は、①密度が均一、②適度な粘度・凝集性、③可変・流動性が良好、④付着性が低いものである。これを咀嚼している間に適切な「食塊」となり、嚥下するのである。

　安全（窒息を防ぐ）を重視すれば、嚥下障害の疑われる利用者にはすべてミキサー食のような形態を提供すればいいと思われるかもしれない。しかし、認知症のある人であっても、「見た目がおいしそうか」等はわかることである。尊厳や栄養（高齢者にとって重要な因子である）の観点から、口からおいしく楽しんで食べていただくことはもっとも重要なことである。

79

第3章 要介護者を取り巻く環境

　様々な調査で、施設入所者の一番の楽しみは「食事」となっている。よくある窒息事故で「パン」の提供によるものがあるが、パンは「餅」に次いで窒息しやすい形状であり、それを提供したことは施設側の過失であると訴える裁判例がある。ただ、高齢者も生活様式が変化してきており、朝食にパンを希望する方々も多くなっている。利用者の希望を聞いたうえで提供しているパンが原因で窒息が起き裁判沙汰になるのでは、施設としては安全を最優先した、見た目もおいしくない、窒息の可能性の低い食事形態を提供せざるを得なくなるだろう。このような動向は、いわゆる介護の萎縮を起こし、利用者本意のサービスが提供できなくなるのではと危惧する。

## 3　要介護者の嚥下機能

　嚥下機能の評価には、嚥下造影、嚥下内視鏡があるが、これは一部の病院でしか実施できないうえ、高齢要介護者の嚥下機能は体調等により日々変化するため、一度高度な検査で評価しても常に同じ機能であるとは限らないことを忘れてはいけない。

　「水飲みテスト」という比較的簡易な評価法もあるが、それでもハードルは高いと思われる。言語聴覚士（ST）は絶対的に数が少なく、大きな医療機関でも配置されていないことも多い。介護施設でSTが配置されている施設は極めて少ないのが現状である。

　また前述したように要介護者・高齢者は朝、昼、夕でも体調の変化があり、嚥下状態が一定ではない。さらに、当施設において、食事中に急変し亡くなった事例では、窒息が原因と思われたが司法解剖で心筋梗塞であったことがわかったというものもある。食事することは利用者にとってそれなりにエネルギーも使うので、心臓にも負担がかかったというのが原因のようである。食事時は、直接介助に関わる係、見守る係、とスタッフを配置するのが理想であるが、利用者の重度化が進み、ほとんどのスタッフが直接介助が必要な利用者に関わることが圧倒的に多いのが現実である。とくに朝食時は、3回の食事のうちもっとも少ないスタッフ数で対応することになるのでより注意を払うことに

# 1. 要介護者の身体的機能

なるが、残念ながら大規模施設では全員にマンツーマンの対応をすることは、（今言われている人材不足とは関係なく）物理的に困難である。窒息事故で裁判にまでなった事例で裁判所が、利用者には常時見守りが必要であったという裁判例が出ることがあるが、重度化している要介護者の施設で朝の食事時、数人のスタッフで全員を見守るのは不可能である。

なお、食事中に急変が起これはまず窒息を疑い、口腔内の食物残渣をかき出したり、ハイムリッヒ法の実施、場合によっては救急車の手配も必要である。窒息の場合は、喉のあたりに手を持っていくチョーキングサインがあるといわれている。全老健では、平成20年度独立行政法人福祉医療機構（長寿社会福祉基金）助成事業で「家庭での誤嚥・誤飲を防ぐために～高齢者の安全な食生活と生命を守る～」〔**図表3-1-12**〕を作成し、施設スタッフにも家族にも活用できる、食事に関する注意の要点をまとめている。利用者の摂食・嚥下機能を正しくアセスメントして適切な介助を行う内容が盛り込まれている〔**図表3-1-13**〕。

**図表3-1-12**

### 図表3-1-13　摂食・嚥下のステージ

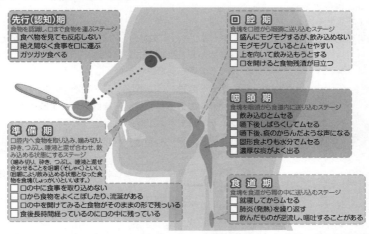

出典：公益社団法人全国老人保健施設協会「家庭での誤嚥・誤飲を防ぐために～高齢者の安全な食生活と生命を守る～」2頁

第3章　要介護者を取り巻く環境

## 4　食事介助に関する指針

　厚生労働省福祉サービスにおける危機管理に関する検討会は「福祉サービスにおける危機管理（リスクマネジメント）に関する取り組み指針～利用者の笑顔と満足を求めて～」（平成14年3月28日）[7]において、「食事に関する介護マニュアル（臥床状態で自力摂取ができない人の介助）の一例」としての食事介助のポイントを以下のとおり示している。

---

・利用者の身体状況（咀嚼、消化機能など）や年齢、嗜好を配慮した献立、調理方法にする。
・利用者の食べる（飲み込む）ペースにあわせて介助し誤嚥をさせない。
・利用者の意見を聞きながら介助する。
・介助者のそぶり、言葉使いに注意する。

---

　「介助手順」と「留意事項」は、**図表3-1-14**のとおり細かく記載されている。

**図表3-1-14　「介助手順」と「留意事項」**

| 1. 食前の準備 | |
|---|---|
| ⑴　排泄又はトイレの有無を確認し、食事をすることを話し了解を得る。 | ⑴　しっかり覚醒していることを確認する |
| ⑵　姿勢を整える | ⑴　ギャッジベッドの場合、約30°起こし上半身を挙上する。 |
| | ⑵　身体がずれないよう膝関節の下に枕（クッション）を入れ下半身を安定させる。 |
| | ⑶　頸部を前屈させ誤嚥しにくい姿勢にする。 |
| | ⑷　片麻痺のある場合は、麻痺側の肩と上肢の下に枕を差し込み、やや挙上する。 |
| ⑶　手、口腔内を清潔にする | ⑴　含嗽できない利用者の場合、口腔内の粘りをとり咀嚼しやすくする。 |
| | ⑵　義歯使用者は、きちんと装着してあるかどうか確認しておく。 |
| ⑷　食事をセットする | ⑴　利用者から食事が見える位置にセットする。 |

---

[7]　厚生労働省HP〈https://www.mhlw.go.jp/houdou/2002/04/h0422-2.html〉

## 1. 要介護者の身体的機能

| | | |
|---|---|---|
| | ⑵ エプロン（タオル）を使用し、食べこぼしなどによるシーツや衣類の汚染を防ぐ。なお、エプロンを嫌がられる場合もあるため意思を確認する。 | |
| **2. 摂食の介助** | ⑴ 献立を説明し、食べたい物の希望を聞きながら介助する。判断ができない利用者の場合、一口ずつ嚥下を確かめ、適宜水分を交えながらすすめる。 | |
| | ⑵ 水分、汁物はむせやすいので少しずつ介助する。 | |
| | ⑶ 咀嚼しているときは、誤嚥の危険があるので、返事を求めるような話しかけをしてはならない。 | |
| | ⑷ のどがゴロゴロいうようであれば中断して様子を見る。※ゴロゴロがとれない場合は、誤嚥の危険があるため看護師等に報告する。 | |
| | ⑸ 服薬があれば食事の最後に利用者が飲みやすい方法で（オブラートにくるむなど）介助する。 | |
| | ⑹ 食事の摂取量を確認しておく。 | |
| **3. 食後の介助** | | |
| ⑴ 口腔内の清拭 | ⑴ 義歯をはずせる場合は洗い、はずせない場合などは、利用者にあった方法で（含嗽、歯ブラシ等）口腔内をきれいにする。 | |
| ⑵ 安楽な体位にする。 | ⑴ 利用者の楽な体位にして（身体の下に挿入した枕をはずす。ギャッジベッドを元の高さに戻す等）休息ができるようにする。 | |

出典：厚生労働省福祉サービスにおける危機管理に関する検討会「福祉サービスにおける危機管理（リスクマネジメント）に関する取り組み指針〜利用者の笑顔と満足を求めて〜」より

　筆者の知る限り、一般的に使われている誤嚥予防ガイドラインは、研究論文はあるが、現場で活用できるものは存在しない。現在も前述の「福祉サービスにおける危機管理（リスクマネジメント）に関する取り組み指針」の食事介助時の注意が介護現場では実践されている。

　誤嚥により誤嚥性肺炎も合併しうる。誤嚥性肺炎を合併するリスク因子として寺本ら[8]は脳血管障害、神経変性性疾患（パーキンソン、アルツハイマーなど）の疾患以外では、寝たきりや口腔内の不具合や不適切な口腔ケア、多量の薬物投与の影響などを挙げている。

---

8　J. Jpn. Bronchoesophagol. Soc. Vol. 73 No. 2, 2022.

第3章　要介護者を取り巻く環境

また認知症の人の食事に対して「認知症高齢者の食行動関連障害支援ガイドライン作成および検証に関する調査研究報告書」[9] もあるが、現場で活用できる細かな内容ではなく基礎研究が主たるものである。

## 5　口から食べられなくなったときの対応や考え方

加齢により経口摂取ができなくなったとき、北欧3か国ではそれが人の寿命でありPEGなどの増設はむしろ虐待行為であるという国民的コンセンサスがなされているという。また、デンマークでは介護施設はすべて国営でそこで起こった日本でいう介護事故に対して訴訟を起こすという概念自体ないという[10]。

日本において人生の最終段階における医療や介護について利用者本人を含めて家族らと話し合いどういう医療や介護を受けたいか、延命医療は希望しないかなどを元気なうちに決めておくACP（アドバンス・ケア・プランニング：人生会議）[11] が推奨されているが、現実的に国民に周知されている実感は筆者には感じられない。

「人生の最終段階における医療の決定プロセスに関するガイドライン」は、人生の最終段階における医療の普及・啓発の在り方に関する検討会により検討され、平成30年3月14日に改定項目が公表された。主な要点は、次のものである。

---

1　病院における延命治療への対応を想定した内容だけではなく、在宅医療・介護の現場で活用できるよう、次のような見直しを実施
　・「人生の最終段階における医療・ケアの決定プロセスに関するガイドライ

---

**9**　地方独立行政法人東京都健康長寿医療センター研究所「認知症高齢者の食行動関連障害支援ガイドライン作成および検証に関する調査研究報告書（平成23年度厚生労働省老人保健健康増進等事業）」（平成24年3月）。

**10**　株式会社日本総合研究所「介護保険施設等における事故報告に関する調査研究事業」の委員・後信氏（九州大学病院医療安全管理部教授・公益財団法人医療機能評価機構理事）

**11**　もしものときのために、自らが望む医療やケアについて前もって考え、家族等や医療・ケアチームと繰り返し話し合い、共有する取組み。

**1. 要介護者の身体的機能**

　　ン」に名称を変更
　・医療・ケアチームの対象に介護従事者が含まれることを明確化
2　心身の状態の変化等に応じて、本人の意思は変化しうるものであり、医療・ケアの方針や、どのような生き方を望むか等を、日頃から繰り返し話し合うこと（＝ACPの取組）の重要性を強調
3　本人が自らの意思を伝えられない状態になる前に、本人の意思を推定する者について、家族等の信頼できる者を前もって定めておくことの重要性を記載
4　今後、単身世帯が増えることを踏まえ、3の信頼できる者の対象を、家族から家族等（親しい友人等）に拡大
5　繰り返し話し合った内容をその都度文書にまとめておき、本人、家族等と医療・ケアチームで共有することの重要性について記載

**図表3-1-15**

**「人生の最終段階における医療・ケアの決定プロセスに関するガイドライン」における意思決定支援や方針決定の流れ（イメージ図）（平成30年版）**

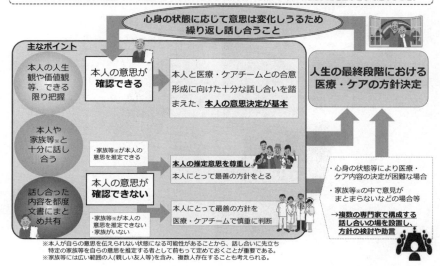

出典：厚生労働省 資料

# 第3章 要介護者を取り巻く環境

## Ⅲ 認知症と老年症候群

認知症で認知機能が低下している利用者は、転倒も誤嚥もその他いろいろ想定外のことを起こしやすい。

### 1 介護施設の利用者の認知症合併の割合

老健施設では、日常生活に支障をきたすような認知症の症状を有する入所者（日常生活自立度ランクⅡ以上）は85.8%いる〔**図表3-1-16**〕。介護福祉施設（特別養護老人ホーム、以下「特養」という）においても認知症を持っている利用者に大きな変わりはない。

しかも、認知症高齢者はほかにも複数の疾患を持っていることの方が多い。

**図表3-1-16 老健施設の入所者の状態像（要介護度＆認知症高齢者の日常生活自立度）**

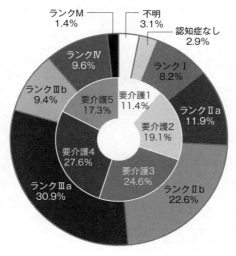

出典：公益社団法人全国老人保健施設協会『平成29年度 介護老人保健施設の現状と地域特性等に関する調査』（2021年10月1日現在）

**1. 要介護者の身体的機能**

図表3-1-17　認知症高齢者の日常生活自立度

| Ⅰ | 何らかの認知症の症状を有するが、日常生活は家庭内および社会的にほぼ自立。在宅生活、一人暮しも可能 | | |
|---|---|---|---|
| Ⅱ | 日常生活に支障を来すような症状・行動や意思疎通の困難さが多少見られても、誰かが注意していれば自立可能。在宅生活が基本であるが、一人暮らしは困難な場合もある | Ⅱa | 家庭外でⅡの状態が見られる（慣れない場所で道に迷う、買物で金額を間違うなど） |
| | | Ⅱb | 家庭内でもⅡの状態が見られる（1人で留守番ができないなど） |
| Ⅲ | 日常生活に支障を来すような症状・行動や意思疎通の困難さ（着替えができない、食事ができない、排便・排尿に失敗する、徘徊などの異常行動）がときどき見られ、介護が必要。在宅生活が基本であるが、一人暮らしは困難 | Ⅲa | 日中を中心としてⅢの状態が見られる |
| | | Ⅲb | 夜間を中心としてⅢの状態が見られる |
| Ⅳ | 日常生活に支障を来すような症状・行動や意思疎通の困難さが頻繁に見られ、常に介護が必要。家族の介護力によっては施設への入所も検討する | | |
| Ⅴ | 著しい精神症状や問題行動（せん妄、妄想、興奮、自傷・他害など）あるいは重篤な身体疾患が見られ、専門医療が必要 | | |

出典：厚生労働省「認知症高齢者の日常生活自立度」をもとに筆者作成

　認知症ケアの対応力向上は介護保険法改正のたびに重点項目に挙げられる。言い換えれば、まだまだ認知症ケアは確立していないということができる。そんな中、認知症基本法（令和6年1月1日施行）は国民全体で認知症の人や家族のことを理解し、共生していくようにとの理念のもと制定された。

## 2　認知症の種類と症状

　認知症の人には、中核症状すなわち記憶障害・見当識障害（日にち、場所、人の顔と名前が一致しない）・実行機能障害（段取りが立てられない）などがあり、認知症の人には、個人の差はあれ、必ず現れる症状である。これに対して周辺症状（BPSD：Behavioral and Psychological Symptoms of Dementia）は、認知症のタイプ、進行度、環境などにより出る人、出ない症状がある。

　認知症には、代表的な4大認知症が知られている〔**図表3-1-18**〕。そして様々な症状が出現する〔**図表3-1-19**〕。

第3章　要介護者を取り巻く環境

### 図表3-1-18　認知症の種類（主なもの）

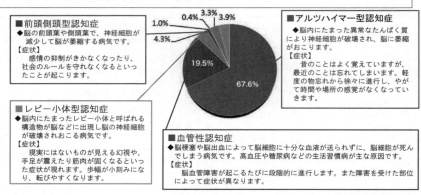

出典：厚生労働省「令和6年度の同時報酬改定に向けた意見交換会（第2回）」（令和5年4月19日）資料-2 参考1

### 図表3-1-19　認知症の症状

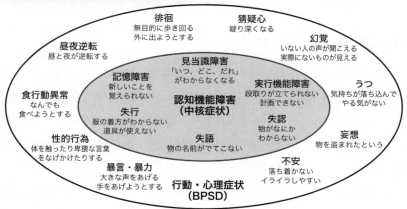

BPSD：Behavioral and Psychological Symptoms of Dementia
認知症患者にしばしば出現する知覚や思考内容、気分あるいは行動の障害

出典：川畑信也『知っておきたい認知症の基本』63～83頁（集英社、2007年）、日本認知症学会編『認知症テキストブック』64～80頁（中外医学社、2008年）を参考に筆者作図

# 1. 要介護者の身体的機能

**図表3-1-20　アルツハイマー型認知症の経過の概要**

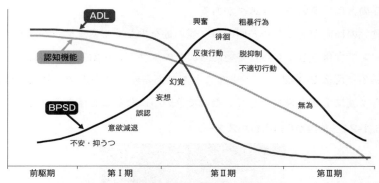

出典：西川隆「Alzheimer病 4）症状と臨床経過」神経内科72巻（Suppl.6）277〜283頁（2010年）

そして、発症から死亡まで個人差はあるが、**図表3-1-20**のような経過をたどる。

認知症の利用者は一人ひとり症状が違い、介護者は対応に苦慮することもある。症状は、認知症の進行度やタイプにもよる。また、スタッフの対応能力の低さもあるかもしれない。いわゆる陽性のBPSD（暴言・暴力、帰宅願望等）が出ている場合、スタッフの介護負担が増える。帰宅願望が離設につながり、施設外で事故に遭うこともある。この場合、施設の管理責任が問われても仕方がない。また、暴言・暴力が他の利用者に向けられると集団生活が難しいことも起こる。

## 3　認知症の対応や治療

進行した認知症の方々に対する薬物療法は、ややもすると鎮静剤の過量投与になり、好ましいことではない。非薬物療法（リハビリやレクリエーションや創造的な活動等）等何か集中できることをしていただくなどのケアの工夫が必要である。拒食、意欲低下なども、本来、その原因になっている本人の思いなども推測したり、深いコミュニケーションで原因がわかることもある。そして「ダメです」や「ちょっと待って」など不適切な声掛けがBPSDをさらに悪化させることがわかっている。異食行為や誤飲は生命に関わることもある。

## 第3章 要介護者を取り巻く環境

徘徊は転倒につながる。進行した人では嚥下機能も低下し、誤嚥につながる。認知症の方はいろいろなリスクがある。

早食いの傾向があるため一回の口に運ぶ量を少なくし窒息を防ごうと小さいスプーンで食事をしてもらっていたら、そのスプーンを飲み込み窒息死した事例もある〔**図表3-1-21**〕。不幸なことではあるが、この事例の施設では、日頃から家族に丁寧な説明をしていたので争い事になることはなかった。

**図表3-1-21 体内から排出したスプーン**

出典：公益社団法人全国老人保健施設協会 資料

このように認知症の方々の行動は、ある種予測不可能なことも多々ある。

### 4 身体拘束ゼロについて

事故の予防と称して行動制限や過剰な投薬は行ってはならない。厚生労働省の「介護施設・事業所等で働く方々への身体拘束廃止・防止の手引き」（令和6年3月）では、介護保険施設で、行ってはならない11の具体的な身体拘束が決められている。

1. 一人歩きしないように、車いすやいす、ベッドに体幹や四肢をひも等で縛る。
2. 転落しないように、ベッドに体幹や四肢をひも等で縛る。
3. 自分で降りられないように、ベッドを綱（サイドレール）で囲む。
4. 点滴・経管栄養等のチューブを抜かないように、四肢をひも等で縛る。
5. 点滴・経管栄養等のチューブを抜かないように、または皮膚をかきむしらないように、手指の機能を制限するミトン型の手装等をつける。
6. 車いすやいすからずり落ちたり、立ち上がったりしないように、Y字型拘束帯や腰ベルト、車いすテーブルをつける。

7. 立ち上がる能力のある人の立ち上がりを妨げるようないすを使用する。
8. 脱衣やオムツはずしを制限するために、介護衣（つなぎ服）を着せる。
9. 他人への迷惑行為を防ぐために、ベッド等に体幹や四肢をひも等で縛る。
10. 行動を落ち着かせるために、向精神薬を過剰に服用させる。
11. 自分の意思で開けることのできない居室等に隔離する。

さらに、前述の「ダメよ」などもスピーチロックといい、良い対応ではない。

身体拘束が起こす悪循環〔**図表3-1-22**〕を考えると絶対にするべきでないし、尊厳の保持とは程遠いことである。さらに虐待行為は犯罪である。

### 図表3-1-22　身体拘束による弊害

―人間らしさ（人間としての尊厳と誇り）が失われ、死に至る―

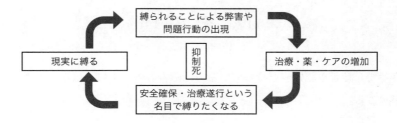

出典：厚生労働省「身体拘束ゼロ作戦推進会議」「身体拘束ゼロへの手引き」（平成13年3月）

## 5　認知症ケアの向上を目指して

認知症ケアをめぐっては、令和6年の介護報酬改定でBPSD予防チームの新設がなされ、介護施設はよりしっかり対応できる能力を養わなければならないとされた。以前からBPSDは介護者の不適切な言動が引き起こす誘因になっていると言われている。少なくとも認知症の人への適切な対応・環境作りにさらに努力すべきである。

第3章　要介護者を取り巻く環境

**図表3-1-23　認知症の人とのかかわり方**

| マイナスのかかわり | プラスのかかわり |
| --- | --- |
| 誇りを傷つける | 失敗はそうっと・見て見ぬふり |
| 急がせる | ゆったり |
| 怒り顔や不安な顔 | にっこり（笑顔でのかかわり） |
| 一人きりにする | そばにいる・いっしょにする |
| 手や口を出す | 少し待つこと・黙って見守る |
| 否定する | 話しを合わせる（共感） |
| 説得する | 本人の気持ちが動くよう（納得） |
| 一度にたくさん | ひとつずつ |
| 刺激がない | 五感や感情に働きかける |

出典：鳥羽研二（監修）『認知症サポート医・認知症初期集中支援チームのための認知症診療ハンドブック』（南江堂、2021年）を参考に筆者作図

# Ⅳ　そ の 他

　高齢要介護者や認知症を持っている方、障害者の方々にはほかにも様々なことが起こる。

## 1　皮下出血

　虐待などで介護スタッフの強引な介助によって皮下出血が起こることがある。しかし、昨今、不整脈や脳梗塞再発予防のために抗凝固剤や抗血小板剤が使用されることが多く皮下出血の原因になることも多い。そのこともしっかり情報を認識して事前に家族に説明しておく必要がある。

## 2　感染症

　要介護高齢者は、免疫力・抵抗力も低下している。新型コロナウイルス感染症やインフルエンザ・ノロウイルス感染症などで運悪く生命の危険になることもある。可能な限り予防接種や手洗い、手指の消毒、必要に応じてマスク着用など感染予防対策が必要であるが認知症の人にマスクの着用は困難であり、感

染した認知症の方を徘徊しないようにすることも人権の問題があり、すること
はできず感染拡大の原因となる。

## 3 離 設

ADLが比較的よく帰宅願望のある人は、スタッフの知らない間に施設から
出ていく可能性があり、その結果、事故に遭ったりすることがある。これは施
設の管理責任が問われるが、介護保険施設では、それを防止するためエレベー
ターのボタンを押せないようにしたり、居室やフロアの出入り口を施錠するの
は拘束とみなされるので行ってはならない。

## 4 褥 瘡

寝たきりの要介護者は定期的に体位変換や適切なポジショニングが必要であ
る。また栄養状態も大いに関係するので食事量のチェックを怠らず低栄養状態
にならないように注意が必要である。寝たきりでなくても車椅子に座らせっぱ
なしで自分で座り直しができない利用者は圧迫されているところに褥瘡ができ
ることがあるので注意が必要である。

## 5 まとめ

このような要介護高齢者の身体的特徴を充分に踏まえ、介護には細心の注意
を払いケアを提供する必要がある。そしてさらにそれぞれ持っている障害につ
いても把握し、介護現場では、一人ひとりのアセスメントに基づいてケアを提
供しているのである。その過程で転倒をはじめとして加齢に伴って起きる症状
が介護施設の中で起こった時に介護施設の責任を問われる日本社会の風潮は認
識を改めていっていただきたいと考える。

第3章　要介護者を取り巻く環境

# 2. 要介護者の施設

### 山野　雅弘

公益社団法人全国老人保健施設協会 理事・事故検討会委員長
(介護老人保健施設紀伊の里 施設長・医師、金沢大学医学部 臨床教授)

　要介護者の施設には、介護保険施設とそれに類似した高齢者施設および障害者施設がある。

## 1　介護保険施設・高齢者施設

　介護保険施設については、利用者数の多い順に「介護老人福祉施設」(特別養護老人ホーム、以下「特養」という)、「介護老人保健施設」(以下「老健」という)、「介護医療院」「介護療養型医療施設」がある。その他、「看護小規模多機能型居宅介護」「地域密着型介護老人福祉施設入所者生活介護」「特定施設入居者生活介護」「認知症対応型共同生活介護」などがある。介護保険施設以外には、「サービス付き高齢者住宅」や「有料老人ホーム」などがあり、それぞれ介護サービスが提供されている〔**図表3-2-1**〕。

　介護保険施設を利用するには要介護認定が必須であり、特養は原則要介護3以上の方々が入所できる施設となっている〔**図表3-2-2**〕。

## 2. 要介護者の施設

### 図表3-2-1　介護保険施設の比較

| | | 介護老人福祉施設 | 介護老人保健施設 | 介護医療院 | 介護療養型医療施設 |
|---|---|---|---|---|---|
| 基本的性格 | | 要介護高齢者のための**生活施設**<br>※H27年度より新規入所者は原則要介護3以上 | 要介護高齢者にリハビリ等を提供し、**在宅復帰、在宅療養支援を行う施設** | 要介護高齢者の**長期療養・生活施設** | 医療の必要な要介護高齢者のための**長期療養施設** |
| 定　義 | | 特別養護老人ホームに入所する要介護者に対し、入浴、排せつ、食事等の介護その他の日常生活上の世話、機能訓練、健康管理及び療養上の世話を行う | 主としてその心身の機能の維持回復を図り、居宅における生活を営むことができるようにするための支援が必要である要介護者に対し、看護、医学的管理の下における介護及び機能訓練その他必要な医療並びに日常生活上の世話を行う | 主として長期にわたり療養が必要である要介護者に対し、施設サービス計画に基づいて、療養上の管理、看護、医学的管理の下における介護及び機能訓練その他必要な医療並びに日常生活上の世話を行う | 療養病床等に入院する要介護者に対し、施設サービス計画に基づいて、療養上の管理、看護、医学的管理の下における介護その他の世話及び機能訓練その他必要な医療を行う |
| 主な設置主体 | | 社会福祉法人（約95%） | 医療法人（約75%） | 医療法人（約92%） | 医療法人（約83%） |
| 施設数（R2.10） | | 10,621件 | 4,249件 | 535件 | 528件 |
| 利用者数（R2.10） | | 627,000人 | 358,300人 | 33,700人 | 18,000人 |
| 居室面積・定員数（従来型） | 面積／人 | 10.65㎡以上 | 8㎡以上 | 8㎡以上 | 6.4㎡以上 |
| | 定員数 | 原則個室 | 4人以下 | 4人以下 | 4人以下 |
| 「多床室」の割合 | | 20.7% | 54.1% | 74.1% | 78.0% |
| 平均在所（院）日数 | | 1,177日 | 310日 | 189日 | 472日 |
| 平均要介護度 | | 4.0 | 3.2 | 4.2 | 4.3 |
| 障害高齢者の日常生活自立度別の入所者割合 | | 自立：0.5%　J：1.9%<br>A：20.6%　B：52.5%<br>C：24.5% | 自立：0.3%　J：1.9%<br>A：28.9%　B：53.1%<br>C：14.9% | 自立：—　J：0.2%<br>A：3.4%　B：29.5%<br>C：57.3% | — |
| 低所得者の割合 | | 68.6% | 52.5% | 50.1% | 50.0% |
| 医師の配置基準 | | 必要数（非常勤可） | 1以上 / 100：1以上 | I型：3以上 / 48：1以上<br>II型：1以上 / 100：1以上 | 3以上 / 48：1以上 |
| 医療法上の位置づけ | | 居宅等 | 医療提供施設 | 医療提供施設 | 病床 |

出典：厚生労働省　資料

第**3**章　要介護者を取り巻く環境

## 図表3-2-2　老健と特養の違い

| 概　要 | | |
|---|---|---|
| | 介護老人保健施設（老健） | 介護老人福祉施設（特養） |
| 役　割 | 在宅復帰を目指す要介護者に対し、リハビリ等を提供する施設 | 要介護高齢者のための生活施設 |
| 入所条件 | 要介護1以上 | 要介護3以上 |
| サービス内容 | 在宅復帰を目指しリハビリを行う | 身体介護が中心の自立支援 |
| 入所・入居期間 | 3ヶ月ごとにプランの見直し | 終身 |

利用者によって入所期間が異なる

| 人員基準（一部の職種のみ記載） | | |
|---|---|---|
| | 介護老人保健施設（老健） | 介護老人福祉施設（特養） |
| 医師 | 100：1以上常勤1名以上 | 入所者に対し健康管理及び療養上の指導を行うために必要な数 |
| 看護職員 | 3：1以上うち看護は2/7程度 | 3：1以上うち看護は常勤1以上、常勤換算必要数 |
| 介護職員 | | |
| 理学療法士、作業療法士又は言語聴覚士 | 100：1以上 | ― |
| 機能訓練指導員（※） | ― | 1以上 |

必ずしも常勤で1名いなければいけないうことではない

※機能訓練指導員（理学療法士、作業療法士、言語聴覚士、看護師、柔道整復師、又はあん摩マッサージ指圧師、一定の実務経験を有するはり師及びきゅう師の資格を有する

| （参考）利用者100人に対しての人数 | | |
|---|---|---|
| 看護職員 | 10人程度 | 3人程度 |
| 介護職員 | 24人程度 | 31人程度 |

提供拒否の禁止：正当な理由なくサービスの提供を拒んではならない。（省令）
原則として入所申込に対して応じなければならないことを規定したものであり、特に、要介護度や所得の多寡を理由にサービスの提供を拒否することを禁止するものである。提供を拒むことができる正当な理由がある場合とは、入院治療の必要がある場合その他入所者に対し自ら適切なサービスを提供することが困難な場合である。（通知）
※老健も特養も同様

出典：公益社団法人全国老人保健施設協会　資料

## 2　障害者施設

　要介護者の施設として、ほかには障害者施設がある。障害者の方々には大別して知的障害・身体障害、両方の合併の方々がいる。重度の方は障害者専門の医療機関に入院していることが多い。

## 3　介護現場の実態からみる介護事故

　介護現場のいわゆる介護事故といわれる出来事に対してのジレンマには、次のものがある。

### ⑴　「見守り不足」と言われること

介護事故が発生するのは、たとえば次のような場面がある。

> - 居室内から「ドン」という物音がしたため、職員が居室へ行ったところ、床の上で頭部をおさえていた➡頭部打撲
> - 職員が居室を巡回中、ベッドから転落して床に倒れているところを発見した➡左足骨折
> - 職員が居室を巡回中、車椅子から転落して仰向けになっているところを発見した➡右足骨折
> - 肘掛け椅子に座っていたが、職員が他の入所者の排泄介助のため席を立った際、自ら肘掛けのない椅子に移動して腰掛け、転倒した➡左足骨折
> - 食事介助中、職員が背を向けた際に、車椅子から立ち上がり転倒した➡右足骨折
> - 体操に参加するため、ホールの椅子に座っていたが、立ち上がろうとしてバランスを崩して転倒した➡左腕骨折

「人材不足」と言われているが、どこの施設もスタッフの数は規定を切らず頑張っている。そして見守り機器を導入していてもこのようなことはどうしても起こる。

## (2) 介護計画（ケアプラン）は契約書や誓約書ではない

ケアプランとは、介護支援専門員（ケアマネジャー）が利用者の希望や利用者についてのアセスメントの結果に基づき、作成されるものである。利用者の家族の希望や当該地域における指定居宅サービス等が提供される体制を勘案して、当該アセスメントにより把握された解決すべき課題に対応するための最も適切なサービスの組み合わせについて検討する。利用者やその家族の生活に対する意向、総合的な援助の方針、生活全般の解決すべき課題、提供されるサービスの目標およびその達成時期、サービスの種類、内容、利用料、サービスを提供するうえでの留意事項等を記載したものである。すなわち多職種が多角的に最善と思われる介護計画を立てたものであり、目標・理想も含まれていると

第3章　要介護者を取り巻く環境

いう位置づけである。

　しかしながら、いわゆる介護事故が起こったとき、ケアプランに記載された「転倒のリスクが高いため見守りを強化する」という努力目標が、ご家族や法曹界の方々に結果責任と捉えられることがある。

　ケアプランは、よき介護をするための目標であって、必ず安全を約束するものではない。利用者と施設との間で、誤解を生んでいる。結果責任を負うものではないのである。

## (3)　身体拘束ゼロの工夫や考え方

・窓が開かない閉鎖的な居室／施設の入り口は常に施錠されており、自由に出入りはできない／定期的に散歩にいく程度

➡窓が開く開放的な居室／許可を得て敷地内の庭園を散歩し四季折々の花を観賞できるようにする。

・ベッドのサイドレール（ベッド柵）で転倒を回避

➡その人らしく生きるために、リスクがあっても行動を制限されないケア環境にする。

・安全確保のため、立ち上がることを制限されたり、「ちょっと待って」等強い口調で常に行動が制限されたりする。

➡在宅復帰・自立支援に向けて積極的なリハビリが提供される施設にする。

・誤嚥事故の防止の観点から、本人の希望には沿わない／流動性が高い食事を提供／また家族と相談し早期に胃ろうを提案

➡リスクが高くても、できる限り口から食べ続けることを支援／ソフト食や選択制献立等食材を工夫して食べる喜びを提供するケアにする。

　このように本来、自由を奪うことはあってはならないことであり、リスクを家族が認識したうえで、人間の自由と尊厳を社会全体で理解していくことが必要と考えている。

## 2. 要介護者の施設

### (4) なぜ訴訟が多くなるか

たとえば、裁判例で言われている臨床医学の実践における医療水準は様々なガイドラインがあり、これに沿って判断ができる。それに対し、「介護水準」はブレが大きい。

ここに公益社団法人全国老人保健施設協会（以下「全老健」という）のリスクマネジャー養成講座や各種研修、R4システム[1]がこの現実のブレを最小限にしていくツールの一つになると願っている。また、他の介護施設の団体も様々な研修を実施し、より安全な介護を提供しようと努力している。

### (5) 防げる事故と防げない事故があること

転倒から骨折等の被害に至るまでは一瞬で発生するため、気付いたときには手遅れとなる。また介助中であったとしても、防ぐことが不可能なケースが存在する。自宅で生活していても、転倒すれば骨折する。また、誤嚥事故も不可避的に発生しうる。

介護現場には、「防ぐべき事故」と「不可避的に発生する（防げない）事故」がある。このことを国民の皆さんにご理解いただきたい。筆者の経験では、転倒が起きたことを家族に説明すると、「事故報告書のコピーがほしい」「その時直接担当していたスタッフの名前を教えてほしい」と要求したうえ、最後に「うちの親だけちゃんとしてくれてたらいい」と言われたケースもある。

現行の介護保険法のもとでは見守りを強化したとしても不可避的に発生する事故がある前提で、介護事故を捉え直し、防止措置を講じていく必要がある。

### (6) 介護萎縮を防ぐために

ケアプランは、「理想の介護を実現するための目標」という位置づけである。そのため、ケアプランはすべての結果に責任を問われることを前提としていない、ということを法曹界の方々に理解していただきたい。そうでなければ、ケ

---

[1] R4システム（全老健版ケアマネジメント方式R4システム）とは、全老健が独自に開発したケアマネジメントシステムである（2010年11月初版発売）。

## 第3章　要介護者を取り巻く環境

アプランは低い目標にせざるを得なくなり、介護萎縮となってしまう。さらには、介護保険の「尊厳の保持」「自立支援を促す」という理念自体が失われ、介護崩壊につながりかねないと考える〔**図表3-2-3**〕。

**図表3-2-3　全老健からの提言（2018年）**

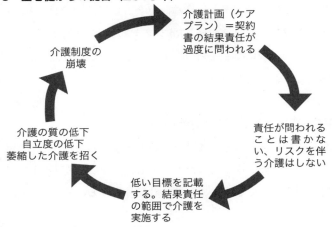

出典：公益社団法人全国老人保健施設協会 資料

　障害者施設は絶対数は少ないが、全国身体障害者施設協議会が研修など行い情報共有を図っている。全国の障害者施設の職員が集まっての研修はある。

　障害者専用の医療機関で働く管理職スタッフの声として、障害者施設で困っていることはやはり「人材不足」である。「障害者施設という特殊な分、障害者介護の経験がないスタッフが多いことも原因と考えられる。他の施設、事業所の動きや施設経営方法など情報が入ってこない。障害者施設の現状は表に出さない、社会に出していないと感じています」という意見が聞かれた。

　また「障害者自立支援はかなりというか現実的に厳しい。障害者施設での事故は骨折が意外と多いです」という声も聞かれた。ほぼ全介助の利用者、拘縮や変形のある利用者が多く、気を付けて介助していても知らず知らずのうちに骨折しているところがあるという。さらに令和6年改正で経営的にも厳しくなると言われている。

**2. 要介護者の施設**

---

### 4 10団体の共同声明『介護・医療現場における転倒・転落 ～実情と展望～』

日本医療安全学会ほか計10団体[2]は2023年11月17日、共同声明として『介護・医療現場における転倒・転落～実情と展望～』を公表した。また、共同声明の公表にともない、同日、厚生労働省記者会見室にて記者会見を行い社会に発信した。

共同声明では、高齢者にとって極めて日常的に生じる転倒は症候群の一つであり転倒をゼロにすることはおよそ不可能であるから、裁判所には、医療・介護の実情をふまえた現実的な法的判断が求められ、現実を無視した想像上の判断により法的責任が問われると、医療崩壊、看護・介護崩壊を招くことが、10団体の一致する医学的知見として公表されている。共同声明の全文を確認いただきたいので巻末資料（406頁参照）に添付する。

---

### 5 介護保険施設等における事故の報告様式

介護保険施設等で事故が発生した場合、介護保険の保険者に事故を報告しなければならないが、事故の報告様式等について、厚生労働省は令和3年3月19日付で事務通知「介護保険施設等における事故の報告様式について」[3]を出し、以下のように記載している。

**【報告対象について】**

○下記の事故については、原則として全て報告すること。
　①死亡に至った事故
　②医師（施設の勤務医、配置医を含む）の診断を受け投薬、処置等何らかの治療が必要となった事故
○その他の事故の報告については、各自治体の取扱いによるものとすること。

---

2　日本転倒予防学会、日本集中治療医学会、医療法学研究会、全国老人保健施設協会、日本慢性期医療協会、全国老人福祉施設協議会、回復期リハビリテーション病棟協会、日本認知症グループホーム協会、日本リハビリテーション病院・施設協会、地域包括ケア病棟協会。
3　令和3年3月19日老高発0319第1号、老誌発0319号第1号、老老発0319第1号厚生労働省老健局通知。

101

# 第3章 要介護者を取り巻く環境

## 【報告期限について】

○第1報は、少なくとも別紙様式内の1から6の項目までについて可能な限り記載し、事故発生後速やかに、遅くとも5日以内を目安に提出すること。
○その後、状況の変化等必要に応じて、追加の報告を行い、事故の原因分析や再発防止策等については、作成次第報告すること。

## 【対象サービスについて】

○別紙様式は、介護保険施設における事故が発生した場合の報告を対象とし作成したものであるが、認知症対応型共同生活介護事業者(介護予防を含む)、特定施設入居者生活介護事業者(地域密着型及び介護予防を含む)、有料老人ホーム、サービス付き高齢者向け住宅、養護老人ホーム及び軽費老人ホームにおける事故が発生した場合にも積極的に活用いただきたい。また、その他の居宅等の介護サービスにおける事故報告においても可能な限り活用いただきたい。

なお、その通知で新様式(以下「事故報告標準様式」という)が次のように示された〔**図表3-2-4**〕。

**図表3-2-4 介護保険施設等における事故の報告様式等**

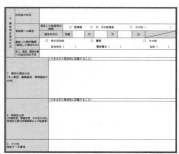

## 2. 要介護者の施設

※項目4～9の欄の拡大

| | 発生日時 | 西暦 | | 年 | | 月 | | 日 | | 時 | | 分頃（24時間表記） |
|---|---|---|---|---|---|---|---|---|---|---|---|---|

<table>
<tr><td rowspan="5">4<br>事故の概要</td><td rowspan="3">発生場所</td><td colspan="4">□ 居室（個室）　　□ 居室（多床室）　　□ トイレ　　□ 廊下</td></tr>
<tr><td colspan="4">□ 食堂等共用部　　□ 浴室・脱衣室　　□ 機能訓練室　　□ 施設敷地内の建物外</td></tr>
<tr><td colspan="4">□ 敷地外　　□ その他（　　　　　　　　　　　）</td></tr>
<tr><td rowspan="2">事故の種別</td><td colspan="4">□ 転倒　　　　　　　　□ 異食　　　　　　　　　　　□ 不明<br>□ 転落　　　　　　　　□ 誤薬、与薬もれ等　　　　　□ その他（　　　　　　）</td></tr>
<tr><td colspan="4">□ 誤嚥・窒息　　　　　□ 医療処置関連（チューブ抜去等）</td></tr>
</table>

発生時状況、事故内容の詳細

その他特記すべき事項

**5 事故発生時の対応**

発生時の対応

| 受診方法 | □ 施設内の医師（配置医含む）が対応　□ 受診（外来・往診）　□ 救急搬送　　□ その他（　　　　） |
|---|---|
| 受診先 | 医療機関名　　　　　　　　　　　　連絡先（電話番号） |
| 診断名 | |
| 診断内容 | □ 切傷・擦過傷　　□ 打撲・捻挫・脱臼　　□ 骨折（部位：　　　　　）<br>□ その他（　　　　　　　　　　　　　　　） |
| 検査、処置等の概要 | |

**6 事故発生後の状況**

| 利用者の状況 | | |
|---|---|---|
| 家族等への報告 | 報告した家族等の続柄 | □ 配偶者　　□ 子、子の配偶者　　□ その他（　　　） |
| | 報告年月日 | 西暦　　　年　　　月　　　日 |
| 連絡した関係機関（連絡した場合のみ） | | □ 他の自治体　　　　　□ 警察　　　　　　　□ その他<br>自治体名（　　　）　　警察署名（　　　）　　名称（　　　） |
| 本人、家族、関係先等への追加対応予定 | | |

**7 事故の原因分析**（本人要因、職員要因、環境要因の分析）

（できるだけ具体的に記載すること）

**8 再発防止策**（手順変更、環境変更、その他の対応、再発防止策の評価時期および結果等）

（できるだけ具体的に記載すること）

**9 その他特記すべき事項**

出典：厚生労働省 資料

103

第3章　要介護者を取り巻く環境

　前節の「1.要介護者の身体的機能」でも述べた「令和5年度　介護保険施設等における事故報告に関する調査研究事業」における調査[4]では、まだすべての自治体でこの様式が採用されていないことや、事故報告は集められるだけでその情報が再発防止等のために活用されていないことがわかった。

　この委員会のメンバーの一人である筆者は、常々「事故報告書」という名称に異を唱えている。共同声明にもあるように、施設の限界を超える出来事や自宅でも発生しうる老年症候群も「施設内で起これば事故」という考え方に異論があるからである。しかもこの報告書のデータが、集めるだけで再発予防にフィードバックされていないことが課題であることがわかった。理由は集めているそれぞれの地方自治体の担当者にリスクマネジメントの専門家がおらず、どう分析していいかわからないなどの理由であった。今後は国が一括管理して何らかの再発予防に活用できるシステムを構築していただきたいものである。

## 6　全老健事故検討会

　全老健は、2022年4月に「事故検討会」を立ち上げた。全老健の団体保険である「介護老人保健施設総合補償制度」加入会員施設で発生した重大事故（死亡事故）について、その施設に聞き取り等を行い、いわゆる事故の原因、再発予防、争いの防止のため助言書を検討、作成して当該施設に送付している。

　「事故検討会」が立ち上がる前は、団体保険の代理店である株式会社全老健共済会と保険会社が「事故報告会」を実施していた。そこから見えてきたことなどがあり、全老健に移管して「事故検討会」を立ち上げ、施設における介護事故の減少および事故防止対策の広報、さらに、利用者およびその家族、国民、法曹界等に対して正確な情報を発信していくこととした。

　事故検討会は、老健施設の管理医師（施設長）、介護・医療に精通している弁護士、看護士等で構成され毎月開催している。筆者はその委員会の委員長を務めている。

---

**4**　株式会社日本総合研究所「介護保険施設等における事故報告に関する調査研究事業　報告書（令和5年度　老人保健事業推進費等補助金　老人保健健康増進等事業）」（令和6年3月）。

**2. 要介護者の施設**

### 図表3-2-5

---

**事故の傾向**

**事故報告会の検討でみえてきたこと**

事故の中には…、

家族―利用中の事故は施設の責任

施設―お預かりしている間の事故は施設の責任

その為の保険だろ！

判決―裁判官は老健の現状を理解しているの？

医療機関の対応―救急搬送先の医師の意見がその後を左右してしまう。

---

**老健の役割・機能を理解いただけていないのではないか。**

→家族へのアプローチ：

期待値と満足値の不一致（こんなはずじゃなかった）を解消。

家でも起きる事故、やむを得ない事故もある。

入所時リスク説明とサービス開始後の関係性の構築。

→社会・法曹界へのアプローチ：

老健の現状（現場の「限界」）を知ってもらう。

介護萎縮はケアの質の低下を招き自立支援の妨げになる。

→協力医療機関へのアプローチ：

老健利用者の特徴と日常生活を知っていただく。

救急受入時の家族対応。

---

### 図表3-2-6

---

**全老健事故検討会の創設**

**設置目的（抜粋　一部省略）**

● 公益社団法人全国老人保健施設協会会員施設（総合補償制度加入施設）で発生した重大事故を対象に事故内容等を検討し、該当施設において適切な対応が取れるよう助言等を行う。

● 事故検討会で取り上げられた事故事案を整理し、施設における介護事故の減少および事故防止対策の一助となるよう公益社団法人全国老人保健施設協会会員施設に対して広報する。

● 利用者およびその家族、国民、法曹界等に対して、老健施設の機能、役割、リスク等について、正確な情報を発信していくことで、「より良い介護を取り巻く環境」をつくり上げる一助とする。

---

出典：〔図3-2-5・3-2-6〕ともに公益社団法人全国老人保健施設協会　資料

第3章　要介護者を取り巻く環境

図表3-2-7

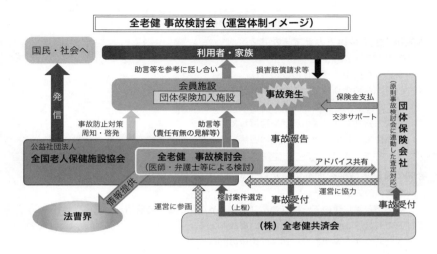

出典：公益社団法人全国老人保健施設協会 資料

　会員施設のみならず、国民、さらには法曹界へも介護現場の現状を正しく知ってもらい介護現場の萎縮が起こらないように、また介護の標準的なレベル、ガイドラインなどの作成にも発展できたらと考えている。

## 7　介護保険施設等における事故報告に関する調査研究

　前述の「介護保険施設等における事故報告に関する調査研究事業　報告書」[5]において報告されている最近の介護事故に関する考え方の要旨は、次のとおりである。

### (1)　調査研究の背景

　介護保険施設等については、今後、入所者の重度化や医療ニーズへの対応に伴うリスクの増大が考えられるが、「平成30年度 介護老人福祉施設における安全・衛生管理体制等の在り方についての調査研究事業」「令和2年度老人保

---

[5]　株式会社日本総合研究所・前掲注（4）。

健健康増進等事業 介護保険施設等における安全管理体制等のあり方に関する調査研究事業」「令和3年度 介護報酬改定に関する審議報告（令和2年12月23日社会保障審議会介護給付費分科会）」などをふまえ、前述の令和3年3月19日付通知において、介護保険施設等における新たな事故報告様式が示された〔**図3-2-4**参照〕。

　また、令和3年度介護報酬改定では、安全対策に係る体制評価として、事故発生の防止と発生時の適切な対応（リスクマネジメント）を推進するための事故報告様式の作成・周知、安全対策担当者配置の義務付けなどが評価されることとなった。

　これらをふまえて、「令和4年度 介護保険施設のリスクマネジメントに関する調査研究事業」において実態把握が行われた結果、安全対策体制加算は、特養で69.9%、老健で73.9%、介護医療院で50.2%の算定率であった。施設から市区町村への報告様式・書式については、事故報告標準様式を使用している市区町村が64.5%という結果が出ているが、「市区町村からの支援は得ていない」という回答が、特養で57.3%、老健で62.9%、介護医療院で61.7%あり、前述のとおり自治体においても収集された事故報告書を活用して、支援に生かしきれていないという課題も明らかになった。


⑵　**調査の実施目的**

　以下を目的に、自治体および介護事業者に対するヒアリング調査を中心とした調査研究事業を実施した。

---

・自治体および介護事業者へのヒアリング調査により、事故報告の受付、収集・分析、活用における課題を抽出する。

・介護保険施設等の事故の再発防止や未然防止の強化に向け、事故報告において国・自治体に求められる役割および事故情報の分析・活用促進に向けた国による支援策の方向性の検討を行う。

・事故報告標準様式の活用促進に向けた方向性の検討を行う。

---

第3章　要介護者を取り巻く環境

## ⑶　ヒアリング調査結果をふまえた示唆

　自治体ヒアリングおよび事業所ヒアリングの調査結果をふまえて、事故報告の受付、事故情報の集計・分析、事故情報の活用の観点で、自治体・事業所それぞれの課題を図表に整理した。

**図表3-2-8　ヒアリング調査をふまえた事故報告の受付、事故情報の分析・活用における課題**

| | 自治体課題 | 事業所課題 |
|---|---|---|
| ①事故報告の受付 | ・報告対象となる事故の基準が自治体によりばらついている（特に「医師の診察」に関する基準について、特養の配置医師が含まれるか等）。<br>・特に事故報告標準様式の自由記載欄に関して、記載内容が施設ごとにばらついている。<br>・事故報告のオンライン化は、事業所・自治体双方の負担軽減につながっているが、オンライン化を自治体主導で進めるのは予算等の関係上困難である。<br>・メール・郵送・対面等さまざまな提出方法が混在し、受付方法が定まっていない。 | ・事故報告の意義や目的を国・自治体から十分伝えられていない。<br>・事故報告の報告範囲が広く、作成にも手間がかかることから事故報告の負担が大きい。<br>・複数自治体に対し報告が必要な場合、自治体により様式が異なり、報告書作成が二度手間となっている。 |
| ②事故情報の集計・分析 | ・提出形式が紙・データと混在しているため、集計が手作業となり、負担が大きい。<br>・自治体において集計や分析に関するノウハウが不足している。<br>・自治体側の専門性が乏しく、事故情報を詳細に把握し、対策を検討することができない。 | ・事故報告を提出しても、助言等のアクションがない自治体が多い。<br>・事故の統計情報のみを掲示されており、統計情報の有効な活用方法が分からない。<br>・自施設におけるヒヤリ・ハットや事故情報の集計・分析のポイントが分からない。 |
| ③事故情報の活用 | ・事故報告に関わる人員が不足しており、活用まで手が回っていない。<br>・他の自治体の事故情報が不足している。<br>・集団指導やリスクマネジメント研修に関するノウハウが不足している。<br>・集団指導や研修を行っているが、参加する施設が限られる。 | ・原因分析・未然防止や再発防止策検討におけるノウハウが不足している。<br>・実現性・継続性のある再発防止策の立案ができていない。<br>・研修内容や職員を集める方法の検討などで苦労しており、研修の実施・受講の負担が大きい。 |

出典：株式会社日本総合研究所「介護保険施設等における事故報告に関する調査研究事業　報告書」（令和6年3月）

108

## 2. 要介護者の施設

### ア　事故報告の受付について

　自治体からは報告対象となる事故の基準が自治体によりばらついていること、自由記載欄の記載内容が施設ごとにばらついていること、提出方法が定まっていないことが課題として挙げられた。また、オンライン化については自治体・事業所双方の負担軽減につながる可能性があるものの、自治体主導でのオンライン化は困難であるという意見が聞かれた。

　事業所からは前提として事故報告の意義や目的について十分伝えられていないこと、報告範囲の広さや、提出方法の違いから事故報告に負担が生じているという課題が挙げられた。

### イ　事故情報の集計・分析について

　自治体からは、専門性やノウハウの不足により集計・分析の切り口がわからない、手作業による集計の負担が大きいという課題が挙げられた。事業所からは、提出した事故報告に対して助言等が得られない、集計・分析された事故情報のデータのみを掲示されても活用の仕方がわからない、自施設での集計・分析の方法がわからないという課題が挙げられた。

### ウ　事故情報の活用について

　自治体からは人員不足やノウハウ不足により事故情報の活用まで着手できないこと、他の自治体の情報不足が課題として挙げられた。

　事業所からは、継続性・実現性の高い原因分析や未然防止策立案の検討や、現場に即した研修の実施や受講ができていないといった課題が挙げられた。

### ⑷　海外事例、海外文献調査

　米国（マサチューセッツ州）、イングランド、オーストラリアにおいては介護事業所において発生した事故をオンラインシステムにより報告することを定めている。

　海外における事故報告制度の目的は、「個別事故に関する指導（ミクロレベル）」と、「事故発生の傾向把握（マクロレベル）」に整理される。個別事故に関する指導を目的として事故報告が行われているのは、マサチューセッツ州（米

国）およびオーストラリアである。事故発生の傾向把握を目的として事故報告が行われているのは、イングランドである。

「個別事故に関する指導（ミクロレベル）」と「事故発生の傾向把握（マクロレベル）」という2つの目的を1つの仕組みで行う場合、介護事業者による事故報告が的確になされない可能性がある。我が国においても、事故報告の目的を今一度整理したうえで、その目的に応じた事故報告制度のあり方を検討し、かつ、その目的を自治体・介護事業所等に明確に周知する必要があると考えられる。

我が国においてはやっと様々な分野でデジタル化を進めようとしているが、こういう事故報告に関する事項はいち早く国が一元管理してフィードバックしてほしいと筆者は考える。

### (5) 検討委員会での議論

検討委員会において、次のような議論があった。

---

・ある程度の規模の自治体だと事故報告はマクロ的に見ていくしかなく、事故報告書に負わせる責務が大きすぎるのではないか。

・事故は原因分析を行うことが重要であり、対策を検討し、その結果を自施設で周知して実行していくことで施設の力が高まっていく。このようなプロセスを重視すべきである。

・「事故報告によるデータ収集」と「事業者への指導」という2つの目的を1つの仕組みで達成しようとすると、事故報告件数が減ってしまう懸念がある。事故報告の目的はデータ収集による再発防止であることを介護事業所に明確に伝えたほうがよい。

・事故報告の目的は再発防止であり、報告書を書くことで、「事故を起こしてしまった」と感じてしまう職員は多い。事故報告の意義を現場職員に伝えることが極めて有用である。

・統一様式の使用を義務化し、全国に周知いただきたい。

・事故報告の提出のオンライン化により、自治体内で同じ尺度で事故報告

**2. 要介護者の施設**

が収集されるようになった。収集された報告の中から突出した事例を
ピックアップし、事業所と共有していく取組みを今後進めていきたいと
考えている。

・事故情報の活用先として自治体主導での研修実施があり、施設同士で学
び合う場を提供することが自治体の役割である。事例紹介やグループ
ワークを含めて他施設と情報交換する機会を作ることが重要。

・医療現場と介護現場の安全に関する連携が重要であり、介護現場での身
体拘束をしない条件下での安全の取組みは医療現場にとっても参考にな
るため、相互の情報交換は双方にメリットがある。

・介護現場での事故は「バリエーション」は少ないかもしれないが、事故
の「原因」については多岐にわたる。現場で「原因」を深く検討するこ
とが必要であり、研修では、統計では現れない事例分析・事例検討を行
えるとよい。

## (6) その他、事故報告標準様式に関する委員からの意見

### ア 「事故報告書」の名称について

・「事故報告書」という名称では、施設側にすべて責任があるように聞こ
えてしまうため、用語の変更の議論が必要である。老年症候群による「事
故」もあるという点も明示いただきたい。施設内での怪我等の事象はす
べて介護事故となってしまい裁判沙汰にもなりうることに違和感があ
る。

・医療事故については、定義として過失の有無を問わないことが明示され
ている。介護における事故について、国民の理解を促すか、用語を変更
するか、今後も議論が必要である。「事故」という言葉よりも「安全」
という言葉を前面に出す方向にしたい。

・「事故報告書」という名称を変更した場合、報告範囲の変更等について
施設等から自治体へ問い合わせが多く発生することが予想される。名称
の変更は現場で混乱を生む可能性があり、丁寧な説明が必要となる。

## 第3章　要介護者を取り巻く環境

### イ　事故の報告対象について

> ・自治体によっては医師による診断を受けていても絆創膏を貼るなどの軽
> 度な処置で済んだ事故は報告を求めていない場合もあるが、軽度な事故
> を報告対象外としてしまうと、施設側で軽度／重度の判断を行うことに
> なり報告範囲がばらついてしまう。発生した事故が軽度なのか重度なの
> か、施設から自治体に問い合わせがある可能性もある。
> ・事故情報を全国的に一元管理する方向性であるならば、報告範囲をより
> 明確にすべきではないか。
> ・常時医師が配置されている施設か否かで、医師による診断の意味合いが
> 異なることに留意が必要である。

などの意見が出た。

　先に触れたとおり、筆者も「事故報告」という名称には違和感を感じ、いわ
ゆる「介護事故」という範囲や定義をはっきりさせるべきだと考えている。介
護崩壊が起こらないように国民にも法曹界にも介護の現場の実情を理解してい
ただきたいと考えている。

# 3. 要介護者の介護サービス

### 高瀬　幸子
上智大学総合人間科学部社会福祉学科　准教授

## I　高齢者編

## 1　介護保険法の概要

　高齢者に関わる法律は多数あるが、介護サービスに関しては介護保険法が中心となる。Iでは、介護保険法に焦点を絞ってその概要について述べることにしたい。

### ⑴　介護保険の申請

　介護保険法が2000年4月より施行され、市町村（特別区を含む）を保険者とする我が国第5の社会保険システムとなった。被保険者は各市町村に住所のある者であり、国籍要件はない。65歳以上の第1号被保険者と、40歳以上65歳未満の第2号被保険者に分かれ、保険料や徴収方法が異なっている。

　介護保険による給付を受けようとするときには、市町村への申請が必要である。第1号被保険者は誰でも申請できるが、第2号被保険者は加齢に伴う疾患とされている特定疾病〔**図表3-3-1**〕の診断を受けている必要がある。つまり、40歳から64歳の者は、特定疾病に起因しない、ケガ等による要介護状態の場合は、介護保険による給付は受けられない。申請先は市町村であるが、地域包括支援センターや居宅介護支援事業所（ケアマネジャーの事務所）にも代行申請を依頼できる。申請後に、市町村が実施する訪問面接による介護認定調査を受ける必要がある。調査は申請者の居所で行われるため、住所地と異なる自治体の病院や親族宅に居る場合はその自治体に調査が委託されることもある。調

## 第3章 要介護者を取り巻く環境

査内容は、身体機能・起居動作、生活機能、認知機能、精神・行動障害、社会生活への適応、医療処置などの全部で74項目である。この調査の結果がコンピュータに入力され、一次判定が行われる。また、市町村は介護認定調査と並行して、申請者の主治医に「主治医意見書」の作成を依頼する。一次判定の結果と主治医意見書をもって介護認定審査会が開かれ、介護認定調査において記載された特記事項や医師の意見をふまえて二次判定が行われる。市町村は、申請から30日以内にこの二次判定の結果を申請者に通知しなければならない。この認定の結果に不服がある場合は、都道府県に設置された介護保険審査会に審査請求することができる。認定の有効期限は新規申請もしくは区分変更申請（心身の状態が大きく変化した場合に更新時期を待たず再調査を申請できる）の場合は6か月、更新の場合は12か月が原則である。

**図表3-3-1　介護保険における特定疾病**

| | |
|---|---|
| 1. | がん（医師が一般に認められている医学的知見に基づき回復の見込みがない状態に至ったと判断したものに限る。） |
| 2. | 関節リウマチ |
| 3. | 筋萎縮性側索硬化症 |
| 4. | 後縦靱帯骨化症 |
| 5. | 骨折を伴う骨粗鬆症 |
| 6. | 初老期における認知症 |
| 7. | 進行性核上性麻痺、大脳皮質基底核変性症及びパーキンソン病 |
| 8. | 脊髄小脳変性症 |
| 9. | 脊柱管狭窄症 |
| 10. | 早老症 |
| 11. | 多系統萎縮症 |
| 12. | 糖尿病性神経障害、糖尿病性腎症及び糖尿病性網膜症 |
| 13. | 脳血管疾患 |
| 14. | 閉塞性動脈硬化症 |
| 15. | 慢性閉塞性肺疾患 |
| 16. | 両側の膝関節又は股関節に著しい変形を伴う変形性関節症 |

出典：厚生労働省「特定疾病の選定基準の考え方」より

### (2) 介護認定と介護報酬

介護認定は軽い状態から順に自立、要支援1・2、要介護1・2・3・4・5の8段階で認定される。自立と認定されると、介護保険による支給はない。要支援・要介護は区分ごとに1か月あたりの支給限度額が単位で定められている〔**図表3-3-2**〕（2024年8月1日現在）。介護保険のサービスにはそれぞれ単位数が定められており、利用す

**図表3-3-2　介護認定と支給限度額**

| 認定区分 | 支給限度額（単位） |
|---|---|
| 要支援1 | 5,032単位 |
| 要支援2 | 10,531単位 |
| 要介護1 | 16,765単位 |
| 要介護2 | 19,705単位 |
| 要介護3 | 27,048単位 |
| 要介護4 | 30,938単位 |
| 要介護5 | 36,217単位 |

（筆者作成）

るサービスの単位を積み上げていき、限度額まで利用できるということである。たとえば、訪問介護（ホームヘルプ）では**図表3-3-3**のとおりに定められている（2024年8月1日現在）。この単位数は3年ごとに改定される。

介護サービス事業者が受け取る介護報酬は、原則として1単位10円の単価で計算されるが、人件費率等を考慮して若干の傾斜が付いており最大11.04円までの幅がある。さらに、地域による物価の違いを考慮して、全国が8級地に分けられており、最大20%の加算が付くことになっている。すなわち、サービスの合計単位数×単価（10～11.04円）×級地による加算割合（0～20%）によって算出された金額が介護報酬になる。介護報酬は1か月ごとに算出、請求される。

**図表3-3-3　サービスごとに定められた単位数の例（訪問介護）**

| 訪問介護 | | 単位数 |
|---|---|---|
| 身体介護 | 20分未満 | 163単位 |
| | 20分以上30分未満 | 244単位 |
| | 30分以上1時間未満 | 387単位 |
| | 1時間以上 | 567単位に30分を増すごとに＋82単位 |
| 生活援助 | 20分以上45分未満 | 179単位 |
| | 45分以上 | 220単位 |

（筆者作成）

## 第3章　要介護者を取り巻く環境

　介護報酬のうち、利用者の自己負担の割合は1号被保険者は所得に応じて1割、2割、3割のいずれかである。2号被保険者は所得にかかわらず全員が1割である。介護サービス事業者は残りの7割から9割分を、本来であれば保険者である市町村に請求するのだが、市町村は保険請求に関する審査と支払の業務を国民健康保険団体連合会（以下「国保連」という）に委託しているため、国保連に請求する。国保連とは、市町村および国民健康保険組合（地域ではなく自営する弁護士、税理士、美容師などの職種ごとに設立されている健康保険）が共同して事業を行うことを目的に都道府県に1つずつ設立されている公法人である。国保連はもともと国民健康保険における診療報酬の審査支払事業を行っている機関であり、介護保険の設立に伴って介護保険の審査支払業務も担うことになったのである。

　なお、支給限度額を超えてサービスを利用した場合は10割自己負担となる。

　ただし、各種サービスのうち、居宅介護支援・介護予防支援だけは自己負担がない。居宅介護支援・介護予防支援とは、利用者のニーズのアセスメントに基づきケアプランを作成して、サービス事業者の連絡調整を行い、適切にサービスが提供されているかどうかを確認するモニタリングを行うという、いわゆるケアマネジメントのことである。

　居宅介護支援は介護支援専門員（ケアマネジャー）によって要介護者に提供される。ケアプランは、要介護者が在宅でサービスを受ける場合は居宅サービス計画、施設に入所している場合は施設サービス計画と呼ばれる。在宅の場合は民間機関である居宅介護支援事業所の介護支援専門員が作成し、入所の場合は施設に所属する介護支援専門員が作成する。介護支援専門員とは、社会福祉士、介護福祉士、保健師、看護師、理学療法士等の保健医療福祉分野の基礎資格を有したうえで5年以上の実務経験を持ち、試験に合格し、実務研修を受けることによって取得できる資格である。

　介護予防支援は要支援者に対するケアマネジメントである。要支援者のケアプランは介護予防サービス計画と呼ばれ、原則として地域包括支援センターにおいて作成される（一部、居宅介護支援事業所への委託が認められている）。

116

## 3. 要介護者の介護サービス

地域包括支援センターは概ね人口2〜3万人に1か所を目安に市町村が設置しているもので、保健師・社会福祉士・主任介護支援専門員をはじめとする専門職が配置されている。地域包括支援センターは、介護に限らず高齢者に関する幅広い総合的な相談に対応しているので、介護保険の申請の仕方自体がわからないとき、申請はしたものの要介護になるか要支援になるかわからないとき、どの居宅介護支援事業所のケアマネジャーと契約したらよいかわからないとき、介護のこと以外にも困りごとがあるときなどにも相談できる。

居宅介護支援・介護予防支援は、直接的な介護サービスではなく、いわば介護サービスパッケージを作成するサービスであり、介護保険システムの特徴といえる。介護保険のサービス利用の入り口にあたるケアマネジメントに費用がかかってしまうことで、利用控えが生じないように自己負担なしとなっているのである。なお、ケアプランを依頼せずに自分で作成することも認められている（セルフケアプラン）。その場合は各サービス事業所への連絡調整等も自身で行い、利用実績を毎月市町村に提出する必要がある。

### ⑶ サービスの種類とその利用

介護保険で実施される事業の全体像は**図表3-3-4**のとおりである。要介護もしくは要支援の認定を受けて利用する必要のある「保険給付」と、必ずしも認定が必要ではない「地域支援事業」からなる。本節の焦点である介護サービスは基本的に保険給付において提供されるが、一部は地域支援事業にも含まれるため、全体像を把握するために一覧にしている。各サービス、事業の具体的な内容については後述する。

介護保険の利用申請をしたら、すぐにサービスの利用を開始できる。介護認定調査の結果が出るまでに約1か月かかるが、認定は申請日まで遡って有効になるからである。

保険給付は、予防給付と介護給付に大きく分けられる。要介護1・2・3・4・5の認定を受けた者が利用できるのが介護給付、要支援1・2の認定を受けた者が利用できるのが予防給付である。介護給付の方が幅広くサービスが用意されている。

117

# 第3章　要介護者を取り巻く環境

## 図表3-3-4　介護保険の事業の全体

〈保険給付〉

| | | 介護給付 | 予防給付 | |
|---|---|---|---|---|
| 都道府県が指定および監督 | 施設サービス | 介護老人福祉施設 | | I-2-(1) |
| | | 介護保健施設 | | I-2-(1) |
| | | 介護医療院 | | I-2-(1) |
| | 居宅サービス | 訪問介護 | | I-3-(1) |
| | | 訪問入浴介護 | 介護予防訪問入浴介護 | I-3-(1) |
| | | 訪問看護 | 介護予防訪問看護 | I-3-(1) |
| | | 訪問リハビリテーション | 介護予防訪問リハビリテーション | I-3-(1) |
| | | 居宅療養管理指導 | 介護予防居宅療養管理指導 | I-3-(1) |
| | | 通所介護 | | I-3-(1) |
| | | 通所リハビリテーション | 介護予防通所リハビリテーション | I-3-(1) |
| | | 短期入所生活介護 | 介護予防短期入所生活介護 | I-3-(1) |
| | | 短期入所療養介護 | 介護予防短期入所療養介護 | I-3-(1) |
| | | 特定施設入居者生活介護 | 介護予防特定施設入居者生活介護 | I-3-(1) |
| | | 福祉用具貸与 | 介護予防福祉用具貸与 | I-3-(1) |
| | | 特定福祉用具販売 | 特定介護予防福祉用具販売 | I-3-(1) |
| 市町村が指定および監督 | ケアマネジメント | 居宅介護支援 | 介護予防支援 | I-1-(2) |
| | 地域密着型サービス | 夜間対応型訪問介護 | | I-3-(1) |
| | | 定期巡回・随時対応型訪問介護看護 | | I-3-(1) |
| | | 地域密着型通所介護 | | I-3-(1) |
| | | 認知症対応型通所介護 | 介護予防認知症対応型通所介護 | I-3-(1) |
| | | 小規模多機能型居宅介護 | 介護予防小規模多機能型居宅介護 | I-3-(1) |
| | | 看護小規模多機能型居宅介護 | | I-3-(1) |
| | | 認知症対応型共同生活介護 | 介護予防認知症対応型共同生活介護 | I-2-(3) |
| | | 地域密着型特定施設入居者生活介護 | | I-2-(3) |
| | | 地域密着型介護老人福祉施設入居者生活介護 | | I-2-(3) |
| 業者指定なし | | 住宅改修 | 住宅改修 | I-3-(1) |

〈地域支援事業〉

| | | | |
|---|---|---|---|
| 市町村が実施 | 介護予防・日常生活支援総合事業 | 介護予防・生活支援サービス事業<br>　訪問型サービス<br>　通所型サービス<br>　その他生活支援サービス<br>　介護予防ケアマネジメント | I-3-(2) |
| | | 一般介護予防事業 | — |
| | 包括的支援事業 | 地域包括支援センターの運営 | — |
| | | 社会保障充実のための事業 | — |
| | 任意事業 | 家族介護支援事業等 | — |

（筆者作成）

118

### 3. 要介護者の介護サービス

　保険給付のうち、都道府県がサービス事業者を指定および監督するのが施設サービスと居宅サービスである。市町村が事業者を指定および監督するのが地域密着型サービスと居宅介護支援・介護予防支援である。住宅改修については、とくに事業者の指定は行われず、一般の住宅改修事業者が施工したものに対して自己負担分を除いた金額が償還払いで支給される。

　利用者が在宅でサービスを受ける場合は、まずはケアマネジメント（居宅介護支援・介護予防支援）を利用することになろう。要介護者の場合は居宅介護支援事業所のケアマネジャーを探して、契約する。地域にどのような居宅介護支援事業所があるのかがわからない場合は、自治体の介護保険担当課などでリストをもらうことができる。ただし、1人のケアマネジャーが担当できる件数には上限があるため、場合によっては希望するケアマネジャーと契約できないこともある。要支援者の場合は、住所地を管轄する地域包括支援センターにケアマネジメントを依頼することになる。ケアマネジメントの担当者と相談をしながら具体的にいつ、どのようなサービスを、どの事業者に依頼するのかをつめていくことになる。

#### ⑷　苦情への対応

　介護保険のサービスに関する苦情は、まずは当事者間における話し合いによって解決されることが望ましい。社会福祉法82条において「社会福祉事業の経営者は、常に、その提供する福祉サービスについて、利用者等からの苦情の適切な解決に努めなければならない」とされている。当然ながら介護保険のサービス事業者もこの社会福祉事業の経営者に含まれる。サービス事業者自身が利用者からの苦情解決に取り組むことが努力義務とされているのである。これに関して、厚生労働省は「社会福祉事業の経営者による福祉サービスに関する苦情解決の仕組みの指針」を示している。この指針では、苦情を申し出やすい環境を整えるため苦情受付担当者を置くこと、苦情解決の責任を明確にするため施設長や理事長等を苦情解決責任者とすること、苦情解決に社会性や客観性を確保して適切な対応をするため第三者委員を設置することが示されている。

## 第3章　要介護者を取り巻く環境

　当事者間の直接的な話し合いがしにくい場合は、ケアマネジメント担当者（要介護者は介護支援専門員、要支援者は地域包括支援センター）に相談することが勧められる。介護保険システムにおいては、利用者と介護サービス事業者の間にケアマネジメント担当者が入って調整を行っているため、日常的にサービスを受けている介護サービス事業者には言いにくいことでも間に入ってもらうことができる。

　また、保険者である市町村に相談することも有効である。ことに地域密着型サービスに関しては市町村が指定および監督の権限を持っており、指定基準に違反している等のおそれがあると判断すれば書類の提出、事業者の出頭、立ち入り検査令等を行うことができる。都道府県に指定と監督の権限があるサービスに関しても、必要に応じて市町村が都道府県に立ち入り検査等を求めることができる（介護保険法115条の33）。

　さらに、国保連が制度的に苦情処理機関として位置づけられている。国保連は、介護保険において介護報酬に関する審査と支払のほか、サービス事業者への必要な指導と助言を行うこととされており、これが苦情対応業務にあたる。とくに、利用者の住所地と事業所の所在地の市町村が異なる場合、複数の市町村にまたがる事業所に関わる場合などは市町村による対応が難しく、国保連における対応が期待される。

　以上は介護保険の枠組みにおける苦情対応であるが、介護保険のサービスも福祉サービスに含まれるため、介護に限らない福祉サービス全般のために備えられた苦情対応の仕組みを活用することもできる。

　都道府県に1つずつ設置されている都道府県社会福祉協議会は、福祉サービスに関する苦情に対応する運営適正化委員会を置くことが社会福祉法によって規定されている。運営適正化委員会は、苦情を受け付けると必要に応じて事情の調査や都道府県への情報提供を行うことになっている。また、十分に普及しているとは言い難いが、福祉オンブズマンや苦情調整委員会といった第三者の立場で利用者からの苦情相談に対応する仕組みを備えている自治体も都市圏を中心にみられる。基本的に、オンブズマンや苦情調整委員は行政職員ではなく、

外部の者に自治体の長が権限を与えている。そのため、福祉サービス利用者の苦情について中立的な立場で対応することができる。

　社会福祉領域においては利用者の方が弱い立場におかれていたり、自己主張をする力が十分ではなかったりすることが少なくない。そのため、このような苦情解決のための仕組みが備えられている。介護保険のサービスとそれ以外のサービスの両方に関わる苦情などはこれらの窓口に相談することを検討してもよいだろう。

## 2　入所機関における介護サービス

### ⑴　介護保険における施設サービス

　高齢者が入所する施設は様々な種類の機関が存在するが、介護保険における施設サービスとは、介護老人福祉施設、介護老人保健施設、介護医療院の3種類だけである。厳密にはこれ以外の機関は介護保険施設ではないのである。これらの3施設はいずれも要介護の認定を受けていることが利用条件である。設置主体は、介護老人福祉施設は地方公共団体もしくは社会福祉法人、介護老人保健施設と介護医療院は地方公共団体、医療法人、社会福祉法人である（そのほか、厚生労働大臣の認めるものとして日本赤十字社、健康保険組合等がみられるがごくわずかである）。

　介護老人福祉施設とは、すなわち特別養護老人ホームを指す。つまり、介護保険法では老人福祉法に規定される特別養護老人ホーム（のうち定員30名以上のもの）を、介護老人福祉施設として指定しているのである。老人福祉法の施行（1963年）の方がずっと早いため、多くの施設は特別養護老人ホームとして長く親しまれており、施設の外看板などもそのままであることが多い。しかし、実際の入居者のほとんどは介護保険に基づく介護老人福祉施設として利用している。介護老人福祉施設は、基本的には終身での利用が想定されている生活施設である。原則として、要介護3以上という利用要件があるためケアの必要性の高い人が多く利用している。従来は4人部屋が横並びになった大人数による集団的ケアが主流であったが、近年はユニットケアを導入している施設

第3章　要介護者を取り巻く環境

が多くなっている。ユニットケアでは、個室を基本とし、8〜10人程度を1つの「ユニット」としてケアを行うスタッフを固定して少人数でなじみの関係を形成し、在宅での生活のありように近い形が目指されている。生活施設であるため、ほとんどの介護老人福祉施設で常勤の医師は配置されておらず、積極的な治療が必要な場合は入院せざるを得ないが、看取りを行う施設も増えてきている。

　介護老人保健施設は、病状が安定期にあって入院治療の必要がない要介護1以上の認定を受けた人を対象としている。医療機関を退院した後、すぐに在宅生活に戻ることが難しい場合に3〜6か月程度入所し、日常の介護とリハビリテーションを受けながら在宅復帰のための準備をする機関である。医師が常勤で配置されており、看護師も介護老人福祉施設よりも手厚い配置となっているため、医療的ケアが必要な場合も入所が可能である。医療機関と在宅の中間施設としての位置づけとなっているが、現実的には在宅復帰の準備が整わず入所が長期化していたり、複数の介護老人保健施設を転々としていたりする事例もみられる。

　介護医療院は2018年に新たに設置された機関で、長期の療養が必要な要介護1以上の者を対象とする。医療法における5種の病床のうち、療養病床とは慢性期にあって長期療養が必要な人を入院させるものである。従来、療養病床には健康保険によって入院する医療療養病床（医療療養型病院）と、介護保険によって入院する介護療養病床（介護療養型医療施設）があった。しかし、この両者の利用者にほとんど違いが見られないことから、介護療養病床は移行期間を経て2023年3月末に廃止となった。その後継機関として新設されたのが介護医療院である。介護医療院は、長期の療養が必要な人を対象にしている点は変わらないが、日常的な医学的管理だけではなく、生活施設としての機能をもつところがこれまでの介護療養病床と異なっている。具体的には、レクリエーションや季節行事などを取り入れ、洗濯や買い物代行などの日常的な生活支援も行うこととなっている。重篤な身体疾患を有する者および身体合併症を有する認知症高齢者等を対象とするⅠ型と、容体が比較的安定している人を対象と

**3. 要介護者の介護サービス**

するⅡ型があり、前者の方が医師や介護職員の配置が手厚くなっている。

　これらの介護保険3施設は住所地特例が適用される。住所地特例とは、入所によって施設のある市町村に住所を移したとしても、元の住所地の市町村の被保険者とする制度である。これは施設の多い市町村に保険給付の負担が集中することを避けるために設けられている。

### ⑵　介護保険における特定施設入居者生活介護

　介護保険の施設は上述したとおりの3施設であるが、高齢者の入所機関はほかにも存在する。そのほかの入所機関のうち、有料老人ホーム、軽費老人ホーム、養護老人ホームは特定施設入居者生活介護（介護予防特定施設入居者生活介護を含む。以下、同じ）の指定を受けている施設であれば、介護保険によって介護サービスを受けることができる。これらのホームはいずれも老人福祉法に規定されている施設であり、入所にあたり要介護・要支援の認定は必ずしも必要ではない。しかし、入所して特定施設入居者生活介護によって介護サービスを受けようとする場合は要介護（介護予防特定施設入居者生活介護の場合は要支援）の認定が必要である。

　特定施設入居者生活介護には一般型と外部サービス利用型がある。一般型は、その施設の職員によってケアプランが作成され、介護サービスが提供される。外部サービス利用型は、ケアプランはその施設の職員が作成するが、介護サービスはその施設が委託したサービス事業者によって提供される。多くの場合、入居者の大半が要介護の状態にあって日常的にケアが必要な状況であれば一般型の方が効率がよい。逆に、ケアが必要な人が少数であったり、介護サービスの利用頻度が少なかったりする場合は外部サービス利用型となっている。

　有料老人ホームは、入居高齢者に食事・介護サービス・家事支援サービス、健康管理サービスのうち1つ以上を提供する施設とされている。都道府県への届出が必要であるが、設置主体に制限はなく、社会福祉法人や医療法人に限らず多くの営利企業（株式会社）が参入しており、費用、利用者の年齢条件、サー

123

第3章　要介護者を取り巻く環境

ビス内容も様々である。有料老人ホームには介護付き有料老人ホーム、住宅型有料老人ホーム、健康型有料老人ホームの3類型に分けられる。このうち、特定施設入居者生活介護の指定を受けている施設が介護付き有料老人ホームである。この指定を受けるためには、介護保険上の施設基準や人員配置基準等を満たす必要がある。入所者は介護保険相当分のサービスは1〜3割の自己負担で利用できるが、多くの施設では介護保険上の基準を超えて様々なサービスを提供しており、その分は全額自己負担となる。住宅型有料老人ホームは特定施設入居者生活介護の指定を受けていないため、入所者に介護サービスが必要になった場合は外部の居宅介護支援事業所（要支援の場合は地域包括支援センター）とケアマネジメントの契約をし、外部の介護サービス事業者を利用することになる。健康型有料老人ホームは、介護が必要になった場合は退去しなければならない。

　軽費老人ホームは低所得の高齢者のための住まいとして設置され、60歳以上の個人またはどちらかが60歳以上の夫婦が対象となり、所得制限のある施設が多い。地方公共団体もしくは社会福祉法人が設置主体となる。軽費老人ホームは、A型、B型、都市型、ケアハウスに分けられ、各類型で居室面積や職員配置の基準が異なる。軽費老人ホームは、見守りや生活上の相談には対応するものの、介護サービスは提供されない施設として整備された。A型とケアハウスは食事の提供があり、B型は自炊が前提となる。その後、地価の高い都市に設置しやすいようにA型の定員、施設基準を緩和した都市型が作られた。現在では、A型、B型は新設されることはなく、順次ケアハウスに一本化していくことになっている。ケアハウスの中には、特定施設入居者生活介護の指定を受けている施設がある。その場合は、介護保険を利用するため要介護の認定が必要となる。軽費老人ホームのA型、B型、都市型、そして特定施設入居者生活介護の指定を受けていないケアハウスは、基本的にはある程度身の回りのことができる人が入所する施設ではあるが、介護サービスが必要となった場合には外部の居宅介護支援事業所（要支援の場合は地域包括支援センター）と契約をし、外部の介護サービス事業者を利用することができる。

## 3. 要介護者の介護サービス

　養護老人ホームは、経済的および環境的な理由から在宅での生活が困難な65歳以上の高齢者が対象である。公共団体もしくは社会福祉法人が設置主体である。養護老人ホームの利用形態は、有料老人ホームや軽費老人ホームのように高齢者が自分で入所したい施設を選んで契約する形ではない。入所を希望する場合は原則として施設ではなく市町村に申し込み、行政が養護老人ホーム利用の必要性を調査する。経済的な困窮の程度、住宅の状況、家族状況、他制度の利用可能性などから総合的に入所の要否が判断される。このような福祉サービスの利用形態を「措置」という（2019年より一部において契約入所も認められるようになっている）。養護老人ホームは介護施設ではないが、中には特定施設入居者生活介護の指定を受け、介護サービスを提供している施設もある。指定を受けていない養護老人ホームにて介護サービスが必要な状態になった場合は、外部の居宅介護支援事業所（要支援の場合は地域包括支援センター）と契約をし、外部の介護サービス事業者を利用する形となる。

　以上の3つの施設は、介護保険施設ではないが特定施設入居者生活介護の指定を受けていれば、入所した施設の介護サービスを利用することができる。個別に居宅介護支援事業所を探したり、サービス利用契約を締結したりする必要がないため、要介護・要支援の状態にある高齢者にとっては利便性が高い。指定を受けていない施設でも介護保険サービスの利用はできるが、介護保険制度上はあくまで在宅扱いであり、外部機関を利用することになる。また、特定施設入居者生活介護の指定を受けた施設においては、住所地特例が適用される。


### ⑶　介護保険における地域密着型サービスの入所機関

　地域密着型サービスは、2006年に創設されたサービスである。地域性を重視した比較的小規模なサービスであり、市町村が中心となって推進することが期待されているため、事業所の指定と監督は市町村が担う。居宅サービス、施設サービスとの大きな相違点は、利用者が当該市町村の住民に限られる点である。地域密着型サービスにおける入所機関は認知症対応型共同生活介護（介護

第3章　要介護者を取り巻く環境

予防認知症対応型共同生活介護も含む。以下、同じ）、地域密着型特定施設入居者生活介護、地域密着型介護老人福祉施設入居者生活介護である。

　認知症対応型共同生活介護とは、いわゆるグループホームを指す。設置主体に制限はない。認知症対応型共同生活介護は要介護、介護予防認知症対応型共同生活介護は要支援2の認定を受けた、認知症の高齢者を対象とする。原則個室で5～9人を1つのユニットとし、1施設1～3ユニットで構成される。物理的環境や人間関係の変化が大きなストレスとなる認知症高齢者に対し、家庭に近い限られた空間の中で少人数で生活することによって安心できる日常を提供する。利用者が一方的にケアを受けるのではなく、家事などをスタッフと共に行いながら持っている力を発揮できるよう働きかける。「介護保険施設」ではないが、入所して利用するためケアプランの作成と基本的な介護サービスはグループホームが提供する形となる。そのため、居宅療養管理指導以外の居宅サービスは利用できない。

　地域密着型特定施設入居者生活介護は、定員が29人以下の有料老人ホーム、軽費老人ホーム、養護老人ホームが指定を受けることができる。特定施設入居者生活介護と基本的には変わらないが、小規模であることと、機関の指定と監督が市町村である点が異なる。

　地域密着型介護老人福祉施設入居者生活介護は、定員が29人以下の特別養護老人ホームである。介護老人福祉施設とされるのは利用定員30人以上であり、それより小規模なところは地域密着型介護老人福祉施設入居者生活介護とされるのである。介護老人福祉施設と同様に、原則として要介護3以上の高齢者が対象である。


## ⑷　その他の法に基づく入所機関

　これまで述べてきたもの以外の高齢者の入居機関として、ここでは老人福祉法に基づく特別養護老人ホームと、高齢者の居住の安定確保に関する法律（高齢者住まい法）に基づくサービス付き高齢者向け住宅について述べる。

　Ⅰ **2**⑴で述べたように、介護保険法が成立した際に、それまで老人福祉法

126

## 3. 要介護者の介護サービス

によって整備されてきた特別養護老人ホームを介護老人福祉施設として指定することになった。介護保険法という新しい法律によって規定されたにもかかわらず、老人福祉法による特別養護老人ホームは廃止されずそのまま存続した。その理由は、両者の利用形態の違いにある。介護保険法に基づく介護老人福祉施設は、利用者と事業者との契約によって利用される。一方、老人福祉法に基づく特別養護老人ホームは、双方の合意による契約入所ではなく、行政（市町村）が必要性を判断して利用を決定する措置入所の形をとる。すなわち、高齢者本人や事業者の意思ではなく、行政の判断で入所が決まるのである。老人福祉法（11条2項）においては「やむを得ない事由により介護保険法に規定する地域密着型介護老人福祉施設又は介護老人福祉施設に入所することが著しく困難であると認めるとき」に措置入所がとられるとされている。この「やむを得ない事由による措置」とは、介護保険の申請や事業所との契約が難しい場合にとられる措置であり、具体的には主に高齢者虐待のケースが該当する。高齢者の生命または身体に重大な危険が生じているおそれがあると認められるときに、養護者との分離保護を目的に措置入所が図られる。高齢者本人の判断能力が不十分な場合は意思が確認できなくても措置が可能である。措置にあたり、家族等の同意は必ずしも必要ではなく、措置先を伝える必要もない。このため一つの機関の中に、大多数の介護保険による介護老人福祉施設に契約入所している者と、少数の老人福祉法による特別養護老人ホームに措置入所している者が混在している状況が生じうるのである。ただし、やむを得ない事由が解消されればできるだけ早期に通常の介護保険による契約入所に切り替えるものとされている。なお、介護保険の居宅サービス・地域密着サービスの中にもやむを得ない事由による措置が利用できるものがある（老人福祉法10条の4を参照されたい）。

高齢者の居住の安定確保に関する法律（高齢者住まい法）は、高齢になると賃貸住宅を借りることが難しくなってくる現状を鑑み、国土交通省と厚生労働省が共同で所管する法律である。この法律の2011年改正において創設されたのがサービス付き高齢者向け住宅（サ高住）である。基本的には、一般の賃貸

第3章　要介護者を取り巻く環境

住宅と同じ賃貸借方式によって利用する住宅である（有料老人ホームに多い利用権方式をとっているところも一部存在する）。利用対象者は、60歳以上の者、要介護・要支援認定を受けている60歳未満の者である。同居者は、配偶者、60歳以上の親族、要介護・要支援の認定を受けている60歳未満の親族に限られる。サ高住は、居室面積や設備が基準を満たしバリアフリーになっていること、安否確認と生活相談のサービスを提供すること、スタッフが日中常駐すること、長期入院などを理由に一方的な契約解除はできないこと、敷金・家賃・サービス対価以外の金銭を受領しないこと等の条件があり、高齢者にとって安心して利用できるようになっている。都道府県への登録が必要であり、設置主体の制限はない。サ高住のうち、食事・介護サービス・家事支援サービス、健康管理サービスのうち1つ以上を提供する施設という有料老人ホームの定義を満たすものは、有料老人ホームとしての届け出は免除されるが、老人福祉法上の有料老人ホームの規定は適用されることになっている。有料老人ホームにも該当するサ高住のうち一部は特定施設入居者生活介護の指定を受けており、サ高住が提供する介護サービスを利用することができるが、多くのサ高住は介護施設ではない。介護サービスが必要になったら外部の居宅介護支援事業所（要支援の場合は地域包括支援センター）と契約し、外部の介護サービス事業所のサービスを利用することになる。実際には、介護関係の事業者がサ高住を運営していることが多く、居宅介護支援事業所や介護サービス事業所が併設されているサ高住が少なくない。入居者にとって利便性が高いともいえるが、サ高住の運営事業所が入居者の希望に反して自社のサービスを過剰に使わせる「囲い込み」という課題も指摘されている。

## 3　介護保険法に基づく在宅介護サービス

### ⑴　保険給付の在宅介護サービス

　保険給付のサービスは前掲**図表3-3-4**に示したとおりである。要介護者対象の介護給付と、要支援者対象の予防給付に分けられているが、予防給付はすべて対応する介護給付があるため、ここでは介護給付に絞って述べることとする。

## 3. 要介護者の介護サービス

まず、居宅サービスに含まれる各種サービスについて述べる。

訪問介護はいわゆるホームヘルプである。訪問介護員（ホームヘルパー）が利用者の自宅を訪問し、掃除、洗濯、買い物、調理等の生活援助や身体介護を行う。

訪問入浴介護は、専用の車で浴槽や防水マットを持ち込み、自宅の浴室での入浴が難しくなった高齢者に対し、看護師と介護職員が健康状態の確認をしたうえで入浴介助を行う。

訪問看護は、看護師等が訪問し、療養上の世話または必要な診療の補助を行う。

訪問リハビリテーションは、理学療法士、作業療法士、言語聴覚士が訪問し、心身機能の維持回復を図り、日常生活の自立を助けるために行われるリハビリテーションである。

居宅療養管理指導は、医師、歯科医師、薬剤師、管理栄養士、歯科衛生士の専門職が訪問し、療養上の管理と指導を行う。医師の場合は、健康保険における訪問診療（計画に基づき月2回以上定期的に訪問）または往診（急変時などの臨時の訪問）と合わせて算定されることになっている。医師の居宅療養管理指導は、診断や治療ではなく居宅介護支援事業所へのケアプラン作成上の情報提供や、利用者と家族への助言と指導の部分について算定されるものである。

通所介護とは、いわゆるデイサービスである。要介護高齢者がデイサービスセンター等に通って、入浴、食事等のケアを受ける。多くの場合、車による送迎サービスもついている。様々なレクリエーション、機能訓練、交流促進のためのプログラムが組まれている。通所型のサービスは、外出や対人交流の機会となることも期待されている。

通所リハビリテーションとは、いわゆるデイケアである。デイサービスと同様に、車による送迎を利用して通所し、日中を過ごすが、理学療法士、作業療法士、言語聴覚士等によるリハビリテーションがメインとなる。

短期入所生活介護と短期入所療養介護は、いずれもいわゆるショートステイであり、利用は最大30日間である。心身の機能の維持回復や療養生活の質向上だけではなく、家族介護者のレスパイト（心身の休息）の機能もある。短期入所生活介護の入所先は介護老人福祉施設（特別養護老人ホーム）または短期

## 第3章　要介護者を取り巻く環境

入所専用の施設である。短期入所療養介護の入所先は老人保健施設、介護医療院、療養病床のある病院・診療所等であり、短期入所生活介護よりも医療の必要性の高い者が利用する。

福祉用具貸与は、車いす、特殊寝台（介護用ベッド）、歩行器、移動用リフト、スロープなどの福祉用具のレンタルである。

特定福祉用具販売は、福祉用具のうちレンタルになじまない入浴や排泄に関わる用具について、年間10万円を限度として購入費が保険給付の対象となるものである。

次に、地域密着型サービスは以下のとおりである。地域密着型サービスの特徴は事業所のある市町村の住民に利用が限られることである。

夜間対応型訪問介護は、18時から8時の間において定期的に巡回して排泄や安否確認などを行うサービスと、ベッドから転落したり体調が悪くなったりしたときなどの通報による随時訪問を行うサービスである。

定期巡回・随時対応型訪問介護看護は、定期的な巡回と通報による随時訪問により、訪問介護と訪問看護を一体的に提供する。24時間365日対応していることが特徴である。一体型事業所では訪問介護と訪問看護が同じ事業所から提供され、連携型事業所では訪問介護事業所が別の訪問看護事業所と連携してサービスが提供される。このサービスを利用する場合は、訪問介護、訪問看護、夜間対応型訪問介護の各サービスは内容が重複するため併用することができない。

地域密着型通所介護は、利用定員18名以下の小規模なデイサービスである（認知症対応型のデイサービスはここには含まない）。

認知症対応型通所介護は、認知症と診断された者を対象としたデイサービスで、利用定員12名以下である。

小規模多機能型居宅介護は、1つの事業所においてデイサービス、ホームヘルプ、ショートステイを一体的に提供する。利用の中心はデイサービスで、利用者の状況に合わせて柔軟にホームヘルプとショートステイを組み合わせていくことができる。1つの事業所の登録人数は29人以下である。訪問介護、通所介護、短期入所生活介護をそれぞれ別の事業所で利用するとスタッフ、利用メ

130

## 3. 要介護者の介護サービス

ンバー、物理的環境等がそれぞれ異なり、とくに認知症の高齢者には大きなストレスになってしまう。その点、小規模多機能型居宅介護においてはなじみの関係かつ慣れた環境でサービスを提供することができる。利用料金が1か月あたり定額となっていることも特徴である。このサービスを利用する場合は、ケアプランの作成は小規模多機能型居宅介護の事業所が行うため、すでに居宅介護支援事業所（要支援の場合は地域包括支援センター）と契約している場合は変更する必要がある。また併用できるサービスが訪問看護、訪問リハビリテーション、居宅療養管理指導、福祉用具貸与、住宅改修に限られることになる。

看護小規模多機能型居宅介護は、小規模多機能型居宅介護に訪問看護の機能が付いたものである。

以上の居宅サービス、地域密着型サービスに含まれないものに住宅改修がある。住宅改修は手すり取り付け、段差解消、洋式便器への交換などの改修について給付を行うものである。他のサービスと異なり、給付の期間は定められておらず、償還払い（一度施工業者に支払った後、申請により現金給付を受ける）の形をとる。支給限度額は20万円である。

### (2) 地域支援事業の在宅介護サービス

地域支援事業は、被保険者が要介護状態等となることを予防するとともに、要介護状態等となった場合においても、可能な限り、地域において自立した日常生活を営むことができるよう支援する事業である。地域包括支援センターの運営をはじめとする多様な事業があるが、介護サービスに相当するのは、介護予防・日常生活支援総合事業の中の介護予防・生活支援サービス事業であるので、ここではこの事業に焦点を絞る。

地域支援事業は、保険給付ではないため要介護・要支援の認定は必ずしも利用要件ではない。しかし、介護予防・生活支援サービス事業については、要支援の認定があること、もしくは基本チェックリストによって該当者と判断されることが要件となる。基本チェックリストとは、生活機能低下のリスクがある高齢者を早期に発見するための25項目の質問である。内容は、日常生活関連

## 第3章　要介護者を取り巻く環境

動作、運動器機能、栄養状態、口腔機能、閉じこもり傾向、認知症、うつのそれぞれの状態について主に「はい／いいえ」でたずねる質問からなり、実施者は専門職である必要はない。これを用いた判断基準がいくつかあり、いずれかに該当すると介護予防・生活支援サービス事業の利用ができる。

　介護予防・生活支援サービス事業は、2015年の介護保険法改正において創設された。以前は予防給付に含まれていた介護予防訪問介護（要支援者が利用するホームヘルプ）と介護予防通所介護（要支援者が利用するデイサービス）を、地域の実情に合わせてより多様なサービス提供主体に広げて展開するために、市町村が行う地域支援事業の中に移行させたものである。サービスの提供主体は、従来の事業者に加え、地域住民やボランティアなども含まれており、人員等の基準が緩和されている。

　サービスの種類は、訪問型サービス、通所型サービス、その他生活支援サービスに大きく分けられる。これら3種のサービスと、一般介護予防事業等のサービスを含めてトータルに行うケアマネジメントを介護予防ケアマネジメントと呼ぶ。介護予防ケアマネジメントは地域包括支援センターが行う。

　訪問型サービスは、5種類（訪問介護・訪問型サービスA・B・C・D）がある。訪問介護は介護予防訪問介護として従来行われていたサービスであり、訪問介護事業所に雇用された訪問介護員（ホームヘルパー）が訪問して生活援助を行う。訪問型サービスAは主に訪問介護員によるサービスであるが、訪問介護よりも人員基準などが緩和されている。訪問型サービスBは地域住民やボランティアによる生活援助である。訪問型サービスCは保健師等が短期的（3〜6か月）に訪問して行う集中プログラムである。栄養改善、口腔機能向上、運動器機能向上などのプログラムがある。訪問型サービスDは地域住民やボランティアによる通所型サービス、通院、買い物等への移動前後の生活支援である（送迎そのものは給付の対象外であるため別途ガソリン代等実費を負担する場合がある）。

　通所型サービスは、4種類（通所介護・通所型サービスA・B・C）がある。通所介護は、介護予防通所介護として従来行われていたサービスであり通所介

護事業所の職員によって行われる。通所型サービスAは主に通所介護事業所の職員によって行われるが、人員基準は緩和されておりボランティアもサービス提供者として加わる。通所型サービスBは地域住民やボランティアが主体となって行う、体操やレクリエーションなどの自主的な集いの場である。通所型サービスCは、保健師等が公民館などにおいて短期的（3～6か月）に実施する集中プログラムである。栄養改善、口腔機能向上、運動器機能向上などのプログラムがある。

その他生活支援サービスは栄養改善のための配食サービス、地域住民やボランティアによる見守りサービスなど、地域の実情に合わせて市町村が内容を検討して実施される。

## 4 おわりに

これまで示してきたように、高齢者の介護サービスは介護保険を中心に提供されている。介護保険制度は2000年の介護保険法施行以来、改正が重ねられ非常に複雑な構造になっている。**図表3-3-5**に心身の状態の認定（要介護・

**図表3-3-5 心身の状態の認定と介護保険のサービス**

| 認定状況 | 要介護5 | 要介護4 | 要介護3 | 要介護2 | 要介護1 | 要支援2 | 要支援1 | 基本チェックリスト該当 | 自立 |
|---|---|---|---|---|---|---|---|---|---|
| 利用できる介護サービス | 介護老人福祉施設 | | | | | | | | |
| | 介護老人保健施設・介護医療院 | | | | | | | | |
| | 施設サービス以外の介護給付 | | | | | 予防給付 | | | |
| | | | | | | 介護予防・生活支援サービス事業 | | | 一般介護予防事業等 |
| ケアマネジメント | 居宅介護支援 | | | | | 介護予防支援 | | 介護予防ケアマネジメント | |
| | ＊要支援者が予防給付と介護予防・生活支援サービス事業の両方を利用する場合は介護予防支援となる | | | | | | | | |

（筆者作成）

第3章 要介護者を取り巻く環境

要支援認定および基本チェックリスト）と利用できるサービスの関連をまとめた。この図で利用できるサービスとなっていても、併給ができなかったり、利用回数に制限があったりする場合もあるので、利用の際には個別にケアマネジャー等に相談していくことが重要である。

介護保険制度は基本的に高齢者の介護ニーズに焦点をあてた制度である。当然ながら、日常生活には介護ニーズだけではなく様々なニーズが発生しうる。経済的な課題、住宅問題、高齢者虐待など多様なニーズと介護ニーズが関連して生じたときに、適切にサービスが提供できるよう、老人福祉法をはじめとするその他の制度と整合性を取るための様々な工夫がなされている。

さらに、昨今では地方分権化の潮流の中、各自治体が地域性に応じて主体的に仕組みを作っていくことが推進されており、都道府県や市町村が独自に展開している介護サービスもある。このような独自サービスは網羅して示すことが難しいため、個別の状況に応じて確認をしていく必要がある。

## Ⅱ　障害者編

障害者領域の介護サービスについては、障害者の日常生活及び社会生活を総合的に支援するための法律（以下「障害者総合支援法」という）にその規定がある。Ⅱでは、障害者総合支援法に焦点をあてることとする。

## 1　障害者総合支援法の特徴と障害支援区分

障害者総合支援法の前身である障害者自立支援法が制定されたのが2006年である。それまでは、身体障害（身体障害者福祉法）、知的障害（知的障害者福祉法）、精神障害（精神保健及び精神障害者福祉に関する法律）の3障害についてそれぞれ別の法律に基づいて縦割りでサービス提供されていたが、障害者自立支援法の成立によって3障害共通の制度が誕生した。縦割りでのサービス提供にあっては、各障害者手帳（身体障害：身体障害者手帳、知的障害：療育手帳、精神

## 3. 要介護者の介護サービス

障害：精神障害者保健福祉手帳）がいわばサービス受給のパスポート的な存在であったが、3障害が一元化されたことにより支援の必要度をとらえる共通の仕組みが必要になった。そこで導入された仕組みが障害程度区分であった。

2013年に障害者自立支援法は廃止され、後継として障害者総合支援法が施行された。法の対象として、3障害に加え、制度の狭間になりサービスを受けにくい状況にあった難病患者が加えられたことが大きな特徴である。そして障害者支援の特性として、障害の重さ（程度）と必要な支援量は必ずしも一致しないという点から、障害程度区分は障害支援区分に変更された。

障害支援区分は、区分1から区分6に分けられており、数字が大きいほど支援の必要度が高い。障害支援区分の認定手続は、介護保険の介護認定のそれに非常に近い。市町村へ申請をすると、認定調査員による訪問調査が行われる。調査内容は、移動や動作等に関連する項目、身の回りの世話や日常生活等に関連する項目、意思疎通等に関連する項目、行動障害に関連する項目、特別な医療に関連する項目の全部で80項目である。同時に主治医には意見書作成が依頼され、認定調査の結果と医師意見書によってコンピュータによる一次判定が行われる。その後、市町村審査会において一次判定の結果と、認定調査の特記事項、医師意見書をふまえて総合的に二次判定が行われる。障害支援区分の有効期限は最大3年であるが、障害の程度が変動しやすい場合や環境が大きく変化する場合などは短縮されることもある。

障害支援区分は、介護保険の介護認定のように給付されるサービス量の上限が設定されるものではなく、使えるサービスの種類が決まるものである。各サービスと障害支援区分認定の関係は後述する。

障害者総合支援法のサービスの利用者負担は生活保護世帯と住民税非課税世帯は負担なし、それ以外は1割である。ただし、世帯所得に応じた上限額が、1か月あたり9300円と、37200円の2段階で設定されている。成人であれば、世帯所得は障害者本人とその配偶者の単位でとらえられる。親や兄弟姉妹等と同居していたとしても、障害者本人と配偶者のみの所得状況によって上限額が適用されるのである。

135

第3章　要介護者を取り巻く環境

## 2　障害者総合支援法によるサービス

　障害者総合支援法によるサービスは自立支援給付と呼ばれ、大きく相談支援、介護給付、訓練等給付、自立支援医療、補装具に分けられる。**図表3-3-6**に一覧を示した。

　障害者総合支援法と介護保険法のサービスの大きな違いは、入所施設の考え方である。介護保険法における施設サービスは、施設が3種別ありそれぞれの機関の中で完結するサービスが提供されている。一方、障害者総合支援法における入所施設は、夜間のサービスと日中活動のサービスを組み合わせて利用する。夜間のサービスとしては施設入所支援と共同生活援助がある。これらはいわば住まいの場である。日中活動のサービスは、療養介護、生活介護、自立訓練のほか就労支援のサービス（就労移行支援・就労継続支援）も含まれる。夜間のサービスと日中活動のサービスが同じ機関の中で提供されることもあれば、夜間のサービスの機関から別の機関に通所して日中活動サービスを利用することもある。たとえば、共同生活援助施設に居住し、日中は自立訓練事業所に通って訓練を受けるなどが考えられる。また、夜間のサービスと日中活動の

**図表3-3-6　障害者総合支援法による自立支援給付**

| | |
|---|---|
| 相談支援 | 計画相談支援 |
| | 地域相談支援 |
| 介護給付 | 居宅介護 |
| | 重度訪問介護 |
| | 同行援護 |
| | 行動援護 |
| | 生活介護 |
| | 療養介護 |
| | 短期入所 |
| | 重度障害者等包括支援 |
| | 施設入所支援 |
| 訓練等給付 | 自立訓練 |
| | 自立生活援助 |
| | 共同生活援助 |
| | 就労移行支援 |
| | 就労継続支援 |
| | 就労定着支援 |
| 自立支援医療 | 更生医療 |
| | 育成医療 |
| | 精神通院医療 |
| 補装具 | |

（筆者作成）

## 3. 要介護者の介護サービス

サービスの両方が自立支援給付のサービスである必要はない。自宅に居住しながら日中活動のサービスを利用することは多いだろう。同様に、夜間のサービスを利用しながら、日中は一般企業等で就労（障害者雇用による就労も含む）したり、市町村が行う地域生活支援事業（障害者総合支援法に規定される事業）に参加したりすることなどが考えられる。

　障害者総合支援法に規定されたこれらの各サービスは、いずれも利用者と事業者の契約によってサービスが提供される。しかし、虐待などの状況によっては、利用者が適切に契約を結ぶことが難しいことも考えられる。そのような場合は、障害者本人の意思ではなく、行政（市町村）がサービスの利用を決定する措置がとられる。これを「やむを得ない事由による措置」と呼ぶ。措置によるサービス利用については、身体障害者福祉法と知的障害者福祉法に規定されており、介護給付と訓練等給付がその対象である。障害種別ごとの法律に規定されていた各種サービスは、3障害共通の法律が成立したことによって、障害者自立支援法、そして障害者総合支援法の中に移行したが、一部は措置利用の形で残っているのである。

　以下では、各サービスの具体的な内容について述べていく。自立支援給付の中で、自立支援医療は医療費の助成、補装具は補装具費の支給であるため取り扱わない。介護サービスに関連する、相談支援、介護給付、訓練等給付の一部について取り上げる。

### (1) 相談支援

　相談支援には、計画相談支援と地域相談支援があり、いずれも自己負担はないサービスである。相談支援の利用自体には障害支援区分の認定は不要である。

　計画相談支援は、障害領域におけるケアマネジメントである。介護給付や訓練等給付のサービスを利用するにあたり、特定相談支援事業所においてサービス等利用計画が作成され、障害福祉サービス事業所と連絡調整が行われる。なお、事業所に依頼せず、利用者自身が計画を作成するセルフプランも認められている。

## 第3章　要介護者を取り巻く環境

　地域相談支援は、地域移行支援と地域定着支援の2種類があり、一般相談支援事業所で行われる。地域移行支援は施設や病院に入所・入院中の者が地域生活にスムーズに移行できるよう、地域移行支援計画の作成、住居確保の支援、外出の同行、関係機関との調整など様々な支援を行うものである。地域定着支援は、単身で生活する障害者や家族と同居していても支援が受けられない障害者を対象に、24時間体制で相談対応し、緊急時には関係機関との連絡や訪問も行うサービスである。

### (2)　介護給付

　介護給付は、利用にあたり障害支援区分の認定が必要となる（同行援護のみの利用の場合を除く）。認定された区分により利用できるサービスの種類が異なる。

　居宅介護は、いわゆるホームヘルプである。自宅において身体介護や家事の援助を受ける。区分1以上の認定が必要であるが、通院等介助を受ける場合は区分2以上のほか認定調査項目上のいくつか条件がある。

　重度訪問介護は、常時の介護を必要とする重度の障害者に対し身体介護、家事援助、外出中の支援、生活全般の見守りと相談を総合的に提供するサービスである。居宅介護よりも長時間の利用が想定されている。在宅の場合は区分4以上であることと認定調査項目上のいくつかの条件がある。入院・入所の場合でも利用できるが、区分6の認定が必要である。

　同行援護は、視覚障害者のガイドヘルプである。視覚障害者の外出に同行し、移動の援護、必要な情報の提供、食事や排泄などの必要な支援を行う。障害支援区分は非該当であっても利用可能であるが、別途同行援護アセスメント票にて一定上の移動障害が認められる必要がある。また、身体介護を伴う同行援護の場合は障害支援区分2以上のほか認定調査項目上のいくつかの条件がある。

　行動援護は、主に知的障害・精神障害により行動障害のある者が外出等の行動をする際に危険を回避するための支援と、外出時の介護等を行う。障害支援

## 3. 要介護者の介護サービス

区分3以上であることと認定調査項目上のいくつかの条件がある。

生活介護は、障害者の日中の活動の場を提供するサービスである。自宅等から通所で利用する場合と、入所施設における日中の活動として利用する場合とがある。食事、入浴、排泄等の日常生活における介護、生産活動や創作活動、リハビリテーションや運動などの健康維持活動などが行われる。障害支援区分3以上（50歳以上の場合は2以上）の認定が必要であるが、施設に入所している場合は4以上（50歳以上は3以上）が必要である。

療養介護は、医療機関に長期入院している者に対し、日中に行われる医療的ケアと福祉サービスである。療養上の管理、看護、リハビリテーション、介護、日常生活の支援などが提供される。対象は、筋萎縮性側索硬化症患者等気管切開を伴う人工呼吸器による呼吸管理を行っている障害支援区分6以上の者、筋ジストロフィー患者または重症心身障害者であって障害支援区分5以上の者とされている。

短期入所は、いわゆるショートステイである。施設に入所する福祉型と、病院等に入院する医療型がある。支援区分1以上の認定が必要である。

重度障害者等包括支援は、常時の介護を必要とする障害者の中でも、意思疎通に著しい困難があり、寝たきりまたは行動上の著しい困難がある者が対象となる。居宅介護、重度訪問介護、同行援護、行動援護、療養介護、生活介護、短期入所、自立訓練、就労移行支援、就労定着支援、共同生活援助の11種類のサービスを必要に応じて組み合わせて包括的に提供できる。そのため、重度障害者等包括支援を利用する場合は、他の障害者福祉サービスとの併給はできない。このサービスの対象となる重度の障害者は、ケアや意思疎通の方法における個別性が非常に高い。複数の事業所が分担してそれぞれ異なるスタッフがサービスを提供するよりも、1つの事業所が様々なサービスを臨機応変に組み合わせて提供する方が、適切かつ効率的にサービス提供できる。障害支援区分6あることと認定調査項目上のいくつかの条件がある。

施設入所支援は、障害者の入所施設における夜間および休日の生活上の介護と、相談などの生活全般の支援である。基本的に夜間の支援であるため、日中

139

第3章　要介護者を取り巻く環境

は生活介護などのサービスを組み合わせて過ごすことになる。障害支援区分4以上（50歳以上の場合は3以上）の認定が必要である。ただし、他の日中活動のサービスとの組み合わせによってはそれより軽い認定であっても利用可能な場合がある。

### (3)　訓練等給付

　訓練等給付は、必ずしも障害支援区分の認定を必要としない。訓練等給付のサービスの中で、就労移行支援、就労継続支援、就労定着支援については障害者の就労に関わるサービスであり、介護サービスとは大きく異なるため、ここでは取り上げない。

　自立訓練は、身体機能の向上を図る機能訓練と、地域生活のための能力を向上を図る生活訓練がある。前者は身体障害者、後者は知的障害者と精神障害者が主に利用するが、障害種別による制限はない。

　自立生活援助は、施設に入所あるいは病院に入院していた障害者が地域生活に移行する際に、一定期間にわたって定期巡回をしたり、必要な相談にのったり、関係機関と連携したりするサービスである。家族と同居していても、家族からの支援が難しい場合も利用できる。

　共同生活援助は、住居において共同生活を営む、いわゆるグループホームである。定員は原則として10人以下、個室である。夜間と休日において、入浴、排泄、食事等の介護、生活上の相談を行う。また、就労先や日中活動サービス等との連絡調整も行う。

## 3　介護保険サービスとの関係

　障害者総合支援法に基づく自立支援給付には、介護保険のサービスと共通するものが少なくない。たとえば、ホームヘルプ（介護保険：訪問介護、障害者総合支援法：居宅介護・重度訪問介護）、デイサービス（介護保険：通所介護、障害者総合支援法：生活介護）、ショートステイ（介護保険：短期入所生活介護、障害者総合支援法：短期入所）である。利用者が両方のサービスに該当する場

**3. 要介護者の介護サービス**

合は、原則として介護保険を優先することとされている。ただし、介護保険の
サービスにはない行動援護、同行援護、重度障害者包括支援などは障害者領域
固有のサービスとして自立支援給付を受けることができる。グループホームも
両法にある制度であるが、介護保険のグループホームは認知症対応型のもので
あるため、自立支援給付の共同生活援助とはサービス内容が異なる。グループ
ホームについても自立支援給付のサービスを受けることができる。

　介護保険優先の原則はあっても、一律に介護保険のサービスに移行するので
はなく、個別の事情に応じて障害者総合支援法の自立支援給付のサービスを利
用できるとされている。介護保険は要介護度に応じて利用できるサービスの上
限が決まってしまうためサービス量が不足してしまう場合、介護認定で自立と
認定されてしまう場合、利用可能な介護保険のサービス事業所が近くにない場
合などである。そのような場合は、継続して自立支援給付のサービスを利用し
たり、介護保険のサービスに加え自立支援給付のサービスを利用したりするこ
とが可能である。

　個別の事情を勘案することとされてはいても、どうしても65歳になると自
立支援給付の事業所から、介護保険の事業所に移ることが原則となる。しかし、
利用者にとっては、慣れた場所やスタッフによるサービスを継続して利用でき
た方が負担が少ない。介護保険のサービス事業者は、障害者への対応経験がな
いこともある。そのため2018年に共生型サービスが新設された。これは、介
護保険法または障害者総合支援法のいずれかのサービス事業者が、共生型サー
ビスの指定を受けることにより、もう一方の法の対象者にもサービスを提供で
きるようになるものである。共生型サービスの対象となるのは、両法に共通す
るサービスである〔**図表3-3-7**〕。サービスは共通しているものの、共生型サー
ビス創設以前は高齢者と障害者の両方にサービスを提供するためには、2つの
法律の規定する定員、職員配置、設備などの基準をそれぞれ満たしたうえで両
法の指定を受ける必要があった。しかし、共生型サービスの指定を受ければ、
もともと提供していたサービスの基準に基づいた運営で両方の利用者にサービ
スを提供することができるようになった。共生型サービスにより、利用者の選

141 ――●

第3章　要介護者を取り巻く環境

**図表3-3-7　共生型サービスの対象となるサービス**

〈介護保険のサービス〉　　　　　〈障害者総合支援法のサービス〉

| 介護保険のサービス | | 障害者総合支援法のサービス |
|---|---|---|
| 訪問介護 | ⇔ | 居宅介護<br>重度訪問介護 |
| 通所介護<br>地域密着型通所介護 | ⇔ | 生活介護<br>自立訓練 |
| 短期入所生活介護<br>介護予防短期入所生活介護 | ⇔ | 短期入所 |
| 小規模多機能居宅介護<br>看護小規模多機能居宅介護<br>介護予防小規模多機能居宅介護 | ⇒<br>⇒ | 生活介護<br>自立訓練<br>- - - - - - - - - -<br>短期入所 |

＊（看護・介護予防）小規模多機能居宅介護事業所は、生活介護・自立訓練・短期入所を提
　供できるが、生活介護・自立訓練・短期入所の事業所は、（看護・介護予防）小規模多機
　能居宅介護事業を提供することはできない。

(筆者作成)

択肢が広がること、「障害」「高齢」という縦割りではなく領域横断的なサービ
ス提供ができること、人材確保が効率的にできることなどが期待されている（な
お、本節の焦点ではないためふれていないが、共生型サービスには児童福祉法
における児童発達支援と放課後等デイサービスという児童領域のサービスも含
まれている）。

## 4　おわりに

　Ⅰで述べたように介護保険法は基本的に高齢者の介護ニーズに焦点をあて
た法律であるが、障害者総合支援法はそうではない。むしろ障害者の生活全
般を総合的に支援するための法律である。そのため、規定されているサービ
スは介護サービスに限らない。自立支援給付の中には、Ⅱでは取り上げなかっ
た就労、医療費助成、補装具などに関わるサービスがある。さらに、障害者
総合支援法には市町村または都道府県が地域性に合わせて柔軟に事業を展開
できる地域生活支援事業も定められている。たとえば、市町村の地域生活支
援事業のうち、必須事業としては成年後見制度利用支援事業、手話奉仕員養
成研修事業、移動支援事業、住宅入居等支援事業などがある。これらのほか

### 3. 要介護者の介護サービス

にも、様々な任意事業が存在する。このように、障害者が利用できるサービスは多岐にわたる。実際に利用しているサービスについては個別に確認をする必要があるだろう。

障害者のサービスは、障害種別ごとの法に基づいてサービスが提供されていた時代から、3障害共通の法が制定され、さらに難病の方にもサービスが広げられてきた。現在では共生型サービスによって、高齢者や障害者（そして児童も）の縦割りサービスを乗り越える工夫もされてきている。これからの福祉サービスは、さらに領域分断から領域横断へとシフトしていくと考えられる。領域固有の法のみで完結するとは限らないため、より広い視点でサービスや制度の枠組みをとらえることが求められるだろう。

# 第4章 介護事故と法的責任

## 1. 介護事故の刑事責任

### 水谷　渉
弁護士

## Ⅰ　刑事責任とは

　刑事責任とは、刑法等の刑罰法規に違反した場合に裁判手続を経て科される法的責任である。我が国では、明治期に成立した刑法(明治40年法律第45号)に、殺人罪、窃盗罪、詐欺罪、放火罪、通貨偽造罪、名誉棄損罪などの犯罪類型が規定されているほか、正当防衛や責任能力などの犯罪を阻却するルール、死刑、懲役刑、罰金刑などの刑種や、執行猶予などの罰則適用に関する一般原則が規定されている。医師法、会社法、破産法等、刑法以外の多くの法典にも罰則規定が置かれている。

　刑事責任は主権者たる国民の付託を受けた国家による公的な制裁である。その効果として罰金刑等の財産刑だけでなく、懲役・禁錮等(令和7年6月1日の改正刑法施行後は「拘禁刑」となる)の自由刑等が科される場合があることから、科される不利益は極めて大きい。

　反面、刑罰は、国民の行動をコントロールする効果が大きく、究極的には、犯罪を防止し、社会秩序を維持することを目的としている。

　刑罰の目的や機能について、歴史的に刑法学者・哲学者が多様な考察を行っ

第**4**章　介護事故と法的責任

ているが、その概略は次のとおりである。

---

① **報復機能**

　刑罰が現実に執行されることによって、犯罪に対する社会一般の公憤を沈静化させ、被害者が受けた心理的苦痛を慰撫する機能。

② **一般予防機能**

　刑罰を予告し、刑の言渡し・執行をすることを通じて、国民を犯罪から遠ざける機能。

③ **特別予防機能**

　社会から隔離した矯正処遇により将来再び犯行に陥らせないように改善・教育する機能。

---

　現在では、刑罰の目的について、上記の①ないし③の各機能を総合して考える見解が一般的である。

　介護事故における介護者の刑事責任のあり方を論じるには、以上のような刑罰の果たす機能をふまえ、果たして介護者に刑罰を科すことが適切かどうかを十分に検討する必要がある。歩行、入浴、食事の介護など、常にリスクと隣り合わせの介護現場において事故は不可避の場合があるが、ときにリスクある対応をしなければならないときもある。

　刑罰の一般予防機能を重視するあまり厳罰化を招き、かえって介護者を適切な介護から遠ざけることにならないか、そしてその不利益は介護従事者の減少、ひいては、介護事業の崩壊として、国民に返ってくる。介護事故を刑事訴追するためには、事案についての慎重な考察が必要である。

## Ⅱ　業務上過失致死罪とは

　介護事故で、介護者に最も適用される可能性が高いのは、刑法211条前段の業務上過失致死傷罪である。

## 1. 介護事故の刑事責任

---

〇刑法211条前段

　業務上必要な注意を怠り、よって人を死傷させた者は、5年以下の懲役若しくは禁錮[※]又は100万円以下の罰金に処する。

　　　　　　　　　　　　　　　　　　　※令和7年6月1日の改正刑法施行後は「拘禁刑」

---

　介護事故の刑事責任を論じるにあたり、まずは、この業務上過失致死傷罪の特徴を整理しておきたい。

　あらゆる刑罰法規は、国民の自由闊達な活動を萎縮させることがないよう一義的に明確でなければならないとされている（憲法31条）。

　しかしながら、業務上過失致死傷罪の成立要件は、次にみるとおり、極めて抽象的でシンプルであって、解釈に委ねられている部分が多い。講学上「開かれた構成要件」と呼ばれているが、広範かつ恣意的な法適用が可能な法律である。

　我が国では、「過失」の解釈について、実務上、結果予見義務と結果回避義務を柱とするドイツ刑法学による解釈が綿々と受け継がれ、恣意的な適用がなされない建前となっている。

　とはいえ、介護のみならずほかの分野においても、業務上過失致死傷罪の適用範囲が拡大傾向にある。たとえば、AIによる自動運転で交通事故が起きたとき、運転者に対する刑事責任のみならず、自動車メーカーやソフト開発担当者の業務上過失致死傷罪の成立が議論されることになる。

## Ⅲ　介護刑事事件の件数

　介護事故が刑事訴追されたケースをまとめた公的な統計は存在しない。そのため、まずは、医療刑事事件とのアナロジーで考えてみたい。

### 1　医療刑事事件の事件数

　医療刑事事件については、戦後1945（昭和20）年から1999（平成11）年ま

## 第4章　介護事故と法的責任

### 図表4-1-1　医療事故による刑事事件の件数

| | 1999 (H11) | 2000 (H12) | 2001 (H13) | 2002 (H14) | 2003 (H15) | 2004 (H16) | 2005 (H17) | 2006 (H18) | 2007 (H19) | 2008 (H20) | 2009 (H21) | 2010 (H22) | 2011 (H23) | 2012 (H24) | 2013 (H25) | 2014 (H26) | 2015 (H27) | 2016 (H28) | 2017 (H29) | 2018 (H30) | 2019 (R1) | 2020 (R2) | 2021 (R3) |
|---|---|---|---|---|---|---|---|---|---|---|---|---|---|---|---|---|---|---|---|---|---|---|---|
| 捜査段階<br>被害関係者から<br>警察への届出件数 | | | 17 | 42 | 39 | 43 | 30 | 21 | 43 | 32 | 30 | 24 | 32 | 21 | 34 | 40 | 14 | 19 | 14 | 30 | 25 | 29 | 30 |
| 医療関係者から<br>警察への届出件数 | | | 80 | 118 | 195 | 199 | 177 | 163 | 194 | 186 | 116 | 105 | 107 | 87 | 75 | 88 | 47 | 45 | 26 | 29 | 44 | 21 | 28 |
| 立件送致数<br>（警察が検察庁に<br>送検した件数） | | | 51 | 58 | 68 | 91 | 91 | 98 | 92 | 79 | 81 | 75 | 54 | 93 | 81 | 55 | 43 | 43 | 50 | 37 | 33 | 34 | 40 |
| 裁判段階<br>公判事件（人数） | 0 | 2 | 0 | 0 | 14 | 3 | 9 | 7 | 3 | 3 | 2 | 0 | 0 | 4 | 1 | 1 | 0 | 1 | 0 | 0 | 0 | 0 | 0 |
| 略式事件（人数） | 2 | 4 | 23 | 17 | 15 | 23 | 50 | 20 | 12 | 11 | 2 | 6 | 0 | 9 | 6 | 0 | 5 | 1 | 0 | 1 | 0 | 0 | 0 |

[1999（H11）～2016（H28）年のデータ：厚生労働省「医療行為と刑事責任について（中間報告）」から抜粋/2017（H29）～2021（R3）年のデータ：警察への届出件数・立件送致数は警察庁への行政文書開示請求により入手、公判事件（人数）・略式事件（人数）は厚生労働省「医師・歯科医師に対する行政処分一覧表」から分析]

出典：拙著「医療機関と刑事司法」日本医師会雑誌152巻1号16頁

での間（54年間）に起訴された件数は、137件（公判請求73件、略式命令64件）であった。

　しかし、1999（平成11）年の都立広尾病院事件、横浜市立大学患者取り違え事件を境にして、刑事訴追が急増した〔**図表4-1-1**〕。その背景には、被害者の権利意識の向上や、医療民事事件の増加で民事上の過失が拡大し、刑事過失においてもその影響を受けているものと考えられる[1]。

　しかし、2008（平成20）年に福島県立大野病院事件で無罪判決が出され、医療事故に対する刑事訴追に世間の同情が集まったこともあり、件数は急激に減少していった。

　つまり、刑事訴追というのは、恒常的な一定基準があって安定的に運用されているというよりは、起訴便宜主義（**IV 4**(1)）の下、時々の世論の動向を反映して、件数が増減しうることは常に念頭に置かなければならない。介護刑事事件も同様と思われる。

## 2　介護刑事事件の事件数

　介護事故の刑事事件の公的な統計は存在しない。そこで、新聞記事のデータ

---

1　拙著「医療機関と刑事司法」日本医師会雑誌152巻1号15～19頁（2023年）。

## 1. 介護事故の刑事責任

ベース（日経テレコン）、判例データベース（D1 – Law）、関連書籍をもとに、業務上過失致死傷罪で刑事事件化したケースを調査し、情報を得た20件を表にまとめた〔**図表4-1-2**〕。この表は、介護事故が刑事事件化したすべてのケースではなく、ほかにも多数存在すると思われる。

**図表4-1-2　介護刑事事件一覧**

| | 事故日 | 施設種類<br>（所在地） | 被告人 | 判決日 | 概　要 | 出　典 |
|---|---|---|---|---|---|---|
| | | | 事故内容 | 最終処分 | | |
| 【1】 | 平14・7・28 | 特別養護老人ホーム<br>（千葉県千葉市） | 介護士 | 平16・11・10 | 水分補給用のゼリーを与えた際、見守り義務を怠り窒息し、約2週間後、蘇生後脳症で死亡。罰金30万円 | 東京読売新聞<br>（2004/11/11） |
| | | | 食事 | 罰金 | | |
| 【2】 | 平16・8・23 | 介護老人保健施設<br>（埼玉県飯能市） | 介護士、看護師 | — | 入浴中の溺死、書類送検の報道 | 毎日新聞<br>（2005/8/19） |
| | | | 入浴 | 不明 | | |
| 【3】 | 平16・10・8 | 介護老人保健施設<br>（神奈川県横浜市） | 介護士 | 平17・11・10 | 寝たきりの入所者を車椅子に移動させる際に転倒し、頭部硬膜下血腫で死亡。略式罰金 | 飯田英男『刑事医療過誤III』（信山社、2012年） |
| | | | 転倒 | 罰金 | | |
| 【4】 | 平19・4・21 | グループホーム<br>（青森県東津軽郡） | 介護士 | 平20・2・28 | 入浴中の死亡事故、罰金30万円 | 東京読売新聞<br>（2008/3/4） |
| | | | 入浴 | 罰金 | | |
| 【5】 | 平20・5・19 | 障がい者療養施設<br>（新潟市北区） | 介護士、施設長 | 平21・9・25 | 入浴中の溺死、施設長と介護士を略式起訴 | 新潟日報<br>（2009/9/26） |
| | | | 入浴 | 罰金 | | |
| 【6】 | 平20・10・17 | 小規模多機能型居宅介護事業所<br>（福岡県大川市） | 介護士 | — | 入浴、ストレッチャーからの転落、報道によれば起訴猶予 | 毎日新聞<br>（2008/10/19） |
| | | | 入浴 | 不起訴 | | |
| 【7】 | 平22・4・24 | 老人介護施設<br>（静岡市清水区） | 介護士 | 平24・4・20 | 人工肛門の管が外れた入所者に60度のシャワーをかけ、傷害致死で逮捕。業務上過失致死で禁錮3年、執行猶予4年 | サンケイスポーツ（2011/8/4） |
| | | | 入浴 | 禁錮刑 | | |
| 【8】 | 平24・9・30 | 障がい者支援施設<br>（岐阜県瑞浪市） | 施設長 | — | 就寝中、転落防止用ベルトを首に引っかけ窒息死。施設長と、施設長補佐の改善放置 | 朝日新聞<br>（2013/6/21） |
| | | | 転落 | 不明 | | |
| 【9】 | 平25・5・2 | 特別養護老人ホーム<br>（高知県香南市） | 介護士 | — | 車椅子専用の浴槽でやけどを負って死亡。温度の確認をしなかった。略式罰金 | 高知新聞<br>（2014/12/25） |
| | | | 入浴 | 罰金 | | |

149

# 第4章　介護事故と法的責任

| | | | | | | |
|---|---|---|---|---|---|---|
| 【10】 | 平25・11・4 | 特別養護老人ホーム（仙台市太白区） | 介護士 | — | 入浴の際、電動ストレッチャーからの転落 | 河北新報（2015/5/20） |
| | | | 入浴 | 不明 | | |
| 【11】 | 平25・12・12 | 特別養護老人ホーム（長野県安曇野市） | 准看護師 | 令2・7・28 | ドーナツの誤嚥による窒息死として業務上過失致死罪で起訴されたが、無罪 | 判時2471号（地裁・高裁） |
| | | | 食事 | 無罪 | | |
| 【12】 | 平26・8・26 | 特別養護老人ホーム（東京都日の出町） | 介護士 | — | ベッドからリフトで車椅子に移動させるとき、転落死 | NHK（2014/8/27） |
| | | | 転倒 | 不明 | | |
| 【13】 | 平27・2・23 | 特別養護老人ホーム（静岡県浜松市） | 介護士 | 平28・1・7 | リフトを使って入浴させた際、お湯の温度を確認しなかった。 | 朝日新聞（2016/1/16） |
| | | | 入浴 | 罰金 | | |
| 【14】 | 平28・8・20 | 介護付き老人ホーム（大阪府吹田市） | 准看護師 | 平30・3・29 | 入所女性のたんを吸引するため人工呼吸器の電源を切った後、約1時間放置して死なせた。罰金50万円 | 読売新聞（2018/3/31） |
| | | | 人工呼吸器 | 罰金 | | |
| 【15】 | 平28・10・15 | 特別養護老人ホーム（福岡県糸島市） | 介護士 | — | 入浴介護中におぼれて死亡、不起訴処分 | 読売新聞（2018/4/25） |
| | | | 入浴 | 不起訴 | | |
| 【16】 | 平28・11・11 | 有料老人ホーム（北九州市八幡西区） | 介護士 | 平30・4・6 | おむつかえの時にベッドから転落させ死亡。罰金40万円 | 毎日新聞（2018/2/2）読売新聞（2014/4/12） |
| | | | 転落 | 罰金 | | |
| 【17】 | 平28・12・17 | 住宅型有料老人ホーム（埼玉県さいたま市緑区） | 介護士 | 平31・3・12 | 車椅子で入浴中に目を離し、女性の顔を水没させ、溺死させた。略式罰金30万円 | 朝日新聞（2019/3/21） |
| | | | 入浴 | 罰金 | | |
| 【18】 | 平30・7・30 | 介護老人福祉施設（埼玉県川口市） | 介護士 | — | 車椅子で入浴中に溺死 | 埼玉新聞（2018/8/2） |
| | | | 入浴 | 不明 | | |
| 【19】 | 平31・3・22 | 障がい者施設（大阪府茨木市） | 精神保健福祉士 | 令4・3・16 | 傷害致死罪として起訴されたが無罪、逮捕あり | 裁判所ウェブサイト |
| | | | 暴行 | 無罪 | | |
| 【20】 | 令4・9・5 | 介護老人保健施設（大阪市東住吉区） | 介護士 | — | 入浴介護中に目を離し溺死。書類送検の報道 | 産経新聞web（2024/4/12） |
| | | | 入浴 | 不明 | | |

（筆者作成）

**1. 介護事故の刑事責任**

　このうち高齢者介護施設での事件が17件、障がい者介護施設での事件が3件であった。

　入浴が12件と最も多かった。次に、転倒・転落が4件、食事中の事故が2件あった。

　介護士とは、資格の名称を指すものではなく、介護施設において介護業務に従事する者を指す一般名称であるが、とくに、社会福祉士、精神福祉士、看護師などの国家資格を有する場合は、その資格を掲載した。

　最終処分として、禁錮刑の言渡しが1件、罰金が9件、不起訴が2件、新聞報道ベースの調査であったため最終処分が不明のケースが6件あった。無罪も2件あった。

　なお、介護者による故意の虐待のケース（暴行、傷害、傷害致死）は多数存在したが、本稿は業務上過失致死罪をテーマとするため除いた。

　【7】は当初虐待が疑われ逮捕されたが、起訴時には業務上過失致死で起訴されている。【19】も同様に虐待が疑われて逮捕されたが暴行の事実すらないまったくの冤罪であった。

　また、火災による施設管理過失（業務上過失致死傷罪）が問題となったケースが数件見られたが、別稿に譲る。

## Ⅳ　介護刑事事件の手続

　介護刑事事件は、起訴件数は少数で、かつ、悪質な事案でなければ起訴されても略式起訴が多い。そのため、実務上は起訴前弁護において、いかにして不起訴処分の裁定を受けるかが課題となる。刑事手続の流れは**図表4-1-3**のとおりであるが、時系列に沿って、説明をする。

151 ──●

# 第4章 介護事故と法的責任

**図表 4-1-3 刑事手続の流れ**

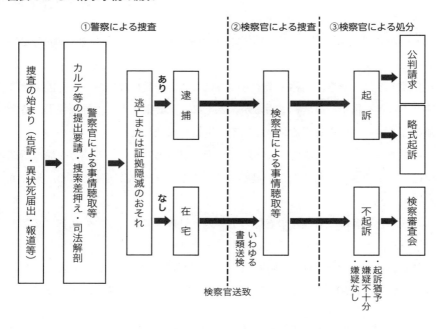

出典：拙著「医療機関と刑事司法」日本医師会雑誌152巻1号15頁

## 1 捜査の始まりと刑事弁護

　一般的に、捜査機関による捜査は、被害を主張する者の告訴・被害届の提出により開始する場合が多い。介護刑事事件の場合、ほかの刑法犯と異なり、犯罪性の有無の判断が難しいため、捜査機関が自ら捜査に乗り出すケースよりも、遺族が告訴することにより捜査が開始される場合が多いと考えられる。

　映画やドラマ等により、弁護士の活動は法廷での訴訟活動（「公判弁護」）のみに限られると誤解されることがある。しかし、弁護士の活動で重要なのは、起訴される前の弁護活動である（「起訴前弁護」）。弁護士は、捜査対象者が起訴される前に、捜査対象者に業務上過失致死罪が成立しないことを証拠とともに説明する活動を行う。もし、起訴されてから無罪を争う場合、膨大な時間と費用がかかるため、起訴される前に、証拠関係や法解釈について説明をし、不

起訴処分をするよう検察官に働きかけることが大事である。また、事案によっては、犯罪が成立することを前提に、被害者遺族と示談をし、被害者側の許しを請うことで、不起訴処分を目指すこともある。

起訴前に逮捕された場合は、裁判所により、国選弁護人が選任されるが、在宅のままで捜査が進む場合、私選弁護人を選任する必要がある。もっとも、起訴され公判請求されれば、国選弁護人が選任されるが、前述のとおり、起訴前の弁護が重要であるから、起訴前に私選弁護人を選任しておく必要がある。

**図表4-1-4　起訴前弁護から公判弁護までの流れ**

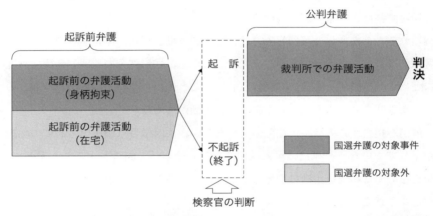

出典：拙著「〈解説〉医療・介護事故における刑事弁護」Nursing Todayブックレット編集部編『特養あずみの里裁判を考える』37頁

## 2　警察による捜査

### (1) 捜査機関による証拠品の収集と事情聴取

捜査のファーストステップは、原則として、警察官により行われる。捜査が始まれば、介護事業所は、所轄警察署から介護記録などの証拠品の提出を求められる。これらの証拠品は、捜査終了後（あるいは裁判終了後）に返却される。また、担当の介護者のみならず施設長や同僚の介護士などが、警察署で、連日にわたり、詳しく事情聴取されることがある。

第4章　介護事故と法的責任

　介護刑事事件の場合、警察官において、介護現場の知識・経験が不足しているため、基本的な事項から、逐一説明する必要がある。捜査機関は、その供述に証拠価値を認めれば、供述調書の作成を求める。

　なお、事情聴取の初めに黙秘権を告げられた場合は、被疑者としての扱いを受けているので、直ちに弁護士に相談をすべきである。

### (2)　司法解剖

　介護事故が入所者の死亡を伴う場合、病院に搬送された後、司法解剖がなされる場合がある。介護事故では、まず死因に着目することが重要である。

　司法解剖は、警察官が裁判所に令状請求をしたうえで、大学や監察医務院で行われることが多い。解剖報告書は、遺体の写真、形状、測定値等を記載した客観的な資料であるかのように思える。しかし、撮影部分の範囲、色調、角度などにより、必ずしも適切に記録されているとは限らないし、その所見がどのような意味を有するかについて鑑定人の評価が加わる。

　解剖を担当するのは主に法医学者であるが、法医学者は臨床医としての知識が十分でないうえ、死亡に至る状況を警察官から「又聞き」することが多く、死亡をめぐる状況を正確に把握していない場合があり、死因について正しい判断がなされているとは限らない。

### (3)　起訴前の証拠開示はない

　起訴後であれば、取調べ請求予定証拠の開示が検察官の義務となっているが、起訴される前の段階では、証拠開示の制度がないため、供述調書や解剖記録について証拠開示されない。そのため、起訴前の弁護活動は、手探りの情報とならざるを得ない。司法解剖の結果なども、関係者が取調べを受けた経過の中で、取調官から知らされる断片的な情報をもとに推測しなければならない。捜査機関の捜索差押えにより、介護記録等の一次的な証拠の収集に困難が生じることもあるが、記録の電子化により、そのような状況も減少しつつある。

　なお、捜査機関側の鑑定書が起訴前に開示されていれば、被疑者側からの反

154

論により、誤った起訴が防止できるのであって、起訴前の鑑定書の証拠開示は、捜査機関にもメリットがある。しかし、筆者の知る限り、過去にこのような運用はなされたことはない。

### (4) 逮 捕

介護刑事裁判においては、逮捕は例外的なケースと考えられるが（虐待のケースでは逮捕もある）、被疑者について、①罪を犯したと疑われる相当の理由があり、かつ、②逃亡のおそれ、または証拠隠滅のおそれがあると判断した場合（刑事訴訟法（以下「刑訴法」という）199条）は、警察官（司法警察員）が裁判所から逮捕状を得て、被疑者を逮捕する。勾留場所は警察署の代用監獄とされる場合が少なくない。

代用監獄とは、被疑者・被告人の身柄を警察の管理施設に留置する制度をいう。本来、身柄の拘束は、警察から独立した機関（たとえば法務省）が管理する施設にとどめなければならない。この代用監獄は、警察の意に沿う被疑者には便宜を与え、否認している者には不利益を被るかもしれないという不安を与え、長時間取調べを行うなど、被疑者に不利な状況を作り出すことになる。自白強要と冤罪の温床となっており、国際人権規約（自由権）9条、10条に反するとされている[2]。

逮捕の時間制限は最長72時間だが、その後検察官により勾留請求されることが多く、勾留延長（最大20日）を含めて、最大23日の身柄拘束を覚悟する必要がある。

### (5) 供述調書の作成

捜査機関（警察署・検察庁）において、取調官による事情聴取と並行して、もう1人の事務担当者が供述調書をパソコンで作成し、これについて取調官から署名・押印（拇印）を求められることがある。

---

**2** 日本弁護士連合会「『代用監獄』の廃止に向けて―代用監獄問題の新段階―〔改訂第2版〕」（2008年2月）。

## 第4章　介護事故と法的責任

　従来から、「自白は証拠の王」とされ証拠価値が高い。供述調書は取調官が被疑者から口頭で事情を聞き取りながら作成される捜査官名義の文章で（かつ、供述者が間違いがないと認めた文書）、取調官による誘導が入りやすく、取調べを受ける者に不利な表現・ニュアンスで作成される場合が多い。供述調書のうち、犯罪事実を認めるものを自白調書という。

　自白調書は、事実関係について、プロの取調官が理路整然と生々しい表現で記載する。自白調書は捜査官名義の文書であるが、被疑者を一人称とし、「私は、Aさんに恨みを持っていて、ある日、口論をきっかけに、Aさんを殴ってしまいました。」と、被疑者の語り口でつづられる。犯行の事実関係だけでなく、犯行を思い立った動機や、犯罪実行時の感情や、犯行後の悔悟の気持ちなどが生々しく記載されるため、たとえそれが事実と異なっていても裁判官に信用されやすい。不自然な自白、詳し過ぎる自白、簡潔過ぎる自白は、とくに注意が必要である。

　供述調書は、捜査官名義の文書でありながら、あたかも被疑者本人が作成した文書のように扱われるのだから、供述調書の署名・押印（拇印）に応じるとしても慎重であるべきである。いったん、供述調書を作成すれば、その後の供述の方が真実であっても、供述調書と矛盾するため、その供述者が信用されなくなってしまう。

　たとえば、入所者の死亡の結果について、「予見できた」（＝過失とされることになる）、「予見しなかった」（＝過失とされるかどうかわからない）、「予見できなかった」（＝過失がないということになる）では、過失犯の成否に与える影響は大きく異なる。法律家以外に、これらの意味の違いを明確に意識している人は少数だろう。

　したがって、供述調書に事実と相違する点があれば、訂正されるまで署名・押印（拇印）をしないことは当然である。それでも取調官からなお強く署名・押印を求められることが多い。その場合、弁護士と相談のうえ、後日、意見書や陳述書を作成して、提出する予定である旨を告げて、供述調書への署名・押印（拇印）を拒むという方法もある。

**1. 介護事故の刑事責任**

## **3　検察官による捜査**

### (1)　書類送検

「書類送検」とは法律上の用語ではないが、警察が被疑者の身柄を拘束することなく事件に関する捜査資料だけを検察庁に送付する手続をいう。

問題は、書類送検がなされるタイミングで、警察からマスコミに情報が流れ、書類送検されたことが報道されることである。警察は、一応の捜査が終了すれば、原則として事件を検察官に送致しなければならない（刑訴法246条）。書類送検自体は行政官庁内部での事務処理の一過程にすぎず、嫌疑の濃淡についての評価を含むものではない。それにもかかわらず、このような報道がなされると、あたかも介護事業所において犯罪行為があったかのような印象を与え、そのイメージダウンは避けられない。警察からの情報をもとに、書類送検されたことをとりたてて報道するマスメディアのあり方にも問題があるだろう。

### (2)　身柄送致事件

警察が被疑者を逮捕した場合は、逮捕から48時間以内に、被疑者の身柄を検察庁に送致する。被疑者が、場所的・物理的に移動させられるのではなく、あくまで手続において、送致されるだけである。

検察官は、送致から24時間以内に、被疑者の身柄拘束を継続する場合には、裁判所に対し勾留請求をしなければならない。裁判所が被疑者の勾留を認めた場合、最大20日間の身柄拘束がされることになる。

### (3)　検察による補充捜査

検察官は、警察より送致を受けた事件について被疑者や重要証人等の取調べを行い、供述調書を作成する等、補充的に捜査を行う。

この検察官が作成する供述調書は、警察官が作成する供述調書よりも信用性が高いものとされているため（刑訴法321条1項2号・3号）、慎重な対応を要する。

157

第4章　介護事故と法的責任

## 4　検察官による判断

### (1)　起訴便宜主義

　検察官は、警察の協力のもと、補充捜査を遂げた後、被疑者の起訴・不起訴の処分を決める。検察官は、たとえ犯罪の立証が可能であると判断しても、「犯人の性格、年齢及び境遇、犯罪の軽重及び情状並びに犯罪後の情況により訴追を必要としないときは、公訴を提起しないことができる」（起訴便宜主義、刑訴法248条）。したがって、起訴するか否かは、もっぱら検察官の裁量的判断に委ねられることになる。

　もっとも、起訴・不起訴の判断は、地方検察庁内部で上席検察官の決裁を経なければならない。

　不起訴処分となれば、不起訴理由の如何にかかわらず、当該事件について刑事責任を追及される可能性はなくなる。不起訴の理由として、①嫌疑なし（被疑者が犯罪の行為者でないとき、犯罪の成否を認定すべき証拠のないとき）、②嫌疑不十分（犯罪の成立を認定すべき証拠が不十分なとき）、③起訴猶予（犯罪は成立するが、被疑者の性格、年齢および境遇、犯罪の軽重および情状ならびに犯罪後の情況により訴追を必要としないとき）の3つがある。

### (2)　公訴時効

　犯罪が終わったときから、一定の期間を経過すれば、法律上、公訴提起ができないことになる（刑訴法250〜255条）。これは、時間の経過により、社会の処罰感情が低下し、有罪とするための証拠が散逸してしまうためであると説明される。

　2010（平成22）年4月27日に施行された刑事訴訟法の改正（法律第26号）により、従来25年だった殺人罪の時効期間は廃止となり、業務上過失致死罪の時効期間は5年から10年に延長された（刑訴法250条1項3号）。また、施行日時点で、公訴時効が完成していない場合には時効期間は10年となるので、注意が必要である。業務上過失致傷罪の時効期間は従来どおり5年である（同法250条2項5号）。

158

**1. 介護事故の刑事責任**

## 5 裁判所の手続

### (1) 略式手続

捜査も終わりに近づいたころ、取調べ担当の検察官から、被疑事実を認めれば、略式手続という簡単な手続で、数十万円の罰金を払うことで終わりにすることを示唆されることがある。医療従事者の過誤が一見して明白であれば、短期間のうちに手続が終了し、新たなステップに踏み出すことができることからメリットがあることは否定できない。

介護事故の刑事事件においては、死因がわからない場合も多い。介護に過失があるかどうか判然としない場合において、取調官から、過失を認めれば、略式手続で数十万円の罰金刑となり、取調べから解放される旨を告げられることがあると聞く。

たしかに、刑事裁判で死因や過失の有無を本気で争えば無罪となる可能性はあるが、第一審だけで2年ないし3年程度の時間がかかり、そのうえ、多額の鑑定費用や弁護費用が必要となる。生活や家族のことを総合的に考えれば、たとえ無罪を確信していたとしても、無罪主張にためらいを覚え、略式手続を受け入れたい衝動に駆られることがある。

仮に、略式手続に応じたとしても、その告知を受けた日から14日以内に正式裁判の請求をすれば、略式命令は効力を失わせることができる。略式起訴されたのち、正式裁判となり、無罪となる事件もある。

しかし、安易に略式命令による罰金刑を受け入れるのは、冤罪を自認することになる。刑罰は国家による公的な制裁であり、その後の不利益は著しいうえ、のちの同種事案にとって悪しき前例を作ることになる。

### (2) 正式裁判

#### ア 起訴状

検察官により、公判請求がなされた場合には、公開法廷における正式裁判の手続となる。検察官が裁判所に対し訴状を提出し、裁判所は、被告人に対し起

159——●

## 第4章　介護事故と法的責任

訴状を送達する。

被疑者である介護者は、起訴日を境にして被告人と呼ばれることになるが、法律上はあくまで無罪の推定を受け、審理が進められる。

2009（平成21）年5月21日より裁判員制度が開始されたが、業務上過失致死傷事件は裁判員裁判の対象とはならない（裁判員の参加する刑事裁判に関する法律2条1項2号）。

### イ　保　釈

身柄を拘束されている場合、起訴後、保釈の請求ができる。保釈とは、保釈保証金の納付等を条件として、勾留の執行を停止し、被告人を現実の拘束状態から解く制度をいう。保釈保証金は、保釈条件（住居制限や出頭義務）を遵守すれば、裁判終了後に返還されるが、最低でも150万円以上の納付が求められる。

### ウ　検察官取調べ請求予定証拠の開示

第1回公判期日までの間に、検察官から取調べ請求予定の証拠が開示される（刑訴法299条1項、刑事訴訟規則（以下「刑訴規」という）178条の6第1項1号）。

ただし、開示される証拠は、検察官において取調べの請求を予定している証拠に限られ、被告人に有利な証拠については一切開示されない。

### エ　公判前整理手続

裁判所は、第1回公判期日前に、当事者の意見を聞いて、公判前整理手続に付すことができる。

公判前整理手続は、非公開の法廷で、争点および証拠の整理を行う手続である。

弁護側は、この手続の中で、検察官に対し、手持ち証拠の開示を求めることができる。

### オ　公判手続

冒頭の手続として、人定質問（刑訴規196条）の後、検察官により起訴状の朗読がなされ（刑訴法291条1項）、裁判官が被告人に黙秘権を告知し、その後被告人は起訴状記載の事実について認否を行う（刑訴法291条2項）。

刑事裁判は、起訴状記載の事実が認められるかどうかを証拠に基づき審理する手続であるので、まず、弁護人の立証に先立ち、検察官の立証活動が行われ

## 1. 介護事故の刑事責任

る（刑訴法292条）。

検察官は、起訴事実の前後の事実関係や背景事情、起訴事実の細部にわたる事実関係について物語風にまとめた冒頭陳述書を読み上げる（刑訴法296条本文）。冒頭陳述は、事案の複雑さの程度に応じて、書面にして数十枚に及ぶこともある。

そして、検察官は、冒頭陳述の内容を立証するために、証拠の取調べを請求する。検察官の証拠取調べ請求に対し、弁護人は、個々の証拠について、同意・不同意の意見を述べたうえで（刑訴規190条2項）、裁判所が個々の証拠の採否を判断する。

裁判所は、立証事実との関連性や必要性、証拠としての法律上の適格性（伝聞証拠は原則排除、違法捜査で得られた証拠は排除されることがある）の有無を審査する。採用された証拠は、法廷において、書証については朗読（要旨を告知して終わることがほとんどである）、物証については展示する（裁判官や弁護人が物証を確認するが、弁護人は事前に確認済みであることが多い）。

検察官側の立証に引き続いて、弁護人の立証が行われる。弁護人の立証は、法の建前上は、検察官の主張する事実について、合理的な疑いがあることを主張・立証すればそれで足りるのだが、実際は事実上、無罪立証を強いられるケースがほとんどである。弁護人も検察官同様に証拠調べの請求を行い、今度は逆に検察官が証拠に対して、同意・不同意の意見を述べ、裁判所が証拠の採否を判断する。

双方の立証活動が終わった後、検察官は双方の証拠調べの結果をふまえて、起訴事実がいかなる証拠によって証明され、どのような法律解釈によって本件に刑罰が適用されるかについての意見（論告）を述べ、あわせて量刑についての意見（求刑）を述べる（刑訴法293条1項）。

これに対し、弁護人は双方の証拠調べの結果をふまえて、検察官の主張する事実が存在しないこと、または検察官の立証が不十分であること等について、弁護人としての意見（弁論）を述べる（刑訴法293条2項）。

その後、被告人に、意見陳述の機会が与えられる（刑訴法293条2項、刑訴規211条）。

161

第4章　介護事故と法的責任

### カ　判決言渡し

こうした一連の手続を経て、裁判所は、被告事件について、犯罪の証明があったときは有罪を言い渡す。これに対し、被告事件について罪とならないとき、犯罪の証明がないとき無罪の言渡しをする（刑訴法336条）。

### (3)　控訴審

第一審の判決に不服がある場合、14日以内に控訴をすることができる。控訴審は、第一審判決の当否を第三者的な立場から判断する事後審である。そのため、判断の対象は、第一審判決であり、援用できる事実は、原則として、一審の記録または証拠に現れた事実に限られる点に注意をしなければならない。

### (4)　上告審

控訴審の判決に不服がある場合、上告することができる。上告審は、法律審であり、法令違背の有無を審査の対象とするため、原則として事実の審理は行われない。上告審において、事実の審理が必要と判断されれば、破棄され高等裁判所に差し戻されることになる。

## Ⅴ　介護刑事事件の無罪事件

介護刑事事件（業務上過失致死傷罪）で起訴されたケースでも、正式裁判を経て、無罪となったケースがある。なぜ起訴され、どのように対応すればよかったのか、刑事司法、刑事裁判の本質的な示唆に富んでいるため、この2つの事件を紹介する。

## 1　特養あずみの里事件

### (1)　事案の概要と経過

長野県安曇野市の特別養護老人ホームあずみの里で、准看護師（50代）が、

162

# 1. 介護事故の刑事責任

2013（平成25）年12月12日の午後3時のおやつの時間に、ゼリーとドーナツ
を間違って提供し、入所女性（当時85歳）がドーナツを気道に詰まらせ心肺
停止となり救急搬送され、35日後に死亡した。

　この入所女性は、アルツハイマー型認知症で要介護4、食事は自立、自歯・
義歯ともになかったが、嚥下障害もなかった。これまでの裁判の経過を整理す
ると以下のとおりである。

| 2013（平成25）年 | 10月23日 | 女性が特養あずみの里に入所 |
| | 12月6日 | 女性のおやつをゼリー系のものに変更 |
| | 12月12日 | おやつにドーナツ提供、女性が心肺停止 |
| 2014（平成26）年 | 1月上旬 | 警察が施設の職員に対して事情聴取を始める |
| | 1月16日 | 意識が戻らないまま搬送先病院にて死亡 |
| | | 死後1時間で頭部CT撮影、検視のみで司法解剖されず |
| | 2月 | 施設が遺族に1300万円を支払い示談成立 |
| | 12月 | 准看護師は業務上過失致死罪で起訴 |
| 2019（平成31）年 | 3月 | 第一審は罰金20万円の有罪判決、弁護側は即日控訴 |
| 2020（令和2）年 | 1月 | 第1回控訴審公判で結審 |
| | 7月28日 | 控訴審で無罪判決、検察側の上告断念により確定 |

## (2) 第一審判決（有罪）

　第一審（長野地松本支判平成31年3月25日判時2471号137頁）は、罰金20
万円の有罪判決を言い渡した。

　その理由は、①本件施設は特別養護老人ホームでありその利用者には様々な
身体機能を有する者がおり、とくにゼリー系のおやつを配膳することとされて
いる利用者にドーナツを提供した場合、誤嚥、窒息等により、利用者に死亡の
結果が生じることは十分に予見できたこと、②准看護師が、各チームの申送り・
利用者チェック表を遡って確認し、その変更の有無を確認するべきであり、さ
もなくば、おやつ介助の現場において介護士に確認するべきであったこと、を
挙げている。

163——●

第4章　介護事故と法的責任

## ⑶　控訴審判決（無罪）

控訴審（東京高裁令和2年7月28日判時2471号129頁）は、准看護師に過失はないとして、罰金20万円の判決を破棄し無罪を言い渡した。

その理由は、①急変の1週間前までの間に、女性はドーナツ、おやき、いももち、今川焼、ロールケーキ、まんじゅう、どら焼き等を食べていたが、窒息を招くような事態はなく、ドーナツの危険性の程度は低いこと、②食品の提供は、おやつを含めて食事は、人の健康や身体活動を維持するためだけでなく精神的な満足感や安らぎを得るために有用かつ重要である。身体に対する侵襲である手術や副作用が常に懸念される医薬品の投与等の医療行為と異なること、③おやつの変更を確認する義務は、一定の科学的知見や社会的合意を伴わない単なる職務上の義務であり、法令等による義務ではないとして、看護師に注意義務違反がないとしている。

## ⑷　本件の死因について（脳梗塞）

筆者は、控訴審から、弁護人に選任され弁護活動をしていたが、控訴審の審理過程を知る者として、本件の死因について記しておきたい。

控訴審の判決では、死因の点については、「平成26年12月に本件公訴が提起されてから既に5年以上が経過し、現時点では控訴審の段階に至っている上、有罪の判断を下した原判決には判決に影響を及ぼすことが明らかな前記事実誤認がある以上、上記疑義や他の控訴趣意についての検討に時間を費やすのは相当ではなく、速やかに原判決を破棄」すべきとして、審理されなかった。

しかし、控訴審の準備の過程で、筆者は、多くの脳神経外科医、放射線科医の見解を得たが、全員が一致して、本件はドーナツがのどに詰まったことによる窒息死ではなく、ドーナツを食べているときに脳梗塞を生じて意識を喪失し、それが死因である可能性が高いとのことであった。まず、死亡に至る経過を見てみたい〔**図表4-1-5**参照〕。

# 1. 介護事故の刑事責任

**図表4-1-5　死亡に至る経過**

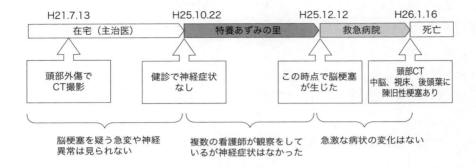

(筆者作成)

### ア　特養あずみの里入所前の状況

女性は、70歳ころから認知症の症状がみられるようになった。特養あずみの里入所前は、次女と同居し、在宅でケアを受けていた。また、81歳のころに頭部外傷により2週間ほど入院した。この時に撮影された頭部CTには、中脳や視床の梗塞はなかった。

女性は、認知症のケアのため、近隣の病院に外来通院していた。しかし、外来の診療経過において、中脳や視床梗塞があればみられるような急変もないし、神経異常もなかった。あずみの里入所前日に、主治医が入所のための健診を行ったが、脳梗塞を疑う所見がなかった。

### イ　特養あずみの里入所後の経過

女性（85歳）は、2013（平成25）年10月23日に、特養あずみの里に入所した。アルツハイマー型認知症で要介護4、食事は自立。自歯・義歯ともになかったが、嚥下障害もなかった。女性はスタッフともコミュニケーションが取れており、トイレ、お風呂、爪を切るといった自己の欲求を適切に伝えられ、おやつを食べたくないときには、食べたくない旨を伝えられていた。

### ウ　ドーナツ摂取中の状況

2013（平成25）年12月12日、女性は17人の入所者とともに、食堂でおやつを食べていたが、むせることも咳をすることもなく、突然に静かに意識消失し

第4章　介護事故と法的責任

た。施設職員は、女性の意識消失後、1、2分程度で、女性の急変に気が付いた。ドーナツをほとんど食べきっていた。女性の肺や食道にドーナツは詰まっておらず、舌の上に親指程度の大きさの食塊があるのみであった。直ちに施設の看護師が酸素投与、心臓マッサージなど救命処置を行い、救急搬送した。

施設では、女性の急変の原因について、ドーナツによる窒息と考え、救急病院に引き継いだ。後日、死因が窒息であることを前提に、事故報告書が作成されていた。

### エ　救急搬送後の状況

女性は、入院時、JSC Ⅲ－300、瞳孔4.0㎜で、対光反射もなかった。自発呼吸は弱く、呼吸管理が必要であった。入院中の経過において、縮瞳したり、左右不同となったり、外側や上方に変位がみられたが、意識はJSC Ⅲ－300のままであった。除脳硬直もみられた。

入院経過中、とくに急激な症状の変化はみられなかったが、死亡の数日前から酸素飽和度の低下が見られ、徐々に血圧・心拍数が低下して、死亡した。

### オ　死亡後の状況

#### ㋐　死亡診断書の記載

女性の死亡確認時刻は、2014（平成26）年1月16日午後8時18分であった。

①　直接死因：低酸素脳症　発病から死亡までの期間　36日

②　①の原因：来院時心肺停止　36日

死因の種類としては、1の「病死および自然死」が選択されていた。

#### ㋑　頭部CTの撮影

死亡日の午後9時18分から、頭部CTが撮影された。2.5mmスライス、水平断で60枚が撮影されていた。

この頭部CTについて、当該病院の放射線科医師の読影レポートの所見欄には、「両大脳の皮質縁取るような高濃度域が散見されます。低酸素脳症などによる変化が疑われ、原因よりは結果と思われます。両視床や中脳背側に低濃度域あり、左右対称ですので、原因よりは結果と思われますが、一応、脳底動脈の閉塞であれば、このような梗塞もあり得ます。右小脳にも限局的な低吸収域

166

がみられ、脳血管障害が疑われます。上記低濃度域はいずれも明瞭ですが、1カ月前発症の可能性はあります。」と記載されていた。放射線科医も、当初から、脳の障害を疑っていた。

死後CTの画像では、陳旧性の梗塞巣が、両側中脳背側（3枚）、両側視床（4枚）、後頭葉、小脳にみられた。これらの複数の梗塞巣の存在からすれば、脳底動脈領域に脳梗塞があったと考えられる。なお、文献では、「脳底動脈先端部閉塞による中脳梗塞は、ほとんど常に致死的なものとなる」とされている[3]。

### カ　遺体の実況見分

同日、午後9時45分から午後10時25分までの間、長野県警察安曇野警察の署員6名が、病院にて、遺体の実況見分を行い、「解剖の必要性はない」と判断された。

### (5) 総　括

本件の入所女性の死亡に至る経過、急変時にせきやむせもなく穏やかに意識喪失した状況、死後に撮影された頭部CTの所見と併せてみれば、本件の死因はドーナツによる窒息というよりは、食事中に脳梗塞を発症した可能性の方が高い。本件では、病院の判断で、死後に頭部CTが撮影されていたことから、このことが明らかになった。

医療・介護の事故は、多彩な因子が複雑に絡み合っており、最も寄与度の大きい原因因子が何であるかを科学的に探るべきである。

しかし、現在の刑事司法は、多彩な因子を一切捨象して、最後のトリガー因子を偶然引いてしまった個人をターゲットにして、その責任追及に気炎を上げる。そのため、医療・介護の分野での刑事司法は、再発防止に寄与せず、かつ、捜査対象とされた当事者にとって、単なる「不運」でしかないことになってしまう。

そもそも本件起訴の前提は、「入所女性がドーナツを食べたことで窒息した」が前提となっているが、その前提に誤りがあるのである。本件は、「病死」が「事

---

**3** 花北順哉『神経局在診断〔改訂第6版〕』（文光堂、2016年）465頁。

第4章　介護事故と法的責任

件」に仕立て上げられた事件であると言わざるを得ない。

## 2　茨木市障がい者施設傷害致死事件

### (1)　事案の概要と経過

2019（平成31）年3月22日、重度の知的障がいをもつ男性（30歳）が、1泊の短期利用で入所した。

職員A（40歳男性、介護福祉士・精神保健福祉士）は、同日11時過ぎ、男性入所者が布団に入ったことを確認して部屋を離れた。職員Aが、同月23日午前1時15分頃、再び部屋を訪れたところ、布団から床に落ち、息をしていない様子の男性入所者を発見した。

職員Aは、休憩中の女性職員を呼び、女性が119番通報したが、3月24日午前1時40分頃、大阪府吹田市内の病院において、男性入所者の死亡が確認された。

職員Aは、同年6月14日に、傷害致死の容疑で逮捕された。

検察官は、同年7月3日、職員Aが、入所男性の頚部を圧迫するなどの暴行を加えて舌骨体部を骨折させるなどして、頚部圧迫による窒息後の蘇生後脳症により死亡させた、として大阪地方裁判所に傷害致死罪で起訴した。

### (2)　第一審（大阪地判令和4年3月16日裁判所ウェブサイト）の判決

2022（令和4）年3月16日、大阪地裁は、この職員Aに対して、無罪判決を言い渡した。

検察側は、①入所男性の解剖医によれば、本件では、入所男性の舌骨体部の右側が骨折しており、舌骨体部の骨折を生じさせるには、頚部に相当な圧迫的外力が加わったと考えられる、②入所男性の左頚部筋肉内の出血は、頚部が圧迫された結果として生じたものである、③入所男性の眼瞼結膜に溢血点がみられ、また、頭蓋底にうっ血がみられること等から、入所男性には窒息の所見がみられる、とした。

これに対し、弁護側は、次の理由から、頚部圧迫による窒息以外の原因により生じた可能性があるとした。

168

まず、①救急搬送された病院で撮影された入所男性の舌骨の三次元CT画像によれば、入所男性の舌骨体部の右側には骨折が認められず、舌骨体部と右大角との結合部が未癒合か部分癒合の状態であり、部分癒合の場合には軽微な外力で離開した可能性が高く、頚部圧迫によるものとは限らない、また、②解剖医が司法解剖時に、頚部の筋肉および頚静動脈の適切な剥離、剥出をしておらず、また、出血点と流入血を区別するために筋肉に付着した血液をふき取る必要があるのに血液をふき取っていないことからみられた出血であり、③眼瞼結膜の溢血点は急死一般にみられる所見であって窒息特有の所見とは認められないうえ、施設職員、救急救命士、救急搬送先の主治医のいずれも、入所男性の頭部がうっ血していた様子をみていない、とした。

さらに、弁護側は、入所男性の死因として、①司法解剖による胃内容物等に照らし、本件当時、入所男性が高度のストレスを受けていたと考えられること、②入所男性の服用していた薬の相互作用の影響があったこと等により、不整脈が生じ、それが心停止の原因となった可能性が考えられるとした。

審理の結果、裁判所は、入所男性の死因は、頚部圧迫による窒息以外である可能性も考えられ、頚部圧迫による窒息であるとの検察官の主張には疑問を差し挟む余地がある、として無罪を言い渡した（第一審で確定）。

## (3)　総　括

本件では、男性介護士が、ありもしない暴行をでっちあげられ、逮捕・起訴されている。人が突然死したケースについて、誰かの責任を追及しようとするが、人は突然死する、という当たり前の現実が見落とされているのではなかろうか。

滋賀県の湖東記念病院の事件（2007（平成19年）5月に有罪判決確定後、再審において無罪となった冤罪事件）でも、看護助手が、人工呼吸器のチューブを外したとされ犯罪が作り上げられているが、その真相は低カリウム血症による致死性不整脈であった。

このような冤罪をなくすには、被疑者・被告人の声に耳を傾け、司法解剖によりあきらかにされた死因について、疑いの目を持つことである。

第4章　介護事故と法的責任

# 2. 介護事故の民事責任

古笛　恵子

弁護士

## Ⅰ　介護事故とは

### 1　介護の事故

　介護事故とは何か。文字どおり「介護」の「事故」であるが、必ずしもすべての場面で同じ意味で用いられているわけではなさそうである。

### 2　事　故

#### (1)　医療事故と医療過誤

　医療・介護事故とまとめられることも多いが、医療事故については、現在も医療事故調査に関連して医療事故の定義が検討されているものの、厚生労働省医療安全対策検討会議による「医療安全推進総合対策～医療事故を未然に防止するために～」[1]では、医療事故とは、「医療に関わる場所で医療の全過程において発生する人身事故一切を包含し、医療従事者が被害者である場合や廊下で転倒した場合なども含む」、医療過誤とは、「医療事故の発生の原因に、医療機関・医療従事者に過失があるもの」と定義されている。

#### (2)　介護事故と介護過誤

　これを介護事故にあてはめるなら、「介護に関わる場所で介護の全過程において発生する人身事故一切を包含し、介護従事者が被害者である場合や廊下で

---

1　厚生労働省医療安全対策検討会議「医療安全推進総合対策～医療事故を未然に防止するために～」（平成14年4月17日）〈https://www.mhlw.go.jp/topics/2001/0110/tp1030-1y.html〉

●——170

転倒した場合なども含む」、介護過誤とは、「介護事故の発生の原因に、介護機関・介護従事者に過失があるもの」と定義されることになりそうである。

医療過誤のように広く受容されている用語ではないが、民事責任が問われるのは介護「過誤」であって、介護「事故」ではない。換言すると、介護の過程で人身事故が生じたとしても、介護事業者が常に法的責任を負うわけではない。

## 3 介　護

### (1) 日常生活用語としての介護

そもそも「介護」とは何であろうか。

日常生活用語としての意義を調べるとき、かつては紙の国語事典によっていたが、昨今はインターネットで検索することが多い。ウィキペディアによると、介護とは「障害者の生活支援をすること。あるいは高齢者・病人などを介抱し世話をすること。」[2] と捉えられている。障害者、高齢者、病人など（以下、介護を必要とする者を「要介護者」という）の生活支援、介抱、お世話が介護である。

### (2) 介護保険法による介護

ただし、介護保険法では「介護」と「支援」が区別されている。

同法7条1項では、「要介護状態」について、「身体上又は精神上の障害があるために、入浴、排せつ、食事等の日常生活における基本的な動作の全部又は一部について、厚生労働省令で定める期間にわたり継続して、常時介護を要すると見込まれる状態であって、その介護の必要の程度に応じて厚生労働省令で定める区分（以下「要介護状態区分」という。）のいずれかに該当するもの」と定義している。「要支援状態」については、同条2項により、「身体上若しくは精神上の障害があるために入浴、排せつ、食事等の日常生活における基本的な動作の全部若しくは一部について厚生労働省令で定める期間にわたり継続して常時介護を要する状態の軽減若しくは悪化の防止に特に資する支援を要する

---

**2** 「フリー百科事典ウィキペディア日本語版」〈https://ja.wikipedia.org〉2024年5月31日0時（日本時間）現在での最新版を取得。

第4章　介護事故と法的責任

と見込まれ、又は身体上若しくは精神上の障害があるために厚生労働省令で定める期間にわたり継続して日常生活を営むのに支障があると見込まれる状態であって、支援の必要の程度に応じて厚生労働省令で定める区分（以下「要支援状態区分」という。）のいずれかに該当するもの」と定義されている。

　いずれにしても、介護保険法で、介護や支援の対象となっているのは「日常生活上の基本的な動作」であるから、公的介護保険をふまえても、日常生活上の基本的な動作についての援助が介護ということである。

### (3)　看護と介護

　なお、保健師助産師看護師法5条は、「この法律において『看護師』とは、厚生労働大臣の免許を受けて、傷病者若しくはじょく婦に対する療養上の世話又は診療の補助を行うことを業とする者をいう。」と規定している。

　看護師の業務である「療養上の世話」に介護は含まれるが、介護保険法の対象となる「日常生活上の基本的な動作」の介護、支援がすべて「療養上の世話」となるわけではない。だからこそ、介護サービスに従事する者すべてに、介護福祉士などの国家資格（社会福祉士及び介護福祉士法39条）、訪問介護員に必要な研修（介護保険法8条2項、介護保険法施行令3条）が必須というわけではないが、看護師や准看護師は免許が必要である（保健師助産師看護師法7条3項、8条）。

　このような意味において、看護と介護は異なるし、療養上の世話を行う看護師に求められる医療上の専門性と、日常生活上の基本的な動作について介護、支援を行う介護職員に求められる介護の専門性は異なる。

　ここに介護と医療の差異を認めることができる。ともに、生命、身体の安全を確保するサービスであるが、医学的知見に基づき患者の治療、健康増進を目的として行われる医療と、日常生活の支援を目的として行われる介護を同一視することはできない。

## 4　介護過誤の責任

　こうして、介護事故とは、要介護者に対する生活支援の過程において人身事

故が発生することであり、介護事業者、介護職員等介護サービスを提供する者（以下、併せて「介護者」という）に過失があり介護過誤といえる場合は、過失責任主義に立脚する民事責任が問われる。無過失責任が認められる例外的な場面を除き、介護者に過失がなければ、そこで問われるのは道義的責任にとどまる。

長々と法的には当然のことを繰り返しているが、このことが理解されていないのが介護現場の現実である。だからこそ、公的介護保険制度が開始して20年余が経過した2021年に、高齢者の医療・介護の研究者と介護者の関係団体から、「転倒すべてが過失による事故ではない」とのステートメントがまとめられ、国民へのメッセージが公表されなければならない必要に迫られたのである[3]。

## Ⅱ　介護事故における民事責任

### 1　介護事故の法的構成

医療と介護は同じではないとはいえ、生命、身体の安全を確保するためのサービスという意味では共通するから、その差異をふまえたうえ、医療事故に準じて介護事故から生じる責任を整理する。

**図表4-2-1**

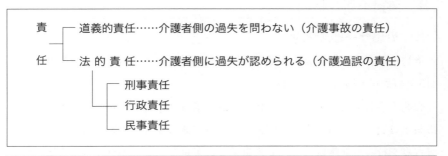

---

[3] 一般社団法人日本老年医学会・公益社団法人全国老人保健施設協会「介護施設内での転倒に関するステートメント」「介護施設内での転倒を知っていただくために～国民の皆様へのメッセージ～」（2021年6月11日）。

第4章　介護事故と法的責任

　民事責任とは、加害者として被害者の損害を賠償する責任であるが、当事者間の法律関係を前提としない不法行為構成と、当事者間の法律関係に基づく義務違反とする債務不履行構成による。

## 2　不法行為構成

### (1)　民法による不法行為責任

　介護職員の過失により要介護者に損害を与えるという典型的な介護過誤事案の場合、不法行為構成によるならば、直接の加害行為をした介護職員について民法709条の一般的不法行為責任が成立して個人責任が問われるとともに、当該介護職員の使用者である介護事業者に民法715条の使用者責任が問われる。

　ミスをした介護職員、介護事業者とも、要介護者（死亡事故の場合は相続人、近親者）による損害賠償請求訴訟の被告となる。

### (2)　自賠法による不法行為責任

　なお、介護車両による送迎中の事故であれば、介護事業者に自動車損害賠償保障法（以下「自賠法」という）3条の運行供用者責任が問われることもある。この場合は、介護事故というよりは自動車事故として、有無責の争いは、自賠法3条ただし書に規定されている免責要件が認められるかを争うことになる[4]。

## 3　債務不履行構成

### (1)　介護サービス契約

　債務不履行構成の場合、介護サービス契約の当事者である介護事業者に民法415条の債務不履行責任が問われる。

　契約当事者である要介護者（死亡事故の場合は相続人）が原告となる損害賠償請求訴訟における被告は、契約の相手方である介護事業者である。直接の加害行為を行った介護職員は、介護事業者の手足として債務を履行する履行補助

---

**4**　医療・介護事故と交通事故に関する問題としては、拙著『判例にみる高齢者の交通事故』（日本加除出版、2020年）22頁。

**2. 介護事故の民事責任**

者と位置づけられるので、被告とはならないが、証人として関与することになることが多い。

### (2) 要介護者の意思能力

意思能力を欠き、契約締結能力が認められない要介護者による法律行為は無効となるから（民法3条の2）、当該要介護者は契約当事者となれない。この場合、介護事業者と後見人が契約を締結するのが筋ではある。

しかし、認知機能が低下した高齢者すべてに成年後見人の選任を求めるのは現実的には無理である。実務現場では、介護サービス契約書に、要介護者だけでなく、少なくとも家族のうち1名の署名を求めているのが通常である。家族代表者、代理人、署名代行者など、その肩書きは様々であるが、介護サービス契約を締結する際には、要介護者とともに、家族の代表者が、介護事業者から説明を受け、契約手続を進めている。要介護者の意思能力の有無等の事情によって厳密に契約手続を変えていることは多くないのではないかと思われる。

### (3) 第三者のためにする契約

法的には、要介護者が意思能力を欠く場合には、要介護者が契約当事者にはなれないから、家族代表者と介護事業者が、要介護者に介護サービスを提供する契約を締結したと構成することが考えられる。稀に、そのような法的構成の訴状もある。

もっとも、意思能力を欠く要介護者は受益の意思表示も不可能であるから、介護事業者に対する直接の権利を取得したと構成することは困難である（民法537条3項）。要約者である家族が、諾約者である介護事業者に対し、要介護者のためにサービスを提供することを請求できる権利を取得するだけの契約、いわゆる「不真正な第三者のためにする契約」[5]となる。

しかし、介護事故訴訟において、第三者のためにする契約として、契約当事

---

**5** 渡辺達徳編『新注釈民法（11）Ⅱ 債権（4）』（有斐閣、2023年）83頁〔新堂明子〕。

175

## 第4章　介護事故と法的責任

者の家族が原告となることはほとんどない。意思能力を欠いている要介護者が契約当事者として債務不履行構成によっていることも珍しくない。理論的難点はあるが、厚生労働省より、「意思無能力を理由とする無効については、意思能力を有しない者の関係者の側からのみ主張が可能です」とする事務連絡が出されている[6]ので、介護者から、その法的問題を常に指摘しているわけでない。

　かつては、意思能力を欠いている、あるいは意思疎通が不可能な要介護者を委任者とする訴訟委任状による訴訟も珍しくはなかった。さすがに後見人の関与なく意思能力を欠く要介護者本人（の名義）による訴訟遂行を認めることには抵抗があるが、成年後見人により遂行される訴訟であれば、契約当時に成年後見人が選任されていたかどうかにかかわらず、本人による契約との債務不履行構成がとられていたとしても、介護者が、契約の効力を常に争う必要性があるとまでは思われない。

　介護事故においては、法律構成にかかわらず、事故当時における注意義務違反の有無の検討が重要である。

### (4)　免責事由

　なお、各事業者が採用している介護サービス契約書は、介護保険の保険者である市町村および特別区、市町村および特別区を指導監督する都道府県、あるいは、業界団体によって示されたモデル契約書に倣っているものが多いが、かつては、損害賠償責任について、「不可抗力の場合を除き、速やかに損害を賠償する」とか「事業者に故意、過失がない場合は損害賠償責任を負わない」と規定している契約書も散見された。

　そこで、文字どおり、不可抗力の場合以外は責任を負うとか、過失の立証責任が介護事業者に転換されたと判断する下級審判決も登場した[7]。

---

**6**　厚生労働省老健局総務課認知症施策推進室「民法の一部を改正する法律（平成29年法律第44号）の施行に関する周知について（依頼）」（令和元年6月6日事務連絡）。

**7**　神戸地伊丹支判平成21年12月17日（判タ1326号239頁）は争点となった不可抗力免責条項を認めている。東京地判平成25年9月24日（LEX／DB25515227）は立証責任転換条項に言及のうえ無過失の判断をしている。

## 2. 介護事故の民事責任

　しかし、介護事業者もモデル約款作成者も、そのような意図などまったくなかった。それは、当該規定と並んで賠償責任保険について規定している契約者が多かったことからも裏付けられる。すなわち、契約当事者として契約書に署名する介護事業者も要介護者側も、介護者が負う賠償責任は保険で担保することを当然の前提として理解していた。不可抗力や無過失を証明できないとして負う責任は、賠償責任保険の免責事由である「特約によって加重された責任」に該当するから、保険では担保されないことになってしまう。このような解釈により介護者が保険によることなく賠償責任を負うことなど誰も想定していない。

　近年は、このような誤解を与えかねない規定は訂正されつつあるが、未だ訂正されずに残っていたとしても、立証責任に変更はないと解すべきである。ことに、介護保険の保険者である自治体が提供するモデル契約書を利用している場合、事実上それを利用せざるを得ない介護事業者の責任を加重したうえ、賠償責任保険で担保されないとの結論を導くことは酷である。

　この点、東京地判令和5年4月28日（LEX／DB25609733）は、「事故発生のリスクもある中で、被告が自ら、『不可抗力による』事故であることを主張立証できない限り、損害賠償責任を負う旨の契約を締結するとは考え難く、原告主張の解釈は、被告の合理的意思と合致しない」「原告主張の解釈をとると、被告は保険で填補されない事故にまで賠償責任を負うこととなりかねず、この点からしても……そのような帰結を企図していたとは考え難い」、市が入居契約書を提供していることから、「厚生労働省の指導指針を踏まえ、速やかな損害賠償の履行を規定することに主眼があり、主張立証責任の転換の趣旨は含んでいないと解するのが相当である」と判示している。この問題には終止符を打つべきである。

## 4　注意義務違反

### (1)　過失と債務不履行

　こうして、民事責任が認められるかどうかという有無責の問題は、不法行為構成では、介護職員に民法709条の「過失」が認められるか、債務不履行構成

## 第4章　介護事故と法的責任

では、「債務の本旨に従った履行をしないこと」つまり、債務不履行の事実が認められるか、が争われる。

過失、債務不履行ともに、法的に求められる客観的な注意義務に違反したことがその本質であるから、具体的には、予見可能性を前提とした予見義務に違反し、結果回避可能性を前提とした結果回避義務に違反した事実の有無が検討される。

### (2)　安全配慮義務

介護事故訴訟において、安全配慮義務違反を理由とする損害賠償請求がなされることは珍しくない。

しかし、ここでいう安全配慮義務とは、国と国家公務員のように、「ある法律関係に基づいて特別な社会的接触関係に入った当事者間において、当該法律関係の付随義務として当事者の一方又は双方が相手方に対して信義則上負う義務として一般的に認められるもの」[8]とは異なる。

そこで、介護事故でいう安全配慮義務とは、債権者である利用者が完全性利益の実現にあたり具体的な危険が生じないように注意すべき義務が債務者側に認められることであり、契約上明確に求められる給付義務と区別した「保護義務」の議論をあてはめる見解[9]が登場する。契約に特殊な危険ではない一般的な生活上の危険であれば不法行為責任によるべきであるとしたうえ、介護事業者が利用者の生活全般を安全に配慮することはできないし、その義務内容も明確でないことから、付随義務違反と構成することが、利用者側で義務内容を特定し、主張立証しなければならないから立証責任の分担の問題も明確になるとする。

もとより、介護サービスは、まさに要介護者の安全に配慮してサービスを提

---

**8**　最判昭和50年2月25日（民集29巻2号143頁）、雇用契約に基づく使用者の安全配慮義務については最判昭和59年4月10日（民集38巻6号557頁）。

**9**　冷水登紀代「介護保険契約上の事業者の債務──保護義務論を踏まえて」甲南法学研究6号45頁（2010年）。

供することが債務の本質的部分であるから、信義則を根拠とすることにはなじまないし、付随義務と表現することにも抵抗を感じる。端的に「利用者の安全を配慮する義務は給付義務そのもの」と捉える[10]方が介護の現場としても受け容れやすい。また、実際の介護事故訴訟においては、債務不履行と不法行為が同時に主張されることも少なくないから、給付義務と区別された保護義務として議論することが必須でもない。

こうして、安全配慮義務とか保護義務と構成する必要はないものの、保護義務とする見解が、介護事故における注意義務を具体的に特定することの重要性を指摘している点は実務も大いに活かす必要がある。

### (3) 具体的注意義務

一般的、抽象的に、介護者が安全配慮義務を負っているとしたところで、過失や債務不履行の基礎となる具体的な注意義務が特定されたことにはならない。具体的な予見可能性、結果回避可能性を前提とした具体的な注意義務が事実として特定される必要がある。

医療事故においては、「具体的状況（〜という症状、〜という検査結果）」「行動規範（〜を疑い、〜をすべき）」「懈怠の事実（これを怠り、漫然と経過観察をし）」「結果・因果関係（その結果死亡させた）」と構成すべきとされている[11]。裁判所からも、①証拠に裏付けられた事実経過をふまえていること、②証拠に裏付けられた医学的知見をふまえていること、③過失と結果発生との因果関係をふまえていること、④具体的に、いつ何をすべきかがわかりやすく提示されていること、が必要とされている[12]。

このような明確な構成は、介護事故においても同様のはずである。

---

**10** 菊池馨實「高齢者介護事故をめぐる裁判例の総合的検討（2）」賃社1428号41頁（2006年）。

**11** 宮澤潤「医療側代理人からみた過失論」浦川道太郎ほか編『専門訴訟講座④医療訴訟〔第2版〕』（民事法研究会、2023年）311頁。

**12** 秋吉仁美「東京地裁医療集中部の実務—釈明の対象になる訴状はどのようなものか—」東京弁護士会弁護士研修センター運営委員会編『弁護士専門研修講座　医療過誤訴訟の専門知識とノウハウ』（ぎょうせい、2008年）278頁。

第**4**章　介護事故と法的責任

　しかし、介護事故に関しては、「介護事業者として利用者の安全に配慮すべき義務があるにもかかわらず、これに違反して転倒事故を起こした」とか「介護施設運営者として入所者の誤嚥を防止する義務があるにもかかわらず、これを怠ったから利用者が誤嚥により窒息した」と記載された訴状は決して珍しいものでない。

　具体的事実として、いつ、誰が、何を、どうすべきであったのか、が特定されることこそ、介護事故の責任を検討するスタートである。

## Ⅲ　注意義務の基準

### 1　最善の注意義務

　60年以上も前の古い判決ではあるが、梅毒に感染していた職業的売血者から採取した血液の輸血を受けた患者が梅毒に罹患したことから病院に対して損害賠償を求めた事故について、最判昭和36年2月16日（民集15巻2号244頁）は、「人の生命及び健康を管理すべき業務（医療）に従事する者は、その業務の性質に照らし、危険防止のために実験上必要とされる最善の注意義務を要求される」と判示し、身体は大丈夫かと尋ねただけで梅毒感染の有無を確認するような発問をしなかった医師に注意義務違反を認めた。医師に過度の義務を負わせるものであるとの主張に対し、医療従事者に重い責任が求められるのはやむを得ない、というよりむしろ当然であるとの姿勢を明らかにしている。

　これに準ずるならば、医療と同様に、介護も要介護者の生命、健康を管理すべき業務に従事する者として最善の注意義務を要求されるのはやむを得ない、となりそうである。

### 2　介護水準

　医療従事者に必要とされる注意義務の具体的な基準を明らかにしたのが、未熟児網膜症事件である。

180

**2. 介護事故の民事責任**

　昭和44年に出生した未熟児に対し光凝固療法を実施せず、転医もさせなかった医師の責任が問われたが、最判昭和57年3月30日（集民135号563頁）は、「注意義務の基準となるべきものは、診療当時のいわゆる臨床医学の実践における医療水準である」と判示して、医師の責任を否定した。先駆的な研究者の間で実験的に行われていた内容ではなく、臨床現場での実践が注意義務の基準となることが明らかにされた。

　また、同様に未熟児に対する光凝固療法が問題となった事案であるが、最判平成7年6月9日（民集49巻6号1499頁）は、臨床医学の実践における医療水準について、「当該医療機関の性格、所在地域の医療環境等の特性等の諸般の事情を考慮すべき」であり、「すべての医療機関について診療契約に基づき要求される医療水準を一律に解するのは相当でない」と判示して、医療水準が全国一律の絶対的な概念ではなく、医療機関ごとに個別に判断される相対的な概念であることを明らかにした。

　これに準ずるなら、介護における注意義務の基準となるべきものは、介護現場の実践における介護水準となり、介護施設の性格、所在地域の介護環境等の特性等の諸般の事情を考慮すべき、となりそうである。

## 3　介護慣行

　さらに、最判平成8年1月23日（民集50巻1号1頁）は、腰椎麻酔後に生じたショック状態について5分間隔で血圧を測定していたことが過失にあたるか問題となったが、「医療水準は、医師の注意義務の基準（規範）となるものであるから、平均的医師が現に行っている医療慣行とは必ずしも一致するものではなく、医師が医療慣行に従った医療行為を行ったからといって、医療水準に従った注意義務を尽くしたと直ちにいうことはできない。」と判示し、平均的医師が5分間隔で血圧を測定しているとしても、医薬品添付文書（能書）には2分間隔での測定が注意事項として記載されていたから過失があるとし、医療水準は医療慣行とは異なることを明らかにした。

　これに準ずるなら、介護水準も、多くの平均的介護者がどうしているのかと

181 ──●

第4章　介護事故と法的責任

いう内容、介護慣行ではなく、法律が、裁判所が、こうあるべきとして求める
規範ということになりそうである。

## 4　水準論の進化

　一連の最高裁判決により展開されてきた医療水準論であるが、現在も議論は
さらに進んでいる。

　冠状動脈バイパス手術後に腸管壊死となった患者に開腹手術を実施すべき注
意義務があったのかが問題となった最判平成18年4月18日（集民220号111頁）
は、当時の「医療水準」に照らすと術後の管理を怠った過失があるということ
はできないとした原審・福岡高判平成19年5月24日（判時2000号43頁）を破
棄、当時の「医学的知見」においては開腹手術実施義務を免れることはできな
いと判示した。そこで、「医療水準」の意義が従前とは異なっていると指摘され、
「医療水準」と「医学的知見」の関係性について議論されることもある[13]。

　今後も医療水準をめぐる議論は続くであろうが、いずれにしても、法律は、
医療に、完璧を求めているわけではないことが当然の前提となっている。医療
水準にしろ医学的知見にしろ、100点満点でなくても合格点がつけられるかど
うか、が検討されている。医療側が負う義務は手段債務であって結果債務では
ないことが意識された議論となっている。

# Ⅳ　介護事故訴訟の問題

## 1　裁判例における介護水準

　医療水準論が進化しているとおり、医療事故において「医療水準」が注意義
務の基準となるとする水準論は広く一般的に受け容れられている。

　しかし、介護事故において「介護水準」との用語そのものが一般化されて

---

**13**　手嶋豊「技術上の過誤としての医療事故の判断基準──医療水準とその周辺」浦川ほ
か・前掲注（11）医療訴訟〔第2版〕64頁。

182

いるとは言い難い。判例検索システムで、「医療水準」と検索すると1600件を超える医療事故の裁判例、300近い参考文献が表示されるが、「介護水準」と検索しても表示される裁判例は数件[14]である。しかも、理由中に「介護水準」と判示したものは、介護事故の注意義務に関するものではない[15]。原告ないし被告の主張として「介護水準」にふれているだけである。文献検索でも数件である[16]。

## 2 注意義務違反の認定

もとより、介護水準と表現していなくても、裁判所は、注意義務違反の有無を判断している。問題は、何をもって注意義務違反を判断しているのか、いかなる基準によっているのかということである。

かねてより、介護事故訴訟は類似の事案において異なる判断が示されることがあり、介護の現場に混乱をもたらしていると批判されていた[17]。介護施設としての基準を満たした施設・設備において一般的知見とするには無理がある事故が発生し、具体的かつ明確な基準がないまま通常有すべき安全性を欠いていると判断されると、その後の改善策を講じなければならない介護の現場では深刻な悩みとなっているとも指摘されていた[18]。「介護事故訴訟で医療過誤訴訟に比べて認容率が高くなっているのは、介護事故訴訟はまだ未成熟で発展途上であり、裁判官が介護現場を理解していないこと、介護現場自体が介護事故に

---

**14** LEX／DBは5件、裁判所ウェブサイトは1件。

**15** 神戸地判平成8年12月24日（交民29巻6号1845頁）は、交通事故被害者が現在の介護水準を超えた豊かな生活環境の整備を目指す高級老人ホームとしての面がある施設に入所した費用が加害者の負担となるか判断したものである。名古屋高判平成12年9月11日（判夕1056号175頁）は、生活保護費における他人介護費特別基準の上限額の合理性を判断するにあたり、介護保険による介護が定着すれば、それによる介護水準の実態等も参考とすべき位置事情になると判示したものである。

**16** その意味では、ひろば77巻3号（2024年）が「介護事故訴訟からみる『介護水準』」と特集したのは画期的である。

**17** 香山芳範「介護事故判例の諸問題—介護職員に求められる高度な注意義務についての一考察—」龍谷大学大学院研究紀要社会学・社会福祉学21号1頁。

**18** 太矢一彦「高齢者施設における2階食堂窓の設置・管理の瑕疵の有無」新・判例解説Watch19号99頁（2016年）。

第**4**章　介護事故と法的責任

ついて認識が乏しいこと、安全確保について明確な基準がないことなどが挙げられるのではないか」「介護事故訴訟で問題だと思うのは注意義務の判断基準が明確でないこと」との指摘もある[19]。このような意見は、実際の裁判例を具体的に比較検討した結果としてなされているだけに看過できない厳しい内容となっている。

## 3　類似事故の比較

　確かに、類似の事故であるにもかかわらず、裁判所の判断が大きく異なり介護現場は混乱し、司法判断に懐疑的な見方がなされることも少なくない。近時の状況として、常食を自立摂取できた要介護者が誤嚥事故により死亡した事故について、有料老人ホームの責任を否定した東京地判平成22年7月28日（判時2092号99頁）と特別養護老人ホームの責任を肯定した名古屋地判令和5年8月7日（令和4年（ワ）第1886号）を比較してみる。

**図表4-2-2**

| | 東京地判平成22年7月28日 | 名古屋地判令和5年8月7日 |
|---|---|---|
| 事　実 | | |
| 施　　　　　設 | 有料老人ホーム | 特別養護老人ホーム |
| 要　介　護　者 | 太郎・事故時81歳／要介護4／アルツハイマー型認知症・緑内障により右目の視力なし | 一郎・事故時88歳／要介護3／アルツハイマー型認知症・パーキンソン病 |
| 食　事　形　態 | 時折、食事介助を受けることがあったものの、通常は介助を受けず自力で食事 | パーキンソン病のオフ状態で調子が悪いときは介護職員が介助するが、自己摂取 |
| 食　事　摂　取 | 常食 | 常食 |
| 家族による連絡 | 誤嚥のおそれや兆候がある旨の連絡なし | なし（家族によるあんパンの差入れあり） |
| 医 師 等 の 指 摘 | 医師から誤嚥のおそれの指摘、具体的な指示なし | 主治医は摂食や嚥下について医学的観点からの留意事項はないと判断、先に入所していた施設からの移転にあたっては嚥下について異常なしと判断 |

---

**19**　上野園美「介護をめぐる損害賠償請求とその問題点」賠償科学48号124頁（2022年）。

●──184

**2. 介護事故の民事責任**

| | | |
|---|---|---|
| 介護・看護記録 | 本件施設の介護職員等が記載していた介護日誌や看護記録を見ても、嚥下機能の低下をうかがわせる具体的症状が観察されたとの記載は存在しない。 | 令和3年10月12日の朝食（バターロール、ソーセージ等）を7割食べた時点で苦しそうにしたので、タッピングしたところソーセージ型はなくドロッとした物が出たが、むせ込み後はいつもと変わらない様子であることを介護記録に記載した。 |
| むせ込みの記載 | 平成19年9月19日の介護日誌に朝食時にむせ込みが見られたとの記載は存在するものの、同日以前の介護日誌や、同日後の20日、21日の介護日誌を見ても、食事の際にむせ込み等があったことはうかがえず、直ちに嚥下機能の低下を具体的にうかがわせるような症状であると認めることはできない。 | 同日や3日後に作成された看護・介護サマリー、栄養・摂食嚥下スクリーニング・アセスメント・モニタリングは嚥下に問題がないとされたのは、本件むせ込みが発生したことやその重大性について職員間で情報共有や原因の分析がなされなかったとうかがわれる。<br>本件むせ込みから事故までの1か月間摂食状態が悪かったとは言えないものの、再びむせ込み等の事故が発生する具体的な危険が低下したと評価すべき事情の変化は認められない。 |
| 事 故 状 況 | ・平成19年9月22日午後6時ころ<br>・太郎は食堂の中央部に車椅子に座って着席<br>・夕食をとっていた | ・令和3年11月26日午前8時20分頃<br>・車椅子上で朝食をとっていた |
| 事 故 発 見 状 況 | ・2m程度離れた場所<br>・他者の食事介助をしていた介護職員がぐったりしている太郎を発見 | ・隣のテーブルで他者の食事介助をしていた介護職員<br>・車椅子上で脱力状態の一郎を発見 |
| 発 見 後 の 対 応 | ・介護職員が声をかけ、看護職員が駆け寄った<br>・太郎は顔面蒼白、呼吸なし、脈拍感知できず、意識を失った状態 | 職員が義歯を外して口腔内に指を入れても反応なく、食物残渣吸引、救急隊が気道内異物除去 |
| 死亡に至る経過 | 救急搬送後、3日後に脳機能停止確認、6日後に意識が戻らないまま死亡 | 救急搬送後、同日10時34分、窒息による低酸素脳症により死亡 |
| **裁判所の判断** | | |
| 予 見 可 能 性 | 誤嚥による窒息が生じる危険があることを具体的に予見することは困難 | ・パーキンソン病等の複数の持病もあって摂食、嚥下のほかにも多くの課題を有していたので、継続的に配慮すべき事柄の一つ<br>・本件むせ込みは嚥下機能の低下が原因であると考えられるから、これまでと同じ態様で食事を提供すれば再び事故が発生し、より重篤な結果が生じるという具体的な危険を認識し得た |
| 食 事 | 食事の調理方法、食事形態を改善すべき義務……を負っていたと認めることはできない | |

185

## 第4章 介護事故と法的責任

| | | | |
|---|---|---|---|
| 見 守 り | 常時食事の介助を行い、又は食事の開始から終了までを逐一見守るべき義務を負っていたと認めることはできない | | 本件むせ込みの後は、常時介助などの方法により、そうした事故が発生しても職員が速やかに対応できるような態様で食事を提供すべき注意義務が生じていた |
| 注 意 義 務 違 反 | | | 実際に発見された状態より相当時間前には職員が一郎の状態に気づき、適切に対処できたはず |
| 結 論 | 請求棄却 | | ・子A　1612万5163円<br>・子Bの代襲相続人2名<br>　各673万8879円<br>・合計　2960万2921円の損害賠償を認める |

　いずれの要介護者も、むせ込みのエピソードはあったが、それをもって「直ちに嚥下機能の低下を具体的にうかがわせる症状ではない」とするか「具体的な危険が低下したと評価すべき事情の変化は認められない」とするか、対極の捉え方である。常食自立での食事について「逐一見守るべき義務はない」とするか「常時介助など事故に速やかに対応できる義務が生じた」とするか、真逆の評価である。判決文から、請求棄却と2000万円を超える賠償の差異が見えてこない。確かに、介護事故訴訟の結論の予見可能性は低く、混迷状態を脱していないようである。

## 4　問題の背景にあるもの

### (1) 介護事故に対する理解

　このような状態にあるのは、すでに指摘されているとおり、裁判所が介護の実情を理解していないという点も否定できない。しかし、それに尽きるものではない。

　介護保険制度の創設により、公的介護サービスが措置から契約に基づく権利に転換して久しいが、未だ介護の現場では法的責任と道義的責任の区別がつかない関係者も少なくない。むしろ、事故報告書に必ず記載しなければならない再発防止策の記載をもって、介護者には責任がある、責任があって当然と理解する方が多数派かもしれない。福祉の世界にある介護は、本来的に契約に基づく法的責任を争うこと、それ自体を躊躇させる。

**2. 介護事故の民事責任**

このことは、介護サービスの契約当事者である要介護者、介護者だけでなく、公的保険の保険者である自治体、さらには、民間の介護賠償責任保険の保険者、要介護者ないし介護者の代理人弁護士にもあてはまる。医療事故は専門訴訟であるが、転倒・転落、誤嚥など日常生活上誰にでも起きうる介護事故は、専門的知見など必要としない簡単で単純な事件と理解されているのではないかと感じることもある。

## (2) 事故対応への障壁

さらに、厚生労働省が公表する介護事業経営実態調査[20]を待つまでもなく、介護事業者の経営は悪化しており、常に人手不足であることも法的責任を争いにくくしている。日々の業務に手一杯ですでに起こった事故対応にあてる余力がないから事案解明を放棄すること、事故を契機に関係者が離職して協力が得られないことも稀有でない。

なお、「介護サービスの質は介護従事者個人の資質や能力だけではなく、その労働条件・労働環境を規定する人員基準や介護報酬のあり方といった介護保障の法制度により構造的に支えられており、このことを十分に踏まえて介護人材不足の問題を検討すべきことを確認しておきたい。」との指摘[21]は、介護事故を理解するうえでも重要である。

## (3) 法的観点からの解決

このような背景をふまえると問題の解決は簡単ではない。しかし、介護の現場では、「単に今後の裁判例に期待するだけでなく、私達、福祉関係者が法律に立ち向かう姿勢を示していきたい」との前向きな意見が出されている[22]。社会福祉的視点から介護事故に取り組む姿勢が形となって現れている[23]。介護事

---

[20]　厚生労働省により公表されている〈https://www.mhlw.go.jp/toukei/list/78-23.html〉。
[21]　原田啓一郎「介護人材不足と高齢者の介護保障」法セ767号40頁（2018年）。
[22]　香山・前掲注（17）13頁。
[23]　実践成年後見109号（2024年）でも「成年後見制度と介護サービス事故への対応」が特集され、社会福祉士により各種の事例が検討されている。

第4章　介護事故と法的責任

故訴訟における法的判断をめぐる問題である以上、法律に携わる我々が責任を
もって、より主体的により積極的に解決しなければならない。

# V　介護水準論の志向

## 1　介護のリスク

### (1)　安全性と有効性

言うまでもなく、介護サービスを提供するにあたり、介護者が、要介護者の
生命、身体といった重要な法益を守ることは当然必要であるが、それと同時に、
要介護者の尊厳を保持しなければならない。要介護者の有する能力に応じ自立
した生活を営むことができるようにするのが介護の目的である。誤嚥の危険が
あるからすべて胃ろうにする、転倒の危険があるからすべて車椅子移動にする、
のは介護ではない。介護は、安全性と有効性、ある意味では相反する方向に向
かう要請のバランスをとることが求められる。

### (2)　バリアアリー

介護の世界では、バリアフリーならぬ「バリアアリー」という言葉が使われ
ることがある。

もともとは、施設や住宅において物理的な障害物がない「バリアフリー[24]」
に対し、障害物が残っているものを「バリアアリー」と呼んでいた。段差や階
段などのバリアが、廃用性症候群を防止し、残された機能の維持、改善のため
必要となることもあるから、完全なバリアフリーではなくバリアアリーが要介
護者の自立と生活の質（QOL）の向上のためには有効であるとの発想である。

---

**24**　「高齢者、障害者等の移動等の円滑化に関する法律（バリアフリー法）」は、「高齢者、
障害者等の移動又は施設の利用に係る身体の負担を軽減することにより、その移動上又は
施設の利用上の利便性及び安全性を向上すること」を「移動等円滑化」と定義している（同
法2条2号）。

188

**2.** 介護事故の民事責任

　もっとも、機能維持、回復に必要で、生活の質を向上するために有効であるが、悪しき結果を招きかねないものは、物理的な障害物に限らない。歩行能力維持のため頑張って歩くこと、嚥下能力維持のため頑張って自分で食べることも、バリアである。そこで、安全性を下げる側面を有するが有効性を上げるために必要なものは、広く「バリアアリー」と言われるようになった。

### (3) リスクの必要性、有益性

　介護には必要かつ有益なリスクがある[25]。介護の現場で100％リスクをなくすことはできないし、なくすべきでもない。そうである以上、事故は避けられない。よって、事故が起きたから、介護のリスクが顕在化したから、介護者に責任があるわけではないし、要介護者が責められるべきでもない。

　介護事故には、要介護者が生活していく因果の流れにある当然の事象として、もともとのリスクが顕在化した場合が少なくない。

　このことは、「高齢者の転倒は疾患であり、事故ではない。」「事故というより身体的原因に起因する『疾患』、『症候群』である」[26]「誤嚥という現象そのものは、咀嚼・飲み込み自体のメカニズムにより不可避に発生する。」「誤嚥性肺炎は要介護高齢者においては家庭内を含めて日常的に発生しており、夜中に唾を誤嚥して肺炎に至ることもある。さらにいえば誤嚥から肺炎を発症して死亡に至るというのは、高齢者の終末期の経路のひとつでもある。」[27]といった老年医学からのアプローチにも通ずる。

### 2　介護の視点

　介護事故に限らず、より広く高齢者・障害者に関するトラブルの視点からも、

---

**25**　企業のリスクマネジメントにおいて「純粋リスク」は企業に損失を与えるのみであるが、「投機的（動態的）リスク」は利益と損失を与えるものと区別されている。どの場面でもリスクのすべてが害悪であり避けなければならないわけでない。
**26**　鳥羽研二（監修）運動器の不安定性に関与する姿勢と中枢制御機能に着目した転倒予防ガイドライン策定研究班『高齢者の転倒予防ガイドライン』（メジカルビュー、2012年）。
**27**　長沼建一郎『介護事故の法政策と保険政策』（法律文化社、2011年）200頁。

次のとおり極めて重要な指摘がなされている。

「自立を踏まえた自己決定権の尊重と権利侵害を防止するための介入的権利擁護のバランスが問題となる」こと、「自己決定の名の下に違法な権利侵害を放置すれば権利侵害がさらに増大することになる一方、権利擁護の名の下に過度の介入は自己決定権を阻害するものであることは明らかである」との視点[28]である。これは、介護事故にもあてはまる。

悪しき結果の発生を防止することは大切であるが、だからといって要介護者の自己決定権、尊厳を損ない、生活の質（QOL）を下げる支援、楽しみ、生きる目的を奪う介護は決して法的にあるべき介護ではない。

こうして、「被介護者の尊厳を保持し、自立した生活を支援するという介護の理念を実践しつつ、介護事故を防止していることは、本当に難しい。」[29]のは、まさにそのとおりであるが、その実現を求められ、後方視的な評価の対象となっているのが介護者である。

## 3 介護に関する知見

福祉を前提とする介護は医療ではない。しかし、医療と同様にその対象としているのは、他者の支援を必要とする人である。

医師は、すべての病気を完治し、すべての患者を救命できるわけではない。介護者（ここでは、介護事業者とその職員に限らない。マンツーマンで介護を担う近親者でも同じである）も、要介護者のすべての日常生活動作をカバーし、要介護者の日常生活上の安全を確保できるわけではない。

患者の状態が悪化することは当然想定されるが、医師がすべて予見し、悪化を防止できるわけではない。要介護者が転倒したり誤嚥したりと日常生活動作を失敗することは当然想定されるが、介護者がすべて予見し、防止できるわけ

---

28 熊田均「高齢者・障害者に関する法的課題と実務対応」ひろば75巻11号10頁（2022年）。

29 藤木美才「高齢者・障害者の介助・介護事故と実務対応」ひろば75巻11号25頁（2022年）。

**2.** 介護事故の民事責任

ではない。

　医師がすべての患者を完治できないのと同様に、介護者がすべての要介護者の事故を防止することはできない。できること、できないことはある。

　だからこそ、医療・介護に問われるのは、結果責任ではない。また、満点がとれなかったことでもない。合格点がとれなかったときに法的責任が問われるだけである。合格と不合格を決する分水嶺が介護水準である。医療に対しては理解できていることが、対介護となると看過されている嫌いがあるのではないだろうか。

　介護水準論は、介護水準と表現するかどうかではなく、介護においても、医療において医療水準を議論するのと同様の客観性をもった法的評価がなされるべき、という意識の問題と感じる。

# VI　介護水準を決する事情

## 1　具体的注意義務

　介護者に求められる具体的注意義務については「第5章　介護事故の裁判例」において事故類型ごとに裁判例が分析検討されているので参照されたい。介護水準を決する事情としては、次のような点が検討される。

---

　① 　要介護者の事情

　　　・年齢・介護度

　　　・身体的機能・精神的機能、ADL・IADL

　　　・既往歴・現病歴、健康状態

　　　・生活状況

　　　・介護・支援歴

　　　・介護サービス計画、援助方針

　　　・事故歴・ひやりはっと歴

　　　・本人および家族の意向

---

191

第4章　介護事故と法的責任

② 介護者の事情
　　・施設、介護職員の状況
　　・介護サービス契約の内容
　　・確認・説明・報告
　　・事故・ひやりはっと対応
　　・事故防止対策・マニュアル
③ 事故状況
　　・事故前の状況
　　・事故の状況
　　・事故後の状況
④ 介護に関する知見
　　・医学的知見
　　・福祉的知見
　　・法的知見

　介護に関する一般的知見をふまえ、要介護者、介護者にかかる具体的事情を広く総合的に検討したうえ、要介護者のリスクが顕在化した具体的事故において、介護者に具体的注意義務違反が認められるかを検討することになる。

## 2　リスクの顕在化

　介護者の注意義務違反の有無を判断するにあたり、法的評価の安定性を確保し、有無責判断の予測可能性を高めるため、リスクが顕在化した態様に着目した。

### (1) リスク作出型とリスク回避未達型

　要介護者のリスクが顕在化したのが介護事故であるといっても、リスクの顕在化の態様は2つに分けることができる。

　刻み食を摂取していた要介護者に介護者が常食を提供したため誤嚥した、介護者が、階段など歩きにくい場所を歩かせて要介護者が転倒したなど、介護者が新たなリスクを作出したことが事故に至った場合（リスク作出型）と、要介護者が食事中に誤嚥したが介護者が窒息を回避できなかった、要介護者が歩行

192

## 2. 介護事故の民事責任

中にふらついたが介護者が転倒を防げなかった場合など、要介護者のもともと
のリスクが顕在化するのを介護者が回避できなかった場合（リスク回避未達型）
に区別することができる。

　医療事故においても、医療行為者の積極的な作為によって生じた事故（作為
型・医原病型）と、不作為によって生じた事故（不作為型・疾病悪化型）が区
別されて議論されている。しかし、ここでは、作為、不作為といった介護者の
行為態様そのものというよりは、介護者の行為の結果として現れた要介護者の
リスクに着目した。その方が、注意義務違反の評価としてはより客観的になる
と考えたからである。

　たとえば、介護者が、服薬介助が必要な要介護者に、他人の薬を投薬した誤
薬は作為型、薬の投与を忘れた場合は不作為型となるが、介護者の服薬介助ミ
スによってリスクが高まったのは同じであるから、作為か不作為かをことさら
区別する必要はないと思われる。作為と不作為は因果関係の判断手法が異なる
ので、作為と不作為に着目することにも意義はあるが、注意義務違反の判断と
しては、介護者の行為によって、もともとのリスクが高められたのかどうかに
着目した。もとより、具体的には、どちらにもあてはめることができる状況、
あるいはどちらにもあてはめにくい状況も存在するが、まずは、リスクが顕在
化した態様に着目して、介護者の注意義務を検討することにした。


### ⑵　リスクのベネフィット

　そして、リスク作出型では、介護者によって作出されたリスクに「ベネフィッ
ト」があるのか確認する必要がある。つまり、必要かつ有益なリスクであるか
どうかである。

　刻み食を摂取していた要介護者が常食を誤嚥したといっても、嚥下機能の改善
のため常食に食形態を変更することが必要で有益な場合もある。単に、食形態の
異なる他者の食事を提供した場合とは異なる。階段で転倒したといっても、リハ
ビリテーションとして段差を歩くのはまさに必要な介護メニューである。単に、
スロープを利用して車椅子で移動すべきところ階段を歩かせた場合とは異なる。

193——●

第4章　介護事故と法的責任

そのリスクに「ベネフィット」があるかないかで、注意義務違反の判断は異なる。

### (3)　介護者の意識

　ベネフィットがあるリスクが介護者によって作出された場合であっても、介護者が、そのベネフィットを意図して意識的にリスクを作出した場合と、たまたま作出したのかによって評価は異なりうる。リスク回避未達型でも、リスク回避の必要性を意識していたが達成できなかった場合と、まったくリスク回避の必要性を意識していなかった場合では評価は異なりうる。介護者がリスクをどのように受け止め、意識していたのかにより注意義務違反の判断は異なる。

　これは、介護者の主観面をもって違法判断するものではなく、意識的に行われたかどうかによって行為の客観的評価が変わりうるということである。食事が自立している要介護でも誤嚥のリスクがあることを意識しながら他者の食事介助をしている場合と、食事が自立している要介護者にまったく注意せず、他者の食事介助をしている場合とでは、結果として誤嚥リスクの顕在化を防げなかったとしても同じ評価にはならない。

### (4)　現実的なリスク回避可能性

　リスク作出型、リスク回避未達型にしろ、顕在化したリスクを回避することが現実的に可能であったのか、具体的な回避可能性について検討する必要がある。

　たとえば、歩行介助が必要な要介護者に付き添っていても、いわゆる膝折れによる転倒を防止することは極めて困難であるが、膝折れは予見でき、速やかに身体を支えれば転倒は避けられると主張され、そのように判断する裁判例もある。確かに、膝折れ転倒が生じたときも、介護保険の保険者に提出する事故報告書には再発防止策を記載しているから、回避不可能であると理論的に100％の証明がなされるわけではない。

　しかし、東京都リハビリテーション病院理学療法科による調査報告[30]によ

---

**30**　吉村茂和ほか「健常人における膝折れ状態の検討」理学療法のための運動生理8巻2号85頁（1993年）。

ると、膝折れ開始から終了までの時間は、約0.5秒（422 ± 4.2msec）であるから、膝折れによる転倒を防止するには、膝折れ開始から約0.33秒（335msec）以前に、転倒防止の処置を講じなければならないが、健常人の単純反応時間が0.2秒（200msec）であることを考慮すると、0.1秒程度（135msec）で、膝折れに気付き、転倒防止のため対応が必要となる。こうして、0.1秒程度で対応すれば理論的には不可能ではないが、だからといって、それが法的に求められる注意義務に違反したと評価できるかどうかは別である。一度でも膝折れを経験すれば、現実的に転倒を防止することはほぼ不可能であることは実感するところであるが、「転倒防止のため付き添っているのであるから、速やかに膝折れに気付いて対応すれば転倒を防止できた」と主張する要介護者、そう判断する裁判所に、現実がどうであるのか理解してもらうのは容易ではない。近年は、現実的には回避不可能であることを可視化するため、介護リスクマネジメント会社や損害保険会社の指導のもと転倒防止実験が行われている。

　現実的には回避可能性がないリスクの顕在化であれば、介護者に法的責任を問うことはできない。結果回避可能性は過失を基礎づける重要な前提であることを再確認する必要がある。

## 3　日常生活上のリスク

　介護は、日常生活上の基本的な動作についての援助であり、介護事故は、日常生活上のリスクが顕在化したものである。

　誤解を恐れずにいうならば、歩行能力が低下して、自宅で家族が付き添っていても転倒する要介護者は、施設で介護職員が付き添っていても転倒する。嚥下能力が低下して、家族が作った食事を誤嚥する要介護者は、施設の食事でも誤嚥する。日常生活上のリスクは、要介護者が日常生活を送るうえで本来的にもともと有しているリスクであって、介護施設だから、介護職員だから生じるリスクではない。リスク作出型では介護者がリスクを高めたのであれば、その高めたリスクについての責任が問題となるし、リスク回避未達型では回避できなかったリスクについてどのように責任を負うべきか問題となるが、いずれに

第4章　介護事故と法的責任

しても、もともとのリスクは介護者が作出したものではない。

　また、日常生活上のリスクの顕在化を避ける責任（法的責任に限らない）を負うのは、要介護者の日常生活を支援する者であるから、ある意味においては、要介護者の日々の生活を最もよく知る立場の家族の方が、家族から情報提供を受ける介護事業者よりも、より適しており、より優れている場合もある。

　もちろん、介護事業者は、業として、多数の要介護者に対し介護サービスを提供しているから、業務性、専門性の点から、家族とは異なる責任を負うのは当然であるし、決して、そのことを否定し、家族と同じ責任とするものではない。とはいえ、日々の生活を共にしている家族がマンツーマンで介護している場合に避けることができない事故は、介護事業者、介護職員であっても避けられないことはある。

　介護事故は、日常生活の延長として、日常生活上のリスクが顕在化したものであるとの視点は、介護者にどこまでの責任を求めるべきか、その注意義務を判断するにあたり、当然の前提であることは看過すべきでない。

# Ⅶ　介護事故における損害

## 1　交通事故の損害算定

### ⑴　損害額基準

　交通事故の実務において、損害賠償の対象となる損害とは、加害行為がなかったとしたならばあるべき利益状態と、加害行為がなされた利益状態の差とする差額説を前提としながら、労働能力喪失自体を損害と捉える労働能力喪失説的な側面を採り入れた緩やかな差額説と解されている[31]。

　そのような損害論を前提に、具体的な金額算定としては、交通事故による損害は、良くも悪くも基準化、定型化が進んでいる。

---

**31**　法曹会編『例題解説 交通損害賠償法』「第五　損害論」（法曹会、2006年）105頁。

●──196

**2. 介護事故の民事責任**

弁護士が公表したものとしては、公益財団法人日弁連交通事故相談センターによる「交通事故損害額算定基準（青本）」、同東京支部による「民事交通事故訴訟損害賠償額算定基準（赤い本）」、同愛知県支部による「交通事故訴訟損害賠償額算定基準（黄本）」、大阪弁護士会交通事故処理委員会による「交通事故損害賠償額算定のしおり（緑本）」があり、裁判所が公表したものとしては「大阪地裁における交通損害賠償の算定基準」がある。

### (2) 自賠責保険の支払基準

ただし、交通事故の場合、裁判所の判断に先立ち、自賠責保険による損害算定が先行しているので、事実上、自賠責保険の判断が及ぼす影響は大きいといわざるを得ない。

自賠責保険による損害算定は、自賠責保険の支払基準（「自動車損害賠償責任保険の保険金等及び自動車損害賠償責任共済の共済金等の支払基準」平成13年金融庁・国土交通省告示第1号）[32]によっているが、自賠責保険[33]は被害者保護を目的とする自賠法で規定された強制保険であるから、純然たる責任保険とは異なる側面を有しており、損害賠償とは異なる取扱いがなされている。

まず、自賠責保険支払基準は被害者の過失が認められても過失相殺を適用しない。被害者に7割以上の過失がある場合に限り「第6　減額」の「1　重大な過失による減額」がなされる。また、被害者が既往症等を有していたため因果関係を認めるのが困難な場合でも、「2　受傷と死亡又は後遺障害との間の因果関係の有無の判断が困難な場合の減額」として、積算した損害額の5割が支払われる。損害賠償制度のもとでは救済されない被害者も自賠責保険の支払基準の範囲では救済されている。

---

**32**　赤い本や青本にも掲載されている。赤い本2024年版（上）471頁、青本29訂版275頁。

**33**　自賠責保険については、国土交通省物流・自動車局保障制度参事官室『逐条解説 自動車損害賠償保障法〔三訂〕』（ぎょうせい、2023年）37頁。

第4章　介護事故と法的責任

## ⑶　交通事故の因果関係

　ルンバール事件判決と言われる最判昭和50年10月24日（民集29巻9号1417頁）は、「訴訟上の因果関係の立証は、一点の疑義も許されない自然科学的証明ではなく、経験則に照らして全証拠を総合検討し、特定の事実が特定の結果発生を招来した関係を是認しうる高度の蓋然性を証明することであり、その判定は、通常人が疑を差し挟まない程度に真実性の確信を持ちうるものであることを必要とし、かつ、それで足りるものである。」と判示している。

　しかし、交通事故による人身損害は、因果関係の判断が困難な場合でも、つまり因果関係が立証できなくても、自賠責保険による一定の保障は得られる。理論的には、自賠責保険によって保障されることと加害者の損害賠償責任が認められることは区別できるが、事実上は、自賠責保険が認めた範囲では事故による損害とみなされ、加害者側が争わないことが多い。

　こうして、先行する自賠責保険の判断が、訴訟上の因果関係の認定を緩やかにしやすいという事実上の影響力は否定できない。

## ⑷　交通事故の素因減額

　さらに、交通事故訴訟では、事故と被害者の素因が競合した場合、過失相殺の類推適用により損害賠償額が減額される素因減額[34]が広く適用されている。他原因の寄与がうかがわれ高度の蓋然性、主観的確信要件の立証が問題となる場合に因果関係を肯定しても、最終的には素因減額により加害者が負担すべき損害賠償額を合理的な範囲に限定できるので、オールオアナッシングとならざるをえない因果関係の判断を緩やかにしやすいとも言える。

## ⑸　交通事故の損害額

　このように、交通事故における人身損害の算定は、自賠法のもと自賠責保険による救済を受ける被害者についてなされたものであることが前提となる。

---

**34**　素因減額については、小賀野晶一ほか編『交通事故における素因減額問題〔第2版〕』（保険毎日新聞社、2020年）。

**2. 介護事故の民事責任**

## 2　医療事故の損害算定

### (1)　医療事故の特殊性

人身損害という意味では交通事故も医療事故も同じである。

しかし、医療事故と交通事故には、加害態様、加害者と被害者の関係性、被害者の属性など、加害行為として本質的に異なる点が多々あるし、不法行為の特別法である自賠法の存否による損害算定の相違もある。

### (2)　医療事故の因果関係

医療事故における因果関係は、ルンバール事件判決が示した「高度の蓋然性及び主観的確信要件」の立証が求められる。

積極的な医療行為により悪しき結果が生じた医原病型（作為型）の場合は、交通事故による加害行為に類似するが、十分な医療行為がなされなかったため原疾患が悪化して悪しき結果が生じた病状悪化型（不作為型）の場合、因果関係の立証は容易ではない。

最判平成11年2月25日（民集53巻2号235頁）は、肝癌を看過した事故につき、ルンバール事件判決は、医師の不作為と患者の死亡との因果関係の判断についても異なるところはないとしつつ、「医師の右不作為が患者の当該時点における死亡を招来したこと」「医師が注意義務を尽くして診療行為を行っていたならば患者がその死亡の時点においてなお生存していたであろうこと」を是認しうる高度の蓋然性を求めている。抽象的な死亡ではなく具体的な死亡と因果関係を判断し、「患者が右時点の後いかほどの期間生存し得たか」は損害額の算定において考慮すべきとした。死亡の結果を、抽象的な救命可能性ではなく、具体的時点における死亡と解することによって因果関係の証明を容易にしたといえる。

### (3)　医療事故の法益

それでも患者の死亡との間の因果関係が証明されない場合について、急性心

199

## 第4章　介護事故と法的責任

筋梗塞を看過した事故につき、最判平成12年9月22日（民集54巻7号2574頁）
が、「医療水準にかなった医療が行われていたならば患者がその死亡の時点に
おいてなお生存していた相当程度の可能性の存在が証明されるとき」は、「生
命を維持することは人にとって最も基本的な利益であって、右の可能性は法に
よって保護されるべき利益」であるとして、法益侵害による慰謝料を認めた。
生存していた可能性に限らず、最判平成15年11月11日（民集57巻10号1466頁）
は、重大な後遺症の残存との因果関係が認められない場合に「重大な後遺症が
残らなかった相当程度の可能性」の侵害による慰謝料を認めている。

　適切な医療が受けられなかったものの死亡や後遺症の残存との因果関係が認
められない場合に新たな法益侵害を構成することによって患者の救済を図る可
能性侵害論は、積極的な加害行為による法益侵害行為として因果関係が認定し
やすい交通事故とは異なる場面で有効となる。

### ⑷　医療事故の素因減額

　なお、医療事故においても患者の素因が寄与している場合には、素因減額に
よる損害賠償額の調整ができないわけではないし、現に素因減額を適用する裁
判例もある。

　しかし、患者の疾患や体質（特異体質も含め）をふまえた対応を求められる
のが医療であるから、疾患や体質を理由に減額することには、やや抵抗を感じ
るのも確かである。

　この点、最判平成12年3月24日（民集54巻3号1155頁）は、過労自殺など業
務加重による損害賠償請求においても心因的要因の斟酌は認められるとしたう
えで、「ある業務に従事する特定の労働者の性格が同種の業務に従事する労働者
の個性の多様さとして通常想定される範囲を外れるものでない限り、その性格
及びこれに基づく業務遂行の態様等が業務の加重負担に起因して当該労働者に
生じた損害の発生又は拡大に寄与したとしても、そのような事態は使用者とし
て予想すべきものということができる。」として、労働者の性格およびこれに基
づく業務遂行の態様等を心因的要因として斟酌することを否定している。

**2. 介護事故の民事責任**

　労災事故と医療事故を同視することはできないが、加害者側があらかじめ予想して対応することが可能で、対応することが求められる事情を理由として、加害者が負担すべき損害賠償額を減額することには慎重であるべきである。それと同時に、加害者側があらかじめ予想して対応することが困難な事情により損害が発生、拡大した場合であれば、医療事故であるからといって素因減額が否定されるわけでもない。

　もとより、疾患や体質、性格といった患者の基本情報は、注意義務違反の有無や、素因減額に先立つ因果関係の判断において斟酌されることが通常であるから、因果関係を認めたうえ素因減額による調整を図ることはそれほど多くないと思われる。医療・介護施設における高齢者事故の裁判例を分析した裁判官においても、素因減額している裁判例が少ないことにつき、「患者等の年齢や患者等に既存疾患等が存在することを認定し、因果関係のある損害額を限定することで減額を図る実務が定着していることの影響があるのではないかと考えられる。」とまとめている[35]。

### (5)　医療事故の損害額

　事故前から要した医療費は損害賠償の対象とはならないし、事故前から就労可能性が認められなければ休業損害や逸失利益は認められない。

　裁判官による判例分析でも、「交通事故の損害論の実務を踏襲しつつ、患者等の年齢、事故前の疾患や健康状態等を考慮し、就労可能年数を限定したり、将来において就労することができた蓋然性を否定したりして赤い本の基準よりも逸失利益の額を減額している裁判例が多くみられる。」としたうえ、「差額説の発想とも合致する。また、交通事故の場合は元々健康体であった人が突然死傷するというケースが基本であるが、医療事故の場合は元々何らかの症状がある者が患者となるため、一般論として交通事故と比較して逸失利益が減額される例が多い。そして、このことは高齢者の場合も当然同様に当てはまる。」と

---

**35**　三坂歩ほか「医療・介護施設における高齢者の事故についての損害賠償請求に係る諸問題」判タ1425号84頁。

第4章 介護事故と法的責任

解説されている[36]。

これは、医療事故による損害であるからというよりは、填補賠償制度のもと差額説をふまえた損害算定がなされる結果である。交通事故においても、既存障害がある被害者は障害を有していない被害者とは異なる損害算定がなされている[37]。

近時、実務上問題となっているのは慰謝料である。

交通事故の損害賠償基準においても、若年と比較すると高齢者の慰謝料は低いことが前提となっている。これは、単一金額を基準とする赤い本が、2002年版から死亡慰謝料の「その他」を「2000万円～2200万円」に変更したのは、「その他」に該当する子供とお年寄りでは差をつける運用が予想されるから、それまでの「2000万円」の基準を「2000万円～2200万円」にしてほしいとの東京地裁民事27部（交通部）部総括裁判官の意見を反映したことからも明らかである[38]。現在、「その他　2000万円～2500万円」[39]となっているが、若年者と比較して高齢者は低くなる。

高齢者の慰謝料が減額される理論的根拠としては、①余命期間が短いこと、②人生を享受している度合い、③遺族の扶養喪失的な要素が少ないこと、があげられている[40]。

高齢者に限らず、このような事情があてはまる患者であれば、慰謝料額が低くなることは否定できない（第3章「3.　介護事故における死亡慰謝料」参照）。

## 3　介護事故の損害算定

### (1)　介護事故の特殊性

もともと疾患や障害を有している要介護者に対する介護サービス提供中の事

---

**36**　三坂ほか・前掲注（35）85頁。
**37**　村松悠史「既存障害のある被害者の損害算定について」赤い本2024年版（下）49頁。
**38**　日弁連交通事故相談センター東京支部慰謝料検討プロジェクトチーム「慰謝料基準改定に関する慰謝料検討PT報告」赤い本2016年版（下）93頁。
**39**　赤い本2024年版（上）203頁。
**40**　三坂ほか・前掲注（35）86頁。

**2. 介護事故の民事責任**

故である介護事故は、加害態様、加害者と被害者の関係性、被害者の属性、損害賠償請求における法的根拠など、交通事故よりは医療事故に近いから、医療事故に準じた損害算定がなされる。

## (2) 介護事故の因果関係

その意味において、医療事故と同様に、介護事故における因果関係は、ルンバール事件判決が示した「高度の蓋然性及び主観的確信要件」の立証が求められるはずである。

もとより、高齢の要介護者が受傷すると重篤な受傷でなくとも、廃用性症候群により認知症が進んだり寝たきりになるなど心身に重篤な障害が残存する、受傷部位のみならず全身状態が悪化して死亡に至ることは当然であるとして、簡単に因果関係を認めている裁判例も少なくない。

しかし、医学的に結果に至る機序が説明できることは、法的に因果関係が認められる前提となるが、それだけで相当因果関係が認められるわけではない。

死亡診断書（死体検案書）記入マニュアル[41]によると、人の死亡に関する厳粛な医学的・法律的証明であり、医師や歯科医師[42]に作成交付義務が規定される死亡診断書（死体検案書）には、「死亡の原因」として、最も死亡に影響を与えた傷病名が医学的因果関係の順番に記入される。Ⅰ欄には、「(ア) 直接死因」の記載から、「(イ) (ア)の原因」「(ウ) (イ)の原因」「(エ) (ウ)の原因」と遡り、Ⅱ欄には「直接には死因に関係しないがⅠ欄の傷病経過に影響を及ぼした傷病名等」が記載される。Ⅱ欄はもとより、Ⅰ欄に事故により直接被った傷病名が記載されたからといって、相当因果関係が認められるわけではない。医学的機序が説明されたとしても、高度の蓋然性、通常人が疑を差し挟まない程度に真実性の確信を持ちうるものであるかどうかは別途検討される必要がある。

この点、東京地判令和3年10月29日（LEX／DB25601902）は、転倒事故

---

**41** 厚生労働省医政局政策統括官（統計・情報システム管理、労使関係担当）「死亡診断書（死体検案書）記入マニュアル〔令和6年度版〕」（令和6年2月21日）。
**42** 医師法19条2項、歯科医師法19条2項

203——●

# 第4章　介護事故と法的責任

により大腿骨頚部骨折の傷害を負った91歳・要介護3の被害者が受傷から4か月後に死亡した事故について、事故により大腿骨頚部骨折を受傷し、これを原因として運動機能障害、消化機能障害、精神障害、尿路感染症等の廃用症候群に典型的にみられる症状を発症し、それらの症状が慢性化した結果、老衰により死亡したとの遺族の主張に対し、死亡診断書の記載、死亡に至るまでの傷病経過、医学的知見、被害者の年齢、既往症などから、「通常人が疑いを差し挟まない程度に真実性の確信を持ち得るに足りる程度の高度の蓋然性が証明されたものと認めることはできない。」と死亡との因果関係を否定しているのは、相当因果関係の立証において参考となる。

## (3)　介護事故の法益

　介護事故においても、死亡や後遺症の残存との因果関係が認められない場合、「その死亡の時点においてなお生存していた相当程度の可能性」や「重大な後遺症が残らなかった相当程度の可能性」が証明されるなら、医療事故と同様に、法益侵害として慰謝料が認められるはずである。

　これまでは介護事故による損害算定において可能性侵害が議論されることは極めて少なかった。しかし、近年は、可能性侵害が争点化されること、争点化にかかわらず裁判所から和解案として示されることが増えたように思われる。

　適切な介護が受けられなかったものの死亡や後遺症の残存との因果関係が認められない場合に新たな法益侵害と構成して要介護者の救済を図るとの意味において、可能性侵害を積極的に採用しうる状況もある。

　ただし、可能性侵害による慰謝料額を定めるには、可能性侵害が証明されることが必要である。すなわち、「その死亡の時点においてなお生存していた相当程度の可能性」や「重大な後遺症が残らなかった相当程度の可能性」が、通常人が疑いを差し挟まない程度に真実性の確信を持ち得るに足りる程度の高度の蓋然性をもって証明されることが必要である。可能性侵害が疑わしいとき法益侵害は認められない。

　さらに、死亡や後遺症による損害額と比較すると可能性侵害による慰謝料額

は低くなることから、あたかも解決金のごとく、有無責の判断を曖昧にして可能性侵害による慰謝料額が議論されるのは本来の可能性侵害ではない。

素因減額が交通事故における因果関係の判断を緩やかにしたとはいえ、それは法的責任を負う加害者が負うべき損害賠償の範囲を画する手法として、因果関係ではなく素因減額によったという違いである。しかし、可能性侵害が介護事故における有無責の判断を緩やかにすることは、責任論の議論を放棄するものであり、まったく次元が異なる。介護事故訴訟の予測可能性が低く類似事案における結論に開きがあるといった問題は、注意義務の基準となるべき介護水準を確立する方向で解決すべきであって、可能性侵害を持ち出して解決金的に対処することではない。

介護事故に可能性侵害が適用されるのは、可能性侵害と構成しうる事案に限られる。

### ⑷　介護事故の素因減額

介護事故における素因減額も、医療事故に準じて考えることができる。

要介護者の疾患や体質、性格などの素因について、介護者があらかじめ予想して対応することが可能で、対応することが求められる事情を理由として損害賠償額を減額することには慎重であるべきであるが、介護者があらかじめ予想して対応することが困難な事情により損害が発生、拡大した場合であれば、介護事故であるからといって素因減額が否定されるわけでもないはずである。

介護事故について素因減額をした裁判例も紹介されている[43]。

もとより、医療事故と同様に、介護事故でも、疾患や体質、性格といった要介護者の基本情報は、注意義務違反の有無や、素因減額に先立つ因果関係の判断において斟酌されて然るべきはずである。介護事故訴訟において、そのような判断が十分になされているのかは疑問である。これは介護事故の損害額において検討すべき問題である。

---

**43**　佐藤丈宜「介護事故による損害賠償請求訴訟の裁判例外観—過失・安全配慮義務違反の判断を中心として—」判タ1423号78頁（2016年）。

第4章　介護事故と法的責任

### ⑸　介護事故の損害額

　填補賠償制度のもと差額説をふまえた損害算定がなされるならば、医療事故と同様に、既存障害を有し要介護状態にある被害者は、要介護状態にない被害者との比較において、因果関係が認められる損害は異なるはずである。

　積極損害、消極損害は差額説がなじみやすい。

　問題となるのは慰謝料である。

　具体的な死亡の時点と因果関係を判断した最判平成11年2月25日（民集53巻2号235頁）は、「患者が右時点の後いかほどの期間生存し得たか」は損害算定で考慮するとしたとおり、患者が本来有していたリスクを損害額に反映している。

　すなわち、余命期間が短いことは慰謝料が減額される理論的根拠の一つであるが、損害額に反映するのは余命期間だけに限らない。余命に限らず、被害者の有していたリスクが顕在化した場合は、損害算定に反映することがより公平である。

　その意味において、要介護者のもともとのリスクが顕在化した介護事故において要介護者が被った損害は、交通事故により被害者が被った損害と同じではない。誤嚥事案の法的評価は二分される傾向にあると指摘されているが[44]、誤嚥からまもなく死亡した場合は死亡との因果関係が認められ死亡損害が算定されるが、交通事故と同様に、もともとのリスク、事故によるリスクを反映するなら、赤い本基準2000万円の死亡慰謝料が常にあてはまるものではない。

### ⑹　被害者リスクの評価

　高齢者や医療・介護事故の損害について議論すると、若年者や健常者と比較すると低額にならざるを得ないから、常に、交通事故であろうと介護事故であろうと生命という法益が侵害されたことに変わりはないとの強い批判がなされる。

---

**44**　長沼・前掲注（27）201頁。

## 2. 介護事故の民事責任

　しかし、医療・介護事故における損害算定として検討しているのは、人の価値に差を設ける発想とは全く異なる。

　むしろ、交通事故においては、死亡との因果関係が認められても、もともと被害者が有していたリスクは、被害者側の事情により損害が発生、拡大したとして、素因減額として過失相殺の類推適用により損害額に反映されるのに対し、少なくとも現在の介護事故訴訟においては、条件関係さえ認められれば因果関係ありとして、損害算定としても、素因減額としても、もともとのリスクが損害額に反映されることなく、形式的に交通事故の基準をあてはめようとすることが少なくない。かえって、交通事故と比較した場合の不均衡を感じる。

　医療・介護事故の損害算定は交通事故の基準を用いていると言われる。しかし、実際は、交通事故の損害算定において斟酌されている被害者側の事情は、介護事故では斟酌されていない結果、もともと要介護者に内在していたリスクが顕在化した部分も、すべて加害者が負担する結果になっている。

　もちろん、介護事故訴訟の慰謝料額の判断については、「必ずしも交通事故訴訟における慰謝料額と同様には考えられていないようである。」と裁判官が分析している[45]とおり、赤い本の基準よりは低い算定がなされることもある。とはいえ、介護事故（医療事故も事故態様によっては同様であるが）においては、その損害算定額からすると、交通事故訴訟において素因減額として割合的に斟酌されているほどには、要介護者のもともとのリスクが斟酌されていない。

　こうして、喫緊の課題として、介護事故が日常生活を送るうえで要介護者がもともと有していたリスクが顕在化した事故であることを損害算定において斟酌する手法を確立する必要がある。

　これは、本来、因果関係の問題である。しかし、介護事故においては、医療事故のように「患者等の年齢や患者等に既存疾患等が存在することを認定し、因果関係のある損害額を限定することで減額を図る実務が定着している」[46]とは言い難い。医療事故における損害算定を参考にする、あるいは、より柔軟に、

---

**45**　佐藤・前掲注（43）94頁。
**46**　三坂ほか・前掲注（35）84頁。

第4章　介護事故と法的責任

交通事故における割合的認定を参考に、要介護者のもともとのリスクを反映した因果関係のある損害額を認定すべきである。なお、割合的認定であれば、慰謝料額に限らず他の損害費目も含め一体として判断することが可能となる。

# Ⅷ　さいごに

　介護者の民事責任を判断するにあたっては、責任論、損害論とも、介護の本質から考える必要がある。交通事故の世界では被害者側の事情と加害者側の事情を区別することが当然の前提となっているのであるから、介護事故についても要介護者がもともと有しているリスクと介護者によってもたらされるリスクを区別して、介護者がどこまで責任を負うべきであるのか検討する必要がある。

　もはや訴訟が介護現場に混乱をもたらすとか、介護事故訴訟は未成熟で発展途上などと指摘される段階ではないはずである。超高齢社会においては、誰かれなく介護を必要とする時はやってくるし、介護を担わなければならない時もやってくる。持続可能な介護を実現し社会に受けいれられる民事責任でありたい。

# 3. 介護事故による死亡慰謝料

木ノ元　直樹

弁護士

## I　はじめに

　介護事故についての明確な定義はないが、ここでは介護施設で発生した施設利用者を被害者とする人身損害事故であるとしたうえで論じることとする。

　そして、本節で論じる内容は、介護事故の民事責任の損害論全般ではなく、高齢者の死亡慰謝料に限定した。その目的は、元裁判官（論文執筆当時は現職裁判官）2名による、高齢者の死亡慰謝料に関する対立見解が述べられた論文（①杉浦徳宏「医療訴訟における高齢者が死亡した場合の慰謝料に関する一考察」判時2402号136頁、以下「杉浦論文」という。②大島眞一「高齢者の死亡慰謝料額の算定」判タ1471号5頁、以下「大島論文」という）を比較検討し、我が国における死亡慰謝料算定基準に対し私的提言を行い、その中で介護事故による死亡慰謝料についての一定の基準化が図れないかを検討することにある。

## II　介護施設

　介護事故を「介護施設において発生した施設利用者を被害者とする人身損害事故」と定義したので、まず「介護施設」について言及する。

第4章　介護事故と法的責任

## 1　医療施設（病院）との違い

　介護施設は、治療を目的とする場所である医療施設（病院等）とは異なり、施設利用者が日常の生活を送る場所である。医療施設は傷害や疾病を抱える患者に対し、治療を提供し、症状寛解、回復、入院患者の場合には退院等を目的とした医療サービスを提供するのに対し、介護施設では、高齢者等の要介護者に対し、生活の質を向上し生きがいのある充実した生活を送ってもらうことを目的とした介護サービスを提供する点において医療施設とは異なっている。

## 2　介護施設の分類

　一言で介護施設といっても、運営主体の違い、目的や入居条件による違いなどにより様々な種類がある。まず、社会福祉法人や自治体が運営する公共型の施設と、民間事業者が運営している民間型の施設の2種類に分けられる。また、「事業運営者」と「利用対象者」の2つの基準によって介護施設は4つのタイプにも分けられる。これらの分類を整理すると以下のとおりである。

| 要介護状態の人を対象 | 公共型施設 | 特別養護老人ホーム（特養）、介護老人保健施設（老健）、介護医療院 |
| --- | --- | --- |
| | 民間型介護施設 | 介護付き有料老人ホーム、住宅型有料老人ホーム、グループホーム |
| 自立状態の人を対象 | 公共型施設 | 軽費老人ホーム、ケアハウス |
| | 民間型介護施設 | サービス付き高齢者住宅（サ高住）、健康型有料老人ホーム、高齢者専用賃貸住宅（高専賃）、高齢者向け優良賃貸住宅（高優賃）、シニア向け分譲マンション |

　上記介護施設のうち、特別養護老人ホーム（特養）、介護老人保健施設（老健）、介護医療院の3種類は「介護保険施設」に区分されている。

**3. 介護事故による死亡慰謝料**

## Ⅲ　高齢者

　介護施設の利用者は一般的に高齢者が圧倒的に多い。ただ「高齢者」についての定義はやや曖昧であり、人により、あるいは状況により、複数の定義づけがなされている現状である。たとえば、世界保健機関（WHO）の定義では、65歳以上の人のことを高齢者としている。また、「高齢者の医療の確保に関する法律」およびそれに付随する各種法令では、65～74歳までを前期高齢者、75歳以上を後期高齢者と規定している。あるいは、「高齢者」ではなく「高年齢者」という用語が使われているが、「高年齢者等の雇用の安定等に関する法律」（高年齢者雇用安定法）における「高年齢者」とは、55歳以上の者をいう。そして、各種公的機関が行う人口調査では、64歳以下を「現役世代」（1歳未満を乳児、1～5歳を幼児、6～14歳を児童、15～44歳を青年、45～64歳を壮年）、65～74歳を「前期高齢者」（准高齢者）、75歳以上を「後期高齢者」（85歳以上を超後期高齢者）と区分している。さらに、日本老年医学会は、2017年1月に新たな定義を提言した。それによれば、従来の高齢者の定義である、「65～74歳＝前期高齢者、75～89歳＝後期高齢者、90歳～＝超高齢者」をあらためて、「65～74歳＝准高齢者、准高齢期（pre-old）、75～89歳＝高齢者、高齢期（old）、90歳～＝超高齢者、超高齢期（oldest-old、super-old）」と、75歳から高齢者と定義された[1]。

　ところで、「正常老人」という言葉もあり、医学的定義としては、①65歳以上で、②脳・心疾患がない、③独立歩行生活可能者（500m以上歩行可）、④貧血・肝障害・腎障害がない、⑤薬を必要とするような、糖尿病・肺疾患・弁膜症・著明な不整脈がない、⑥神経・運動器・泌尿器疾患がない等の人を「正常老人」と呼ぶようである[2]。しかしながら、介護施設を利用する高齢者の多くは、

---

**1**　日本老年学会＝日本老年医学会編『「高齢者に関する定義検討ワーキンググループ」報告書』2017年3月31日。

**2**　神木照雄「高齢者と病気」第34回大阪薬科大学公開教育講座（2003年6月21日）。

第4章　介護事故と法的責任

持病すなわち基礎疾患、既往疾患等を抱え、要介護であるため、この正常老人には該当しないと思われる。したがって、たとえば「死亡慰謝料算定に高齢者であることを考慮する」といった場合、多くのケースでは「正常老人」を念頭に置いた「高齢者」ではなく、何らかの基礎疾患、既往疾患を抱えた高齢者が念頭に置かれていると言ってよい。そして、「高齢者」という要素以外に、「被害者の状態」等が慰謝料算定要素として判決上考慮されている場合は、被害者となった高齢者に一般高齢者では括れない格別の身体疾患等の身体状態が認められるケースではないかと思料される。ただし、何が正常で何が異常かは未だ必ずしも明確ではなく、それが余命、寿命に具体的にどのように影響するかも不明であるため、「高齢者の死亡慰謝料」を検討するうえでは、この「正常老人」の定義は現時点では有用か否かの判断は難しい。ただし、具体的な事故事案において、「高齢者」を慰謝料算定考慮要素とする場合には、観念的にはこの「正常老人」を基本とし、基礎疾患・既往疾患の類は「高齢者」とは別の考慮要素として整理すれば、同じ年齢の高齢者で死亡慰謝料額が異なる場合に具体的に何を考慮したのかがより明確になるように思われる。

# Ⅳ　問　題　点

　上記Ⅱのような介護施設における事故で死亡した高齢の施設利用者の死亡慰謝料はいくらなのか、というのが本節の基本的なテーマである。

## 1　慰謝料とは

　慰謝料は不法行為において認められた損害賠償の1つであり、損害填補に向けられたものである。慰謝料の基本的な機能は、一般的に、精神的・身体的苦痛に対する慰謝（苦痛の緩和）であり、苦痛それ自体を回復できないとしても、金銭の支払によって、その苦痛を緩和するというものであって、これは「填補機能」といわれている。慰謝料の中心的な機能といってもよい。また慰謝料に

## 3. 介護事故による死亡慰謝料

は、ほかに、「補完的機能」「調整的機能」といわれているものがあり、損害額につき具体的妥当性を持たせるうえで、重要な役割を果たしているといわれている。そのような補完的機能・調整的機能として何を挙げるかは一様ではないものの、①一家の支柱が死亡した場合、②外貌醜状等の後遺障害が認められるが、逸失利益が認められない場合、③包括一律請求をする場合、④生存につき相当程度の可能性が認められる場合等多岐にわたるとされる（大島論文6頁および同論文に引用された文献）。その他、慰謝料には損害填補としての「填補機能」以外に、損害立証が困難な場合の「補完的・調整機能」、遺族の被扶養状態を配慮する「生活保障的機能」、加害行為の抑止的効果を期待する意味での「制裁的機能」等があるとし[3]、それらの機能を加味することによって被害者の「満足的機能」が図れると指摘するものもある[4]。

　この不法行為において認められた慰謝料について規定する我が国の法律は、民法710条と同法711条の2か条しかない。すなわち、精神的損害に対する賠償義務が認められることと、生命侵害の場合に近親者に慰謝料請求権を認めることの2点のみしか規定されておらず、慰謝料請求権がどのような場合にどの程度認められるかについてはまったく定められていないのである。

　ただ、損害賠償請求権の金銭賠償の原則を採用する我が国の民法（722条1項）からの解釈としては、損害賠償における「損害」の概念については、いわゆる「差額説」が我が国における基本的考え方とされてきており、判例・多数説はこの「差額説」を支持している。このことから、慰謝料の性質についても、基本的に差額説に立って、精神的苦痛によって生じた精神的損害を回復するための金銭補償であるという理解が慰謝料性質論の出発点となった。

　ところが、「差額」といっても事故前の精神的苦痛が無い状態を金銭的に評価することはそもそも困難であり、事故による死亡で生じた精神的苦痛により

---

**3**　「制裁的機能」について言及した裁判例として東京高判平成4年7月20日交民25巻4号787頁がある。

**4**　東京三弁護士会交通事故処理委員会慰謝料部会編著『交通事故慰謝料算定論』（ぎょうせい、1996年）119～120頁。

第4章　介護事故と法的責任

失った金銭的利益を算定することも困難であるため、具体的な金額の算定は容易な作業とは言い難い。

## 2　民法起草者の考え方

　ここで参考までに、民法起草者の慰謝料についての考え方を紹介する。

　慰謝料請求権の法的性質は通常の損害賠償請求権と異なるものではなく、発生した損害を回復あるいは填補するものと理解し、財産的損害と精神的損害を格別区別することなく、全体として不法行為の一般規定でともに処理しようと考えていたようである[5]。そのうえで、慰謝料の算定方法について、結局被害者側の請求を前提に裁判所が正当と認めた額になるとし[6]、どのように計算するかについて事前に具体的算定方式を示すことができない特殊なものと理解していたようである[7]。

## 3　旧来の裁判例

　昭和30年代頃までの立場からは、慰謝料算定の具体的基準を読み取ることは困難である。この頃の判例の特徴は、慰謝料算定における裁判官の裁量をかなり広く認めるとともに、どのような事情を算定要素としたかを具体的に判示することもなく、金額だけが判決文に表れ、その算定経過は極めて不明確であった[8]。

　その中から、判例中、慰謝料算定要素が明らかになっている事例からその算定要素を具体的に挙げると、被害者の地位・職業のようなものを最も重要な事

---

**5**　法務大臣官房司法法制調査部監修『日本近代立法叢書（5）法典調査会民法議事速記録5』（商事法務研究会、1984年）299頁、301頁〔穂積陳重〕。

**6**　法務大臣官房司法法制調査部監修・前掲注（6）457頁。

**7**　東京三弁護士会交通事故処理委員会慰謝料部会編著・前掲注（5）4頁。

**8**　「慰謝料の算定は、裁判官が自由裁量により諸般の事情を斟酌して、被害者の損害立証の有無にかかわらず算定できる」としたものとして、大判明治43年4月5日民録16輯273頁、大判明治43年11月2日民録16輯745頁等。「裁判官が判決理由中で慰謝料算定額の認定根拠を示す必要はない」としたものとして、大判明治44年4月13日刑録17輯569頁、大判大正3年6月10日刑録20輯1157頁、大判大正4年10月13日民録21輯1683頁、大判大正5年1月22日民録22輯113頁等。

**3. 介護事故による死亡慰謝料**

項と考えるもの[9]、被害者の負傷の程度、資産状態を挙げるもの[10]等、基本的には、被害者側の事情を重視しているといえるが、慰謝料の性質について正面から論じたものはなく、理論的な算定方法と慰謝料の性質との関係が必ずしも明らかではない[11]。

## 4 交通事故における慰謝料額の基準化

　その後、学説は昭和40年頃までには、①慰謝料の性質は損害賠償であるが、算定方法については慰謝料の性質そのものに必ずしも拘束されることなく諸々の事情を総合的に考慮することを認める説（我妻栄等、通説的見解）、②慰謝料の性質は加害者に対する法的制裁と捉え、算定方法についても不法行為の違法性に照らし裁判所が適正な制裁額を決定できるとする説（岡松参太郎、戒能通孝）、③慰謝料の性質を純粋な損害賠償と捉え、算定方法についても被害者に発生した損害の填補以外の要素を排除する説（植林弘）のおよそ3つに分類されていた。①は判例の立場と同一の基礎に立ち、公平の原則にしたがって、加害者、被害者双方の身分・地位・財産その他のあらゆる事情を考慮し、被害法益の種類と侵害行為の態様とを相関的に考察する説であり、柔軟な判断を可能にする点で評価はできる。他方で具体的基準の設定は困難となり、極論すれば慰謝料額は裁判官の胸算用一つということになりかねないという難点があるものの、我が国に根強い民刑責任分化の原則と真っ向から対立した②説や、慰謝料の幅を狭め慰謝料額の低額化を固定化すると批判された③説が少数説にとどまる中、現在に至るまで通説となっているといえる[12]。

　ところが、昭和35年に入ると、高度経済成長と並行して自動車販売台数が伸びるとともに、交通事故が多発し交通事故死者数が増え、裁判所に持ち込まれる交通事故による損害賠償請求訴訟が増加の一途を辿るようになった。そこ

---

9　大判大正5年2月24日新聞1122号31頁、大判大正5年5月11日刑録22輯728頁。
10　前掲注（9）大判大正4年10月13日。
11　東京三弁護士会交通事故処理委員会慰謝料部会編著・前掲注（5）5頁以下。
12　東京三弁護士会交通事故処理委員会慰謝料部会編著・前掲注（5）6～7頁。

## 第4章　介護事故と法的責任

で係属件数の増えた交通事故訴訟を迅速に次から次へと解決する必要に裁判所が迫られた結果、損害賠償額についての基準設定が急務となり、とくに明確な基準の存在しなかった慰謝料（とくに死亡慰謝料）についての基準化を求める声が高まる中、昭和30年代後半に交通事故による死亡慰謝料を100万円とする話が当時の東京地裁交通専門部の部統括裁判官から示され、さらに1968（昭和43）年に至り、全国的な基準化への一歩として、東京、大阪、名古屋の各地裁交通専門部において、死亡慰謝料の基準額を300万円と決めるに至るという経過を辿った。

ちなみに、昭和30年代後半に死亡慰謝料基準を100万円とした具体的理由は必ずしも明らかではなく、1968（昭和43）年に死亡慰謝料の基準額を300万円とした具体的根拠も明らかとはいえないが、先に100万円とした後の数年間の物価水準の変化その他の事情を加味して増額改定されたもののようである[13]。

また、裁判所の動きと並行して、1962（昭和37）年には、交通事故に関する諸問題の迅速かつ適正な処理に寄与することを目的として、東京弁護士会、第一東京弁護士会、第二東京弁護士会の三弁護士会によって、東京三弁護士会交通事故処理委員会が設置され、1968（昭和43）年からは毎年東京地裁交通部や日本損害保険協会などとともに講演会等を実施して交通事故に関する損害賠償問題についての調査・研究を開始し、翌1969（昭和44）年からは『民事交通事故訴訟 損害賠償額算定基準』（以下「赤い本」という）を出版するようになった[14]。また、日弁連交通事故相談センターも1970（昭和45）年から『交通事故損害賠償額算定基準』（以下「青本」という）を出版し、ともに現在に至っている。毎年（「青本」は2年に1回）改訂版が、弁護士会の役員選挙が実施される2月に弁護士会館で発売されるのはいわば風物詩ともなっている。

この日弁連や東京三弁護士会による損害賠償額算定基準の書籍（「赤い本」「青本」）は、ともに、交通賠償裁判の判決を蓄積・検討して交通賠償の現状を把握するとともに、東京、大阪、名古屋の地裁交通専門部が1968（昭和43）

---

**13**　以上は、杉浦論文および大島論文参照。
**14**　後に日弁連交通事故相談センター東京支部出版となった。

●——216

**3. 介護事故による死亡慰謝料**

年に統一して示した慰謝料基準額やその他の賠償額算定基準について、経済成長に伴うインフレ化に呼応した基準額の増額を裁判所に促す効果も担うなど、我が国の交通賠償、ひいては交通事故に止まらない損害賠償全般における賠償額基準の形成およびコンセンサスの獲得に多大な貢献をしてきたことは誰の目からも疑いようのない事実である。ちなみに、死亡慰謝料額を300万円とした1968（昭和43）年の大卒者の初任給の平均は3万600円だったようだが[15]、2019（令和元）年には20万1800円と約6.6倍に増額しているところ、1968（昭和43）年の300万円に6.6を乗ずると1980万円となり、赤い本2012年版に記載された死亡慰謝料の「一家の支柱」の2800万円よりは低いが、「その他　2000万円～2200万円」の最低額2000万円であればこの間の大卒初任給の上昇率にほぼ一致している。

　ちなみに、現在の死亡慰謝料基準は本人慰謝料と近親者慰謝料とを併せて、「一家の支柱」2800万円、「母親・配偶者」2500万円、「その他」2000万～2500万円である（赤い本2024年版（上））。

　日弁連交通事故相談センター東京支部は、毎年東京地裁民事27部（交通部）の裁判官と意見交換したうえで、毎年基準を発表しており、上記基準は現在の東京地裁交通部はもちろん、他の全国の裁判所でも参考にされている基準といえるが、この「一家の支柱」「母親・配偶者」「その他」に分ける「三分説」は、昭和時代の家族構成のイメージを、「老夫婦、働き盛りの夫（一家の支柱）、主婦の妻（母親・配偶者）、子ども」とし、それぞれが死亡した場合に残された家族・家計への影響を考え、人ひとりの価値に差があるのではなく、慰謝料の補完性の観点から差を設けるとの考えを背景としたものである[16]。

　上記「三分説」の説明は、慰謝料という損害賠償請求権の一費目について、

---

**15**　東洋経済新報社編『完結昭和国勢総覧（第3巻）』（東洋経済新報社、1991年）57頁「14-33学歴別初任給の推移」に昭和29（1954）年から昭和63（1988）年までの大学卒・短大卒・高校卒・中学卒の初任給の金額が男女別で記載されている。なお、より正確な最近の初任給の推移を知るには、厚生労働省が毎年発表している「令和元年賃金構造基本統計調査（初任給）」を参照されたい〈https://www.mhlw.go.jp/toukei/itiran/roudou/chingin/kouzou/19/dl/01.pdf〉。

**16**　赤い本2016年版（下）93頁。

第4章　介護事故と法的責任

生活上の経済的利益を中心とした考え方が立派な基準として現代社会に未だにまかり通っていることに違和感を覚えることも事実である。「一家の支柱」とは、被害者が扶養義務を負い、かつ、実際に義務を果たしている親族（一家）を被害者がその世帯の経済的な中心（支柱）であると定義することができ、被害者の世帯が、主として被害者の収入で生計を維持していれば、一家の支柱にあたると説明され、母親や妻や独身の若年者、および高齢者に比べ高い死亡慰謝料の対象にしている理由は、慰謝料を算定する際の一切の事情の中に遺族の扶養喪失的要素を取り入れているからにほかならないからであると言われている。しかし、そもそも、いかなる家族構成かによって死亡被害者の精神的苦痛の金銭評価に当然に差が出て良いかは甚だ疑問である。

　家族問題は、本来的に死亡被害者本人の精神的苦痛とは別問題であり、死亡慰謝料に関しては、本人慰謝料と近親者慰謝料とを法律が明文を持って分けていることから考えても、別個独立に慰謝料算定を行うのが筋ではないだろうか。事故により死亡した本人の慰謝料発生理由は、死をどれだけ心の痛みと感じるかといった他人行儀的な感情とは異なり、「少なくとも将来生存することの享楽を害されたという」ものが大きい[17]と言うべきだからであり、これは家族を含めた他人の存在の有無・人数とはまったく無関係な非常に大きな要素だからである。ここから考えると、少なくとも被害者本人の慰謝料は、将来生存することの享楽がどれだけの期間奪われたかによって、慰謝料額に差を設けても良い、あるいは、差を設けるべきであるとの発想につながっていく。

## 5　私見と提言

### (1)　私　見

　私見であるが、本人慰謝料の考え方の基本については、東京地裁交通部の部総括判事を平成12年から同14年にかけて務められた河邉義則裁判官による講演での発言が最も受け入れられやすいのではないかと考えている。すなわち、

---

**17**　千種達夫『人的損害賠償の研究（上）』（有斐閣、1974年）178頁。

## 3. 介護事故による死亡慰謝料

「私どもの実務感覚からしますと、人生を享受することなく命を奪われた子どもさんと、他方、人生をほぼ全うして余命も少ない高齢のお年寄りとを、慰謝料の額において同列に扱うことには、どうしても抵抗があるというのが率直なところです。そこで（東京地裁）民事27部（交通専門部）では、『その他』を『2000万円』とする旧基準の下においても、多くの裁判官が、お年寄りについては2000万円を下回る慰謝料を認定し、一方、子どもさんについては、原則として2000万円を上回る慰謝料を認めていたというのが実情であります。」との発言である[18]。

ただし、同氏は東京地裁交通部の部総括判事（当時）であるから、従前からの前記三分説による基準を度外視して新たな基準を模索するようなことは立場的にできない。したがって、理念として前記発言は大いに注目されるものの、大島論文で指摘されるとおり、「患者の年齢を一つの事情として慰謝料を減額する場合があると述べたに過ぎず、高齢者について2000万円を下回る慰謝料が相当である旨を述べるが、それも2000万円を基準にそこからどの程度減額できるかというレベルでの算定であったのが現実である。」というのが実際の判断であったと思われる[19]。

しかしながら、後遺障害慰謝料が後遺障害の等級によって、また入通院慰謝料が入通院期間によって、それぞれある程度単純に計算された金額で運用されていることとの対比で考えるならば、死亡事故における慰謝料についても、より単純な基準化は不可能ではなく、単純な基準化によって、むしろ裁判官ごとに大きく判断評価が分かれるいわば「主観的慰謝料」とも言うべき状況を解消することができるのではないかと考える次第である。

### (2) 提 言

ややドラスティックな発想かもしれないが、ここで筆者が考えた死亡慰謝料

---

**18** 東京三弁護士会交通事故処理委員会編『新しい交通事故の胎動』（ぎょうせい、2002年）14頁。
**19** 大島論文10頁。

第4章　介護事故と法的責任

算定基準を試案として提言させていただく。以下のとおりである。

　すなわち、死亡時の被害者の年齢によってその多寡を単純に決めるという考え方である。たとえば、5歳の男子が死亡した場合、厚生労働省が発表している「簡易生命表（令和5年版）」によれば平均余命は76.30年であるのに対し、80歳の男子高齢者が死亡した場合、平均余命は8.98年である。この余命を奪われた度合いによって死亡慰謝料に差を設けるのである。あくまでも机上の計算であるが、できるだけわかりやすく単純化してみたい。そこで、現在の日本人の平均寿命、平均余命を見てみると、令和5年の平均寿命は男は81.09年、女は87.14年となり、前年と比較して男は0.04年、女は0.05年上回っている。また平均余命は、日本老年医学会が2017年以降「高齢者」（従来の「後期高齢者」）とする75歳時の平均余命を見ると、女性75歳の平均余命は15.74年、男性75歳の平均余命は12.13年となっており[20]、現在の我が国では「人生90年」が基本となるのではないかと考えた。そして、この90年間の人生を全うした場合の精神的利益を、仮に現在の基準死亡慰謝料額の最高額である2800万円とし、これを90で除した約31万円が余命1年分の精神的利益になるとして、余命を奪われた場合の1年分の慰謝料額をこの31万円とする。これに実際に死亡した被害者の死亡時の年齢に見合った最新の平均余命を乗じた金額が被害者の死亡慰謝料であるとするのである。そうすると、5歳の男子の死亡慰謝料は平均余命年76.30年×31万円で2365万3000円となり、一方80歳の男性の死亡慰謝料は9.42年×31万円で292万0200円となる。その差は2000万円以上となるが、わずか5年しか生存できず将来77年近く生活して自分の人生を享受できた可能性を奪われた者と、生まれてからすでに80年もの間人生を享受してきた中で余命9年強を失う者との間では、一度しかない人生の評価においてその程度の違いがあってしかるべきではなかろうか。その人生にとっての著しい違いを度外視して、死亡慰謝料においてほとんど差異がないことを基準化してしまう方がよほど不合理であり、明らかにリアリティに欠けると考えられないだろうか。

---

**20**　厚生労働省「令和5年簡易生命表の概況」（2024年7月26日）〈https://www.mhlw.go.jp/toukei/saikin/hw/life/life23〉。

**3. 介護事故による死亡慰謝料**

上記計算式試案によって、筆者自身の死亡慰謝料を計算すると、筆者は令和5年に64歳となったが令和5年の平均余命は20.33年である。これに31万円を乗じた630万2300円が筆者の死亡慰謝料となるが、現在我が国で広く採用されている慰謝料算定基準からすると随分低額であるように感じられるものの、同級生が全員同じ慰謝料額であることを思えば、それが高いか安いかの判断は主観的には余り問題にならないように思われる。

ただし、上記はあくまで試案であり、たとえば高齢者と若年者との間で死亡慰謝料額に差をつけることの理解は得られても、高齢者の死亡慰謝料の絶対額として80歳で300万円という点への理解は難しいであろうと予想される。そこで、修正案として、90年後にゼロとなるとの前提（ただし、平均余命を超えている高齢者もいるため、具体的な慰謝料計算は死亡時年齢の平均余命分とする）をとらず、たとえば90歳時の最低慰謝料額として300万円は必ず補償され、これが基礎慰謝料となって、全年齢について先ほどの死期で算出した金額に必ず加算される方法をとってみると、80歳での死亡慰謝料は592万0200円となる。筆者が死亡した場合（64歳時）の死亡慰謝料も946万6600円となるが、このあたりで試案を受け入れていただく余地はあるのではないだろうか。

ちなみに、上記試案に従うならば、「高齢者の死亡慰謝料」という格別の論点は消え、単に「死亡慰謝料は死亡時の平均余命によって異なる」というだけのことになる。本人死亡慰謝料額を提示するために「高齢者だから」「超高齢者だから」という理由を付す必要はなく、要件事実としては被害者の年齢および死亡時の平均余命に関する最新統計のみで足りることになるのである。さらに述べるならば、死亡慰謝料の算定に関しては年齢のみを考慮すれば足り、判決によく出てくる「事故当時の被害者の身体状態」「既往疾患の有無・程度」「既存障害の有無・程度」等によって慰謝料額を増減することも不要と考えられる。ヒトは年老いていく中で、身体のどこかしらに故障を抱えるのは普通であり、足腰が不自由になったり、頭の回転が遅くなり記憶力が衰え、知覚（視力、聴力等）も衰えていくことも、いわば社会通念上明らかと言える。いわゆる「正

常老人」はゼロとは言えないにしても、一般的に老人はまったく健常状態でないことが「普通」なのであり、そのことを前提として受け入れつつ、誰もが自らの年齢に応じた余命を享受するという精神的利益を有しているのである。身体状態等の差によって死亡本人慰謝料に差を設けるべきではない。死亡慰謝料は純粋に「余命を享受する精神的利益」を年単位で侵害したことに対する「填補機能」の実現として捉えられるべきである。仮に本人の死亡慰謝料額に差が出てくる要素があるとすれば、加害行為の内容（違法性の程度の差）や、加害者側の事情（介護事故の場合、介護施設側の事情）が各別の考慮対象となり得る点にあるであろう（慰謝料の「制裁的機能」）。

　また、民法には本人の死亡慰謝料権以外に近親者の慰謝料請求権が成立する可能性が認められていることから、その要件事実を純粋に本人慰謝料とは別に検討することも重要であり、たとえば被害者本人が親族と同居しているか否か、あるいは、被害者が介護施設に入所して生活している場合と自宅に家族と同居している場合とでは、近親者固有の慰謝料には差があると考えられ、介護施設入所者が被害者である場合には、近親者固有の慰謝料は否定されるか、かなりの程度減額されてしかるべきであろう。また、慰謝料の「生活保障的機能」は、この近親者慰謝料の中で考慮されるべきであり、本人慰謝料額を決定する要素にはならないと考えるべきである。

　以上のような筆者の提言が果たして衆目を集めるか不明だが、あえてこのような提言をしたのは、杉浦論文と大島論文に刺激されたからである。なお、筆者自身、本年満65歳を迎え公的年金受給者となる身である。「高齢者の生命軽視」といった偏見は持ち合わせていないことを念のため付言させていただく。

## 6　杉浦論文と大島論文

### (1)　杉浦論文

「現在、医療訴訟においても慰謝料額は交通訴訟における基準が用いられるが、交通事故の死亡慰謝料の最低額は2000万円以上とされるが、高齢者、特に平均余命がない高齢者の場合に死亡慰謝料の最低額を2000万円とする結果

### 3. 介護事故による死亡慰謝料

が妥当であるかが問題点である。6年間医療訴訟を担当した裁判官としての個人的経験からすると、医療機関側に落ち度のない事案であっても、患者が死亡した場合には、結果の重大性から見舞金の支払をもって話し合いで解決する事案が少なくない。その場合の相場は、100万円前後が多く、最低が50万円、最高が150万円というのが医療訴訟担当裁判官としての経験則である。落ち度がない場合、つまり責任がない場合でも150万円の解決金支払ということになれば、落ち度のある場合、つまり責任がある場合には、それ以上の金額でなければバランスを失することになる。そこで、責任がある場合の死亡慰謝料は200万円を最低限とするという提言をしたい。ただ、これは、慰謝料の最低額であるから、担当裁判官がこの金額に、患者の年齢、医師の過失の程度、責任の程度といった事件記録に現れた一切の事情を考慮して、加算していくというのが穏当と考える。交通訴訟は、健康なものが突然交通事故の被害者になる上、加害者と被害者との間に契約関係がないことを前提として、迅速な賠償が要請されるのに対して、医療訴訟は、疾患を持った者が医師との間で契約を締結した上で治療行為を開始することを前提として、真実の発見と憎しみの解放を目的とする訴訟であることから、とりわけ、慰謝料については異なる基準で算定すべきでないかという提言をする。」[21]

### ⑵　大島論文

　「迅速な裁判や賠償は、医療に限らずどの訴訟においても共通し交通事故訴訟特有のものではない。真実の発見も医療訴訟特有のものではなく交通事故訴訟を含め多くの訴訟に共通したものである。憎しみの解放も医療訴訟特有のものではなく交通事故訴訟と共通の性質を有している。医師に損害賠償責任がある場合の賠償額は200万円から出発という発想は、敗訴を前提とした見舞金150万円の和解金と50万円しか差がなく当事者の納得は得られない。人を過失で死亡させた事案では人の生命の賠償をする必要があり、被害者には何らかの

---

21　大島論文6頁の要旨による。

## 第4章 介護事故と法的責任

事情のない限り1500万円を上回る金額とする必要がある。200万円は後遺障害等級の12級と13級の間の慰謝料額であり、人が過失で死亡しているのにあり得ない。仮に勝訴で200万円を取得しても弁護士費用を支払えば手元に50万円しか残らないのは安すぎる。因果関係の立証ができない『相当程度の可能性』の事例での慰謝料は100万円から800万円までが多く、1000万円を超える裁判例もあることと比較すると、医師の過失により患者が死亡したとの因果関係が立証できているのに慰謝料200万円から出発するのは不合理である。平均余命を超えている者が被害者であっても、逸失利益については就いている職業によって大きな差が生じるが、死亡慰謝料は、人の生命は基本的に等しいものとして評価すべきである。そう遠くない時期の余命を全うするから死亡させても多額の賠償金を支払う必要はないというのは、生命の尊さを忘れたものである。人が死亡した場合の遺族の悲しみの程度はわからないし、どれだけ悲しんでいるかについて審理することはできないので、それによって賠償額に差を設けるべきではない。」[22]

### (3) 検 討

杉浦論文と大島論文についての弁護士からの評価の多くは、大島論文は正しく杉浦論文は間違いであるとの意見のように思われる。その理由は、まさに大島論文で批判されているとおりの誤りが杉浦論文にはあるという論調である。

ただ、筆者の意見は、大島論文が「善」で杉浦論文が「悪」であるかのように決めつけることは、死亡慰謝料の本質を見誤るとともに、これまで数多く出されていた下級審裁判例、とりわけ介護事故における高齢者の死亡慰謝料を考えるうえで誤ったシグナルを社会一般に与えることになると考えるものである。大島論文の、人の生命という、ある意味絶対とも評し得る価値基準にしたがって人の死亡慰謝料を考えるという基本的考え方は誰もが納得できるものと想像され、筆者もこれを正面から否定するつもりはない。しかしながら、慰謝

---

**22** 大島論文12頁以下を筆者がまとめた。

## 3. 介護事故による死亡慰謝料

料の機能として、「填補機能」「補完機能」「調整機能」を挙げながら（慰謝料にこの三機能があることは大島論文のみならず多数意見であろう）、人の生命の絶対性を強調して、人それぞれの事故時における人生享受の具体的な形を軽視してしまうことは1つの論理矛盾を伴うことになるように思われる。杉浦論文は「高齢者の死亡慰謝料の基本を200万円に置く」との提言がなされていることから、この提言のいわば結論部分のみを取り上げて異を唱える法律実務家もいるようであるが、杉浦論文をよく読めばわかるように、そこで問題とされているのは、「平均余命を過ぎた高齢者が死亡した場合の慰謝料の基準が2000万円で良いのか」という点である。杉浦論文は、何も平均余命前の高齢者全員について死亡慰謝料200万円を基準とするなどとは述べてはいない。この点を誤解せず、何ら偏見を持たずに杉浦論文を読めば、「平均余命を過ぎた高齢者が死亡した場合の慰謝料の基準が2000万円で良いのか」という疑問は素直に心に響くのではないだろうか。前述の河邉裁判官の発言を思い起こしていただきたい。高齢者ということのみを理由に、相対的に死亡慰謝料額が減らされても良いのではないかという素直な意見である。逆説すれば「若年者が死亡した場合は、若年者ということのみを理由に、相対的に死亡慰謝料額が増やされても良いのではないか。」ということである。

　前述した筆者の提言試案は、出生時に皆等しく2800万円分の生きることに対する精神的利益を有し、出生後は逆に残された人生の精神的利益が年31万円ずつ減少していくという、極めてドラスティックな考え方であると自覚するものであるが、被害者の年齢による慰謝料額を基準額としつつ、年齢以外の諸事情を広く十分に検討したうえで最終的に金額修正を加えることを柔軟に認めていけば、相応に納得の得られる妥当な金額になるのではないかと考えている。これは杉浦論文の提示した素朴な疑問（平均余命を過ぎた高齢者が死亡した場合の慰謝料の基準が2000万円で良いのか）から出発し発展させた考え方であり、筆者は杉浦論文の示した疑問に応えられるような算定方法が妥当であると考えるものである。ただし、杉浦論文が高齢者死亡の場合の慰謝料額提言の根拠とした「迅速な賠償」「真実の発見」「憎しみの解放」等は大島論文が批判す

第4章　介護事故と法的責任

るとおり、いずれも医療裁判に限定されない要素であるので根拠は薄弱のように思う。他方で、大島論文が弁護士報酬を差し引いた残りが少なくなるので賠償額は下げられないと考えるのも本質論とは言えない。

　筆者の提言が極論だとしても、少なくとも我が国の裁判所は、不法行為（債務不履行も含む）による損害賠償の死亡慰謝料額の算定において、被害者の死亡時の年齢を考慮し、とくに高齢者については高齢であることを慰謝料額減額の要素とし、赤い本の基準である「その他」の最低額2000万円に拘泥していないと考えられるが、これは、前述の河邉裁判官の基本的考え方が根底にあるからではないかと想像される。ただし、具体的な訴訟進行においては、裁判所は高齢者が死亡した場合の基本的な死亡慰謝料を2000万円（近親者慰謝料を含む）に設定し、これに異を唱える当事者に対して積極的な主張立証を求めるケースが大多数であり、最終結論は2000万円に拘泥しないとしても、少なくとも高齢者死亡という事実によって、死亡慰謝料は2000万円であると推定した審理がなされているように思われるところである。

　以下、介護事故に限定して高齢者の死亡慰謝料額について判示された裁判例を見ることにする。ただし、「介護事故」の場合には被害者が「高齢者」であることのほか、後述のとおり、介護施設の現在置かれた状況や、介護を受ける施設利用者、介護を施設に任せる家族と施設との関係等、死亡慰謝料の算定に際しては各別の考慮要素が働き得る。

## 7　介護事故における高齢者の死亡慰謝料額に関する裁判例

　以下に取り上げる裁判例は、いずれも杉浦論文と大島論文が引用し、杉浦論文では、高齢者の死亡慰謝料額が赤い本の基準額を下回っている裁判例が少なからずあることの例示として挙げられているのに対し、大島論文ではそれら裁判例が死亡慰謝料額をいわゆる基準額より低額認定した理由は高齢者にはなく、その他の理由であることを述べて、杉浦論文を批判する資料として引用していると言える。ただ、杉浦論文では判決の結論部分のみが羅列されているだけで、それぞれの裁判例に対する具体的検討が必ずしも明らかではなく、他方、

226

**3. 介護事故による死亡慰謝料**

大島論文は杉浦論文を否定することにやや前のめりとなり、正確性を欠く記述になっているように思われるため、以下裁判例を絞ってやや詳しく検討してみたい。

### (1) 東京地判平成15年3月20日（判時1840号20頁）

医院でデイケアを受けていた高齢男性（死亡時79歳）が、医院の送迎バスを降りた直後に転倒して骨折し、その後肺炎を発症し死亡したケースである。事故後に退院して自宅に帰ることもなく142日間入院した後に死亡したという事案であった。判決では、事故当時被害者は78歳の老年者で、自立歩行が可能であって簡単な話であれば理解して判断する能力は保たれていたものの、貧血状態にあって体重も減少傾向にあり、ささいなきっかけで転倒しやすく、また転倒した場合には骨折を生じやすい身体状況にあった。また事故現場は一部未舗装の歩道であり必ずしも足場の良い場所ではなく、被害者が転倒する可能性があることは被告において十分想定できたことを認定したうえで、被告が送迎バスに乗車する介護士が運転手を兼ねた1名のみで、諸々の作業時に被害者から目を離さざるを得ない状況が生じたとし、被告が当該介護士に対し被害者から目を離さないよう指導するか、それが困難なら、送迎バスに配属する職員を1名増員する等の転倒事故防止措置をとることは容易であったとして過失を認めている。そのうえで、被害者の死亡慰謝料については、「被害者の年齢」「被害者の事故当時の身体状況」「事故状況」「義務違反の態様」「事故後の経過」等を総合的に斟酌して、被害者が被った精神的損害を慰謝するには、入院慰謝料および死亡慰謝料を併せて金1200万円をもってするのが相当と判示している。

注目すべきことは、142日間の入院分の慰謝料（赤い本で約200万円）と死亡慰謝料とを合計して1200万円と算定しており、死亡慰謝料のみでは1000万円程度という判断だったという点である。そして、慰謝料算定根拠についても、具体的事実認定を行ったうえで、どのような事情を具体的に斟酌したかが明瞭となるような判示がなされており、相応に説得力のある判決と評価できよう。

なお、大島論文では、1200万円が142日間の入院慰謝料を含む金額であるこ

第4章　介護事故と法的責任

とには触れられず、しかも、「転倒による骨折とその後の肺炎及び死亡との間の因果関係はかなり微妙な事案のように思える」等と記載して、因果関係が確定的には認められなかったうえでの慰謝料算定であったかのように述べているがこれは誤りであろう。判決では因果関係についてもしっかりと判示がなされており、「一般に、老年者の場合、骨折による長期の臥床により、肺機能を低下させ、あるいは誤嚥を起こすことにより、肺炎を発症することが多い。そして、肺炎を発症した場合に、加齢に伴う免疫機能の低下、骨折（特に大腿けい部骨折）、老年性痴呆等の要因があると、予後不良であるとされていることからすると、本件のような事故が原因となって、大腿部けい部骨折を負った後、肺炎を発症し、最終的に死亡に至るという経過は、通常人が予見可能な経過であると解される。そうであるとすれば、……被告の義務違反と、それによる亡太郎の肺炎の発症、死亡との間には、相当因果関係があるということができる。」と判断されているからである。つまり、過失と因果関係が確定的に認定された事例において、死亡慰謝料を1000万円と認定した裁判例と位置づけるのが正しいのである。

### (2)　岡山地判平成22年10月25日（判タ1362号162頁）

　2005（平成17）年3月に交通事故に遭って以降、言語障害を発症し認知症の症状が出始め、徘徊するようになったため、同年4月、被告社会福祉法人の経営する介護老人保健施設に入所し約3年間入退所を繰り返していた81歳の男性施設利用者が、2007（平成19）年12月29日、施設内の食堂を出て浴室内に入り、自ら給湯栓を調整して湯を満たした浴槽内で死亡（致死的不整脈の疑い）し、被害者の遺族が施設職員らに動静注意義務、施設管理義務違反などがあったとして、被害者本人の逸失利益や慰謝料および遺族ら固有の慰謝料等の損害賠償を請求した事案である。

　判決は、本件施設内の浴室は、認知症に陥っている入居者が勝手に利用すれば、骨折、溺死するなどの事故が発生するおそれのある危険な設備に該当するとしたうえ、本件浴室と隣接する浴室との間の扉は施錠されておらず、脱衣室

### 3. 介護事故による死亡慰謝料

から浴室に入る扉も施錠されていなかったのであるから、徘徊傾向を有する入居者が浴室内に進入することは予見可能であったというべきであるとし、被告には施設管理義務違反が認められるとし、因果関係についても、年末に発生した事故であることからすれば使用予定のなかった本件浴室内の気温は低かったと考えられるところ、そのような状態から少なくとも摂氏42度の湯温の浴槽内に入れば、高齢の被害者に体感温度の大きな変化により急激な血圧の変化が生じて心臓に負担がかかりその結果として不整脈が発生した可能性が高く、被害者はこれにより死亡するに至ったと、これを肯定して、被告の損害賠償責任を肯認し、過失と死亡との間には相当因果関係があると判断したが、損害の公平な分担の観点から、被告の負担すべき割合を3割と判断し、死亡慰謝料請求を一部認容している。

なお、3割減額前の認定慰謝料額は、本人慰謝料700万円、遺族3名固有の慰謝料各100万円で合計1000万円であった。判決は、本人慰謝料は700万円をもって相当と認めると判示したが、「被害者が高度の認知症であったことなど本件の諸事情を勘案する」としている。諸事情としては、「被害者が平成17年の交通事故を契機に認知症が認められるようになったこと」の他に、「事故発生当時の入居者数は34名であり、同日に勤務していた本件施設職員数は5名であったから、これらの職員により、全入居者について間断なくその動静を見守ることは、事実上困難」「被害者は徘徊傾向を有していた」等の事情が考慮され、他方、2か所の鍵を施錠し忘れたというケアレスミスが事故につながった等の事情も考慮されたものと推察される。ただし、本判決は、このように慰謝料額を認定しながら、その他188万円強の逸失利益と葬儀費用150万円を認めたうえで、さらにその3割を減額している。その理由としては、①施設職員が浴槽に湯を入れたまま放置したのではないこと、②2つの扉の鍵を閉めていなかったものの、廊下から浴室に至る扉には施錠していたこと、③本件事故は、被害者自ら浴室内に進入して浴槽に湯を満たして入ったことにより引き起こされたこと等を挙げ、「損害をすべて被告に負担させることは明らかに相当性を欠くというべきである」と判断し、「損害の公平な分担の観点から、民法722条2項

第4章　介護事故と法的責任

を準用して、……被告に負担させるべき割合につき、3割をもって相当」とした
のである。つまり、本人慰謝料についてみると、結果的には210万円しか支
払を命じなかった判決ということになる。

　ところで、この判決に対し大島論文では、死亡慰謝料700万円について「も
ともと慰謝料の請求額も700万円であり、それが満額認められたにすぎない。」
と一言で片づけられているが、この評価は、本判決全体の判断について読者を
誤解させる可能性が高く問題である。そもそも、本件訴訟における原告遺族側
の死亡慰謝料請求額は合計2800万円であったが、その内訳は被害者本人分700
万円、遺族固有分が3名の遺族各700万円だったのである。つまり、赤い本に
記載された、「被害者本人と近親者の慰謝料額の総額」の最も高い「一家の支柱」
の2800万円を死亡慰謝料合計額として請求がなされていたのである。これに
対し、「本件の諸事情を勘案」して本人慰謝料700万円、遺族固有の慰謝料合
計300万円（1人あたり100万円）が相当であるとしたのであり、2800万円か
ら1000万円に減額するとともに、さらに損害の公平な分担から、そこから7割
減額した金額の範囲での支払を命じたのが本判決なのである。

　「もともと慰謝料の請求額も700万円であり、それが満額認められたにすぎ
ない。」などと簡単に済まして良い判決ではない。


### (3)　広島地福山支判平成23年10月4日（LLI/DBL06650561）

　社会福祉法人が運営管理する通所介護事業所において、以前の事故による後
遺症のため、四肢麻痺の状態で、常時車椅子を使用していた利用者Ａ（被害者、
80歳男性）が、食事後飴を喉に詰めむせているのを職員に発見されたが、救
急車要請が10分遅れ、呼吸不全で死亡した事案である。

　判決は、職員による救急車の要請が遅れた点において被害者に対する安全配
慮義務違反があるとして、社会福祉法人の賠償責任を認めたが、被害者の年齢
等および被告の安全配慮義務違反の内容等本件に表れた諸般の事情を総合考慮
すると、亡Ａの慰謝料は1000万円と認めるのが相当と判断した。原告の請求
額は本人慰謝料2000万円であったが、その5割という認定である。

**3. 介護事故による死亡慰謝料**

この判決について大島論文は、「喉を詰まらせたことに介護施設の職員に過失があったわけではないことが考慮されて、介護施設に対する慰謝料として1000万円が認められたものと考えられる。」と述べるが、この評価もおそらく誤りである。そもそも判決文には、慰謝料1000万円の理由として「喉を詰まらせたことに介護施設の職員に過失があったわけではないことを考慮した」などとは一言も書かれていない。判決が慰謝料算定の考慮要素として最初に挙げたのは「被害者の80歳という年齢」である。そして、その他の考慮要素として「被告の安全配慮義務違反の内容」を挙げ、本件に表れた諸般の事情を総合考慮するとしか記載していない。「安全配慮義務違反の内容」については、それが慰謝料減額要素となっているのか、それとも増額要素となってるのかも判然としない。ただ、大島論文が述べるような「喉を詰まらせた点に過失はなかった」は「安全配慮義務違反の内容」とはならず、10分間の遅れが安全配慮義務違反として完結していることは明らかなので、その中で判決が何を考慮したかを検討しなければならない。そうすると、被害者が飴を喉に詰めむせているのを発見した職員が、背部叩打法、ハイムリック法、吸引等の措置によって喉頭から飴を取り出そうと必死に努力してる点を考慮して減額要素としたようにも考えられるし、逆に、そのような措置を行う前にまずは119番通報をすることは容易かつ可能であり、それをしないことが重大なケアレスミスであるとして増額要素としたようにも考えられ、ここは実は判断が分かれるところである。そうすると、判決が本人死亡慰謝料を請求額の半額である1000万円をもって相当と判断した最大の理由は、被害者の年齢にあったと考えるのが妥当であろう。

### (4) 横浜地判平成24年3月23日（判時2160号51頁）

民間会社が経営する介護付き有料老人ホームに入居していた老人（被害者、87歳男性）が、罹患していた仙骨部の褥瘡が悪化し敗血症を発症して死亡したのは、施設が被害者の褥瘡の適切な管理を怠ったためであるとして、入居契約の債務不履行、または不法行為に基づく損害賠償を求めた事案で、原告は被

第4章　介護事故と法的責任

害者の妻と3人の子である。

　判決は、施設は、介護付き老人ホームとして、入居契約および特定施設入所者生活介護利用契約に基づき、介護、健康管理、治療への協力等のサービスを提供する義務を負っていたとしたうえで、被害者が87歳と高齢で、一般に高齢者は加齢による乾燥等の皮膚変化や創傷治癒能力の低下のため、褥瘡を生じやすいとされ、しかも、被害者は1日のほとんどをベッドに臥床した状態で過ごし、移動、食事、衣服の着脱、清拭等の日常生活全般に介助を要するというように運動量が著しく低下し、自発的な体位変換による除圧が困難な状態であったこと、また、糖尿病に罹患していて血管が閉塞しやすい傾向にあり血流が阻害されやすい状態であったため、もともと褥瘡を生じやすく、また褥瘡が治りにくい要因を有していたと認定した。そのうえで、施設の看護師が被害者の褥瘡を医師に診せずに貼付薬を続け、施設が被害者を速やかに医師に受診させる義務も尽くしていないとして、適切な褥瘡管理を行い、本件褥瘡を悪化させないよう注意すべき義務の債務不履行および注意義務違反があったと認めた。そして、被害者は褥瘡からの細菌感染が原因で敗血症を発症し、それにより全身状態の悪化を来し死亡したとして因果関係も肯定した。

　そして、死亡慰謝料については、被害者が87歳と高齢で、日常生活全般に介助を要する状態にあったこと、肺炎等の重篤な既往歴を有し、本件施設に入居する約3か月前にも重度の感染症により敗血症の寸前にまで至っていたこと、本件褥瘡自体は、本件施設に入居する前から生じていたことに加え、被害者は褥瘡が治りにくい要因を有していたこと等、本件にあらわれた諸事情に鑑み、被害者が被った精神的苦痛に対する慰謝料は、1200万円と認めるのが相当と判示し、原告ら4名固有の慰謝料は各100万円を相当と判断した。

　この判決について大島論文は、「年齢が87歳と高齢であって」という判決が第一に挙げた要素を無視して、被害者の既往歴（肺炎、感染症）や現病（褥瘡が治りにくい）、施設内で褥瘡が初発したものではない点が考慮されたと述べているが、これも早計と思われる。「87歳で高齢」という点は本判決でも慰謝料算定にとって重要な考慮要素とされていることは明らかだからである。

—— 232

## 3. 介護事故による死亡慰謝料

### (5) 大阪地判平成24年3月27日（判タ1384号236頁）

　介護老人保健施設において浣腸を受けた後、高熱や腹痛等を訴え、敗血症により死亡した入所者（80歳女性）について、看護師に浣腸時の体位の選択に関する注意義務違反（左側臥位にすべきところ立位で行った）があり、そのため直腸壁が損傷し、その後穿孔部位から直腸内の内容物が腹部へ漏出し、それによって敗血症に罹り死亡したというものと推認されるなどとして、老健施設の責任を認めた事案である（なお、本節の目的である死亡慰謝料の話とは異なるが、本判決では、「施設の態勢や療養介護の内容に鑑みると、本件施設で医療行為に従事する看護師に求められる注意義務の水準は、特に安全確保の面に関していえば、一般の医療機関における看護師が医療行為を行う際に求められる注意義務の水準と比較して、同程度のものと解するのが相当」という判断を下しており、医療行為ではなく看護行為に関してであるが、老健施設と一般医療機関との間で水準が異ならないという考え方には、異論は少なくないものと推察する）。

　そのうえで死亡慰謝料については、本件浣腸当時80歳で、糖尿病や慢性腎不全の既往症があり、認知症もあって、要介護2の状態であったが、元気に暮らしていたところ、立位で実施された本件浣腸によって、これまで検討した機序を辿って敗血症に罹り、短時日の間に死亡するに至ったものであること、他方、敗血症が発生する原因となった直腸壁の損傷の拡大ないし穿孔には、本人の既往症、当時の身体状況等の諸条件が少なからず寄与しているものと考えられること、その他本件に顕れた一切の事情を斟酌すると、本人の死亡慰謝料は800万円とするのが相当と判示した。

　この判決についても、大島論文は、判決が最初に「本件浣腸当時80歳で」と判示している点には触れずに、「損害の拡大には、被害者の既往症（慢性腎不全、糖尿病）や当時の身体状況等の諸条件が少なからず影響していたと考えられることなどを考慮し、前記（800万円）の慰謝料額としたものである。」などと述べ、判決が死亡慰謝料の算定において被害者が高齢である点を念頭に置いていないかのような書きぶりであるが、当該判決に対する評価として相当

第4章　介護事故と法的責任

とは言えない。

　そもそも、介護施設を利用している高齢者は前述のようないわゆる「正常老人」はおらず、内容や程度の差はあるもののほぼ全員が何らかの持病（基礎疾患、既往疾患等）を抱えているのであり、この判決では、そのような既往症を抱え認知症である被害者がまさに高齢者の典型であることを念頭に、まさに80歳の高齢者に対する死亡慰謝料額を検討したと考えるべきなのである。

### (6)　松山地判平成26年4月17日（LLI/DBL06950157）

　居宅介護支援事業等を業とする社会福祉法人から、食事等の訪問介護サービスを受けていた被害者（87歳女性）が、揚げ物を誤嚥して死亡した事故で、相続人である遺族が、ヘルパーの調理方法の過失、見守りおよび救護の過失を主張して賠償を求めた事案である。

　判決は、被害者は87歳の高齢者で、食事の際の窒息事故の発生が危惧される年齢であり、本件事故前に嚥下障害の徴表たる痰が発生し、現実に誤嚥事故が発生していたのに、重大な窒息事故の発生する危険性の高い形状の本件揚げ物を原型のまま提供したことは、調理方法における過失とし、相当因果関係も認めた。

　そのうえで、死亡慰謝料については、ヘルパーの過失の内容、事故の態様および結果、事故の経緯、事故当時の被害者の年齢（87歳）や身体状況、家族構成等、本件記録にあらわれた一切の事情を総合勘案して、被害者の精神的苦痛に対する慰謝料額は1300万円と認めるのが相当であると判示した。

　この判決に対する大島論文の評価はいま一つ明確ではない。注意義務違反について述べた後、唐突に「他方、当時、被害者は、腰痛や下肢筋力低下に対処するための身体介護（移動時の声掛け、見守り、介助）と、尿失禁や便失禁に対するための身体介護（トイレ誘導、介助、陰部清拭、陰部洗浄）を受けていたものである。」と述べているのであるが、このような手厚い身体介護を受けていたので慰謝料が減額されたということを強調したいのであろうか。ただ、高齢者の死亡慰謝料が杉浦論文との間の争点なのだから、本判決が被害者の

234

87歳という年齢自体をどう考えているのかについての考察をしてほしいところである。さらに述べると、今回の筆者の論稿のテーマである「介護事故における死亡慰謝料」に引き直すと、繰り返し述べるとおり、介護施設利用者は要介護の高齢者であり、高齢者であることのほかに、認知症等の基礎疾患、既往疾患、身体機能障害、その他の障害を有すること自体を各別の考慮要素として取り上げることはいらずらに二重評価することになるように思われる。本判決は、被害者が87歳の高齢者であることが端的に死亡慰謝料考慮要素とされたと評価するのが妥当である。

### ⑺　小　括

以上、いくつかの裁判例を検討した。いずれの判決も死亡慰謝料額は現在の一般的基準（赤い本の基準）より減額されているが、前述の筆者の提言案に比べれば高めであり、私見では検討した裁判例すべてにおいて、さらなる減額が検討されてもよかったのではないかと考えている。これは前述の提言内容に照らしてという理由以外に、いずれも「介護事故」であるという理由も含まれている。以下付言する。

## Ⅴ　介護施設が直面する問題と慰謝料調整機能

## 1　はじめに

ところで、慰謝料額の算定にあたり「調整機能」として加害者側の事情が考慮される場合があるが、ここで、介護事故における死亡慰謝料算定における慰謝料の調整機能として考慮すべき加害者側すなわち介護施設側の事情として、介護施設が現在直面している問題を述べておきたい。以下に述べる内容は第一義的には、介護事故における介護施設側の過失の有無に直結する問題（注意義務違反と言えるか否か等の認定問題）として検討されるべきであるが、実は、

第**4**章 介護事故と法的責任

死亡慰謝料額の算定においても重要な判断要素となり、専ら慰謝料減額事由として挙げられるべきものと思料されるのである[23]。

## 2 介護人材不足とケア不足

　現在介護施設が抱える問題として挙げられる中で最も大きなものは、深刻な介護人材不足と、それに伴う利用者へのケア不足である。

　2019年度時点の都道府県による推計をもとに厚生労働省が公表したデータによると、2025年度には約243万人（2019年比で＋約32万人）もの介護人材が必要になると考えられている。さらに2040年には、約280万人（2019年比で＋約69万人）の介護人材が必要になると推計されている。一方で、介護サービス事業所における従業員の不足状況に関する調査結果によると、訪問介護員で約59%、介護施設等の職員で約36%が「人手が大いに不足している、あるいは、不足している」と答えているが、介護関係職種の有効求人倍率を見ると2023年3月時点で3.63倍となっており、全職業の1.13倍に比べて非常に高いことがわかる。これらの事実から、介護施設をはじめとする介護の現場では需要に供給が追い付かず人手不足が続いていること、また人手不足ゆえに過酷な労働環境になりやすい状況になっている実情が浮かび上がってくるのである。

　介護人員が不足すれば、当然ながら介護職員1人にかかる負担は大きくなる。介護職員の業務は、入所・通所する高齢者への食事・排泄・入浴・着替え等の介助、見守り、掃除や洗濯、そして介護記録等を残すための事務作業まで極めて多岐にわたるが、これらすべての業務をこなさなければならない中で、担当する利用者の人数が増加していけばますます時間に追われ、利用者へのケアが行き届かなくなってしまうのは必定である。また最近、介護者が要介護者を虐待するケースが全国で聞かれるようになったが、これは業務過多によるストレス、教育不足等が一因となっているとも言われているところである。

---

**23**　一般社団法人日本保健福祉ネイリスト協会〈https://fukushinail.jp/column/column13〉からの引用であるが、是非皆さんに知っていただきたい内容である。

## 3. 介護事故による死亡慰謝料

## 3　介護人材不足の原因

　そして、この介護職員の不足の原因には2つの社会問題があると説明されている。

　まず1つは、「2025年問題」に代表される超高齢化社会の到来である。「2025年問題」とは、1947年から1949年の第1次ベビーブームで生まれた団塊の世代と呼ばれる人たちが、75歳以上になる際に起こると想定される諸問題のことである。具体的には、高齢者人口が約3500万人に、そのうち認知症の高齢者数が約320万人に達するうえ、高齢者世帯のおよそ7割が1人暮らしまたは夫婦のみの世帯になると見込まれる[24]ことから、①高齢者の1人暮らしが増え、本人が自覚しないまま認知症や介護度が進行したり、犯罪に巻き込まれるリスクが高くなる。②高齢の夫婦がお互いを介護する「老老介護」、または認知症を発症した夫婦がお互いを介護する「認認介護」の世帯が増える。③家庭の事情により、18歳未満の子どもが高齢者等を介護する「ヤングケアラー」が増加する等、介護に関連する問題が起こると予測されてきている。内閣府の「令和5年版高齢社会白書」によれば、2022年度の時点で65歳以上の人口は3624万人となり、総人口に占める高齢化率は29%にのぼっている。また65歳以上の人の中で1人暮らしをする人の割合も、2020年度時点の実績値で男性が15.0%、女性は22.1%にまで上昇してきている。超高齢化社会になると、高齢者数の増加に反比例するように介護を担うべき若い世代の人数が少なくなり、介護に従事する人材が減少し、さらに子が親を介護する世帯も減少していくため、介護を担う人材の不足は解消されないどころか増悪し、介護難民の増加に拍車がかかっていくのである。

　そして2つ目は、社会保障費の財源不足である。介護施設等、介護事業所の収入は、介護サービスを利用する方からの支払と社会保障費用の一種である介護報酬から成り立っているが、社会保障費用とは、健康保険・介護保険・厚生

---

**24**　厚生労働省介護施設等の在り方委員会「（資料4）今後の高齢化の進展〜2025年の超高齢社会像」（平成18年9月27日）

第4章　介護事故と法的責任

年金保険・雇用保険・労災保険として納められる保険料に、税金や借金（国債）を加えた「国民が介護や医療等の社会福祉を受ける際に使うことのできる費用」である。この社会保障費の財源となる保険料、税金を納めているのは、主に所得の多い現役世代であるが、少子高齢化が進めばこの現役世代が減少し、社会保障費の財源も不足するようになり、他方、高齢者人口は増加していくため、医療・介護サービスのための支出は増大していく。介護保険サービスを提供する介護施設の場合、決められた単価の介護報酬を含む売上を基に介護職員の給与を支払っている。つまり、社会保障費用の財源不足が続けば、施設の経営状況の悪化や給与減額等、今ある介護業界の課題解決がより困難になるのである。

　このように、高齢化社会と社会保障費の財源不足、この2つの社会問題が密接に関わり合って介護施設・介護業界の課題である人手不足、ケア不足につながっている。介護職員が不足し、介護の通常業務であるケアにも不足するのが現状であるとすれば、介護過程における利用者の安全、すなわち介護安全の優先順位も下がらざるを得ない、現在の介護の現場での切実な実情を理解するとともに、介護事故はそのような介護施設の置かれた環境下で発生していることを十分理解する必要がある。

## 4　死亡慰謝料との関係

　上記のような問題に直面している介護施設に入所している利用者は、利用契約に基づく介護サービスの提供を施設側に求める権利はあるが、施設が提供できるサービスには限界があるということである。そのような環境下で発生した介護死亡事故については、死亡慰謝料額は相当程度に減額されてしかるべきではないかということである。また、施設利用者の家族は、利用者を施設に預けることによって、日常的な家族による介護の負担から免れている状況にあることになるため、少なくとも近親者慰謝料の算定にあたっては、近親者慰謝料の避退ないしは減額事由として考慮されてよいであろう。

**3. 介護事故による死亡慰謝料**

## 5 その他

　老健施設と医療施設（病院等）の違いという点も、死亡慰謝料算定において有意的な差をもたらすものと考えるが、残念ながら紙幅に余裕がなくなったため、あらためて別の機会に論じることとしたい。

# Ⅵ　ま　と　め

以上述べてきた本節の内容をまとめると以下のとおりである。

---

① 　慰謝料には「填補機能」「補完機能」「調整機能」があり、その中には「生活保障的機能」「制裁的機能」等もある。

② 　死亡慰謝料は、人生（余命）を享受する精神的利益に対する侵害を填補するものである。

③ 　死亡慰謝料額は、「余命享受」を何年分奪われたかにより決まる。

④ 　出生時の余命を90年と仮定し、90年分の精神的利益を2800万円として、死亡時の年齢と平均余命の差の年数分で計算した金額が死亡慰謝料となる。

⑤ 　死亡慰謝料の基本は単純に死亡時の年齢で決まるため、「高齢者の死亡慰謝料」という各別の論点は不要になる。

⑥ 　本人死亡慰謝料と近親者慰謝料とは明確に区別すべきであり、慰謝料の生活保障的機能は専ら近親者慰謝料の中で考慮すべきである。

⑦ 　慰謝料額の算定にあたり「調整機能」として加害者側の事情が考慮される場合がある。

---

　冒頭に述べたとおり、本稿を著すに至った契機は杉浦論文と大島論文の内容にあったが、その中で死亡慰謝料、高齢者の慰謝料、介護事故、介護施設等をどこまで正しく把握したうえで論述できているか心許ない。さらに、やや極論

## 第4章　介護事故と法的責任

とも言える試案を提言するなど誠に大胆な記述もさせていただいたところである。誤解、誤謬があるかもしれず、その点についてはあらかじめお詫び申し上げるが、本稿が介護事故における損害賠償の考え方、とくに死亡慰謝料についての議論および理解にいくらかでも貢献できるとすれば望外の喜びである。

# 第5章 介護事故の裁判例

## 1. 転倒・転落に関する裁判例

島戸　圭輔
弁護士

　転倒・転落は高齢者施設では多く見られる事故類型であり、裁判例も多い。本節では、転倒と転落に分けて概観する。

## Ⅰ　転倒に関する裁判例

　転倒事故は様々な場面で生じ得るが、施設の居室内（およびそれに準じる状況）、トイレ、それ以外の施設内での転倒、および施設外のものとして多い送迎中の転倒という発生状況に分類して検討する。

　また、多くの裁判例は、予見可能性を前提に結果回避義務（また前提となる結果回避可能性）を検討するという判断過程を経ていると考えられる。そのため、明示的でない裁判例もあるが、できる限り予見可能性を基礎づける事情と、結果回避義務の内容という観点から整理を試みた。

241

第5章 介護事故の裁判例

## 1 居室内およびそれに準じる状況における転倒

### (1) 責任肯定例

#### ア 東京地判平成24年3月28日【13】

〈施設〉老健

〈属性〉79歳・性別不明

〈事案の概要〉利用者が被告施設認知症専門棟のホールで就寝中に転倒し（時間は不明だが、午前5時30分に「私、転んじゃったの」と述べたことで判明した）、左大腿骨転子部骨折の傷害を負った。

〈結論〉207万7868円（一部認容）

〈予見可能性に関する事情〉被告は、原告が施設入所後1年強の間に15回転倒していたこと、コールマットや支援バーを設置しても防止できなかったことから、転倒の危険性が高いことをよく知っていたとしており、予見可能性を肯定したと考えられる。

〈義務の内容〉被告には、利用者の動静への見守り、また仮に職員による見守りの空白時間に起きたとすれば、空白時間帯に対応する措置をとる義務があったが、上記措置が不足したため、利用者が転倒する危険のある何らかの行動に出たのに気づかず、転倒回避のための適切な措置を講ずることを怠った債務不履行責任があるとした。

　　他方、事故直後の搬送義務については否定されている。

〈その他〉素因減額が問題となったが、骨粗鬆症の既往歴は前提として入所利用契約を締結していることを理由に否定されている。

　　また、身体拘束（エプロン型帯またはＹ字帯を用いて原告の下半身を拘束するもの）をしたことが違法ではないかが問題となったが、契約上の義務に違反せず違法ともいえないとした。

#### イ 広島地福山支判令和5年3月1日【41】

〈施設〉老健

〈属性〉74歳または75歳・女性

242

## 1. 転倒・転落に関する裁判例

〈事案の概要〉入所者が、施設内の自己の居室内（ベッド付近）で転倒し、約7時間後意識レベルが低下したため搬送されたが、外傷性急性硬膜下血腫で同日死亡した。

〈結論〉1650万円（一部認容）

〈予見可能性に関する事情〉①施設入所以前から転倒を反復し、糖尿病性末梢神経障害や廃用症候群等の診断がされ、②その後入院した病院や施設でもたびたび転倒があり、③本件施設入所時は、立ち上がり動作に介助が必要で、車椅子を使用し、本件施設で、本件事故までに少なくとも2度転倒していること、また、④利用者は、アルツハイマー型認知症による短期記憶障害もあり、職員らの再三の注意等にもかかわらず、ナースコールを使用せず、単独でベッドから起き上がって行動することが度々みられたこと、を考慮し、予見可能性を肯定した。

〈義務の内容〉ベッドの周辺に、衝撃吸収マット等転倒の際の衝撃を緩和する設備を設置すべき義務を認定した（なお、マットの段差でつまづくリスクは、本件利用者に歩行による移動が想定されていないことから当てはまらないとされた）。離床センサーの設置義務、常時見守る義務については否定された。

### ウ　他判例

（ア）　神戸地伊丹支判平成21年12月17日【11】

グループホームの利用者が居室で2回転倒した事案について、転倒の原因になったカーテンの開閉などの行動を職員の巡視や見守りの際にさせたり、利用者が1人で歩く際に杖などの補助器具を与えるなどの対策等を行わなかったとして、施設の責任を認めた。

（イ）　福岡地大牟田支判平成24年4月24日【14】

介護老人保健施設の利用者が自室で転倒した事案について、動静確認を怠った過失があるとして施設の責任を認めた。

（ウ）　京都地判平成24年7月11日【18】

短期入所生活介助の利用者が、夜間自室で転倒し頭部を打った状態で発見さ

第5章　介護事故の裁判例

れた事案について、離床センサーを設置し、夜間は介護用の衝撃吸収マットを
ベッドから一定範囲に敷き詰めるべきであったとして責任を認めた。

　　㈜　大阪地判平成29年2月2日【30】
　ユニット型指定短期入所生活介護の利用者が、深夜にトイレに行こうとして
転倒して頭部を負傷した事案について、離床センサーを使用すべき義務があっ
たとして、責任を認めた（マットの設置義務は否定）。


## (2)　**責任否定例**
### ア　東京地判平成24年5月30日【16】
〈施設〉短期入所生活介護

〈属性〉84歳・男性

〈事案の概要〉利用者が前夜5回にわたり離床センサーを反応させ、事故直近
　の午前6時の巡回では睡眠していたが、午前6時20分にベッド脇で右側臥位
　の状態で転倒しており（離床センサーが反応した約15秒後にドスンと物音
　があった）、頭部打撲による脳挫傷（両側前頭葉の挫傷）を負った。

〈結論〉請求棄却

〈予見可能性に関する事情〉被告は原告が夜間徘徊して転倒する危険性がある
　ことを認識していたことを指摘し、これをもって予見可能性があるという前
　提に立っていると考えられる。なお被告側が転倒の危険性の認識について積
　極的に争っていないようである。

〈義務の内容〉安全配慮義務の内容や違反の有無については、被告の人的物的
　体制、原告の状態等に照らして現実的に判断すべきであるとしたうえで、被
　告は、夜間離床センサーが反応する都度対応をし、夜間少なくとも2時間お
　きに巡回しており、また、利用者の転倒を回避するために、利用者を退所さ
　せることや睡眠剤の処方を相談していること、ベッドに転落防止のための柵
　が設置されていること、また職員は、本件事故直前のセンサー反応後、対応
　中の別の利用者を座らせたうえで利用者の居室に向かっていたことから、本
　件施設の職員体制および設備を前提として、他の利用者への対応も必要な中

244

で、転倒防止措置をとっていたとした。

　なお、床に柔らかい物を敷く、原告をベッドから下してマットまたは布団に寝かせるべきとの主張も、床にマット等を敷くことによって転倒の危険性が増加するという被告の判断が不合理であったとまではいえないとして否定した。

　また、早期の救急搬送義務は症状経過に照らして否定している。

### イ　東京地判令和2年7月3日【37】

〈施設〉有料老人ホーム（居宅介護支援事業所を併設）

〈属性〉88 ～ 89歳・女性

〈事案の概要〉利用者が自身の居室内で転倒し、右大腿骨転子部骨折の傷害を負い、歩行困難となった。

〈結論〉請求棄却

〈予見可能性に関する事情〉利用者に右上腕の可動域制限があり、要介護3の認定を受けていたこと、以前に入所していた老健施設で、認知症高齢者の日常生活自立度がⅡaであると判定されていたこと、被告施設の居宅サービス計画書にも、「歩行のフラツキや転倒・骨折の経緯がある」等の記載があること、事故の約1か月前に、利用者の歩行に異変を認め（左下肢の筋力低下、単麻痺の診断がなされた）、医師作成の居宅療養管理指導書においても、転倒への注意が喚起されていたことから、予見可能性を肯定している。

〈義務の内容〉利用者の歩行を介助すべき義務およびその前提として、単独歩行の際にナースコールで介護士等を呼ぶよう指導すべき義務があったが、被告は、利用者に対し、ナースコールの使用について指導しており、利用者がこれを利用しなかったにすぎないため義務違反はないとした。

　離床センサーを設置する義務については、当該利用者に適応せず、また、センサーが発動してから職員がかけつけるまでに一定の時間隔があることからして転倒を完全に防止できるものでもないとして設置義務はないとした。

第5章　介護事故の裁判例

ウ　他判例（福岡高判平成24年12月18日【21】（福岡地大牟田支判
平成24年4月24日【14】の控訴審））

　介護老人保健施設の利用者が自室で転倒した事案について、シルバーカー使
用時の転倒事故は生じておらず予見可能性はなく、動静確認による結果回避可
能性もなかったとして施設の責任を認めなかった。

## 2　トイレにおける転倒

### (1)　責任肯定例

　　ア　東京地判令和元年11月14日【36】

〈施設〉老健

〈属性〉97歳・女性

〈事案の概要〉職員が、利用者を居室隣にある個室トイレに車椅子で誘導し、
　下着の上げ下ろしの介助を行った後、トイレの便座に座らせて、トイレのド
　ア前で見守りを行っていたが、他の利用者の離床センサーに対応するために
　その場を離れたところ、約15分後、利用者がトイレのドアにもたれて床に
　座り込むように転倒しており、左大腿骨頚部骨折の傷害を負った。

〈結論〉607万4700円（一部認容）

〈予見可能性に関する事情〉利用者は、つかまり立ちや車椅子への移乗動作が
　できたものの、転倒のおそれがあり見守り等が必要であったこと、認知症の
　ため転倒しないように適切な行動をとることを期待できる状態になかったか
　ら、排泄の介助中に見守りを中断した場合、利用者が、トイレから出るため
　に自力で立ち上がり、転倒する危険性があり、被告は、上記のような利用者
　の心身の状態をふまえて「施設サービス計画書」を策定し、センサーマット
　を設置するなどの事故防止策をとっていたことから、予見可能であったとし
　た。

〈義務の内容〉職員において、利用者の元を離れず見守りを継続する義務があっ
　たとし、自らに代わって見守りを継続する職員を確保することなく利用者の
　元を離れたことについて過失が認められた（上記の措置の回避可能性も検討

●──246

## 1. 転倒・転落に関する裁判例

し認定している）。

### イ　横浜地判平成17年3月22日【3】

〈施設〉老健のデイサービス

〈属性〉85歳・女性

〈事案の概要〉本件施設で送迎車を待つ間、近くにある身体障害者用のトイレまで歩いて行き、同トイレ内に入った直後、同トイレ内において転倒し、右大腿骨頚部内側骨折の傷害を負った。介護職員は、利用者がトイレに向かう際、これに付き添って歩行介護をしたものの、トイレ内に同行することを拒絶されたことから、トイレの便器まで同行しなかった。

〈結論〉1253万0719円（一部認容、過失相殺3割）

〈予見可能性に関する事情〉利用者は従前より足腰の具合が悪く、70歳ころに転倒して左大腿骨頚部を骨折したことがあり、本件施設内でも約1年半前に転倒したことがあること、同人の下肢に、筋力低下、麻痺、両膝の屈曲制限、関節拘縮、内反転気味の変形傾向などがあり、歩行も不安定であり、何かにつかまる必要があったこと、主治医も転倒に注意すべきことを強く警告していたこと、トイレは入口から便器まで1.8mの距離があり、横幅も広く、便器までの壁には手すりがないこと等から、転倒の予見可能性を認めた。

〈義務の内容〉契約上の安全配慮義務として、利用者を説得して、便器まで歩くのを介護する義務があったが、これに違反したとした。

　また介護拒絶の意思が示された場合であっても、介護義務者においては、要介護者に対し、介護を受けない場合の危険性と介護の必要性とを専門的見地から意を尽くして説明し、介護を受けるよう説得すべきであり、それでもなお要介護者が真摯な介護拒絶の態度を示したというような場合でなければ、介護義務を免れることにはならない、とした。

### ウ　他判例

#### (ア)　津地判平成31年3月14日【33】

特別養護老人ホームの職員が利用者をトイレへ誘導し、便座に着座させた状

## 第5章　介護事故の裁判例

態で、タオルを倉庫に取りに行っている間に利用者が転倒した事案について、便座に着座中という不安定な状態のまま、利用者を見守る者がいない状態にしないようにする義務に反したとして、責任を認めた。

　　(イ)　大津地判平成31年4月23日【34】

　介護付有料老人ホームの利用者のトイレ介助の際に、利用者をトイレの便座上に横向きに座らせる方法で行い、職員がその場を離れたところ、利用者が転落した事案について、上記の方法は洋式トイレの通常の使用方法とは大きく異なり、バランスを維持できない危険性を伴うものであるとして責任を認めた。

### (2)　責任否定例

#### ア　東京地判令和3年4月27日【39】

〈施設〉特養のショートステイ

〈属性〉81歳・性別不明

〈事案の概要〉職員が利用者をトイレに誘導した後、排泄後にブザーで呼び出されるまでドアを開けないという約束に従ってトイレの外で待機していたところ、利用者が、排泄を終えた後、自ら立ち上がり、尻を拭くときに手すりから手が離れて転倒し、左大腿骨転子部骨折の傷害を負った（事故態様に争いがあったが上記のように認定）。

〈結論〉請求棄却

〈予見可能性に関する事情・義務の内容〉本件施設においては、トイレ内介助の要否について、利用者の身体の状況、利用者の希望およびケアマネジャーとの協議をふまえて定められていたところ、利用者は、本件事故当時、要介護2の認定を受けてはいたものの、1人で立ち上がる・座る・トイレで用を足すことが可能な状況にあり、このような身体の状況、トイレ内介助を不要とする利用者の希望およびケアマネジャーとの協議をふまえ、利用者に対するトイレ内介助については不要と定められていたことをふまえて、被告施設において、利用者が転倒するのを防止すべき安全配慮義務に違反したという

● 248

ことはできないとした。

### イ　他判例（仙台地判平成23年9月29日【12】）

在宅介護サービスのトイレにおける排泄の介護中に利用者が転倒した事案で、その介護の仕方に過失はないとして責任を否定した（控訴審：仙台高判平成24年4月25日【15】も責任を否定した）。

## 3　共有スペースその他の施設内の転倒

### (1)　責任肯定例

#### ア　福岡地小倉支判平成26年10月10日【26】

〈施設〉特養のショートステイ

〈属性〉96歳・女性

〈事案の概要〉利用者が、施設3階のユニットの共同生活室から個室へ移動する際（歩行車利用）、個室入口付近で後ろ向きに転倒し、第11胸椎新鮮圧迫骨折等と診断された。事故翌日、発熱や呼吸困難等の症状のため入院し、事故約2か月後に呼吸不全で死亡した。

〈結論〉480万円（慰謝料2200万円の相続分1/5と弁護士費用40万円）、一部認容

〈予見可能性に関する事情〉利用者は96歳で、円背で、歩行車のグリップから身体を離して歩くことにより足がついていかなくなる危険が指摘される状態であり、訪問看護記録に「足がもつれほとんど進まない事あり」等の記載があること、訪問看護計画書には、腰椎変形や右肩関節可動域制限があり、右手指骨骨折治療後にて力が入りにくく、転倒する可能性が高い旨の記載があること、被告施設も歩行介助を提案していたことなどから、本件事故が予見可能であったとした。

〈義務の内容〉常時の歩行介助は想定されていないと否定したが、可能な範囲内において、歩行介助や近接した位置からの見守り等の措置を講じる義務があり、利用者が個室に入るころに共同生活室に職員がいなくなったことについて、上記義務の違反があったとした。

249

第5章　介護事故の裁判例

　　具体的な回避可能性については、事故当日、本件利用者の歩行開始は容易
に認識可能であったこと、職員の1名はエプロンを洗って干すという緊急性
のない業務に従事しており、利用者の歩行介助、見守りが可能であったとし
た。

　　また利用者が歩行介助の提案を拒否したとしても、利用者が被告施設でも
一部歩行介助を受けていたこと等から、家族を含めるなどした包括的な説得
に努め、あるいは、その都度本人を説得したうえ、歩行介助を実現すること
が不可能といえないこと、仮に不可能としても、近接した位置からの見守り
は不可能とはいえないから、上記義務は解消されないとした。

### イ　京都地判令和元年5月31日【35】

〈施設〉老健

〈属性〉82歳・男性

〈事案の概要〉　利用者が、18日間に3回転倒（①サービスステーション前のソ
　　ファに座ろうとして前方に転倒、②上記の13日後に上記ソファの前で左伏
　　臥位の状態で発見、③上記②の5日後に同ソファ付近において仰向けに転倒）
　　し、3回目の転倒の翌日、両側前頭葉挫傷により死亡した。

〈結論〉2817万7241円（一部認容）

〈予見可能性に関する事情〉

第1転倒：利用者は82歳で、認知症の症状は日常生活自立度がⅣ、要介護3、
　　長谷川式簡易知能スケール2点と相当程度進行し重度であったこと、利用者
　　は歩行の際に左側に傾いたりふらついていたこと等を指摘しつつ、第1転倒
　　以前に利用者が転倒した形跡はなく、基本的には安定して歩行していたこと
　　から、転倒リスクは抽象的なものにとどまり、転倒が具体的に予見できたと
　　いえないとした。

第2転倒：第1転倒の態様から、利用者が本件ソファに着座しようとする際に、
　　頭部を直接床に打ちつける危険な態様で転倒する可能性を予見できたとし
　　た（第1転倒の態様を詳細に記載したヒヤリハット報告書が作成されてい
　　た）。

250

第3転倒：第2転倒は、第1転倒から14日後に発生し、第1転倒と同様頭部を床に打ち付けたこと、第2転倒後少しふらついたりしていたこと等から、第2転倒と異なる態様の第3転倒も、予見可能であるとした。

〈義務の内容〉

第1転倒：利用者が転倒する可能性を意識して、同人を自己の視野に入れておくべき義務は有するがそれには違反しておらず、それ以上の利用者に付き添ったり、近位で見守る等の義務はないとした。

第2転倒：利用者の動向を注視し、同人が本件ソファに座ろうとする際には、同人に付き添い、介助すべき義務があったとし、本件当時、洗濯室でおむつの洗濯をし、約10分間利用者の動向の確認を怠った点に義務違反があったとした。

第3転倒：職員には、利用者がバランスを崩しやすい状況にあった場合には、利用者に付き添い介助すべき義務があったところ、利用者は、第3転倒の直前に、紙パック入りの牛乳を片手に持って飲みながら歩行しており、バランスを崩す可能性が相当程度高かったのであるから、利用者に付き添うなどしなかった点に義務違反があったとした。

結果回避可能性について、当該フロアにいた4名の職員のいずれかが当時行っていた作業を中断すれば、利用者に付き添い、介助することは可能であったとし、それができなかった事情は認められないとした。

#### ウ　青森地弘前支判平成24年12月5日【20】

〈施設〉介護支援施設におけるデイサービス

〈属性〉88〜89歳・女性

〈事案の概要〉被告施設における入浴介護サービスを受けていた利用者が、入浴補助用のキャスター付き簡易車椅子に座っていたところ、職員が当該利用者の様子をうかがいながら他利用者の洗身を介助していた間に、椅子ごと体勢を崩して転倒し、左大腿骨転子部骨折の傷害を負った。

〈結論〉832万4698円（一部認容）

〈予見可能性に関する事情〉利用者は、事故前年に右大腿骨転子部を骨折し歩

251 ——●

行が困難になっていたが、下肢機能が回復してきており、車椅子への移乗の際待ちきれずに不安定な体勢で移乗を試みるなどの挙動傾向がみられていたところ、このような場合は自立歩行可能な対象者と比べより転倒の危険が高いこと、また浴室という滑りやすい危険な場所における高齢者に対する介助であることを挙げており、予見可能性があることを前提にしていると考えられる。

〈義務の内容〉利用者から目を離さないようにするとか、一時的に目を離す場合には、代わりの者に見守りを依頼したり、ひとまず利用者を転倒のおそれのない状態にすることを最優先とするなどの措置をとる義務があったが、このような措置をとらず、利用者を不安定な簡易車椅子に座らせたままの状態で、一時的に当該利用者から目を離して他利用者の洗身を手伝っていたから、義務違反があるとした。

**エ　他判例**

(ア)　福島地白河支判平成15年6月3日【1】

介護老人保健施設の利用者が、自室のポータブルトイレ中の排泄物を捨てるため汚物処理場に赴いた際に、高さ87mmの仕切りに足を引っかけて転倒した事案について、上記仕切りの構造が、「土地の工作物の設置又は保存の瑕疵」に該当するとして工作物責任を認めた。

(イ)　福岡地判平成15年8月27日【2】

通所介護サービスの利用者が、施設内の静養室で昼寝から目ざめた後、静養室の入口付近の約40cmある段差から落ちて転倒した事案で、利用者が昼寝の最中に尿意を催すなどして、起きあがり、移動することは予見可能とし、職員が利用者の状態を確認すること等なく席を外した過失があるとして責任を認めた。

(ウ)　大阪高判平成19年3月6日【9】（京都地判平成18年5月26日【5】の控訴審）

グループホームの利用者が、入浴前、職員が湯温の確認等を行っている間に、歩き出して転倒した事案で、職員は、利用者のもとを離れるにあたって、利用

者が待機指示を守れるか等の見通しだけは事前確認すべきだったとして責任を認めた。

　　㈔　東京地判平成19年4月20日【10】

　介護老人保健施設の利用者が入所中に左下肢に3か所の骨折の傷害を負った事案について、上記骨折は、ベッドからの転落または転倒以外の原因によって発生したものと推認したうえ、施設における調査で骨折の原因となる事情が把握できないことから、利用者の動静を注視し、危険な行動およびそれによる受傷を防ぐ義務に反したとして責任を認めた。

　　㈥　さいたま地判平成30年6月27日【32】

　短期入所生活介護の利用者が、昼食後、口腔ケア（うがい）中に転倒した事案で、利用者の身体能力や、洗面所内に支えになる手すりや家具がないことから転倒は予見可能であり、口腔ケアに付き添うか洗面所内に椅子を設置しなかったとして責任を認めた。

## ⑵　責任否定例

　　ア　東京地判平成24年11月13日【19】

〈施設〉デイケア施設

〈属性〉70歳・女性

〈事案の概要〉施設1階から2階に階段で誘導された際、職員が当該利用者に階段を上るよう促し、もう1名の利用者の介助のため目を離した間に、当該利用者が階段を上ろうとして転倒し、右上腕骨近位端骨折の傷害を負った。

〈結論〉請求棄却

〈予見可能性に関する事情〉利用者は、本件当時、歩行能力にとくに問題はなく、階段の昇降を含め、歩行時に介助を必要とする状況になかったこと、本件階段には手すりが設置されており、とくに段差が急であったり、手すりの位置や形状にも問題はなく、床がとくに滑りやすいなどの事情もうかがわれないこと等のほか、利用者は本件事故前の本件施設利用時にも1人で歩行し、転

## 第5章　介護事故の裁判例

倒の危険が生じたこともないこと等から、ケアマネジャー作成の個別援助調査表において、「転倒に留意」との記載があることを考慮しても、義務違反はないとした。

〈義務の内容〉施設を設置する被告会社について、利用者と介護職員を1対1で対応させる等の人員配置を行う義務はないとした。

　職員については、利用者が階段を上る際に常時見守り、介助する義務はないとした。

### イ　名古屋地判令和2年9月10日【38】

〈施設〉特養

〈属性〉79〜80歳・女性

〈事案の概要〉利用者が午前0時5分ころ、居室前の廊下に置いてあった据置型のパイプ式の物干しハンガーと一緒に転倒していた事案。利用者は転倒時において意識がなく、その後覚醒したが、少量の嘔吐が複数回あった。同日午前6時20分、急変して救急搬送され、外傷性くも膜下出血、急性硬膜下血腫および急性硬膜外血腫のため死亡した。

〈結論〉請求棄却。原告は、主として転倒防止義務違反、搬送義務違反が主張されたほか、多岐にわたる主張がなされたが、いずれの義務違反もないとして請求を棄却した。

〈予見可能性に関する事情〉

転倒について：利用者は、日常生活において独歩が可能であったこと、本件施設に入居後約10か月間に6回ほど転倒しているが、椅子に座る際や着替えの際における転倒であって、歩行中の転倒は確認されておらず、また、頻繁に転倒する状況ではなかったことから、予見可能性を否定した。

　また、利用者が物干しハンガーに寄りかかったことなどが原因で転倒したのかは明らかではなく、また利用者は当該物干しハンガーの形状等を把握しており、事故時、物干しハンガーは歩行の障害にならない位置に置いてあったことなどから、物干しハンガーが固定されていなかったことによって、本件転倒を予見することはできないとした。

**1. 転倒・転落に関する裁判例**

搬送について：本件施設は総合病院ではなく、一時的な意識消失から覚醒した状態が、脳内の血腫が徐々に膨らんでいる過程であるのか、脳震盪から回復した状況なのかを正確に判断することは困難であること、老人介護施設内において高齢者の転倒事故は相当数発生しており、転倒事故によって意識消失に至った場合でも、特段の異常所見がない事例では、脳震盪に止まることの方が多いと考えられ、救急搬送等には適正利用が求められることも考慮すれば、施設内において経過観察とするという対応も許容され得るとしたうえ、転倒から10分後には血圧および脈拍は正常値に戻り、看護師の声掛けに対して適切に応対していたこと、嘔吐があったものの少量にとどまっていたことからすれば、経過観察と判断したことが不合理であったとはいえない、とした。

〈義務の内容〉

転倒について：離床センサー等を設置する義務、物干しハンガーを固定する義務を否定した。

搬送について：搬送義務を否定した。

### ウ　東京地判令和5年4月28日【42】

〈施設〉介護付有料老人ホーム

〈属性〉77歳・性別不明

〈事案の概要〉入所者が、施設内の共用フロアの円形ソファの下の床で、右側臥位の状態で発見され、右前頭部に皮下出血の傷害を負った事故について、他の入居者等と接触して転倒し、またはうたた寝をしてバランスを崩し、共有フロアの円形ソファから転落したことが原因である可能性が高いと認定した。

〈結論〉請求棄却

〈予見可能性に関する事情〉

転倒について：利用者が77歳で、アルツハイマー型認知症と診断され要介護4と認定されていたものの、日常的な基本動作を行うことができ、独歩での歩行は安定しており、「歩行」および「移動」は自立とされていた。また、利

255──●

第5章　介護事故の裁判例

用者には事故近辺に左大腿部の内出血や左前額部の皮下出血が発見されていたが、いずれも軽症で原因は不明であり、転倒に対する現実的危険性を認識させるものともいえなかった等とした。

転落について：利用者は約1年2か月前に傾眠し前額部と鼻筋に負傷をしたが、この原因は夜間不穏・不眠状態となって睡眠不足によるふらつきが生じたことによるものと推測され、対策によりその後同様の事態は生じていないこと、また、利用者は、夜、自室においてソファでうとうとすることはあったが、上記負傷時以外に、うたた寝による転落の経緯はうかがわれないこと等から、転落の現実的危険性を予見できたとは認められないとした。

〈義務の内容〉混み合う時間帯に常時監視職員を配置すべき義務、カメラで撮影管理すべき義務等を否定した。

　エ　他判例

　　㋐　京都地判平成18年5月26日【5】

　グループホームの利用者が、入浴前、職員が湯温の確認等を行っている間に、歩き出して転倒した事案、10数秒ないし2、30秒の間でも利用者から目を話してはならないとの義務があったとは言い難いとして義務違反を認めず、責任を否定した。

　　㋑　福岡地小倉支判平成18年6月29日【6】

　ほぼ全盲の状態にあった特別養護老人ホームの利用者が、居室内での配膳の準備中、職員が食事を取りに行った間に食堂で転倒していた事案で、転倒するまでは短時間であったこと等から、本件事故を予見し、回避する可能性が認められないとした。控訴審判決（福岡高判平成19年1月25日【8】）も同様の判断をした。

　　㋒　東京地判平成26年12月26日【27】

　通所介護施設でのショートステイの利用者が、夜間デイルームで転倒した事案について、夜間に常時の見守りは必要なく、また利用者の歩行可能な場所を区切ったうえで介護職員が隣室にドアを開放した状態で待機していたことから、転倒防止のため適切かつ相当な措置をとっていたとして回避義務違反を否

定した。早期受診義務も否定した。

　　㈍　東京地判平成28年8月23日【29】

　介護付有料老人ホームの利用者が、昼食後トイレに行こうと立ち上がったところ足をすべらせ転倒した事案について、利用者は、日常的動作については自立しており、1人で歩行し本件施設で転倒したこともないことなどから、転倒事故は具体的に予見できないとして責任を否定した。

　　㈎　東京地判平成29年3月14日【31】

　指定通所介護の利用者が、施設内において送迎車を待っている際に立ち上がって転倒した事案について、利用者は、本件施設において転倒したことはなく、送迎時には1人で自宅玄関から出入りしていたこと等から、転倒を予見できなかったとして責任を否定した。

## 4　送迎中の転倒

### ⑴　責任肯定例

　ア　福岡地判平成28年9月12日【17】

〈施設〉自宅（特養でのショートステイの送迎中）

〈属性〉100歳・女性

〈事案の概要〉利用者が被告の送迎により帰宅し自宅玄関先の階段を上る際に、転落転倒した。介護者は、左手で傘を差しかけ、右手で利用者の右脇を支えていたが、利用者に声掛けし、杖を置いて手すりにつかまってもらおうとした際、利用者から目を離し、杖を進行の邪魔にならない右上方向に動かしたところ、利用者がバランスを崩して後ろに倒れ、介護者の左手の下をすり抜けて階段下に転落した。利用者は急性硬膜下血腫、脳挫傷等の傷害を負い、約2か月後に死亡した。

〈結論〉1233万4814円および弁護士費用125万円（一部認容、過失相殺3割）

〈予見可能性に関する事情〉利用者は100歳で、骨粗鬆症の既往があり、下肢筋力の低下、視力悪化があったこと、本件事故のあった階段は、段差があって足場がよいとはいえず、転倒し転落した場合にはコンクリート製階段、ア

257

第5章　介護事故の裁判例

スファルト製道路に体を打ち付けることになること、事故当日は雨天のため手すりが濡れて滑りやすくなっていたこと、被告および職員は、3年以上自宅との間の送迎を行い、上記事実を概ね認識していたことから、予見可能性を肯定した。

〈義務の内容〉職員は、利用者が階段を上るにあたって、常時その身体を注視し、その身体を適切に支えてバランスを崩して転落しないようにすべき義務を負っていたが、利用者から目を離し、右手を利用者の右脇から離したことから利用者がバランスを崩すことになり、また利用者の真後ろに立っていれば、転倒した利用者が階下に転落していくのを防止できたとし、義務違反を認めた。

　回避可能性に関しては、利用者の体から手を離したのは本件が初めてとの職員の証言のほか、職員は利用者のために左手で傘を差していたが、家族が傘を差しに降りてきたのであるから、家族を待っていれば、左手で傘を差さずに利用者の体を支えることもできたし、右手で利用者を支えたまま家族に杖を動かしてもらうこともできたから、回避可能性もあった、とした。

〈その他〉玄関に至る階段の上部には椅子式昇降機が設置されており、事故が起きた下部の階段にも、昇降機を設置していれば、本件事故を防ぐことができたといえるとして（費用が負担不可能なほど高額とはいえないとも評価した）、3割の過失相殺を認めた。

　　イ　東京地判令和3年10月29日【40】

〈施設〉指定通所介護

〈属性〉91歳・男性

〈事案の概要〉利用者の送迎の際に、職員が利用者に対し、車の付近で待っているように伝えて、同じ施設を利用していた利用者の妻の介助に向かったところ、利用者が歩き出そうとして転倒した。利用者は翌日救急搬送され右大腿骨頚部骨折の診断を受けた。

〈結論〉202万0121円（一部認容、一部について2割の過失相殺）

258

〈予見可能性に関する事情〉91歳という高齢、杖歩行は可能だがふらつきがあること、事故前9か月間に3回転倒していたこと、被告職員も転倒による骨折の危険について意見を述べていたこと、利用者は待っているように言われても歩くことがあったこと等から、予見可能性を認めた。

〈義務の内容〉利用者に付き添うことが難しい状況が生じた場合には、利用者に転倒の危険性があることを十分に説明するとともに、付添いなしでは歩行を開始しないよう、繰り返し注意喚起するといった措置をとる義務に違反したとした。

　以上のほか、転倒直後、送迎直後その他複数回にわたって、右臀部の痛みの訴えがされていたことから、医療措置を受けさせる義務があるとした。

〈その他〉待っているよう声をかけられたにもかかわらず歩き出した点には利用者にも過失があるとして、2割の過失相殺を認めた（医療措置を受けさせなかった点の慰謝料10万円については過失相殺を認めなかった）。

　ウ　他判例

　　㋐　東京地判平成17年6月7日【4】

　訪問介護契約に基づき、ヘルパーが病院に利用者を迎えに行き、病院の玄関で利用者を右腕につかまらせようとしたところ、利用者が転倒した事案で、ヘルパーは、利用者の左の腕を組み、腰に回すあるいは体を密着して転倒しないようにすべきだったが、左手で雨傘を持ったまま、単に右手を差し伸べただけであった点に過失があるとした。

　　㋑　東京地判平成25年10月25日【23】

　訪問介護の利用者が、自宅玄関の上がりかまちの上で立位で靴を履いた際、介護士が玄関の外へ出ていた間に玄関土間に転落した事案について、利用者の脚力が低下していたこと等から本件事故は予見でき、介護士は、利用者から目を離す際には、いったん上がりかまちに座らせる等の義務に違反したとして責任を認めた。

## 第5章　介護事故の裁判例

### (2)　責任否定例

#### ア　東京地判平成25年5月20日【22】（転倒防止義務について否定し、早期に治療を受けさせる義務は肯定）

〈施設〉通所介護

〈属性〉87歳・女性

〈事案の概要〉本件介護施設から、付属する宿泊施設へ移動する送迎車にいったん乗車した利用者が、職員が他の利用者の乗車介護をしていた間に不意に降車しようとして転倒した。利用者は翌日帰宅後に搬送され、右大腿骨頚部骨折と診断された

〈結論〉転倒防止義務は否定。適切な医療措置を受けさせなかった慰謝料20万円を認容。

〈予見可能性に関する事情〉利用者は、認知症の症状は認められたが、要介護区分は1であり、意思疎通は可能であったうえ、自力で歩行することができ、トイレや衣服の着脱、車の乗降などの日常生活上の動作も自ら行うことができ、本件施設内や自宅で転倒したこともなかったこと、本件当時、忘れ物がないことや排尿を済ませたことの確認を済ませていたことから、他の利用者の乗車介助等をしていたごく短時間の隙に、当該利用者が不意に降車しようとすることは予見できなかったとした。

〈義務の内容〉他の利用者のため、しばしの間当該利用者から目を離したことに安全配慮義務違反はないとした。

　他方で、被告は、利用者が転倒後、右足ないしは腰部に痛みを生じ、その症状が継続的なものであることを認識したのであるから、必要かつ適切な医療措置を受けさせるべき義務に違反したとした。

#### イ　他判例（東京地判平成27年3月10日【28】）

通所介護の利用者を自宅へ送った際、利用者宅の玄関で利用者の靴が脱げて転倒した事案について、ヘルパーが行った介助について明らかな不手際があったとはいえないとして責任を認めなかった。

# Ⅱ　転落に関する裁判例

転落事故は、もっとも多い類型であるベッドからの転落と、居室等の窓から外部への転落、その他に大きく分けられる。

## 1　ベッドからの転落

### (1)　責任肯定例

#### ア　大阪地判平成19年11月7日【43】

〈施設〉グループホーム（痴呆対応型共同生活介護施設）

〈属性〉86歳・女性

〈事案の概要〉利用者が就寝中にベッドから転落して左大腿骨転子部骨折の傷害を負った。

〈結論〉520万8641円および弁護士費用52万円（このほか、敷引きした金員のうち30万円の返還も認められている。素因減額5割）

〈予見可能性に関する事情〉明確には述べられていないが、利用者が、事故前の約2か月の間に、2回ベッドから転落し、そのほかに2回ベッドから落ちそうになったことが指摘されており、予見可能性の存在を前提としていると考えられる。

〈義務の内容〉判示の中では、転落への対応策として、ベッド柵の取り付け、ベッドの交換、ベッドから布団への変更、ベッド下に緩衝材を敷くこと、ヘッドギアの装着をあげ、本件事故の報告書には、対処・改善点として、ベッド臥床位置の改善（中央より壁側にする）、ベッドの見直し（ベッド柵、マットの使用）などが報告されていたことに照らし、十分な対策が講じられていなかったと推認されるとした。また、本件事故前の転落等について家族への情報提供と協議がなされていないことを指摘し、契約上の安全配慮義務や情報提供義務等の不履行責任があるとした。

〈その他〉素因減額5割を認めた（利用者が認知症のため骨折を認識できず、

## 第5章　介護事故の裁判例

無理な姿勢をとったり、リハビリに意欲的に取り組まなかったことが、後遺障害に大いに影響していると考えられることから、損害の公平の分担に照らして素因減額が認められた）。

### イ　東京地判平成23年6月14日【45】

〈施設〉特養のショートステイ（翌日から本入所予定）

〈属性〉97歳・男性

〈事案の概要〉利用者が居室のベッドから床に転落し、顔面左眉付近に裂傷を負った。

〈結論〉78万8100円（一部認容）

〈予見可能性に関する事情〉1）事故前に作成した「ショートステイ　ADL経過表」には、利用者について、「痴呆」は「あり」、「移動介助」は「全介助」、「立位」は「不可」、「留意事項」として「転落注意」、「特記」として「夜間ベッド上で多動、柵はずし、転倒あり」等の記載があること、2）本件事故後に作成した事故報告書には、「ベッド上で動き転落の危険（自宅でもあったので）があるので、フットセンサーを設置していたが、間に合わなかった。」との記載があること、3）97歳と高齢であったこと、4）ベッド柵を3本設置してもベッド横辺の片側は半分以上ベッド柵がない状態で、体を動かせば容易に床に転落しやすい状況であったこと、5）ベッド柵の高さは、上体を起こすなどの動きによってはベッド柵を越えて転落する危険性もあり得る程度に低いこと、から、利用者がベッド柵のない箇所から、あるいはベッド柵を越えて転落することの危険性は認識できたとして、予見可能性を肯定した。

〈義務の内容〉体動センサーを設置する義務を肯定した。

### ウ　熊本地判令和3年4月28日【56】

〈施設〉介護付有料老人ホーム

〈属性〉82歳・女性

〈事案の概要〉被告施設に入所した利用者が、入所当日の夕方から夜間にかけてベッドから転落して頭部および右腕を受傷し、翌日救急搬送されたが、右急性硬膜下血腫で手術適応がないと診断され、事故約2週間後に死亡した。

転落現場は現認されておらず、事故当日の午後10時〜午後10時30分に利用者が右腕の痛みを訴え、翌日、傾眠傾向とともに、右眉の上部に小豆大のしみが認められ、その後しみが拡大したことから、救急搬送に至った。

〈結論〉1588万6240円（一部認容）

〈予見可能性に関する事情〉利用者は82歳であり、事故約1年前から認知症状が強く、夜間徘徊などの行動が見られていたこと、障害高齢者の日常生活自立度はランクB2、認知症高齢者の日常生活自立度はⅢaと判定され、起立、立位保持、車椅子への移乗には一部介助を必要としたこと、事故約1か月前に転倒して骨折し、その3日後にも転倒し、その後もベッド柵を乗り越えてベッドから下りようとしたり、車椅子から急に立ち上がろうとする等の危険な行動が見られ、上記入院先の病院ではベッドを低床にし、床にマットレスを敷く対応がとられていたこと、また被告施設への入居当日も、職員が目を離した隙に立ち上がって歩行する行動をとっていたことを指摘しており、予見可能性の存在を前提としていると考えられる。

〈義務の内容〉

1）転倒防止措置を講じる義務について

①見守り義務：被告施設では、利用者をヘルパーステーションに最も近い部屋に入居させ、利用者の睡眠が確認できるまで30分に1回程度、睡眠を確認した後の夜間にも2時間に1回程度、見守りを行い、翌朝にも30分に1回程度は様子を確認していたことからは、人的体制の限界もある中で、相当頻繁に見守りを行っていたといえ、見守り義務違反はないとした。

②ベッドを低床にし、床に衝撃吸収マットを敷く義務：利用者が入所前に入院していた病院ではベッドを低床にし、床にマットを敷く対応がとられており、被告施設においても転倒が発生したと考えられる時間帯以降に同様の措置をとっており、同様の措置をとることが困難な事情もないのであるから、事故が発生した可能性のある時間帯に、上記対応をとるべき義務の違反があったとした。

③離床センサー設置義務：前記入所前に入院していた病院では離床センサー

は使用されておらず、同病院から離床センサーの必要があるとは聞いていないこと、被告施設は当時離床センサーは保有しておらず、用意する予定もなく、被告施設が必要と判断した場合に利用者に貸与する福祉用具の中に離床センサーは含まれていないこと、家族から離床センサー設置の要望もなかったことから、離床センサーの設置義務はないとした。

2）速やかに搬送する義務違反

事故の翌朝、職員が起床のための声掛けをしても目を開けず「あー」「うー」などの声を出すのみで反応が鈍かったこと、その後も声掛けや口腔内に刺激を与えるなどしても反応がなく、朝食を摂取できず、その後も傾眠傾向は変わらず、同日午前10時45分頃に利用者の眉の上付近にあざのようなものがあるのを発見したことから、この時点（実際より約3時間早い時間）までには救急搬送する義務があったとした。

〈その他〉鑑定において、病院への救急搬送時には外科的治療法の選択の余地はなく、利用者がベッドから転落していなければより長く生存することが可能であったとしていることに加え、急性硬膜下血腫の昏睡例の予後は極めて悪く死亡率も高いことから、各過失と死亡結果との間に相当因果関係を肯定した。

控訴審（福岡高判令和3年11月17日【57】）でも同様の判断がなされ、上告審で控訴審の判断が確定した。

エ　他判例

(ア)　東京地判平成20年1月25日【44】

訪問介護において、ヘルパーが利用者のトイレ介助後、ベッドに移乗した際に利用者がベッドから転落した事案について、介護者が、ベッド上に十分なスペースをとらず、柵も設置しないままで利用者から目を離した過失があるとして責任を認めた。

(イ)　東京地判平成25年9月24日【46】

短期入所生活介護サービスの利用者が、夜間ベッドから転落または転倒した事案について、寝具としてベッドを選択するに際しリスクを念頭においた慎重

な検討をせず、一時的に注意を厳重にする等の対応・措置もとられていないことからも、無過失とはいえないとした。

　(ウ)　前橋地判平成25年12月19日【47】

　介護老人保健施設において、利用者がベッド上でバランスを崩して転落した事案で、畳対応にする義務違反、ベッドの柵の位置を工夫したりベッドの下にマットを敷くなどの措置をとる義務に違反したとして責任を認めた。

　(エ)　東京地判令和2年6月24日【53】

　職員が、利用者を車いすから自室ベッドに移乗させ臥床させた後、排泄ケアを続けて行うため、ベッドのサイドレールを設置せずに、ベッドから離れたところ利用者がベッドから落下した事案について、特段の転倒防止措置をしないままベッドから離れた過失があるとして責任を認めた。

## 2　窓からの転落

### (1)　責任肯定例

　ア　東京高判平成28年3月23日【49】

〈施設〉介護老人保健施設（ショートステイ）

〈属性〉84歳・男性

〈事案の概要〉入所者が、午後8時過ぎころ、施設2階食堂の窓から雨樋伝いに
　降りようとして地面に落下し、救急搬送されたが、死亡した。

〈結論〉2664万4492円および弁護士費用180万円（一部認容、過失相殺否定）

〈義務の内容〉工作物責任を認定した。

　認知症に関する一般的知見に照らせば、認知症患者の介護施設においては、利用者が、2階以上の窓から建物外へ出ようとすることもあり得るものとして、施設の設置または保存において適切な措置を講ずべきとした。

　具体的には、本件食堂の窓は、ストッパーにより併せて最大150mm程度しか開放されないようになっていたが、本件ストッパーは、本件窓をコツコツと特に大きな力によることなく当てることにより容易にずらすことができ、ごく短時間で大人が通り抜けられる程度のすき間が開けられるところ、

## 第5章　介護事故の裁判例

このようなずらし方は、帰宅願望を有する認知症患者が、本件ストッパーの設置された窓を無理に開放しようと考えた際、思いつき得る方法と認められる、とし、また本件ストッパーの使用方法が、製造業者が想定した使用方法ではなく、ロック機能の低下につながる方法であったことから、本件窓の開放制限措置としては不適切で、通常有すべき安全性を欠いていたものと認定した。

〈予見可能性に関する事情〉被控訴人（施設側）が、利用者が本件窓から無理に外に出ようとすることは具体的に予見不可能と主張したのに対し、土地工作物責任においては、通常予想される危険を前提としたときに当該工作物が備えるべき安全性を備えているか否かが問題とされるところ、本件事故時の利用者の行動は、上記一般的知見に沿うものと認められるのであるから、通常予想される危険に属するものというべきであり、本件窓は、その設置または保存に瑕疵があったというべきとした。

〈その他〉過失相殺について、利用者が合理的な判断能力を有していたと認め難いうえ、施設側には認知症患者に一般的にみられる徘徊ないし帰宅願望に基づく行動に適切に対処することが求められていること等から否定された。

東京地立川支判平成26年9月11日【48】の控訴審である（一審では工作物責任が問題とならず、安全配慮義務違反が否定されていた）。

### イ　他判例（東京地判平成29年2月15日【51】）

グループホームの2階の居室の窓から入居者が転落して左恥坐骨骨折等の傷害を負った事案について、窓には、22.5cmまでしか開けることができないストッパーがついていたが、手で強く引っ張れば鍵を使わずに取り外すことができたこと等から、工作物責任を認めた。

控訴審である東京高判平成29年9月6日【52】も同様の判断をした。

266

## 1. 転倒・転落に関する裁判例

### (2) 責任否定例

#### ア 鹿児島地判令和2年10月30日【54】

〈施設〉住居型老人ホーム

〈属性〉89歳・男性

〈事案の概要〉利用者が2階居室の窓から転落して胸椎破裂骨折等の傷害を負い、事故の約1か月後に死亡した事故（直接的な死因は急性心肺不全）。居室の窓には窓の開閉幅を制限できるストッパーが備え付けられていたが、本件事故当時は使用されておらず、窓が全開できた。

　なお、本件施設を運営する会社と、本件施設で医療行為の提供および訪問介護サービスを提供する会社の双方が被告となった。

〈結論〉請求棄却

〈予見可能性に関する事情〉利用者は、事故2か月前以降、しばしば本件施設内を徘徊し、時折帰宅願望を示すことがあり、事故当日の午後7時ころ入眠剤を処方され、その後、鏡に映った自分に話し掛ける等の行動があったが、本件事故以前にも、入眠剤を服用したうえで徘徊するなど、本件事故直前と類似する状況にありながら、利用者が本件窓から外に出ようとした様子はうかがわれないこと、利用者は、本件事故当日も、居室の出入口の鍵を開閉したり、廊下を徘徊したりしていたことから、利用者が、本件居室の出入口から退室できないため、窓から退室しようとして転落すると予見できないとした。

〈義務の内容〉

1) 本件入居契約上の義務は、本件施設の利用のほかは、生活サービスの提供にとどまり、居室への立ち入りも、基本的には入居者の承諾を得ており、入居者の身体の安全に配慮する義務を負うとしても、あくまで生活支援サービスに付随する部分に限られ、その範囲を超えて、常時利用者の動静を注視し、その身体等の安全への危害を予見してそれを防止する注意義務まで負わないとした。

　また本件訪問介護契約については、本件施設は、介護等のサービスが

267

第5章　介護事故の裁判例

付いた「介護付有料老人ホーム」ではなく、介護が必要となった場合、別途、入居者自身の選択により、地域の訪問介護等の介護サービスを利用するという「住宅型有料老人ホーム」であり、上記のような本件施設や訪問介護の性質からすると、介護サービス提供時以外に上記のような安全配慮義務を負うものとはいえないとした。また被告らの業務提携も、利便性が高まるにすぎず本件施設の性質が変容するものではない、とした。

2)　被告らが本件ストッパーの鍵の管理を行うことが前提とされていたから、黙示的に被告らが本件ストッパーを管理する旨の特約が付されていたとの主張には、鍵の管理の事実は、何ら本件ストッパーの使用に関する管理を引き受けたことを示すものではないとした。

3)　ストッパーが使用されていることを家族が被告側に確認し、常時ストッパーが使用されていたとの主張については、そのような事実は認められないとした。

〈工作物責任について〉本件窓にストッパーが使用されていない状況について、通常有すべき安全性を欠いていた旨の主張に対し、そもそも本件ストッパーが使用されているか否かは、それを人為的に使用するか否かの問題であり、工作物自体の瑕疵の有無の問題ではない、とした。

　イ　他判例（福岡高宮崎支判令和3年4月21日【55】）

原審同様、安全配慮義務違反や工作物責任を認めず、控訴を棄却した。

〈工作物責任について〉本件ストッパーを使用していなかった本件窓には、通常有すべき安全性を欠く瑕疵があったとの主張に対し、本件窓および本件ストッパー自体に不備はなく、利用者が本件窓から転落することを予見することができたとはいえない本件の具体的状況において、本件事故時に本件ストッパーが使用されていなかったからといって、本件窓が通常有すべき安全性を欠いていたということはできない、とした。

## 3　その他（介護用リフトからの転落）

東京地判平成28年12月19日【50】

　介護用リフトを使用して、利用者をベッドから車椅子に乗せる際に利用者がリフトから転落し、外傷性くも膜下出血、急性硬膜下血腫等の傷害を負い、翌日死亡した事案で、利用者の体を覆うシートを引っ掛けるための「ループ」という部分が、リフトのフック部分に正常にかかっている等を確認する義務に違反したとして、責任を認めた。

## Ⅲ　検　　討

## 1　予見可能性について

　予見可能性の判断にあたっては、下記のような事情が考慮されている。また、そのような事情を施設側で認識していたかどうかも同時に検討されている。

### (1)　利用者の状況

　利用者の身体的状況については、年齢や罹患している疾患、筋力の低下や麻痺、関節可動域制限等の有無、日常生活上の動作への介助の必要性、歩行状況、認知症による症状の内容・程度、徘徊の有無・程度などを考慮し、要介護度や認知症高齢者の日常生活自立度なども材料にして判断している。

### (2)　過去の転倒の経過

　過去の転倒の有無や経過は多くの事例で検討され、転倒の経過があると、予見可能性が認められるものが多い。今回検討した中でも、過去に転倒がある場合に予見可能性を認めた判例は多い（【11、13、18、20、30、32、35、

第5章　介護事故の裁判例

**36、40、41、43、45、47、56、57】）。他方で、転倒の経過がない場合**
も、利用者の身体状況等から転倒の危険性が認められる場合には、予見可能
性が肯定されているものも相当数存在する（**【2、4、10、17、23、26、33、**
**34、36】**）。また、逆に、転倒の経過があっても、身体状況や、問題となった
事故と転倒の態様が異なることなどから、予見可能性が否定される場合もある
（**【29、38、42】**）。

### (3)　その他

以上のほか、施設における手すり、ベッド柵等の設備の存否、形状など、ま
た送迎の場合の天候など周囲の状況も考慮要素となっている。

### (4)　施設側の認識

また、施設側が上記の状況を認識していた（認識しえた）かどうかについて
は、当該施設の居宅サービス計画書、施設サービス計画書等の記載内容や、主
治医の意見、以前入所していた施設や、入院していた病院における経過の引継
ぎを考慮する例もある。また、当該施設自体がどのような転倒対策をとってい
たかも判断根拠となる場合がある。なお、事故発生後に作成された事故報告書
については、「事故発生後に対策について検討記載されたもので、本件事故時
の注意義務違反を基礎づけるとはいえない」と、考慮に入れなかった例（**【19】**）
がある。

### (5)　まとめ

以上のような各観点から、事案ごとの具体的な状況について検討し、転倒・
転落の危険が抽象的なものにとどまらず、当該転倒・転落の具体的現実的な危
険に至っていたといえるかどうかによって、予見可能性の有無が判断されてい
るのが趨勢ではないかと考えられる。

270

**1. 転倒・転落に関する裁判例**

## 2　結果回避義務の内容、結果回避可能性

　転倒転落に関する裁判例では、結果回避可能性とそれを前提とする結果回避義務の内容が問題となることも多い。【16、27、37】のように、予見可能性の存在を認めながら、結果回避義務違反を否定する例もある。また具体的な結果回避措置については、義務となるかどうか判断が分かれるものもあり、以下、具体的に検討する。

### (1)　見守り、巡視等

　見守り、巡視等については、方法やとくに程度が問題となる。

　就寝中や施設内での移動時等に、常時見守りあるいは介助する義務が主張されることがあるが、人員体制からは想定されていない等として認められていない（【14、26、31、41】など）。

　転倒の具体的な状況が目撃されていないなど明確でない場合には、見守りや巡回の体制が問題とされることがある。夜勤者のいるサービスステーションからの見通しが良好であるホールにベッドを置いて見守りを行い、1時間に1回ないしそれ以上の巡回を行っていたことを不十分とした例に【13】がある[1]。また頻回な見守りがなされていること等を理由に見守り義務違反を否定したものに【56】があり、ナースコールを使用するよう指導していたことで義務を果たしていたとしたものに【37】がある。なお、巡回によって転倒を防ぎきることは困難との観点から、見守りと同時に、あるいは見守りではなく、離床センサーの仕様等他の回避措置が争われることが多い。

　他方で、転倒時の状況が具体的に把握あるいは推測できる場合には、当時の状況を具体的に検討のうえ、見守り義務や介助義務について認定される例も多

---

1　ただし、三坂歩ほか「医療・介護施設における高齢者の事故についての損害賠償請求に係る諸問題」（判タ1425号69頁）において、転倒を回避するために相応の措置を尽くしており、「動静を四六時中見守り続けるのは現実的に困難であるとして、転倒回避義務違反を否定するという結論もありうると考えられる」と指摘されている。

271

## 第5章　介護事故の裁判例

く、とくに近時は、事故当時の職員の人数や従事している業務内容等もふまえ結果回避可能性について詳細に検討している例が見られる。このような裁判例として、【26、32、35】などがある。利用者の身体状況や目を離したことが短時間であることを考慮し責任を認めなかったものに【5、6、8、22、31】がある。

　また、現に歩行やトイレの介助を行っている場合は、利用者の状況にもよるが、できる限り目を離さず、やむなく目を離す場合には代替措置を求めるなどされている（【17、23、33、36、40、44、53】など）。ただし、歩行介助後のトイレ介助について不要とした判例として【39】がある。

### ⑵　説明、説得の義務

　利用者には、様々な理由から介護、介助を拒否する場合があり、これに従って介助等を控えた際に事故が発生した場合が問題となった事案として【3、26】があり、十分な説得が尽くされなかったことを義務違反の理由の一つとしている。ただし、【3】の裁判例がいう転倒の危険性の説明義務と歩行介護を受けることの説得義務については、債務の性質が明らかでないとの指摘がある[2]。

　また、利用者が認知症の症状のために指導や指示が十分伝わらない場合に、指導等を尽くす義務も問題なることがある。【37】はナースコールの使用について十分指導がなされているとし、【40】は付添いなし歩行の危険性の注意喚起が十分ではなかったとしている。

　なお、以上のような点が問題となる場合は、利用者に一定の判断能力がある場合が多く、過失相殺が問題になり、また認められやすい。

### ⑶　離床センサーの使用

　離床センサーの使用義務が争われる事案も多く、裁判所の判断は分かれている。

---

**2**　金川めぐみ「老人保健施設における事故と施設経営者の責任」西村健一郎＝岩村正彦『社会保障判例百選〔第4版〕』（有斐閣、2008年）229頁。

272

## 1. 転倒・転落に関する裁判例

### ア　義務ありとした裁判例

【45】は、体動センサーを設置して未然に転落を防ぐべき義務を認めた（当該施設が現に有するセンサーの数が少ないことは責任を免れる理由にならないとした）。

【30】は、被告施設が重みで反応するセンサーを導入していたこともふまえ、ナースコールを使用しない入所者について効果があるとして、設置義務を認めた。【18】も、ナースコールを使用しない入所者に設置義務を認めている。

ただ、【30】の判例タイムズ（1438号172頁）の解説では、離床センサーについては、実質ナースコールの利用を強制するに等しく、身体拘束の一種として評価されるおそれがあることから、その使用については慎重であることが望ましい、としている。

### イ　義務なしとした裁判例

【41】は、予見可能性を認めつつ、具体的にどのような措置を講じるかは施設側の合理的な選択に委ねられており、他の利用者の平穏な生活の確保を理由に離床センサーを導入しなかったことは不合理とまでは言えない等として設置義務を否定した。

【37】は、当該利用者に適応がないという理由で設置義務を否定したが、センサーの発動から時間的間隔があり転倒を完全に防止できないことも理由として述べている。【56】は、入所前に入院していた病院で使用されていなかったこと、施設が離床センサーを保有していないことを理由に設置義務を否定した。【27】は、当時通所介護事業所においてセンサーの設置が一般ではなかった等として否定している。

### (4)　マットの使用（ベッドを低床にする、布団にする）

衝撃緩和のためのマットを床に敷く義務については、床との段差ができること等により転倒のリスクが生じることが指摘されており、義務が認められるかどうかは、個別的な事情もふまえ、結論が分かれている。

## 第5章　介護事故の裁判例

### ア　義務ありとしたもの

【18】は、離床センサーとともに、ベッドから一定範囲に敷き詰めるべきであったとする（マットによる転倒の可能性については、立位をとった場合に不安定さの少ない薄型のマットを利用するとされている）。

【41】は、マット等衝撃を緩和する設備を設置する義務を認め、マットによる転倒の可能性については、利用者に歩行可能性がないため転倒のリスクはないとした。

【43】は、ベッド柵の設置義務やベッドに代えて布団を利用することとともに、マットの使用義務を認めたと考えられる。

【47】は、施設側がいったん畳対応にしていたところ、利用者に活動性が出てきたため、畳に足が引っ掛かり危険であると判断し、再度ベッド対応に戻したところ転落事故が生じた事例である。裁判所は、ベッド対応に戻したならマットを敷くべきであり、むしろ畳を敷き詰める必要があったとする。このような畳を敷き詰めるという対応に現実性がないことを指摘する見解もある[3]。

【56】は、ベッドを低床にし、床に衝撃吸収マットを敷く義務を認めた（当該施設で、一部マットを敷く措置をとっていたことから、上記措置をとることが困難な事情はないと判断している）。

### イ　義務なしとしたもの

【16】は、床にマットを敷いて寝かせるべき義務を否定した（他方離床センサー使用義務は認めた）。義務を否定した理由として、施設の構造上ベッドで就寝することが想定されていたこと、マット等を敷くことで転倒の危険性が増加するという施設の判断が不合理であったとまではいえないとした。

【30】は、衝撃吸収マットの設置について、段差および弾性により、かえって転倒の危険の増大もあり得、床以外に頭部が衝突することもあるから、事故防止になる裏付けはないとして義務を否定した。

---

**3**　古笛恵子編著『介護事故における注意義務と責任〔改訂版〕』（新日本法規、2019年）269頁。

## ⑸　ベッド柵と身体拘束

前記⑷で述べた【43】では、ベッド柵設置の義務を認めているようであるが、どのような態様のベッド柵の設置であるか、すなわち、ベッド柵でベッド周囲を囲ういわゆる4点柵を考えているかは、判決文からは明らかではない（「直ちに身体拘束を意味しない」とされているが、具体的には記載されていない）。4点柵については、身体拘束となることが指摘されている（なお、利用者の状況によっては、ベッド柵を乗り越えて転落することでかえって危険であるとの指摘もある。【45】も上記を前提にしていると考えられる）。

身体拘束を行う義務があるかどうかについては、そのような場合があり得ることに触れつつ、慎重な検討を要するとする文献もある[4]。また別の文献では、「被介護者の身体を抑制、拘束する方法は、例外的に限定した場合にのみ許され、一般的に採り得る方法とはならないと思われる」とされている[5]。

現状、介護施設において身体拘束を義務づける判例は見当たらない（なお【13】では身体拘束を行ったことが違法であると争われ、否定されている）。また、前記のように、より制限的ではない方法である離床センサーについても判断が分かれているような状況において、身体拘束が義務とされうる場面は考えにくいと思われる。

## ⑹　介護方法の問題

具体的な介護方法が問題となった事案は、送迎の場合の介助（【4、17、40】）、トイレ介助（【12、34】）の場合がある。雨ですべりやすい場合といった状況や、一般的でない方法、普段と異なる方法がとられたこと（【12】）等が、義務違反を肯定する考慮要素として挙げられている。

---

4　三坂ほか・前掲注（1）。
5　林潤「介護施設における介護者側の注意義務違反」福田剛久ほか編著『最新裁判実務大系（2）医療訴訟』（青林書院、2014年）488頁。

第5章　介護事故の裁判例

### ⑺　まとめ

　以上のように、結果回避可能性ないし結果回避義務については、評価、判断が分かれているものが多い。これは、転倒・転落の防止措置には人的物的な限界があることのほか、防止措置がかえって転倒等の危険の原因となったり、あるいは利用者の他の利益を害するなど、二律背反的な問題を含んでいることに起因するのでははないかと考えられる。

## 3　早期に治療を受けさせる義務

　転倒後に早期に治療を受けさせる義務については、下肢等の骨折の場合のほか、頭部を受傷した場合が問題とされている。後者は、硬膜下血腫や硬膜外血腫により生命予後に関わる重大な結果に結びつきやすい一方で、判断が容易でないことがある。この点、頭部の受傷については、介護施設は医療機関と異なるため、硬膜下血腫等が発症しているのか脳震盪にとどまるのか判断することは困難であること等を理由に、医療機関への搬送義務はないとする判例が複数ある（【24、25、27、38】など）。他方で、【56】は早期に搬送する義務の違反があったとする。

　また骨折の場合には、利用者が痛みを訴えているにもかかわらず受診が遅れたことに義務違反を認めたものとして、【22、40】がある。他方で、義務違反を認めなかったものとして【10、13】がある。

## 4　工作物責任

　工作物責任は、窓からの転落事案において、窓が完全に開かないようにするストッパーの設置に関連して問題となることが多い。

　この点、【49】は、施設の2階の窓のストッパーについて、窓をとくに大きな力によることなく当てることにより容易にずらすことができ、ごく短時間で大人が通り抜けられる程度の隙間が開けられ、利用者が転落するに至った案件である。裁判所は、このようなずらし方は、帰宅願望を有する認知症患者が思いつき得る方法と認められる等として、窓の開放制限措置としては不適切で、通常

●──276

有すべき安全性を欠いているとして工作物責任を肯定した。【51】も類似の事案で工作物責任を肯定している。

他方で、【54】およびその控訴審である【55】では、居室の窓には窓の開閉幅を制限できるストッパーが備え付けられていたが、本件事故当時は使用されておらず、窓が全開できた事案について、当該利用者が本件窓から転落することを予見することができたとはいえない本件の具体的状況においては、本件事故時に本件ストッパーが使用されていなかったからといって、本件窓が通常有すべき安全性を欠いていたということはできない、として工作物責任を否定した。

なお、【1】では、施設内の汚物処理場の入口に高さ87mmの仕切りが存在し、それに利用者が足を引っ掛けて転倒した事案について、工作物責任を認めている（ただし、工作物責任の成立に疑問点を指摘する文献もある[6]）。

## 5 因果関係

とくに死亡結果が生じた場合で、事故と死亡結果との間に相当の期間がある場合などに、死亡との因果関係が問題となることがある。

このような意味での因果関係を認めた判例として、【26、47、56】がある。否定した判例として、【32、44、51】がある。

## 6 過失相殺・素因減額

### (1) 過失相殺

過失相殺を認めた裁判例として、【3、17、30、40】があり、否定した例として【4、11、18、23、49】がある。

利用者の判断能力が十分でない場合には、過失相殺が否定されている例が多く（そのような利用者の状態を施設側が認識し承知したうえで契約したことも理由とされる）、他方、判断能力が一定程度あり、指導や指示に適切に従わなかった場合には、過失相殺が認められているものが多いと思われる。

---

6　三坂ほか・前掲注（1）。

第5章　介護事故の裁判例

## ⑵　素因減額

　利用者の既往症等については、それを前提として利用契約が締結されていること等を考慮し、素因減額を認めなかったものに【13、30、33】がある。認知症により安静保持やリハビリが十分できなかったことから素因減額を認めたものに【43】がある。

## 7　その他（立証責任の転換）

　【11】では、介護サービスの利用契約に「(利用者)に損害が発生した場合には、不可抗力による場合を除き速やかに利用者に対して損害を賠償する」という条項があったことから、立証責任の転換を認めている。

　また、【46】では、「事業者は、契約者に対する介護サービスの提供にあたり事故が発生した場合には、これにより契約者の受けた損害を速やかに賠償します。ただし、事業者が故意、過失がないことを証明した場合には、この限りではありません。」との条項がある場合に、立証責任の転換が認められている。

　他方で、【42】は、【11】と同様の文言に関し、施設側が自ら、「不可抗力による」事故であることを主張立証できない限り、損害賠償責任を負う旨の契約を締結することは施設側の合理的意思と合致しないこと等を理由として、主張立証責任の転換の趣旨は含んでいないとした。なお、【43】の事案でも、【11】と同様の記載があるが、特段立証責任の転換はされていないようである。

# 1. 転倒・転落に関する裁判例

## 〈裁判例一覧表：転倒事故〉

| 判決年月日 出典 | 施設・サービス種別 被害者属性 | 事案の概要 | 裁判所の判断 | 認容額 |
|---|---|---|---|---|
| **【1】**<br>福島地<br>白河支判<br>平15・6・3<br><br>判時<br>1838・116 | 老健<br><br><br>95歳・女 | 利用者が、自室のポータブルトイレ中の排泄物を捨てるため汚物処理場に赴いた際に、高さ87mmの仕切り（処理上内の汚水等が処理場外に流出しないためのもの）に足を引っかけて転倒し、右大腿骨頚部骨折の傷害を負った。 | 仕切りの構造が、下肢の機能の低下している要介護老人の出入りに際して転倒等の危険を生じさせる形状であり、「土地の工作物の設置又は保存の瑕疵」に該当するとして工作物責任を認めた。<br>また、被告施設は、ポータブルトイレの清掃を定時に行うべき義務の違反があり、老人がこれをトイレまで運んで処理・清掃したいと考えるのは当然であるから、上記義務違反と本件事故との間に相当因果関係を認めた。 | 537万2543円<br>（治療費　16万1570円／入院雑費　8万8400円／入院付添費　27万2000円／将来付添費　210万573円／受傷慰謝料　100万円／後遺症慰謝料135万円／弁護士費用　40万円） |
| **【2】**<br>福岡地判<br>平15・8・27<br><br>判時<br>1843・133 | 通所介護<br>サービス<br><br><br>95歳・女 | 利用者が、被告施設内の静養室で昼寝から目ざめた後、静養室の入口付近の約40cmある段差から落ちて転倒し、右大腿骨顆上骨折の傷害を負った。その後利用者は歩行不可能となった。また痴呆が進行し娘の顔も分からなくなった。 | 利用者は両膝関節変形性関節症を有し、転倒の危険があった一方、通所介護を重ねることで活動能力が回復してきており、静養室での昼寝の最中に尿意を催すなどして、起きあがり、移動することは予見可能とし、職員が利用者の状態を確認すること等なく席を外した過失があるとして責任を認めた。 | 470万円<br>（後遺障害慰謝料　350万円／傷害慰謝料　120万円） |
| **【3】**<br>横浜地判<br>平17・3・22<br><br>判時<br>1895・91 | 老健デイ<br>サービス<br><br><br>85歳・女 | 本件施設で通所介護サービスを受けた後、送迎車が来るのを待つ間、座っていたソファから、近くにある身体障害者用のトイレまで歩いて行き、同トイレ内に入った直後、同トイレ内において転倒し、右大腿骨頚部内側骨折の傷害を負った。 | 利用者は過去に転倒により骨折しており、本件施設内でも転倒していたほか、下肢に、筋力低下、麻痺、屈曲制限などがあり、歩行も不安定で、主治医も転倒について強く警告していたこと、トイレは入口から便器まで1.8mの距離があり、横幅も広く壁には手すりがないこと等から、転倒の予見可能性を認め、利用者を説得して、便器まで歩くのを介護する義務に違反したとした。<br>介護拒絶があっても、意を尽くして説明し、介護を受けるよう説得すべきで、それでもなお要介護者が真摯な介護拒絶の態度を示したというような場合でなければ、介護義務を免れることにはならないとした。 | 1253万0719円<br>（過失相殺：3割／治療費　21万8163円／入院雑費　11万8500円／近親者介護料　943万6272円／入浴サービス料41万1059円／器具リース料　13万9605円／家屋改造費　6000円／慰謝料　600万円／入通院慰謝料　170万円／後遺障害慰謝料　430万円／弁護費用　110万円） |

279

# 第5章　介護事故の裁判例

| 判決年月日 出典 | 施設・サービス種別 被害者属性 | 事案の概要 | 裁判所の判断 | 認容額 |
|---|---|---|---|---|
| 【4】<br>東京地判<br>平17・6・7 | 訪問介護 | 訪問介護契約に基づき、内科医院を受診した利用者をヘルパーが迎えに行った際、内科医院の玄関において、ヘルパーが利用者を誘導するため右腕につかまらせようとした | 被告の担当者は、利用者の左の腕を組み、腰に回すかあるいは体を密着して転倒しないようにすべきだったが、左手で雨傘を持ったまま、単に右手を差し伸べただけであった点に過失があるとした。 | 1149万5367円<br>（入院治療費等　11万6119円／介護費用増額分　220万1645円／自宅改装費・介護用器具購入費　16万7603円／入院慰謝料　101万円／後遺傷害慰謝料　700万円／弁護士費用　100万円） |
| LLI/DB<br>L06032176 | 88歳以上・性別不明 | たところ、利用者が転倒した事案。利用者は右大腿部頚部骨折の傷害を負い、その後歩行不可能な状態になった。 | | ※本件事故によって負った右大腿骨頚部骨折により、歩行が不可能な状態になったと因果関係を認めた。過失相殺は否定した。 |
| 【5】<br>京都地判<br>平18・5・26 | グループホーム | 利用者が入浴のため、1人で椅子に座って待機している間に、トイレに行こうとして歩き出し、トイレ前で転倒し右大腿骨頚部骨折等の傷害を負った事案。 | 利用者の日常生活自立度がA1、痴呆性老人の日常生活自立度がⅢaで、事故半年前は症状が安定し、その後介助量が増大したとの診断もあったが特段の異常は生じておらず、待機していた部屋の床は平坦であったこと等から、10数秒ないし2、30秒の間でも利用者から目を離してはならないとの義務があったとは言い難いとして義務違反を認めず、責任を否定した。 | 請求棄却 |
| 賃社<br>1447・63 | 79歳・女 | 利用者は事故の2年余り後に死亡した。 | | |
| 【6】<br>福岡地<br>小倉支判<br>平18・6・29<br>※福岡高判<br>平19・1・25<br>【8】に付記 | 特養 | ほぼ全盲の状態にあり老年性痴呆の症状もあった利用者が、居室内での配膳の準備中、介護職員が居室を離れたところ、25分後に食堂の床に座っている状態で発見され、左大腿骨頚部内側骨折、左拇指基節骨骨折が判明した。 | 利用者に徘徊の性癖があったとしても、本件当時は朝食の準備のため多忙な時間であったこと、利用者が居室を出て食堂に自立歩行して転倒するまでは短時間であったことに照らすと、本件事故を予見し、回避する可能性が認められないとした。 | 請求棄却 |
| 判タ<br>1247・228 | 88歳・女 | | | |
| 【7】<br>大阪高判<br>平18・8・29 | 特養ショートステイ | デイルームにおいて車椅子に座っていたところ、他の利用者に背後から押され、車椅子から落ちて転倒し、両股・膝関節拘縮、両下肢の機能全廃（左股関節に人工骨頭置換）の後遺障害を負った。 | 加害者が、3度重ねて被害者の乗っている車椅子を揺さぶる直接有形力を行使しており、同様の行為がエスカレートすることは予測可能であった等として、加害者が接触できないような措置を講じる義務に反したとして責任を認めた。 | 1054万5452円<br>治療費　27万0357円／付添看護費　53万4000円／入院雑費　13万3500円／通院交通費　2万4468円／介護費増額　99万4913円／症状固定後の付添費　112万8214円／傷害慰謝料　150万円／後遺障害慰謝料　500万円／弁護士費用　96万円 |
| 裁判所<br>ウェブサイト | 91歳・女 | | | |

280

## 1. 転倒・転落に関する裁判例

| | | | | |
|---|---|---|---|---|
| **【8】**<br>福岡高判<br>平19・1・25<br>※【6】の控訴審<br><br>判タ<br>1247・226 | 特養<br><br>88歳・女 | 【6】と同 | 原審と同様に予見可能性、注意義務違反を否定した。 | 請求棄却 |
| **【9】**<br>大阪高判<br>平19・3・6<br>※【5】の控訴審<br><br><br>賃社<br>1447・55 | グループホーム<br><br><br>79歳・女 | 【5】と同 | 利用者は下肢筋力の低下により転倒の危険性を指摘されていたこと、浴室横の部屋に誘導されるという場面転回による症状動揺の可能性があったこと、頻繁にトイレに行く傾向があったこと等のため急に不穏行動や次の行動に移ることが容易に予測されたことから、職員は、利用者が着座したまま落ち着いて待機指示を守れるか、仮に歩行を開始してもそれが独歩に委ねても差し支えないか等の見通しだけは事前確認する注意義務があったが、これに違反したとして、一審判決を変更して責任を認めた。 | 652万9070円<br>（治療費 103万3210円／入院雑費 24万5700円／付添看護費 65万0160円／傷害慰謝料 400万円／弁護士費用60万円）<br>※基礎疾患に諸疾患が併発して死亡に至ったとして事故と死亡との因果関係を否定した。過失相殺は否定。 |
| **【10】**<br>東京地判<br>平19・4・20<br><br><br>判タ<br>1278・231 | 老健<br><br><br><br>90歳・女 | 利用者が被告施設入所中に①左下肢3か所の骨折、②右大腿骨骨折（①の約1か月半後に判明）、また①と同時期に左大転子部褥瘡および仙骨部褥瘡の傷害を負い、両下肢機能障害の後遺症を生じ、①の約1年8か月後に死亡した（直接死因は褥瘡感染症とされた）。 | 利用者がベッドから転落または転倒をしたことをうかがわせる証拠がないことから、左下肢の骨折は、それ以外の原因によって発生したものと推認したうえ、被告の行った対策が十分であったか疑問が残るとし、また施設における調査で骨折の原因となる事情が把握できないことから、利用者の動静を注視し、危険な行動およびそれによる受傷を防ぐ義務に反したとして責任を認めた。<br>速やかに治療を受けさせる義務違反は否定した。 | 738万0537円および弁護士費用75万円<br>（治療費雑費 182万0537円／慰謝料 268万円／褥瘡治療費、介護費用 288万円）<br>※また両下肢機能障害について原因は脳梗塞であり、被告の過失と因果関係にないとした。 |
| **【11】**<br>神戸地<br>伊丹支判<br>平21・12・17 | グループホーム<br>（痴呆対応型共同介護利用契約） | 利用者が被告施設の居室において2回転倒（1回目は起床直後にカーテンを開けようとして転倒し右大腿骨転子部骨折の傷害を負い、2回目は就寝時にカーテンを開閉しようとして転倒し右側坐骨骨折を受 | 転倒の原因になったカーテンの開閉など行動を職員の巡視や見守りの際にさせたり、利用者が1人で歩く際に杖などの補助器具を与えるなどの対策や、痴呆対応型共同生活介護計画の変更を行わなかったとして、施設の責任を認めた。 | 376万7810円<br>1）第1事故（治療費入院費 21万1340円／入院雑費 15万4500円／慰謝料 120万円）<br>2）第2事故（治療費入院費 55万1970円／入院雑費 15万円／慰謝料 150万円）<br>※重過失免責、過失相殺を否定した。 |

## 第5章　介護事故の裁判例

| 判決年月日 出典 | 施設・サービス種別 被害者属性 | 事案の概要 | 裁判所の判断 | 認容額 |
|---|---|---|---|---|
| 判タ 1326・239 | 86歳・男 | 傷した。なお2回目は、1回目の受傷の治療のための入院から施設に戻った約1週間後に発生した。 | | |
| 【12】 仙台地判 平23・9・29　　自保 1874・176 | 在宅介護 サービス　　71歳・女 | トイレにおける排泄の介護にあたり、利用者を便器に座らせる際、利用者が左側を向いて前のめりに倒れかけたので抱きとめて支え、その際利用者が右側頭部を壁か手すりにぶつけた。 | 介護者は、利用者に声掛けをして了解を得てから後に、利用者を後ろから抱きかかえていた両手の力を緩めたのであるから、その介護の仕方に過失はないとして責任を否定した。 | 請求棄却 |
| 【13】 東京地裁 平24・3・28　　判時 2153・40 | 老健　　79歳・性別不明 | 利用者が被告施設のホールで就寝中に転倒し（時間は不明だが、午前5時30分に「私、転んじゃったの」と述べたことで判明した）、左大腿骨転子部骨折の傷害を負った。事故等の早期転送義務、入所中の違法な身体拘束の責任についても争われた。 | 被告は、原告が施設入所後1年強の間に15回転倒していたこと、コールマットや支援バーを設置しても防止できなかったことから、予見可能性を肯定し、被告には、利用者の動静への見守り、また見守り空白時間帯に対応する措置をとる義務があったが、上記措置が不足したため、利用者が転倒する危険のある何らかの行動に出たのに気づかず、転倒回避のための適切な措置を講ずることを怠った債務不履行責任があるとして責任を肯定した。 | 207万7868円 （医療費　52万590円／近親者看護介護費　5万2165円／諸雑費　5113円／入通院慰謝料150万円） ※素因減額認めず（骨粗鬆症はあるが、上記既往歴は前提として入所利用契約を手結していることを理由とした） |
| 【14】 福岡地 大牟田支判 平24・4・24　　賃社1591・1592・101 | 老健　　82歳・女 | レビー小体型認知症に罹患していた利用者が、施設入所9日後に、自室ベッド足元側で転倒し、口唇挫創、下顎部両側関節突起骨折、下顎体部骨折等の傷害を負い、咀嚼機能を全廃し、事故後数か月で、要介護度が1から5になった事案。 | 利用者の動静を常に見守り歩行に必ず付き添う義務については、転倒の危険が具体的に切迫していた等の事情がない限りは認められないとし、他方で、50分間にわたり利用者の安全が確認されていなかったことについて、動静確認を怠った過失があるとして責任を認めた。 | 2719万8783円 （治療費　21万4466円／入院雑費　10万5000円／交通費　1万8210円／入院慰謝料　120万円／介護費　316万1107円／後遺障害慰謝料2000万円／素因減額　介護費について5割） ※要介護5の状態になったのはレビー小体型認知症の寄与が小さいとは言えないとした。 |
| 【15】 仙台高判 平24・4・25 ※【12】の 控訴審　　自保 1874・176 | 在宅介護 サービス　　71歳・女 | 【12】と同 | 一審の事実認定を支持し、控訴を棄却した。 | 請求棄却 |

**1. 転倒・転落に関する裁判例**

| | | | | |
|---|---|---|---|---|
| **【16】**<br>東京地判<br>平24・5・30 | 短期入所<br>生活介護 | 利用者が前日の22時〜当日2時30分ころにかけて5回にわたり離床センサーを反応させ、午前6時には睡眠していたが、午前6時20分にベッド脇で転倒しており、頭部打撲による脳挫傷（両側前頭葉の挫傷）を負った。 | 被告は原告が夜間徘徊して転倒する危険性があることを認識していたと認定したが、被告は夜間離床センサーが反応する都度対応をし、夜間少なくとも2時間おきに巡回するなどの対策をとり、本件事故直前もセンサー反応後、対応中の別の利用者を座らせたうえで別の利用者の居室に向かっていたことから、転倒防止措置をとっていたとした。 | 請求棄却 |
| 自保<br>1879・186 | 84歳・男 | | | |
| **【17】**<br>福岡地判<br>平28・9・12 | 自宅（特養でのショートステイの送迎中） | 利用者が被告の送迎により帰宅し自宅玄関先の階段を上る際に、転落転倒した。利用者は急性硬膜下血腫、脳挫傷等の傷害を負い、約2か月後に死亡した。 | 利用者は100歳で、骨粗鬆症の既往があり、下肢筋力の低下、視力悪化があったこと、当日は雨天のため手すりが濡れて滑りやすくなっていたこと等から予見可能性を肯定し、職員は、利用者が階段を上るにあたって、常時その身体を注視し、その身体を適切に支えてバランスを崩して転落しないようすべき義務を負っていたが、利用者から目を離し、右手を利用者の右脇から離したこと等から義務違反を認めた。 | 1233万4814円および弁護士費用125万円（5名分）<br>（過失相殺：3割／過失相殺前の合計額 1762万1164円（入院費 10万6265円／入院雑費 10万6500円／家族交通費 19万5790円／介護器具レンタル料 3万7500円／逸失利益 100万8259円／入通院慰謝料および死亡慰謝料 1500万円／葬儀関係費用 116万6850円））<br>※事故が起きた階段にも、昇降機を設置していれば、本件事故を防ぐことができたといえるとして、3割の過失相殺を認めた。 |
| LLI/DB<br>L07151280 | 100歳・女 | | | |
| **【18】**<br>京都地判<br>平24・7・11 | 短期入所<br>生活介護 | 利用者が午前0時ころ、ベッドから立位をとって車椅子に向かって1、2歩または2、3歩進んだところで転倒し頭部を打ったと推測される状態で発見され、同日午前6時過ぎ救急搬送されたが急性硬膜下血腫により事故12日後に死亡した。 | 事故前の利用者の状況から、利用者がナースコールをすることなく、ベッドから車椅子に向かい歩み出して転倒することの予見が可能で、離床センサーを設置し、夜間は介護用の衝撃吸収マットをベッドから一定範囲に敷き詰めるべきであったとして責任を認めた。 | 3402万312円<br>（逸失利益 749万3432円／死亡慰謝料 2200万円／治療費 2万6880円／葬儀費用 150万円／弁護士費用 300万円）<br>※過失相殺認めず（利用者が指示に従わず転倒したことがあることを承知のうえで契約していたことを指摘し、また家族からの情報提供がなかったとしても、施設入所後の情報で本件事故は予見回避可能とした）。 |
| LLI/DB<br>L06750333 | 81歳・男 | | | |
| **【19】**<br>東京地判<br>平24・11・13 | デイケア施設 | 利用者が施設1階から2階に階段で誘導された際、職員が、もう1名の利用者の介助のため目を離した間に、転倒 | 利用者は、歩行能力にとくに問題はなく、階段には手すりが設置されており、とくに段差が急である等の問題はなく、本件事故前も1人で歩行し、転倒の危 | 請求棄却 |

283

## 第5章　介護事故の裁判例

| 判決年月日 出典 | 施設・サービス種別 被害者属性 | 事案の概要 | 裁判所の判断 | 認容額 |
|---|---|---|---|---|
| LLI/DB L06730736 | 70歳・女 | し、右上腕骨近位端骨折の傷害を負った。 | 険が生じたこともないこと等から、義務違反はなく、利用者が階段を上る際に常時見守り、介助する義務もないとした。 | |
| 【20】 青森地 弘前支判 平24・12・5 | 介護支援施設におけるデイサービス | 被告施設における入浴介護サービスを受けていた利用者が、入浴補助用のキャスター付き簡易車椅子に座っていたところ、職員が他利用者の洗身を介助していた間に、椅子ごと体勢を崩して転倒し、左大腿骨転子部骨折の傷害を負った。 | 利用者は、車椅子への移乗の際待ちきれずに不安定な体勢で移乗を試みるなどの挙動傾向がみられており、転倒の危険が高いこと、また浴室という滑りやすい危険な場所における介助であることから、利用者から目を離さないようにするとか、一時的に目を離す場合には、代わりに見守りを依頼したりするなどの措置をとる義務があったが、このような措置をとらなかったことに義務違反があるとした。 | 832万4698円 （治療費 15万3064円／介護費 9万7048円／介護雑費 1万6800円／通院退院交通費 4260円／将来介護費 258万9216円／入通院慰謝料 180万円／後遺症慰謝料 290万円：5級の診断書があるが12級相当とした／弁護士費用 75万円） |
| LLI/DB L06750612 | 88〜89歳・女 | | | |
| 【21】 福岡高判 平24・12・18 ※【14】の控訴審 | 老健 | 【14】と同 | 利用者の歩行時にはシルバーカーを用いて歩行するよう注意するなどしていたところ、本件施設ではシルバーカー使用時の転倒事故は生じていなかったから予見可能性があるといえないとし、また、転倒はその性質上突発的に発生するのであり、常時付き添う以外にこれを防ぐことはできないことからすると、過失の前提となる結果回避可能性が認められないとして、責任を否定し、原判決を変更して請求を棄却した。 | |
| 賃社1591・1592・121 | 82歳・女 | | | |
| 【22】 東京地判 平25・5・20 | 通所介護 | 本件介護施設から、付属する宿泊施設へ移動する送迎車にいったん乗車した利用者が、職員が他の利用者の乗車介助をしていた間に不意に降車しようとして転倒した。利用者は右大腿骨頚部骨折と診断された。 | ・利用者は、認知症の症状は認められたが、要介護区分は1で、意思疎通、自力歩行、日常生活上の動作は可能であり、転倒もなかったこと、本件当時、忘れ物や排尿を済ませたことの確認を済ませていたことから、ごく短時間の隙に、当該利用者が不意に降車しようとすることは予見できなかったとし、しばしの間当該利用者から目を離したことに義務違反はないとした。 ・他方で、利用者が転倒後、右足ないしは腰部に痛みを生じ、 | 慰謝料 20万円 ※翌朝まで骨折について適切な医療措置を受けられなかった肉体的精神的苦痛について |
| 判時 2208・67 | 87歳・女 | | | |

## 1. 転倒・転落に関する裁判例

| | | | | |
|---|---|---|---|---|
| | | | その症状が継続的なものであることを認識したのであるから、医療措置を受けさせるべき義務に違反したとした。 | |
| 【23】東京地判平25・10・25<br><br>LLI/DB L06830822 | 訪問介護<br><br>82歳・女 | 利用者が、自宅自室から玄関まで自立で杖歩行し、上がりかまち（土間からの高さ約24cm）の上で立位のまま靴を履いたところ、介護士が、利用者にそのままの体勢で待つように指示して玄関の外に出た間に、玄関土間に転落した。利用者は左大腿骨頚部内側骨折の傷害を負った。 | 利用者の脚力が低下し、杖等がなければ自力歩行できず、手すりや杖を利用して立位を保持することができるのも30秒から1分程度と短い時間であったこと等から、本件事故は予見でき、介護士は、利用者から目を離す際には、いったん上がりかまちに座らせるとか等の措置をとる義務に違反したとして責任を認めた。 | 1726万2000円<br>（入院付添費 1万9500円／入院雑費 56万2500円／入院慰謝料 328万円／後遺障害慰謝料 1180万円：偽関節、下肢短縮で併合6級／弁護士費用160万円）<br>※介護士の指示に反して自らの判断で動いたとは認められないとして過失相殺は否定 |
| 【24】新潟地判平25・12・25<br><br>自保 1931・178 | 小規模多機能型居宅介護サービス<br><br>81歳・男 | 利用者が夜間午前3時頃居室で転倒し、同日午前10時頃急搬送されたところ、くも膜下出血を伴う左急性硬膜下血種、脳挫傷および外傷性脳内出血が認められ、翌日遷延性意識障害となり、事故の約2か月半後肺炎のため死亡した。 | 専ら搬送義務が問題となり、利用者は、発見された直後には左手が動かず頭痛を訴えるなどの症状が見られたが、意識ははっきりしており、頭痛を訴えずに就寝していたこと、午前4時45分にトイレに行った際にふらつきや、右手の指が動かないといった症状が見られたが、意識障害はなく、頭痛や嘔吐といった症状も生じていなかったことから、上記時点で直ちに搬送すべき義務はなかったとした。 | 請求棄却<br>※因果関係に関して、利用者が負った脳挫傷に治療適応はなく、午前4時45分に搬送したとしても、死亡に至らなかったと認めるに足りる証拠はなく、原告の主張する時点で搬送を行っていたとしても、利用者が死亡しなかったといえず、また死亡しなかった相当程度の可能性があるとも認められないとした。 |
| 【25】東京高判平26・6・19<br>※【24】の控訴審<br><br>自保 1931・170 | 小規模多機能居宅介護サービス<br><br>81歳・男 | 【24】と同 | 請求を棄却した一審判決の判断を相当として控訴を棄却した。 | 請求棄却 |
| 【26】福岡地小倉支判平26・10・10 | 特養ショートステイ（歩行車使用） | 利用者が、施設3階のユニットの共同生活室から個室へ移動する際、個室入口付近で後ろ向きに転倒し、第11胸椎新鮮圧迫骨折等と診断された。事故翌日、発熱や呼吸困難等の症状 | ・利用者は歩行車を利用して歩行する際に足がついていかなくなる危険が指摘され、訪問看護計画書に腰椎変形等があり転倒する可能性が高い旨の記載があること、被告施設も歩行介助を提案していたことなどから、予見可能性を認め、 | 480万円<br>（慰謝料2200万円の相続分1/5と弁護士費用40万円） |

285

# 第5章　介護事故の裁判例

| 判決年月日<br>出典 | 施設・サービス種別<br>被害者属性 | 事案の概要 | 裁判所の判断 | 認容額 |
|---|---|---|---|---|
| LLI/DB<br>L06950494 | 96歳・女 | のため入院し、事故約2か月後に呼吸不全で死亡した。 | 可能な範囲内において、歩行介助や近接した位置からの見守り等の措置を講じる義務があったが、利用者が個室に入る頃に共同生活室に職員がいなくなったことについて、上記義務の違反があったとして責任を認めた。 | |
| 【27】<br>東京地判<br>平26・12・26 | 通所介護施設（ショートステイ） | 利用者が夜間施設内のデイルームで転倒し、口唇、鼻根部および前頭部挫傷の傷害を負い、転倒当日はCT検査等で当該内出血等は認められず施設に戻ったが、2日後に脳内出血があると診断され、約2か月後に死亡した事案。 | ・利用者は徘徊があり、注意力等の減退、歩行の不安定、ふらつき、傾眠が見られていたことから、転倒の予見可能性があるとしたうえで、利用者は自力歩行が可能で、転倒はあったが1年近く前であったこと等から、夜間に常時の見守りは必要なく、また利用者の歩行可能な場所を区切ったうえで介護職員が隣室にドアを開放した状態で待機していたことから、転倒防止のため適切かつ相当な措置をとっていたとして回避義務違反を否定した。 | 請求棄却 |
| D1-Law<br>29045228 | 74歳・男 | | ・早期受診義務については、事故後利用者の身体が右に傾き、レクリエーション中に眠ってしまう等の状況があったが、事故前からも同様の状況が見られていたこと、食事はとれ血圧等に異常もなかったことから、脳内出血を疑わせる状況ではなかったとして否定した。 | |
| 【28】<br>東京地判<br>平27・3・10 | 通所介護 | ヘルパーが利用者を自宅へ送った際、ヘルパーにおいて、ドアが閉まらないように右足でドアを押さえながら、利用者を支えて玄関内に入ったところ利用者の右足の靴が | 利用者が歩行状態が不安定で、通所介護計画でも転倒の危険が高いとされていたが、利用者が転倒しないように十分な注意を払う抽象的な義務があるといえるとしても、利用者を椅子に座 | 請求棄却 |
| 自保<br>1948・185 | 78歳・女 | 脱げて、玄関マットに躓く形となって前方に転倒し、右大腿骨転子部骨折の傷害を負った。 | らせて靴を脱がせる等の具体的な義務が生じているとは言えず、むしろ利用者の行動に起因する突発的な事故であった可能性も残るとして、責任を認めなかった。 | |
| 【29】<br>東京地判<br>平28・8・23 | 介護付有料老人ホーム | 利用者が、午後0時55分頃、昼食後に他の入居者と雑談していた後、 | 利用者は、過去に自宅で転倒し、またよろけてガラスにぶつかり受傷したことがあり、脳血管性 | 請求棄却 |

286

## 1. 転倒・転落に関する裁判例

| | | | | |
|---|---|---|---|---|
| LLI/DB L07131905 | 87歳・女 | トイレに行こうと立ち上がったところ足をすべらせ転倒し、左大腿骨転子部骨折の傷害を負った。 | 認知症と診断されていたが、日常的動作については自立し、一人で歩行していたこと、また医師作成の指導書には転倒に留意すべき旨の記載があるが、根拠となる具体的な事実の記載はなく、施設職員による観察等でも歩行能力について格別問題なく、本件施設で転倒したこともないことなどから、本件転倒事故は具体的に予見できないとして責任を否定した。 | |
| 【30】大阪地判 平29・2・2<br><br>判時 2346・92 判タ 1438・172 | 特養(ユニット型指定短期入所生活介護)<br><br>93歳・男 | 入所者が深夜にトイレに行こうとして転倒して頭部を負傷し、急性硬膜下血腫を発症し植物状態に近い状態となった。事故の2年9か月後に急性硬膜下血腫を理由とした呼吸不全で死亡。 | 利用者がパーキンソン症候群等によって、歩行にふらつきがあり、本件事故の19日前にも転倒したこと、トイレ等に行く際には被告職員の付添い等がされていたことから、予見可能性があるとし、離床センサーを使用すべき義務に反したとして、責任を認めた。なおマットの設置義務はないとした。 | 901万2857円および原告4名の弁護士費用合計90万円(治療費入院費 228万106円／慰謝料 1300万円：過失相殺4割を認めた(意思能力に問題がなかった)、素因減額認めず／既払金 15万5206円) |
| 【31】東京地判 平29・3・14<br><br>LLI/DB L07231226 | 指定通所介護<br><br>91歳・女 | 被告施設内において帰宅するため送迎車へ案内されるのを待っている際、一度立ち上がったが介護職員から着席して待つよう指示されいったん着席したが、その後再度立ち上がって転倒し、大腿骨頚部骨折の傷害を負った。 | 利用者は、約1年半前に転倒したことがあるが本件施設において転倒したことはなく、また送迎時には1人で自宅玄関から出入りしており、本件施設でもトイレに1人で行っていたこと、要介護認定更新調査で、歩行能力等に殊更注意を払うべき問題がなかったことなど、利用者の認知能力や行動制御能力につき、殊更注意を払うべき状況にもなかったから、本件転倒を予見することはできなかったとして責任を否定した。 | 請求棄却 |
| 【32】さいたま地判 平30・6・27<br><br>判時 2419・56 | 短期入所生活介護(ショートステイ)<br><br>64歳・男 | ショートステイでの昼食後個室で付添いなしで口腔ケア(うがい)をしていたところ、洗面所から上半身を乗り出すように右側臥位で転倒していた。事故により右大腿骨頚部骨折の傷害を負った。事故の約半年弱経過後、別の施設で誤嚥性肺炎を起こし寝たきりとな | 利用者は、脳内出血による右上下肢の障害により自宅で転倒するなどしていたところ、従前から1人で、洗面所の壁に左肩をもたれかけるようにしてうがいをしており、利用者の身体能力や洗面所内に支えになる手すりや家具がないこともふまえれば、利用者がバランスを崩すなどして転倒することは予見可能であり、利用者の口腔ケアに付き添うか洗面所内に椅子を設置する | 306万5116円(治療費 12万2616円／入院雑費 16万2500円／慰謝料 250万円／弁護士費用 28万円)※利用者は骨折の手術後一時は身体機能を相応に回復させ、ずっと寝たきり状態にあったわけではないこと等から、嚥下能力低下の原因となった認知機能の低下の機序は、明らかでないとし、事故と死亡と |

# 第5章　介護事故の裁判例

| 判決年月日 出典 | 施設・サービス種別 被害者属性 | 事案の概要 | 裁判所の判断 | 認容額 |
|---|---|---|---|---|
| | | り、事故の約7か月弱経過後に誤嚥性肺炎を直接死因として死亡した。 | などの措置を講じる義務違反があるとして責任を認めた。 | の因果関係を否定した。 |
| 【33】<br>津地判<br>平31・3・14<br><br>LLI/DB<br>L07450872 | 特養<br><br><br>92歳・女 | 職員が利用者をトイレへ誘導したところ、便汚染があったが、タオルが切れていたため、倉庫まで取りに行っている間に、利用者が転倒し急性硬膜血腫の傷害を負い、約2か月半後に全身状態が悪化し死亡した事案。 | 便座に着座中という不安定な状態のまま、利用者を見守る者がいない状態にしないようにする義務（いったん、転倒の心配のない場所に移動させる等）に反したとして、責任を認めた。 | 2207万7650円<br>（治療費　9万3390円／入院雑費　10万6500円／葬儀費用　73万5760円／傷害慰謝料　114万2000円／死亡慰謝料　2000万円／以上のほか、4名の原告に各55万1941円の弁護士費用）<br>※死亡との因果関係についても肯定した。<br>　素因減額は否定。 |
| 【34】<br>大津地判<br>平31・4・23<br><br>LLI/DB<br>L07450872 | 介護付有料老人ホーム<br><br><br>91歳・女 | 利用者のトイレ介助の際に、利用者をトイレの便座上に横向きに座らせて、トイレの右横にある手すりにつかまらせる方法で行い、職員がその場を立ち去ったところ、利用者が便座から転落して顔面挫傷等の傷害を負い、事故約2か月半少し経過後に死亡した。 | 横座りの方法によるトイレ介助は、洋式トイレの通常の使用方法とは大きく異なり、バランスを維持できない危険性を伴うもので、正規のトイレの用法どおりに正面向きに座らせて、横や前方の手すりを設置していれば、本件事故の発生を回避することができたとして責任を認めた。 | 2520万8569円<br>（治療費　30万8569円／入通院慰謝料　140万円／死亡慰謝料　2200万円／葬儀費用　150万円）<br>※死亡との因果関係について、肯定した。 |
| 【35】<br>京都地判<br>令元・5・31 | 老健 | 利用者が、18日間に3回転倒（①サービスステーション前のソファに座ろうとして前方に転倒、②上記の13日後に上記ソファの前で左伏臥位の状態で発見、③上記②の5日後に同ソファ付近において仰向けに転倒）し、3回目の転倒の翌日、両側前頭葉挫傷により死亡した。 | 第1転倒：利用者は認知症が相当程度進行し重度であり、歩行の際にふらついていたこと等を指摘しつつ、以前に転倒がなく、基本的には安定して歩行していたことから、転倒リスクは抽象的なものにとどまり、具体的に予見できたといえないとした。<br>第2転倒：第1転倒の態様から、利用者がソファに着座しようとする際に転倒する可能性を予見できたとし、利用者の動向を注視し、ソファに座ろうとする際に、付き添い、介助すべき義務があったが、約10分間利用者の動向の確認を怠った点に義務違反があったとした。 | 2817万7241円<br>（慰謝料　2300万円／逸失利益　138万7810円／治療費　4万9000円／死亡診断書料　4320円／葬儀費用　117万6111円／弁護士費用　256万円） |

288

## 1. 転倒・転落に関する裁判例

| | | | | |
|---|---|---|---|---|
| 判タ<br>1484・227 | 82歳・男 | | 第3転倒：第2転倒は、第1転倒から14日後に発生し、第2転倒後少しふらついたりしていたこと等から、予見可能であるとし、職員は、利用者がバランスを崩しやすい状況にあった場合には、利用者に付き添い介助すべき義務に違反したとした。<br>・結果回避可能性について詳細に認定している。 | |
| 【36】<br>東京地判<br>令元・11・14<br>------<br>LLI/DB<br>L07431388 | 老健<br>------<br>97歳・女 | 職員が、利用者を居室隣にある個室トイレに誘導し、トイレの便座に座らせて、トイレのドア前で見守りを行っていたが、他の利用者の離床センサーに対応するためにその場を離れたところ、約15分後、利用者が転倒しており、左大腿骨頚部骨折の傷害を負った。 | 利用者は、転倒のおそれがあり、認知症のため転倒を防ぐ適切な行動が期待できない状態であったから、排泄の介助中に見守りを中断した場合、利用者が、トイレから出るために立ち上がり、転倒する危険性があったことは予見可能であったとし、職員において、自らに代わって見守りを継続する職員を確保することなく利用者の元を離れたことについて過失が認められた。 | 607万4700円<br>（入院雑費 2万2500円／傷害慰謝料 50万円／後遺傷害慰謝料 500万円／弁護士費用55万2200円） |
| 【37】<br>東京地判<br>令2・7・3<br>------<br>LLI/DB<br>L07531428 | 有料老人ホーム、居宅介護支援事業所を併設し、居宅介護支援利用契約を締結<br>------<br>88〜89歳・女 | 利用者が自身の居室内で転倒し、右大腿骨転子部骨折の傷害を負い、歩行困難となった。 | 利用者が要介護3、認知症高齢者の日常生活自立度がⅡaの判定を受け、被告施設の居宅サービス計画書にも、「歩行のフラツキや転倒・骨折の経緯がある」等の記載があること、事故の約1か月前に、利用者の歩行に異変を認め、医師作成の居宅療養管理指導書においても、転倒への注意が喚起されていたことから、予見可能性を肯定したが、被告は、利用者に対し、単独歩行の際にナースコールで介護士等を呼ぶよう指導しており、利用者がこれを利用しなかったにすぎないため義務違反はないとした。 | 請求棄却 |
| 【38】<br>名古屋地判<br>令2・9・10 | 特養 | 利用者が午前0時5分ころ、居室前の廊下に置いてあった据置型のパイプ式の物干しハンガーと一緒に転倒していた事案。利用者は転倒時において意識がなく、その後覚醒したが、 | 転倒について：利用者は、独歩が可能で、本件施設で6回ほど転倒しているが、歩行中の転倒ではなく、また頻繁に転倒する状況ではなかったことから、予見可能性を否定し、離床センサー等を設置する義務等を否定した。<br>搬送について：本件施設は総合 | 請求棄却 |

289

## 第5章　介護事故の裁判例

| 判決年月日 出典 | 施設・サービス種別 被害者属性 | 事案の概要 | 裁判所の判断 | 認容額 |
|---|---|---|---|---|
| 自保 2083・167 | 79～80歳・女 | 少量の嘔吐が複数回あった。同日午前6時20分、急変して救急搬送され、外傷性くも膜下出血、急性硬膜下血腫および急性硬膜外血腫のため死亡した。 | 病院ではなく、意識消失から覚醒した状態が、脳内の血腫が徐々に膨らんでいる過程であるのかを正確に判断することは困難であること、嘔吐があったものの少量にとどまっていたこと等からすれば、経過観察と判断したことが不合理であったとはいえず、搬送義務を否定した。 | |
| 【39】 東京地判 令3・4・27 ──── LLI/DB L07633060 | 特養（ショートステイ） ──── 81歳・性別不明 | 利用者が、夜勤担当者をブザーで呼び出し、自室に隣接する共用トイレの個室に向かった後、トイレ内で転倒し、左大腿骨転子部骨折の傷害を負った。 | 利用者は、本件事故当時、要介護2の認定を受けてはいたものの、1人で立ち上がる・座る・トイレで用を足すことが可能な状況にあったこと、利用者の希望およびケアマネジャーとの協議をふまえ、利用者に対するトイレ内介助については不要と定められていたことをふまえて、被告施設において安全配慮義務に違反はないとした。 | 請求棄却 |
| 【40】 東京地判 令3・10・29 ──── LLI/DB L07631168 | 指定通所介護 ──── 91歳・男 | 利用者の送迎の際に、職員が利用者に対し、車の付近で待っているように伝えて、同じ施設を利用していた利用者の妻の介助に向かったところ、利用者が歩き出そうとして転倒した。利用者は翌日救急搬送され右大腿骨頚部骨折の診断を受けた。 | 利用者は、杖歩行は可能だがふらつきがあること、事故前に3回転倒していたこと、被告職員も転倒による骨折の危険について意見を述べていたこと、利用者は待っているように言われても歩くことがあったこと等から、予見可能性を認め、利用者に付添いなしで歩行を開始しないよう、繰り返し注意喚起する義務に違反したとした。また、転倒直後から複数回にわたって、右臀部の痛みの訴えがされていたことから、医療措置を受けさせる義務があるとした。 | 202万0121円 利用者固有：入院雑費　15万1500円／慰謝料　180万円 原告〔家族〕固有：妻が、利用者の入院によって負担せざるを得なくなった通所介護サービスの費用　29万8653円 弁護士費用　合計20万円 ※2割の過失相殺を認めた（医療措置を受けさせなかった点の慰謝料10万円については過失相殺を認めなかった） |
| 【41】 広島地 福山支判 令5・3・1 ──── LLI/DB L07850233 | 老健 ──── 74歳または75歳・女 | 入所者が、施設内の自己の居室内（ベッド付近）で転倒し、約7時間後意識レベルが低下したため搬送されたが、外傷性急性硬膜下血腫で同日死亡した。 | 施設入所以前から転倒を繰り返し、本件施設でも立ち上がり動作に介助が必要な状態で、少なくとも2度転倒していること、認知症のためナースコールを使用せず、ベッドから起き上がって行動することが度々みられたこと等から予見可能性を肯定し、ベッドの周辺に、衝撃吸収マット等を設置すべき義務に違反したとして責任を肯定した。 | 1650万円 （死亡慰謝料　2000万円の相続分3/4および弁護士費用150万円） |

## 1. 転倒・転落に関する裁判例

| | | | | |
|---|---|---|---|---|
| **【42】**<br>東京地判<br>令5・4・28<br><br>LLI/DB<br>L07830811 | 介護付有料老人ホーム<br><br>77歳・性別不明 | 入所者が、施設内の共用フロアの円形ソファの下の床で、右側臥位の状態で発見され、右前頭部に皮下出血の傷害を負った事故について、他の入居者等と接触して転倒し、またはうたた寝をしてバランスを崩し、共有フロアの円形ソファから転落したことが原因である可能性が高いと認定した。 | 転倒について：利用者は、認知症と診断され要介護4と認定されていたものの、日常的な基本動作を行うことができ、独歩での歩行は安定していたこと等を指摘した。転落について：利用者は以前に傾眠し負傷したが、対策により同様の事態は生じておらず、また、利用者には、うたた寝による転落の経緯は窺われないこと等を指摘し、転倒転落の現実的危険性を予見できたとは認められず、混み合う時間帯に常時監視職員を配置すべき義務、カメラで撮影管理すべき義務等を否定した。<br>・なお、契約条項による立証責任の転換を否定した。 | 請求棄却 |

### 〈裁判例一覧表：転落事故〉

| 判決年月日<br>出典 | 施設・サービス種別<br>被害者属性 | 事案の概要 | 裁判所の判断 | 認容額 |
|---|---|---|---|---|
| **【43】**<br>大阪地判<br>平19・11・7<br><br>判時<br>2025・96 | グループホーム（痴呆症介護施設）<br><br>86歳・女 | 利用者が就寝中にベッドから転落して左大腿骨転子部骨折の傷害を負った。<br>被告に敷引きされた40万円のうち30万円の返還も認められた。 | 利用者が、事故前の約2か月の間に、2回ベッドから転落し、そのほかに2回ベッドから落ちそうになったことを指摘したうえ、転落への対応策として、ベッド柵の取り付け、ベッドの交換、ベッドから布団への変更、ベッド下に緩衝材を敷くこと、ヘッドギアの装着をあげ、本件事故の報告書に、対処・改善点として、ベッド臥床位置の改善、ベッドの見直しなどが報告されていたことから、十分な対策が講じられていなかったとし、安全配慮義務等の不履行責任があるとした。 | 520万8641円および弁護士費用52万円<br>（治療費 60万2031円／入院雑費 14万3000円／交通費5840円／入院慰謝料 170万円／後遺傷害慰謝料 275万円：障害等級10級、素因減額5割／文書料 7770円／被告に敷引きされた40万円のうち30万円の返還も認められた）<br>※素因減額5割を認めた。 |
| **【44】**<br>東京地判<br>平20・1・25<br><br>LLI/DB<br>L06330316 | 訪問介護<br><br>90歳・性別不明 | 被告派遣のヘルパーが寝たきり状態の利用者を自宅において訪問介護中、移動式便器上に利用者を移動させて用便をさせた後、ベッド上に横たえさせたが、利用者がベッドから転落して左上腕骨骨折の傷害を負い、入院した後、約4週間後に死亡した。 | 介護者としては、利用者の身体が完全にベッド上にあることを確認すべき注意義務があるが、着替えのために利用者が仰向けになることは当然に予想できたにもかかわらず、利用者の左側に十分なスペースをとらず、柵も設置しないままで利用者から目を離した過失があるとして責任を認めた。 | 64万8727円<br>（治療費 4万8727円／慰謝料 50万円／弁護士費用 10万円）<br>※事故と死亡結果との因果関係は認めなかった。 |

# 第5章 介護事故の裁判例

| 判決年月日<br>出典 | 施設・サービス種別<br>被害者属性 | 事案の概要 | 裁判所の判断 | 認容額 |
|---|---|---|---|---|
| 【45】<br>東京地判<br>平23・6・14<br><br>LLI/DB<br>L06630336 | 特養<br>（ショートステイ、翌日から本入所予定）<br><br>97歳・男 | 利用者が居室のベッドから床に転落し、顔面左眉付近に約5cmの裂傷を負った。 | 「ショートステイ ADL経過表」に、利用者について、痴呆あり、移動は全介助、立位不可、転落注意、夜間ベッド上で多動等の記載があること、事故報告書には、ベッド上で動き転落の危険がある旨等の記載があること、ベッド柵の高さは、動きによっては転落する危険性もあり得る程度に低いこと等から、利用者が転落することの予見可能性を肯定し、体動センサーを設置する義務を肯定した。 | 78万8100円<br>（治療費 24万9500円／入通院慰謝料 46万7000円／弁護士費用 7万1600円）<br>※DIC（播種性血管内凝固症候群）を発症して入院が長期化した部分については因果関係を認めなかった。 |
| 【46】<br>東京地判<br>平25・9・24<br><br>D1-Law<br>29026428 | 短期入所生活介護サービス（ショートステイ）<br><br>82歳・女 | 利用者が入所した日の夜間、ベッドから転落しあるいはベッドと床の段差に起因して転倒した可能性が高いと認定された事案。利用者は左大腿骨頚部骨折の傷害を負った。<br>サービス利用契約書に、「介護サービスの提供にあたり事故が発生した場合は、これにより契約者の受けた損害を速やかに賠償します。ただし、事業者が故意・過失がないことを証明した場合は、この限りではありません。」との記載があり、立証責任が転換されている。 | 本件事故は寝具としてベッドを選択したことに起因するとしたうえ、利用者は自宅では布団を利用し、つかまり歩行をする状況でトイレには這っていくこと、認知症のため見当識障害がある等の事情を把握していたにも関わらず、安易にベッドを選択しており、リスクを念頭においた慎重な検討をしていない等として無過失とは認めなかった。<br>また転落転倒リスクに対し、夜間巡視を通常よりも頻回にしたり、職員の机を移動して常に利用者が視野に入るようにする等の対応・措置もとられていないことからも、無過失とはいえないとした。 | 431万円<br>（傷害慰謝料 217万円／後遺障害慰謝料 100万円／介護費 114万円） |
| 【47】<br>前橋地判<br>平25・12・19<br><br>LLI/DB<br>L06850665 | 老健<br><br>不明・女 | 利用者がベッド上から転落し、右硬膜下血腫の傷害を負い、意識障害に陥ったまま、約11か月後に死亡した。<br>利用者はいったん畳マット対応とされていたが、歩行状況等が改善し、畳やマットの端に足がひっかかるリスクを考慮してベッド対応に変更され、部屋の前にベッドを置いて見守る体制がとられていたが、転落した。 | 裁判所は、利用者が過去にベッド柵を乗り越えたことがある等の事情から、転倒は予見可能として、畳対応からベッド対応にしない義務違反、またベッド対応にした以上は、ベッドの柵の位置を工夫したりベッドの下にマットを敷くなどの措置をとる義務違反があった（むしろ、畳対応を続け、部屋の全部に畳を敷き詰め、段差をなくすという措置が必要だったとした）として責任を認めた。 | 2442万円<br>（慰謝料 2000万円／近親者固有慰謝料 220万円（2名）／弁護士費用 222万円） |

## 1. 転倒・転落に関する裁判例

| | | | | |
|---|---|---|---|---|
| **【48】**<br>東京地<br>立川支判<br>平26・9・11<br><br>LLI/DB<br>L06930925 | 老健<br>（ショート<br>ステイ）<br><br>84歳・男 | 入所者が、午後8時過ぎ頃、施設2階食堂の窓から雨樋伝いに降りようとして地面に落下し、救急搬送されたが、翌日午前2時7分、骨盤骨折の傷害を原因とする出血性ショックにより死亡した。 | 利用者は徘徊が強く、帰宅願望があり、度々エレベータに乗り込んだり、ドアを開けると騒ぐ等の行動がみられていたが、その都度職員らの声かけや説得により落ち着いており、利用者が窓をこじ開けたり、窓から外に出るような行動をとった形跡はないことから、窓の金属製ストッパーをこじ開けて外に出ようとする行動を予見することは不可能とし、徘徊する利用者に対し、入眠するまで、適切な見守り・誘導・説得等をすべき義務は、被告施設の職員に必要以上の義務を課すもので相当ではないとして否定した。 | 請求棄却<br>※ただし高裁で変更 |
| **【49】**<br>東京高判<br>平28・3・23<br>※**【48】** の<br>控訴審<br><br>LLI/DB<br>L07120109 | 老健<br>（ショート<br>ステイ）<br><br>84歳・男 | 【48】と同 | 本件食堂の窓は、ストッパーにより併せて最大150mm程度しか開放されないようになっていたが、本件ストッパーは、本件窓をコツコツと特に大きな力によることなく当てることにより容易にずらすことができ、ごく短時間で大人が通り抜けられる程度の隙間が開けられるところ、このようなずらし方は、帰宅願望を有する認知症患者が、思いつき得る方法と認められる等の事情から、窓の開放制限措置としては不適切で、通常有すべき安全性を欠いていたものして工作物責任を認めた。 | 2664万4492円および弁護士費用180万円<br>（治療費 9万9632円／葬儀費用 150万円／死亡慰謝料2000万円／逸失利益 504万4890円）<br>※過失相殺は否定された。 |
| **【50】**<br>東京地判<br>平28・12・19<br><br>LLI/DB<br>L07133904 | 特養<br><br>75歳・女 | 介護用リフトを使用して、利用者をベッドから車椅子に乗せる際に利用者がリフトから転落し、外傷性くも膜下出血、急性硬膜下血腫等の傷害を負い、翌日死亡した案案。 | 利用者の体を覆うシートを引っ掛けるための「ループ」という部分が、リフトのフック部分に正常にかかっている等を確認する義務に違反したとして、責任を認めた。 | 1592万4118円および弁護士費用160万円（慰謝料 1200万円／近親者慰謝料 300万円（3名）／葬儀費用 90万8498円／カルテ取寄せ費用1万5620円） |
| **【51】**<br>東京地判<br>平29・2・15 | グループ<br>ホーム（認<br>知症対応<br>型共同生<br>活介護） | グループホームの2階の居室の窓から認知症高齢者である入居者が転落して左恥坐骨骨折、右踵骨骨折等の傷害を負い、事故の約3年後に死亡した案案。 | 窓には、22.5cmまでしか開けることができないストッパーがついていたが、事故の際には外れていたところ、上記の窓を中間で止める設置方法は、当該ストッパーの本来の設置方法（完全に窓を開かないようにする） | 1075万8723円<br>（入院費 44万9383円／文書料 1万4370円／入院雑費26万5500円／付添交通費 4万9470円／傷害慰謝料・後遺症慰謝料 900万円／弁護士費用 98万円） |

293

# 第5章　介護事故の裁判例

| 判決年月日 出典 | 施設・サービス種別 被害者属性 | 事案の概要 | 裁判所の判断 | 認容額 |
|---|---|---|---|---|
| 判タ 1445・219 | 93歳・男 | 居室の窓は引き違い窓で、ストッパーが設置され、22.5cmまでしか開けることができないようになっていたが、上記ストッパーは、手で強く引っ張れば鍵を使わずに取り外すことができ、ストッパーは窓から外れていた。 | に比べて、手で強く引っ張れば鍵を使わずに取り外すことができ、認知症高齢者であっても、取り外してしまう危険性があり、中間止めにも対応できるストッパーを設置するか、本件ストッパーを窓の上側にも設置すべきであったとして、本件窓に設置または保存の瑕疵があったとして工作物責任を認めた。 | ※事故と、利用者が廃用症候群によって寝たきりとなったことの因果関係は認めたが、慢性腎不全による死亡との間の因果関係は認めなかった。 |
| 【52】 東京高判 平29・9・6 ※【51】の 控訴審 D1-Law 28264309 | グループホーム（認知症対応型共同生活介護） 93歳・男 | 【51】と同 | 一審同様に工作物責任を認め、控訴を棄却した。 | 1075万8723円 （入院費　44万9383円／文書料　1万4370円／入院雑費 26万5500円／付添交通費　4万9470円／傷害慰謝料・後遺症慰謝料　900万円／弁護士費用　98万円） ※控訴審で追加された過失相殺、素因減額の主張も認めなかった。 |
| 【53】 東京地判 令2・6・24 LLI/DB L07530987 | 特養 94歳・女 | 被告施設に入居していた利用者が、自室で脳挫傷、頭蓋骨骨折、顔面擦過創、前額部打撲擦過創の傷害を負った。上記傷害が職員の故意によるものかが争われたが、詳細な事実認定のうえ、職員がベッドのサイドレールを設置せずに、ベッドから離れ、ベッドに背を向けて、車椅子を片付けていたところ、利用者が転落したと認定した。 | 職員に、特段の転倒防止措置をしないままベッドから離れた過失があるとして責任を認めた。 | 238万5580円 （入院診療費、入院費、文書料等　21万5580円／傷害慰謝料　165万円／後遺障害慰謝料　30万円／弁護士費用　22万円） |
| 【54】 鹿児島地判 令2・10・30 | 住居型老人ホーム | 被告施設を利用していた利用者が居室の窓から転落して胸椎破裂骨折等の傷害を負い、事故の約1か月後に死亡した事故（直接的な死因は急性心肺不全）。 居室の窓には窓の開閉幅を制限できるストッパーが備え付けられていたが、本件事故当時は使用されておらず、窓が全開できた。 | ・利用者は、施設内を徘徊し、時折帰宅願望を示すことがあったが、窓から外に出ようとした様子はうかがわれないこと等から、利用者が窓から退室しようとして転落すると予見できないとしたうえ、本件施設の利用契約上、常時利用者の動静を注視し、その身体等の安全への危害を予見してそれを防止する注意義務までは負わず、ストッパーを管理す | 請求棄却 |

**1. 転倒・転落に関する裁判例**

| | | | | |
|---|---|---|---|---|
| 判時<br>2526・43 | 89歳・男 | | る義務もないとした。<br>・また、本件ストッパーが使用されているか否かは、人為的に使用するか否かの問題であり、工作物自体の瑕疵の問題ではない、として工作物責任を否定した。 | |
| 【55】<br>福岡高<br>宮崎支判<br>令3・4・21<br>※【54】の<br>控訴審<br>- - - - -<br>判時<br>2526・39 | 住居型老人ホーム<br><br><br><br>- - - - -<br>89歳・男 | 【54】と同 | ・原審同様、安全配慮義務違反や工作物責任を認めず、控訴を棄却した。<br>・工作物責任については、本件窓および本件ストッパー自体に不備はなく、利用者が本件窓から転落することを予見することができたとはいえない本件の具体的状況において、本件事故時に本件ストッパーが使用されていなかったからといって、本件窓が通常有すべき安全性を欠いていたということはできない、として否定した。 | 請求棄却 |
| 【56】<br>熊本地判<br>令3・4・28<br><br><br><br><br><br>- - - - -<br>LLI/DB<br>L07651913 | 介護付有料老人ホーム<br><br><br><br><br><br><br><br>- - - - -<br>82歳・女 | 被告施設に入所した利用者が、入所当日の夕方から夜間にかけてベッドから転落して頭部および右腕を受傷し、翌日救急搬送されたが、右急性硬膜下血腫で事故約2週間後に死亡した。 | ・利用者は認知症状が強く、夜間徘徊などが見られていたこと、事故約1か月前に転倒して骨折し、その3日後にも転倒し、その後もベッド柵を乗り越えようとする等の危険な行動が見られていたこと等を指摘した上、見守り義務の違反はなく、離床センサー設置義務はないとしたが、ベッドを低床にし、床に衝撃吸収マットを敷く義務の違反はあったとした。<br>・また、事故の翌朝、利用者が声掛けや口腔内の刺激にも反応が鈍く、朝食を摂取できず、傾眠傾向が続き、利用者の眉の上付近にあざのようなものがあるのを発見した段階で搬送しなかったことに義務違反があったとした。 | 1588万6240円<br>（治療費 7万5240円／入院雑費 2万1000円／死亡慰謝料 1000万円／入院慰謝料 20万円／近親者慰謝料 300万円（3名分）／葬儀費用 115万円／弁護士費用 144万円） |
| 【57】<br>福岡高判<br>令3・11・17<br>※【56】の<br>控訴審<br>- - - - -<br>LLI/DB<br>L07620799 | 介護付有料老人ホーム<br><br><br><br>- - - - -<br>82歳・女 | 【56】と同 | 一審と同様に責任を認め、控訴を棄却した。 | 1588万6240円<br>（治療費 7万5240円／入院雑費 2万1000円／死亡慰謝料 1000万円／入院慰謝料 20万円／近親者慰謝料 300万円（3名分）／葬儀費用 115万円／弁護士費用 144万円） |

295

第5章　介護事故の裁判例

# 2. 誤嚥事故の裁判例

垣内　惠子

弁護士

## I　誤嚥に関する裁判

### 1　誤　嚥

　誤嚥とは、嚥下（飲み下し）されて食道から胃に入るべき飲み物や食べ物（場合によっては唾液）が正しく嚥下されず気道（気管、気管支、肺）に入ってしまうことである。

　食べ物を食べる時、口の中で食べ物を飲み込みやすいように唾液と混ぜながら食べ物の塊（食塊）を作る咀嚼が行われ、これが作られると飲み込みの反射（嚥下反射）が起こり、食塊が咽を通過する。これが嚥下である。

　嚥下がなされる口から食道までは、①口腔相、②咽頭相、③食道相に分かれ、このうち、①は随意運動だが、②および③は不随意運動である。食べ物が咽頭に送られてくると、逆流を防ぐために、鼻咽腔と声門が閉鎖されるが、声門がきちんと閉じなかったり、咽頭括約筋や食道入口が正しく動かなかったりすると、気道に食べ物が入り込む。これが誤嚥の最も多い原因である。誤嚥によって窒息または誤嚥性肺炎が生じる。

　窒息は、食べ物にある程度の大きさがあり、それが気道に引っかかって呼吸ができなくなることによって生じる。完全に気道が閉鎖してしまうと、急激なチアノーゼ（血液中の酸素が不足することで皮膚や粘膜が青紫色に変化した状態）が発生し、呼吸困難となり、数分以内に無呼吸になるといわれている。

　誤嚥性肺炎とは、食物や唾液が口の中の細菌とともに気道に入り細菌が増えて肺炎を起こすことであり、高齢者の肺炎の中で一番多いといわれている。抗

菌薬（抗生物質）の投与等による治療が行われるが、高齢者の場合などには、死亡に至ることも少なくない。なお、不顕性誤嚥と呼ばれる誤嚥は、異物を感じることができず、嚥下反射が働かないために起こる誤嚥であり、むせや咳き込みはなく、睡眠中など本人の気付かないうちに少量の唾液や胃液が気管に入ってしまうものである。その際、唾液とともに口の中の細菌も誤嚥するため、誤嚥性肺炎を起こしやすいといわれている。

消費者庁によると、令和3年の65歳以上の不慮の事故による死因別死亡者数において、不慮の窒息による死亡者は7246人で、転倒・転落・墜落による死亡者9509人に次ぐものとされており、さらに、不慮の窒息による死亡者の約54%である3884人が、食べ物の誤嚥により気道閉塞を生じたものである[1]。高齢者に、前述の誤嚥による窒息が多く発生していることがわかる。高齢者の誤嚥については、高齢者は唾液の量が減り、歯牙が欠損して咀嚼機能が低下するため、口の中で食塊を形成しにくく、嚥下反射も遅れることから誤嚥を生じやすいこと、認知症の高齢者は、一口に入れる適切な量の判断ができず、沢山の食べ物を一度に食べようとして誤嚥することがあることが指摘されている。

## 2 誤嚥に関する裁判の傾向

誤嚥に起因する事故は、高齢者や患者等が介護や看護を受けている場面で発生した場合に、介護者や看護者の側の責任を問う形で裁判所に持ち込まれることとなる。ほとんどが民事の損害賠償請求事件であり、原告は、誤嚥を起こした高齢者や患者、誤嚥により死亡した場合には、その遺族であり、被告は、介護施設、訪問介護、病院等を営む事業者であり、なかには、介護職員、ホームヘルパー、医師、看護師（以下、これらを「介護職員等」という）も被告とされることがある。

なお、介護職員等を被告人とする刑事事件（業務上過失致死被告事件（刑法

---

1 消費者庁「別添 高齢者の事故に関するデータとアドバイス等」（2022年12月27日）〈https://www.caa.go.jp/policies/policy/consumer_safety/caution/caution_067/assets/consumer_safety_cms205_221227_02.pdf〉。

第5章　介護事故の裁判例

211条前段））も稀にあり、今回調査した裁判例中にも1件見られる。

　ところで、誤嚥事故に関する民事訴訟は、平成12年以降に目に付くように
なっているが、それは、同年に介護保険制度が実施され、介護施設および介護
サービスの利用者が増加するとともに、介護保険料の負担が制度化されたこと
から、権利意識が高まり、介護事故に対して厳しい目が向けられるようになっ
たことによるといわれている。今回の調査においても、平成12年以降の裁判
例47件を調査した。

　また、誤嚥事故に関する訴訟においては、そのほとんどが誤嚥により窒息し
た場合であり、誤嚥により誤嚥性肺炎を起こした場合は極めて少ない。今回調
査した裁判例中には1件のみである。窒息の場合には、死亡や重篤な後遺症等の
重大な結果となることが多いこと、誤嚥によって窒息となり死亡等の結果に至
る因果関係が明確であることが多いことなどが、訴訟が多くなっている原因で
はないかと思われる。誤嚥性肺炎の場合には、複数回の様々な誤嚥が重なって
罹患することが多く、罹患後もその治療が行われることになるから、ある誤嚥
事故によって結果が発生したという構成を取り難いのではないかと思われる。

## 3　誤嚥に関する裁判の典型例

　裁判例について検討する前に、誤嚥事故に関する民事訴訟における典型例に
ついて、見ておくこととする。

### (1)　請求根拠

　まず、請求根拠としては、債務不履行に基づく損害賠償請求（民法415条）
の場合と不法行為に基づく損害賠償請求（同法709条、715条）の場合がある。
債務不履行の場合には、介護施設や病院等の事業者が被告になり、介護職員等
が履行補助者になる。これに対し、不法行為の場合には、介護職員等の不法行
為責任（同法709条）を前提として、事業者に使用者責任（同法715条）に基
づく請求がされる場合と、直接、事業者に不法行為責任（同法709条）に基づ
く請求がされる場合とがあるということになる。

●——298

## 2. 誤嚥事故の裁判例

債務不履行においても不法行為においても、事業者や介護職員等に責任が認められるか否かについては、過失の有無、すなわち、事業者や介護職員等に注意義務違反があったか否かが問題となる。

### (2) 誤嚥回避の注意義務

誤嚥事故に関する事件において、誤嚥を回避することができたかどうかという観点から、事業者や介護職員等に求められる具体的な注意義務の内容としては、①嚥下障害の有無および程度等にかかる被害者の状況を把握すべき注意義務、②被害者に適した食品、調理方法を選択すべき注意義務、③被害者や食品等に応じた食事介護方法、介護体制（介助、付添、監視等）をとるべき注意義務が挙げられる。なお、いったん、誤嚥が発生した際には、死亡等の重大な結果を回避することができたかどうかという観点から、④誤嚥発生後に救急救命措置をとるべき注意義務が考えられる。

それぞれの注意義務について、若干の説明をしておきたい。

まず、①嚥下障害の有無および程度等にかかる被害者の状況を把握すべき注意義務についての判断においては、前提として、客観的な被害者の状況についての事実認定が行われ、介護職員等がその状況を把握していたのか否か、把握していなかった場合には、そこに注意義務違反があるか否かが検討されることになる。被害者の状況には、嚥下障害に関わるもののほか、早食いや盗食といった性癖や認知症の状況等も含まれることがあると考えられる。介護施設や病院においては、被害者の嚥下障害の状況等を把握していることが多く、把握していなかった点が注意義務違反として問題とされることは少ないが、この点の注意義務違反が問題とされるときには、注意義務を尽くしていれば、介護職員等が被害者の嚥下障害の状況を認識し、これをふまえて②食品や調理方法を選択し、③食事介護方法等をとることができ、誤嚥事故を回避できたかどうかが検討されることになると思われる。

②被害者に適した食品、調理方法を選択すべき注意義務についての判断においては、前述の①嚥下障害の有無および程度等にかかる被害者の状況の認識を

第5章　介護事故の裁判例

前提とし、同状況をふまえて、被害者に適した食品、調理方法が選択されているか否か、そこに注意義務違反があるか否かが検討されることになる。このときには、③食事介護方法等について、当該施設がどのような食事の介護を行うことができるかも視野に入れて②食品や調理方法を選択すべきと考えられる。

　そして、③被害者や食品等に応じた食事介護方法、介護体制（介助、付添、監視等）をとるべき注意義務についての判断においては、前述の①嚥下障害の有無および程度等にかかる被害者の状況の認識を前提とし、同状況をふまえ、さらに、②選択した食品、調理方法をもふまえて、これらに応じた食事介護方法、介護体制がとられているか否か、そこに注意義務違反があるか否かが検討されることになる。嚥下障害の程度の重さに応じ、選択した食品の嚥下し難さに応じて、1対1で介助をする方法から、集団を少人数で監視する方法まで、誤嚥事故を回避するために、様々な食事介護方法のいずれを採用すべきであったかどうかが検討されることになると思われる。

　このように、①被害者の嚥下障害の有無および程度等の状況、②食品、調理方法の選択、③食事介護方法の採用は、相互に関連しているものであり、今回調査した裁判例においても、多くは、それぞれの事実関係を認定したうえで、相関関係をふまえて判断がされていると理解されるものである。

### (3)　重大な結果回避の注意義務

　いったん、誤嚥が発生した事案にあっては、④誤嚥発生後に救急救命措置をとるべき注意義務についての判断がされることがある。判断の枠組みとしては、前記の誤嚥発生を回避すべき①②③の注意義務において注意義務違反が認められ、過失が認定される場合には、それによって損害賠償義務が認められるから、④誤嚥発生後に救急救命措置をとるべき注意義務について判断するまでもないので、この点について認定判断は行われないことになる（なお、誤嚥回避の注意義務違反を認めたうえで、救急救命措置をとるべき注意義務についても判断している裁判例も存在する。当事者の主張のし方に対応したものであろう）。

　④誤嚥発生後に救急救命措置をとるべき注意義務については、当該施設の介

300

護職員等が、被害者に誤嚥が発生したことを認識していたか否か、認識していなかった場合、そのことに注意義務違反が無かったか否か、認識していた場合、それぞれの立場に応じた適切な救急救命措置をとっていたか否か、そこに注意義務違反があるか否かが検討されることになる。介護職員については、適切な時期に医師や救急車を呼んでいたか否か、そこに注意義務違反があるか否かが検討されることも少なくない。

## Ⅱ　裁判例の検討

## 1　裁判例の概観

### ⑴　全体状況

今回、平成12年以降の誤嚥に関する47件の裁判例を調査した。前述のとおり、同年は介護保険制度の実施が始まった年であった。

47件のうち7裁判例は同一事案についての控訴審・上告審であり（【10】は【8】の上告審、【23】は【21】の控訴審、【27】は【26】の控訴審、【35】は【34】の控訴審、【36】は【33】の控訴審、【38】は【37】の控訴審、【44】は【42】の控訴審である）、事案としては40件となる。40件のうち、1件が刑事事件である（【37、38】）。

民事事件においては、原告側が食べ物の摂取における誤嚥があったと主張したのに対し、誤嚥が認定されない事案、吐き戻した物の誤嚥と認められる事案も相当数ある。今回調査した民事事件の39件においても、誤嚥が認定されない事案が2件（【20、41】）、吐き戻した物の誤嚥と認められる事案が5件（【6、8と10、16、39、45】）であり、食物の摂取における誤嚥があったとされたものが、残りの32件であった。

そのうち、誤嚥によって窒息が発生したのではなく、誤嚥によって誤嚥性肺炎となったと認定されたものが1件であった（【31】）。

また、誤嚥による窒息が生じたものの、死亡に至らず一命をとりとめ重い後

第5章 介護事故の裁判例

遺症が残ったものが3件であり（【25、30、33】）、誤嚥によって、あまり間を置かずに窒息死に至ったものが多いが、低酸素脳症になって数か月間以上生存していたものも数件ある。

食物の摂取における誤嚥により窒息死し、または重度後遺症が残った事案31件のうち、21件は請求が認容されており（第一審で請求棄却となり、控訴審で認容された【23】を含む）、請求棄却は10件であった。件数だけからすると、請求認容が請求棄却の約2倍であり、誤嚥による損害賠償請求は認容されやすいようにも見えるが、実際には、請求棄却相当事案においては、訴訟になる前または訴訟上、少額の見舞金の授受等によって和解をしている事案が少なくないのではないかと思われ、また、請求棄却の裁判例は、判例雑誌や判例データベースに掲載され難い傾向があるとも思われるから、認容されやすい傾向があるということはできない。

なお、前述のとおり、刑事事件は1件のみであり、民事事件はほとんどが損害賠償請求事件であるが、保険金請求事件が1件含まれている（【9】）。

## (2) 発生場所・利用サービス

40件の事故発生場所は、介護施設が28件、病院が8件、在宅の訪問介護が4件である。病院の場合、被害者は、高齢者とは限らず、幼児や壮年者も含まれる。介護施設の内訳は、特別養護老人ホームが8件、ショートステイ7件、デイサービス5件、介護老人保健施設3件、介護付有料老人ホーム3件、知的障害者更生施設の短期入所1件、グループホーム1件となっている。特別養護老人ホームが多いのは、より認知症が進んでいる入所者が多いからではないかと思われ、次いでショートステイが多いのは、施設側において、利用者の嚥下障害の有無および程度等に関する情報が通常の入所者に比べて少なく、利用者の状況をふまえた措置をとり難いことからではないかと思われる。

事故発生の時間帯について見ると、食事の摂取における誤嚥があったとされる33件（刑事事件も含む）のうち、朝食時が8件、昼食時が9件、夕食時が11件、間食（おやつ）時が5件であった。とくに、時間帯によって誤嚥事故が多

いといった傾向は認められないと思われる。

## (3) 被告側

保険金請求事件を除くすべての民事事件では、介護施設、病院等の経営主体である事業者が被告とされている。それ以外に、介護職員等が被告とされている裁判例は6件である。介護職員等の内訳は、介護職員2名、ホームヘルパー1名、医師2名、看護師1名である。訪問介護の事業者を被告とした案件のうち1件（【14】）では、当該ホームヘルパーに加え、事業者の代表者も被告とされ、有限会社法30条の3の責任追及がされた。

通常、損害賠償金回収の観点からは、事業者とは別に、介護職員等を被告とする必要はないと考えられるが、遺族の被害感情等によっては、介護職員等が被告に加えられることがあると思われる。

複数の被告が訴えられた事案において、全被告に対して認容されたものが1件（【12】）、全被告に対して棄却されたものが3件（【6、29、31】）、被告ごとに区々となったものが2件（【14、25】）となっている。区々となった事案の一つは、訪問介護サービスにおける被害者の食事介助中の誤嚥事案において、異常事態が生じた場合の事業主または看護師資格を有する代表者への連絡を怠り、連絡が遅れたホームヘルパーおよび事業主に対する請求が認容されたのに対し、有限会社法30条の3の責任が問われた代表者については、ホームヘルパーの新人研修やサービス実施にあたってのケースカンファレンス等が行われていたことからすると、ホームヘルパーの過失を防ぐことが十分に可能であったから、体制整備に不備はなく重過失はないとして、請求を認めなかったものである（【14】）。もう一つは、くも膜下出血の手術後5日目の入院患者が蒸しパンを喉に詰まらせた事案において、看護師については、蒸しパンを食べやすい大きさにちぎったり、動作を観察するなどの注意義務に違反したと認めたのに対し、主治医については、看護師に対して具体的な食事介助の方法まで指示をする義務はないとして責任を認めなかったものである（看護師は被告とされていない）（【25】）。

第5章　介護事故の裁判例

### (4)　原告側

　刑事事件を除く原告側の被害者の年齢を見ると、4歳1名、10歳代1名、20歳代1名、30歳代2名、50歳代3名、60歳代3名、70歳代10名、80歳代15名、90歳代2名、不明1名となっている。

　既往症については、不明なものもあるが、判明している38件のうち、認知症であるとされているものが21件であって、それらの者の年齢は、60歳代が2名、70歳代が7名、80歳代が11名、90歳代が1名となっている。

　要介護度については、わからない事案もあるが、判明している18件のうち、要介護1は60歳代1名、要介護2は70歳代1名、要介護3は80歳代4名、要介護4は50歳代1名、60歳代1名、70歳代1名、80歳代4名の合計7名、要介護5は70歳代2名、80歳代3名の合計5名であった。また、80歳代15名のうち11名が要介護3以上となっている。

### (5)　原審と上訴審の判断

　民事事件で、控訴または上告された事案のうち、上訴審の結論が原審から大きく変わったのは2件である。一つは、入院患者が消化管出血による吐血、嘔吐の際に吐物を誤嚥して窒息死した事案につき、原審が医師の過失を認めて事業者の責任を認めたのに対し、上告審がこれを否定して破棄差戻したもの（【8】と【10】）である。

　もう一つは、原審が事業者の責任を認めなかったのに対し、控訴審がその責任を認めて請求を認容したもの（【21】と【23】）である。

　また、刑事事件では、原審が業務上過失致死罪を認めて罰金刑としたのに対し、控訴審が過失を認めず無罪としたもの（【37】と【38】、「あずみの里事件」）がある。

　後二者の裁判例については、後述する。

## 2　裁判例における注意義務違反

　先に述べたとおり、誤嚥事故に関する事件においては、誤嚥を回避するため

—— 304

**2. 誤嚥事故の裁判例**

の注意義務の内容として、①嚥下障害の有無および程度等にかかる被害者の状況を把握すべき注意義務、②被害者に適した食品、調理方法を選択すべき注意義務、③被害者や食品等に応じた食事介護方法、介護体制（介助、付添、監視等）をとるべき注意義務が挙げられ、誤嚥が発生した際の重大な結果を回避するための注意義務の内容として、④誤嚥発生後に救急救命措置をとるべき注意義務が挙げられる。それぞれの注意義務ごとに、裁判例の認定・判断を見ていくことにしたい。

### (1) ①嚥下障害の有無および程度等にかかる被害者の状況を把握すべき注意義務

一般に、嚥下障害とは、疾病や高齢化などの原因により、食べ物や水の咀嚼や飲み込みがうまくいかなくなる症状のことであるが、その症状には程度の差があり、介護職員等としては、当該被害者が具体的にどのような嚥下障害の状況にあるのかを把握する必要がある。高齢者において、食べ物を飲み込むのが困難になる、口から食べ物がこぼれる、口の中に食べ物が残る、飲み込むときや飲み込んだ後にむせたり咳き込んだりする、食べるのに時間がかかる、痰がからんでガラガラ声になるといった症状が現れているときには、嚥下障害を疑うべきであるなどといわれている。

裁判例を見ると、たとえば、【3】は、医師は、被害者が食物を嚥下しにくい状態にあることを、診察により十分に認識していたと認定しており、【9】は、被害者の家族が、被害者が食べ物を喉に詰めやすいため、パンなどの食事にあたっては留意するよう申出をしていたから、介護職員はそのことを認識していたことが前提とされており、【18】は、施設サービス計画書に誤嚥の危険性が高い旨の記載が継続的にされていたから、介護職員はそのことを認識していたことが前提とされているなど、客観的な嚥下障害に関する被害者の状況を認識していた事案が多く、これらの事案にあっては、この点の注意義務違反は問題とされていないものである。

他方、【6】は、事故前に誤嚥の兆候は認められず、被害者がパン粥を口に

溜め込み、なかなか飲み込まないという事態から被害者に誤嚥の可能性を認識
することは不可能であると認定・判断し、【29】は、通所介護アセスメント表
には、常食、嚥下普通、禁食は無と記載され、食欲旺盛が話題にされていたも
のの、自宅で誤嚥した経験もなく、主治医からも家族からも誤嚥について特段
の要望がなかった場合に、左半身麻痺のため食べこぼしがあったことからは、
咀嚼困難等を想定することも不可能ではないが、誤嚥の危険性があることを抽
象的にはともかく具体的に予見することは困難であると認定・判断し、いずれ
もこの点の注意義務違反を認めなかったものである。

　病院や介護施設においては、前者のように、客観的に被害者に嚥下障害に関
する状況が存在する場合には、そのことを認識していることが多いと考えられ、
その認識をふまえて、次項以下の②食品、調理方法の選択、③食事介護方法の
決定が行われなくてはならないことになると考えられる。これに対して、後者
のように、被害者が誤嚥を起こす危険性のある状況であると認識すること、予
見することが不可能であったという場合には、そのような危険性を考慮に入れ
ずに、②食品、調理方法の選択、③食事介護方法の決定が行われても、そのこ
と自体には注意義務違反はないことになると考えられる。

　この点の判断は、介護職員等に、どのような情報が与えられていたか、医師、
看護師、介護職員、ホームヘルパーという属性に応じて、どこまでの予見可能
性が認められるといえるか、といった点から行われるものと思われる。

## (2)　②被害者に適した食品、調理方法を選択すべき注意義務

　一般に、餅、こんにゃく、さつま芋、パン等は誤嚥が生じやすい食品といわ
れており、被害者の嚥下障害の状況等をふまえて、食塊としてまとまりやすく、
硬すぎない食品を選択することが求められるし、調理方法としても、適度な大
きさに切り分けたり、口に残らないようとろみをつけたり、ミキサーで流動食
にしたりと、やはり被害者の嚥下障害の状況等に応じた調理方法を選択するこ
とが求められる。介護職員等は、この点の注意義務を尽くすべきと考えられる。

　たとえば、【2】は、格別摂食障害のない中程度認知症の高齢者に、こんにゃ

く田楽を提供した事案であるが、腸をきれいにすること等から選択され、小さく切り分けるなどしていたことを認定し、こんにゃくを食材として選択したことに注意義務違反はないと判断し、【12】は、嚥下状態が悪い認知症の高齢者におにぎりを提供した事案であるが、当時食欲不振解消が重要事項であり、おにぎりは被害者の希望に沿って提供されたものであったこと、被害者は、これまでおにぎりを摂食した際にむせたことがなかったこと等を認定し、嚥下しやすい工夫がされていないおにぎりを提供したことは、適当ではなかったが、直ちに過失があるとはいえないと判断したものである。

　これに対し、【18】は、施設サービス計画書に誤嚥の危険性が高い旨記載され、入所後、全粥、ペースト状にした副食、とろみをつけた飲物を提供していた認知症の高齢者に対して、健常人が食べるものと同様の大きさのまぐろ、はまちの刺身を提供した事案であるが、施設側が、寿司、刺身、うな重、ねぎとろの4品目については被害者の希望により常食での提供を開始していたもので、被害者の希望に応えることが生活の自由、尊厳の確保につながると主張したのに対し、刺身には嚥下しやすくするための特段の工夫がされていたとは認められないとし、注意義務違反があると判断したものである。【30】は、誤嚥を起こしやすいためパンも小さくちぎって食べさせていたと家族が施設に伝え、アセスメントシートにも、顎の力が弱っており、水分でむせることもあるなどと記載されていた高齢者に対し、ロールパン（6〜7cm）をそのまま提供した事案であるが、被告は、誤嚥のリスクを認識していたのであるから、パンを提供する場合には小さくちぎったものを提供するべき注意義務があると判断したものである。ほかにも、直径6〜7cmの円形のさつま揚げ様の揚げ物を提供する際に小さく切らなかったことに過失があるとされたもの（【24】）もある。

　嚥下障害といってもその程度にはかなりの差があるから、嚥下障害の程度に応じて、提供できる食品を選択し、大きさや食べやすさに配慮した調理方法を選択すべきと考えられる。また、食品や調理方法の選択においては誤嚥の可能性がないとはいえない食品についても、その提供が要請されるべき理由がある場合には、③食事介護方法の選択において、注意深く見守ること等を条件とし

第5章　介護事故の裁判例

て、食品の提供自体には過失はないということができる場合もあり得ると考えられる。

　なお、誤嚥事故が生じないようにするためだけであれば、極端にいうと被介護者にはすべてミキサーにかけた流動食等を与えた方がよいということになる。しかし、これでは、被介護者の食生活の質を高めること、ひいては被介護者の尊厳を確保することにつながらない。このような視点から、安全性を前提とするものの、被介護者の嚥下能力をふまえつつ、通常の献立に近づけ、被介護者が自ら摂食することを目指すという要請も存在するといえる。事業者には安全性とこの要請との間で、提供する食品、調理方法を検討することが求められよう。

### (3)　③被害者や食品等に応じた食事介護方法、介護体制をとるべき注意義務

　食事介護方法、介護体制については、被害者が嚥下障害の状況にあるか否か、その程度がどのようなものかをふまえ、提供する食品が嚥下しやすいかどうか、嚥下しやすい調理方法をとっているかに応じて、1対1の付きっきりの介助を行う方法、付きっきりではないものの、目を離さずに見守る方法、相応の人数の集団を少数で監視する方法等の様々な方法の中から、適切な方法を選択すべきと考えられる。

　被介護者が嚥下障害の状況になく、具体的な誤嚥の危険性が認識されていない場合には、付きっきりの介助や継続的な見守りまでは義務がないとされ、一定の監視体制がとられていればよいとされている。たとえば、【2】のこんにゃく田楽を小さく切り分けて提供した事案においては、自分で食事ができる約40名の入所者に対し職員3名が食堂内を巡回して、その都度必要な介護を提供しており、監視体制として妥当性を欠くとはいえないと判断し、【17】は、嚥下障害の状況になく、認知症で要介護5の高齢者に常食を提供した事案であるが、利用契約においてとくに介護保険法等の関係法令の定める基準を上回る介護は約定されておらず、23名の利用者に対する食事の見守り担当が介護員1名

## 2. 誤嚥事故の裁判例

と看護師1名だったことは利用契約に基づく債務の不履行とは認められないと判断したものである。【42、44】は、嚥下障害の認められない、早食いの傾向にある高齢者の食事の監視について、食事は自立またはほぼ自立していた利用者15名に対し、看護師1名、介護士1名の人員配置は不適切ではないと判断したものである。

これに対し、被介護者が嚥下障害の状況にあり、具体的な誤嚥の危険性が認識されている場合には、その状況をふまえ、提供される食品や調理方法に応じて、食事介護方法の選択が適切であったかが検討されている。たとえば、【3】は、伝染性単核症の疑いで食物を嚥下しにくい状態にあった4歳の入院患者がバナナを誤嚥した事案であるが、医師には、同患者が急いで食物を口に入れ、無理に飲み込むおそれを考慮して、看護婦に対し、少しずつゆっくり食べさせたり、監視するなどの措置をとるよう具体的な指示をすべき注意義務があったとして過失を認める判断をし、【12】の認知症の高齢者におにぎりを提供した事案では、一口ごとに食物を咀嚼して飲み込んだか否かを確認するなどして、誤嚥することがないように注意深く見守り、誤嚥した場合には即時に対応すべき注意義務があったとし、そうであるのに30分間も病室を離れていたとして過失を認める判断をしたものである。【45】は、かき込み食べやむせ込みからの嘔吐がある認知症の高齢者につき、医師の指示で「米食＋常菜」から「全粥＋刻み食」に変更したにもかかわらず、被害者の子（原告）の意向を受けて「全粥」から「軟飯に近い普通食」に変更した事案について、被害者が吐物を誤嚥する危険性を予見できたとし、食事の際に職員をして常時見守らせる注意義務があったとし、過失を認める判断をしたものである。なお、この裁判例では、被害者の子が、べちゃべちゃなご飯を食べさせず、普通の食事に戻してほしいと要望したことから、「軟飯に近い普通食」に変更された点を捉えて、被害者側の過失として5割の過失相殺がされている。【22】は、難病で介助を受けてとろみ食を摂取していた被害者について、食事中に食べ物を口にしない状況があった場合には、誤嚥による呼吸困難を疑う必要があったにもかかわらず、呼吸不全を見逃し、1時間以上も食事を切り上げていないことを異常なものと認識してい

なかったことに過失があると判断したものである。

　食事介護方法という範疇に入るとは思われるが、若干異なる態様のものとして、【47】がある。これは、食堂において間食としてのゼリーが入所者に提供された際、認知症で高齢の被害者は誤嚥の危険があるので、見守り介助を行うべきであったのに、いまだ配膳作業中に食べ始めてしまったことにより、誤嚥事故となった事案であるが、他の利用者に対する配膳が終了した後に被害者に対する配膳を行うなどの措置を講じる注意義務があったとし、そうであるのに利用者全員への配膳終了後10分程度経過して被害者の異変に気付いたとして過失を認めたものである。認知症で意思疎通が難しく、介助が必要な高齢者については、配膳の順番等までも考慮しなければならず、介護職員等には、特別に高度というわけではないが、周到かつ絶え間ない注意義務が求められているといえよう。

### ⑷　④誤嚥発生後に救急救命措置をとるべき注意義務

　誤嚥発生後の救急救命措置に関する注意義務は、介護職員の場合と医師等の医療関係者の場合とで異なると考えられる。

#### ア　介護職員の場合

　たとえば、【11】は、被害者が口から泡を出したため吸引したが、必ずしも気道内の異物が完全に除去されたか否かを的確に判断することは困難であったこと等から、1回目の急変の際に引き続き被害者の状態を観察し、再度容態が急変した場合には、直ちに医療の専門家である嘱託医等に連絡して適切な処置を施すよう求めたり、救急車の出動を直ちに要請すべき注意義務があったとし、再び口から泡を出している様子を発見し、チアノーゼがみられた後にも、これらを行わなかったことに過失を認めたものである。【19】は、他の利用者からもらった飴玉を喉に詰まらせた事案で、背部叩打法等の措置により、喉頭から飴を取り出そうとしたが功を奏さず、顔色不良となったのであるから、遅くともこの時点において救急車を要請すべきであったのに、人工呼吸、心臓マッサージを行い、実際に救急車を要請したのは10分後であり、この救急車の要請が

—310

遅れた点において安全配慮義務違反があるとされたものである。

これに対し、たとえば、【2】は、事故発生後、速やかにタッピング、入れ歯の取り出し、吸引器での吸引等という通常一般的に行われている救急救命措置を行い、速やかに病院に搬送したのであるから過失はないとしたものである。【16】は、介護士がエアウェイ挿入および吸引等を行わず看護師を呼び措置を委ねたが、これらは介護福祉士が行うことが法令上禁止されている医行為に該当する可能性が極めて高いことなどから過失はないとしたものである。【29】は、被害者がむせてせき込み始めたことから直ちに背中を叩いたり口にあるものを出させたりし、顔色が急激に悪くなった直後には119番通報し、その後も気道を確保しながら声掛けをし、背中を叩き続けたのであるから注意義務違反はないとしたものである。【42、44】は、異常発見後、口腔内および気道内の食物残渣物の排出措置をし、その後、心肺停止状態となったが、異常発見から救急要請の電話まではおおむね7分から10分前後で、救急要請する間も、看護師が被害者に対し胸骨圧迫を行うとともに人工呼吸を実施し、その後、救急隊が到着するまで、心肺蘇生措置を継続したのであるから過失はないとしたものである。

　イ　医師等の医療関係者について

たとえば、【3】は、事故発生後、気管内挿管を試みたが、高度の気管狭窄で気管内挿管が困難な状態であった場合には、これが判明した時点で速やかに気管切開に切り換えるべきであり、これを行わなかった医師らには過失があるとしたものである。

これに対し、【5】は、白玉だんごを除去するのに時間はかかったが、背部叩打法、ハイムリック法による異物の除去を試み、吸引機による吸引や手指、長摂子による異物除去を試みており、白玉だんごの除去、気道確保等の措置に過失は認められないとし、【31】は、人工透析導入目的入院の80歳の被害者につき、麻酔のリスク、挿管における嚥下反射による誤嚥、窒息のリスクを考慮して気管挿管による呼吸管理療法を施行しなかったものであり、同療法を施行しなかったことは不適切ではないとしたものである。

311 ——●

第5章　介護事故の裁判例

### ウ　若干の小括

　誤嚥事故が発生した直後という緊迫した状況の中で、どの程度の対応が行われたのか、事実関係の全体像を認定することは必ずしも容易ではないところがあるが、誤嚥事故が生じたにもかかわらず、介護施設側がこれに対応した措置をまったく行っていなかったのは、平成7年に発生した事案（【1】）のみであり、その後の他の事案においては、介護施設によっては不十分な対応である場合もあるけれども、職員らはそれぞれに懸命な対応をしていたのではないかと思われる。そのような中でも救急車等の要請が遅れないようにすることは肝要と思われる。

　これに対し、医師等の医療関係者については、高度な注意義務が課されており、各事案に応じて、気道を確保するためにどのような方法によるべきであったのかについて、判断されているように思われる。

## 3　その他いくつかの裁判例

### ⑴　誤嚥の予見可能性に関し原審と控訴審で判断が分かれた裁判例

　うつ病の高齢者が直腸のポリープを除去する手術を受けて退院し、介護付き有料老人ホームに入所して3日目に個室で朝食のロールパンを誤嚥した事案（【21、23】）では、医師が作成した診療情報提供書等には食道裂孔師ヘルニアによる食後嘔吐等以外には嚥下障害が認められると診断した記載はなく、紹介状には「（食道裂孔師ヘルニア）により、時折嘔吐を認めています。誤嚥を認めなければ経過観察でよいと思います。」という、とてもわかりにくい記載しかなかった。原審は、誤嚥のおそれをうかがわせる具体的症状はなく、主治医から特別の食事を提供すべきなどの注意はなく、入居申込書の食事等の希望に何らの記載もないこと等から誤嚥の危険を具体的に予見することは困難であったとした。これに対して控訴審は、この主治医からの伝達内容は抽象的で明瞭でない面はあるものの、食道に疾患があり、食物が逆流し、嘔吐することがあり、誤嚥が危惧されるとの意味内容を感得することは医療の専門家でなくても必ずしも困難でないこと、介護事業者スタッフが被害者に対しては通常の入所者に比して誤嚥についてとくに注意が必要であることを把握できないはず

**2. 誤嚥事故の裁判例**

はなく、医療機関の初回の診察・指示があるまでは、食事中の見回りを頻回にし、ナースコールの手元配置等で誤嚥に対処すべき義務があったが、これに違反し過失があるとした。

　控訴審は高齢者に誤嚥が多いことや新規の入所者には環境変化があること等を挙げて、介護事業者スタッフに、医師の紹介状が難解であるといった事情があっても予見可能性を認めているが、医療の専門家ではない介護事業者スタッフに対して求められる一般的な注意義務のレベルとしていささか高度に過ぎないかという見方もあり得よう。

## ⑵　被害者が盗食をした裁判例

　認知症の高齢者がスイートポテトを盗食した事案（【32】）では、被告は、被害者が嚥下障害で食物を喉に詰まらせて窒息することがあったことから、医師の診断等をふまえて刻み食を提供していたこと、被害者には盗食をめぐる複数のトラブルがあったことを認識していたことを認定したうえで、介護職員は、盗食に気付いた時点で、口腔内にある十分咀嚼されていないスイートポテトを喉に詰まらせることの予見は可能であり、被害者がスイートポテトを嚥下することを見届け、途中で誤嚥した場合に備え様子の監視を続けるべき注意義務を負っていたがこれに違反したとした。本事案は、被害者が談話室で自らに配られたスイートポテトを食べ終えた後、車椅子で10ｍも移動して離れた廊下の配膳台上のスイートポテトを盗食してまで食べたものであり、認知症により判断能力は減退しているものの活動的で食欲がある高齢者に対する対応の難しさがあらわれている。

　判決は、被害者の盗食癖は、施設に入所した時点で発現していたものではなく、病状は盗食癖を含めて1か月ほど前から急速に悪化していた事情に照らし、事故は被害者自らの認知症の進行に伴う盗食癖に内在する危険が現実化したという側面があり、過失相殺または素因減額として、損害賠償責任は損害額の7割が相当であるとした。この点、理論的に過失相殺または素因減額ができるのかについては疑問が残るが、上記盗食の状況からすると被害者に発生した損害

313——●

第5章　介護事故の裁判例

のすべてを被告に負わせるのでは、損害の公平な分担の観点から相当でないと思わざるを得ない事案であり、減額はやむを得ないものと考える。

### (3)　ケアマネジャーの過失が問題となった裁判例

認知症の高齢者がデイサービスでおやつの白玉団子を喉に詰まらせた事案（【34、35】）では、被害者が高齢で総義歯を使用しており、誤嚥しやすい傾向の円背で認知症であることからすると、団子を喉に詰まらせて窒息することは予見可能であり、団子を提供するのであれば、被害者の行動や咀嚼嚥下の状況を注意深く確認すべき注意義務があったが、これに違反した過失があるとした。

そのうえで原審は、被害者は事故前4回の被告施設利用時に普通食を問題なく食しており、被告は、事故前に被告施設外で被害者に誤嚥事故があったことや嚥下に問題がある旨の報告は受けていなかったことから、損害の7割を負担させるのが相当であるとした。しかし、被告が被害者の状況を確認した相手は、被害者の家族ではなくケアマネジャーであったことから、控訴審は、ケアマネジャーから控訴人（被告）への情報提供が不十分であったとしても、同人の過失や落ち度をもって過失相殺できないとした。

高齢者の嚥下に関する情報を直接、家族が施設等に伝えるのではなく、ケアマネジャーを通じて伝えることは珍しくないところ、ケアマネジャーは被害者やその家族の代理人や使者と解することはできないという控訴審の判断は妥当であると思われる。このようにケアマネジャーに過失があった場合には、ケアマネジャーと事業者に共同不法行為が成立すると構成することもでき、事業者はケアマネジャーに対し求償請求することも考えられよう。

### (4)　刑事責任が問われた裁判例

唯一の刑事事件である、あずみの里事件（【37、38】）では、原審は業務上過失致死罪を認めて罰金刑としたが、控訴審は過失を認めず無罪とした。

特別養護老人ホームにおいて、准看護師の被告人が、ゼリー系の間食を配膳するとされていた要介護4の認知症の被害者にドーナツを提供した事案であ

314

## 2. 誤嚥事故の裁判例

る。原審は、各利用者に提供すべき間食の形態を確認したうえ、これに応じた形態の間食を利用者に配膳して提供し、窒息等の事故を未然に防止すべき業務上の注意義務があるのにこれを怠り、ゼリー系の間食を提供する被害者にドーナツを配膳して提供した過失があるとした。すなわち、ゼリー系の間食を配膳すべき利用者に常菜系の間食を提供したことにつき、死亡の結果の予見可能性を肯定し、被告人は、間食の介助を手伝うために食堂に来たものであるから、被害者の間食がゼリー系に変更されたことは伝えられていなかったとしても、与えるべき間食につき、介護士作成の資料を遡って確認するか、介護士に確認する義務があり、これを怠った過失があるとした。

これに対し、控訴審は、一般論として、予見可能性について、具体的な法令等による義務の存在を認識しながらその履行を怠ったなどの事情がない限り、広範かつ抽象的な予見可能性では、刑法上の注意義務としての結果回避義務を課すことはできず、具体的な予見可能性を検討するべきとした。そのうえで、本件においては、被告人に介護資料を遡って確認すべき職務上の義務があったとはいえず、ドーナツで被害者が窒息する危険性ないし死亡の結果の予見可能性は相当に低く、被告人において自ら被害者に提供すべき間食の形態を確認したうえ、これに応じた形態の間食を被害者に提供し、ドーナツによる被害者の窒息等の事故を未然に防止する注意義務があったとはいえず過失はないとした。

今回調査を行った他の民事裁判例が、刑事事件となっていないと見られることに照らして、本件が刑事事件として立件されたことが相当であったかどうかの評価は分かれるのではないかと思われる。

## 4 最後に

誤嚥事故における注意義務違反の判断にあっては、被害者保護を念頭に置きつつも、あまり注意義務を厳しく捉えると、介護事業者を委縮させることにつながり、結果的に被介護者が希望する介護を受けられなくなるのでは、本末転倒であろう。介護事業者にどの程度の注意義務を求めるべきであるのか、今後も裁判例の動向を注視する必要がある。

# 第5章 介護事故の裁判例

〈裁判例一覧表：誤嚥事故〉

| 裁判例<br>出典等 | 性別・年齢<br>既往症等（／要介護度）<br>施設・利用サービス | 請求の<br>根拠条文 | 事故態様 | 注意義務違反の有無等 | 認容額<br>（慰謝料額）等 |
|---|---|---|---|---|---|
| 【1】<br>横浜地川崎支判<br>平12・2・23<br>賃社1284・43 | 男・73歳<br><br>多発性脳梗塞、重症の認知症<br><br>ショートスティ（特別養護老人ホーム） | 民法715条、415条 | 朝食後、薬を飲んだ直後に異変を起こしてチアノーゼ状態になり、死亡した。 | 被害者は飲み込みが悪く、口に溜め込んで時間がかかる者であり、事故が朝食直後であることなどからすれば、異変を発見した際に、真っ先に疑われるのは誤飲であったが、職員は誤飲を予想した措置をとらず、吸引器を取りに行くこともせず、異変発見後15分間、救急車を呼ばなかったのであり、適切な処置を怠った過失がある。 | 2220万円<br>（慰2000万円） |
| 【2】<br>横浜地判<br>平12・6・13<br>賃社1303・60 | 男・76歳<br><br>中程度認知症<br><br>老人保健施設 | 民法415条、709条 | 夕食のこんにゃく田楽（縦3.7〜3.8cm、横2.4〜2.5cm、厚さ1.2〜1.3cm）を喉に詰まらせて窒息死した。 | 栄養価は乏しいものの、腸をきれいにする等の理由によりこんにゃくを食材として選択したこと、小さく切り分ける等、高齢者に提供する食材であることに十分配慮していたこと等から、こんにゃくを食材として選択したこと自体につき注意義務違反はなく、被害者には格別摂食障害はなく、自分で食事ができる約40名の入所者に対し職員3名が食堂内を巡回し、その都度必要な介護を提供しており、監視体制が妥当性を欠くとはいえない。事故発生後、職員は速やかにタッピング、入れ歯の取り出し、吸引器での吸引等という通常一般的に行われている救急救命措置を行い、速やかに病院に搬送したのであるから注意義務違反はない。 | 請求棄却 |
| 【3】<br>東京地判<br>平13・5・30<br>判タ1086・253 | 女・4歳 | 民法715条、415条 | 病院食である朝食のバナナを誤嚥し、医師による救命処置にもかかわらず窒息死した。 | 被害者Aを診察してその症状を十分に認識していた医師Bには、Aが食物を嚥下しにくい状態にあり、4歳の幼児で、空腹感を訴えていたことから、急いで食物を口に入れ、無理に飲み込むおそれを考慮して、食 | 5120万円余<br>（慰1500万円） |

316

## 2. 誤嚥事故の裁判例

|  |  |  |  |  |  |
|---|---|---|---|---|---|
|  | 伝染性単核症の疑い<br><br>病院 |  |  | 物の種類・範囲を制限するだけでなく、看護婦に対し、少しずつゆっくり食べさせたり、監視するなどの措置をとるよう具体的な指示をすべき注意義務があったが、看護婦に指示することもなく漫然と食事をさせていた過失がある。事故発生後、気管内挿管を試みたが、高度の気管狭窄で気管内挿管が困難な状態であったことから、これが判明した時点で速やかに気管切開に切り換えるべきであり、救命処置に当たった医師らには過失がある。 |  |
| 【4】<br>富山地判<br>平13・11・28<br>判タ1133・178 | 男・75歳<br><br>1か月前の交通事故による足関節骨折、頭蓋骨骨折等<br><br>病院 | 民法415条、709条 | 夕食を自力で摂取していたところ、ロールキャベツをのどに詰まらせ窒息死した。 | 被害者Aにとってロールキャベツが咀嚼や嚥下の困難な食物とはいえないからロールキャベツを提供したことに注意義務違反はなく、Aは自力で食事をとることができ、とくに嚥下に困難をきたす状態ではなかったから、医師ないし看護婦が食事に付き添って補助をしたり、ごく近くで監視すべき義務はない。Aが食事を急いで食べることから、看護婦が、ゆっくり食べるように注意を促していたのであり、必要な措置をとっており、過失はない。 | 請求棄却<br>（別途、交通事故加害者に対する請求は認容） |
| 【5】<br>旭川地判<br>平13・12・4<br>判時1785・68 | 女・22歳<br><br>精神分裂病の疑い | 民法415条、709条 | 夕食の白玉だんご(もち米とでんぷんを材料とするだんご状のもち、直径約2cm、重さ約7g)入り澄まし汁を摂取した際、白玉だんごをのどに詰まらせ窒息し、低酸素による全脳梗塞となり、急性腎不全により半月後に死亡した。 | 被害者Aは嚥下障害の副作用がある薬剤の投与を受けていたが、副作用を抑制する薬剤も投与しており、直径約2cmの白玉だんごはとくに誤嚥事故発生の危険が高くはなく、現にAら入院患者に従来から提供していたが誤嚥事故は発生しておらず、事故はAが白玉だんごを一気に飲み込もうとしたことによるものであり、白玉だんごを提供した医師らに過失はなく、医師らにA | 請求棄却 |

# 第5章　介護事故の裁判例

| 裁判例 出典等 | 性別・年齢 既往症等（/要介護度）施設・利用サービス | 請求の根拠条文 | 事故態様 | 注意義務違反の有無等 | 認容額 （慰謝料額）等 |
|---|---|---|---|---|---|
| | 病院 | | | の食事を常に監視すべき注意義務はない。事故発生後、白玉だんごを除去するのに時間がかかったが、背部叩打法、ハイムリック法による異物の除去を試み、吸引機による吸引や手指、長摂子による異物除去を試みており、白玉だんごの除去、気管確保等の措置についても過失はない。 | |
| 【6】 神戸地判 平16・4・15 公刊物未登載 （平成14年（ワ） 第1887号） | 男・82歳 | 職員：民法709条、事業者：民法715条、709条 | 朝食で牛乳、1口大にちぎったパン、ヨーグルト、温かい牛乳に1口大に切ったパンを入れ、とろとろの状態にしたパン粥等を食べたところ、「ヒーヒー」と言い始めたため背中を叩き、吸引機でパン粥を吸引したが、死亡した。 | 被害者Aは、職員Bから介助されたパンないしパン粥を嚥下したが、これが食道に残っており、後に呼吸とともに気管に流れ込み窒息死したものであり、事故前に誤嚥の兆候は認められず、Aがパン粥を口に溜め込み、なかなか飲み込まないという事態からBが誤嚥の可能性を認識することは不可能であり、仮に認識すべき義務があるとすると、食事介護中は常に肺か頸部の呼吸音を聞く必要があり、嚥下造影をすることになるが、特別養護老人ホームの職員にこのような義務を認めることはできなく、異変後、背中をたたく、吸引器での吸引、人工呼吸、心臓マッサージ、病院の救急室へ搬送などの救命措置に落ち度はなく、過失はない。 | 請求棄却 |
| | 認知症、全盲 | | | | |
| | 特別養護老人ホーム | | | | |
| 【7】 名古屋地判 平16・7・30 公刊物未登載 （平成14年（ワ） 第2028号） | 男・75歳 | 民法715条、415条 | 介助を受けて昼食のおでんのこんにゃく2片（三角形のもの1切れを、底辺約3.6cm・上辺約2cm×高さ約3cmの台形のものと、底辺約2cm×高さ約4.5cmの直角三角形のものの2片に切り分けた） | 被害者は介助を要する75歳の高齢者で、義歯（総入れ歯）を装着しており、家族から飲込みが悪いこと等が看護職員に告げられ、ショートステイ用一般状態記録等にも、嚥下障害がある旨が記載されていたこと、こんにゃくは嚥下障害の患者や高齢者に向かない食物である | 2426万円余 （慰2100万円） |
| | 軽度の認知症、脳梗塞等 | | | | |

● 318

## 2. 誤嚥事故の裁判例

| | | | とはんぺん1片（四角形のもの1切れを、約4.8cm×約3cmの四角形のもの3片に切り分けた）を食べたところ、のどに詰まらせて窒息死した。 | と指摘され、はんぺんと同じ練り製品のかまぼこも嚥下障害の患者に向かない食物であると指摘されていることからすると、こんにゃくやはんぺんを食べさせるに際して、誤嚥を生じさせないよう細心の注意を払う必要があり、職員が、こんにゃくを食べさせた後、口の中および嚥下動作の確認をせずに、はんぺんを食べさせたことには過失がある。 | |
|---|---|---|---|---|---|
| | ショートステイ（特別養護老人ホーム） | | | | |
| 【8】<br>仙台高判<br>平18・6・15<br>公刊物未登載<br>（平成17年（ネ）第317号）<br>【10】の原審 | 男・35歳 | 民法415条 | 消化管出血による吐血、嘔吐の際に吐物を誤嚥して窒息死した。 | 朝食および昼食を摂取した後、体温上昇、脈微弱、唇色不良等の症状を呈した午後3時30分の時点で、担当医師としては、被害者Aに消化管出血による吐血等が生ずることを予想し、ショックに陥って自ら気道を確保することができなくなったAが吐物を誤嚥しないよう、救急医療を含む適切な医療行為を行うことができる病院にAを転送すべき注意義務、または、少なくとも気道確保を行うべき注意義務があり、医師には転送義務違反または気道確保義務違反の過失があった。 | 1200万円（内訳不明） |
| | 統合失調症 | | | | |
| | 病院 | | | | |
| 【9】<br>大阪地判<br>平18・11・29<br>判タ1237・304 | 女・60歳 | 傷害保険契約に基づく保険金請求等 | 朝食のメロンパン（直径12cm程度）を誤嚥して窒息死した。 | 家族は、被害者Aを施設に預けるにあたり、Aが食べ物を喉に詰めやすいため、パンなどの食事にあたっては留意するよう申出をしており、施設もAの様子を見守れる席に配膳することを心がけ、食事を急いで詰め込んで食べている場合には、見守りや声かけを行っていたが、当時、職員は、Aに市販のメロンパンをそのままの状態で提供し、Aの配膳を終えた後、食数を確認するため、約5m離れた配膳車に向かい、その目を離した間に、Aがメロンパンすべてを食べてしまったために起きたものであり、過失がある。 | 保険金2000万円等 |
| | 初老期認知症（重度） | | | | |
| | ショートステイ（特別養護老人ホーム） | | | | |

319

# 第5章　介護事故の裁判例

| 裁判例<br>出典等 | 性別・年齢<br>既往症等（／要介護度）<br>施設・利用サービス | 請求の<br>根拠条文 | 事故態様 | 注意義務違反の有無等 | 認容額<br>(慰謝料額) 等 |
|---|---|---|---|---|---|
| 【10】<br>最判<br>平19・4・3<br>判タ1240・176<br>【8】の上告審 | | | | 発熱、脈微弱、酸素飽和度の低下、唇色不良といった呼吸不全の症状を呈していたが、頻脈とはいえず、血圧が急激に低下したような形跡はなく、酸素吸入等が行われた後は口唇および爪のチアノーゼや四肢冷感はなく、体動も見られ、午後3時30分の時点で、循環血液量減少性ショックの原因になるような多量の消化管出血を疑わせる症状があったこともうかがわれず、胃の内容物で腹腔内が汚染されたことによる感染性ショックに陥っていたとも考え難いことからすると、発熱等の症状を呈していたというだけで、ショックに陥り自ら気道を確保することができない状態にあったとして、このことを前提に、医師に転送義務または気道確保義務に違反した過失があるとした原審の判断は、経験則に反する。 | 破棄差戻し |
| 【11】<br>東京地判<br>平19・5・28<br>判時1991・81 | 女・97歳<br><br>心不全、気管支炎および肺気腫<br><br>特別養護老人ホーム | 民法415条、709条、715条 | 昼食の出前の玉子丼の細く刻まれたかまぼこを誤嚥して窒息し、その後、他の病院に転院して治療を受けたが、10か月半後に老衰を直接の原因として死亡した。 | 被害者Aが口から泡を出していることに介護職員が気付き吸引したが、必ずしも気道内の異物が完全に除去されたか否かを的確に判断することは困難であったと考えられること等からすると、介護職員らは、1回目の急変の際に口から泡を出しており、吸引の措置を施した結果、容態が安定したように見えたとしても、引き続きAの状態を観察し、再度容態が急変した場合には、直ちに医療の専門家である嘱託医等に連絡して適切な処置を施すよう求めたり、救急車の出動を直ちに要請すべき義務を負っていたが、Aが再び口から泡を出している | 292万円余<br>(原告らの相続分合計2/3についての金額)<br>(全体の慰400万円) |

320

## 2. 誤嚥事故の裁判例

| | | | | 様子を発見し、呼吸が苦しそうでチアノーゼがみられた後にも、これらを行わなかったのであるから過失がある。 | |
|---|---|---|---|---|---|
| 【12】<br>福岡地判<br>平19・6・26<br>判タ1277・306 | 男・80歳 | 看護師：民法709条、事業者：民法715条、415条 | 夕食のおにぎり(1辺の長さ約5cmの三角形型に緩く握った約50gの塩味のみで、具および海苔なしのもの)を誤嚥して窒息し、9か月後に呼吸不全で死亡した。 | 嚥下状態が悪い被害者Aに対し、嚥下しやすい工夫がされていないおにぎりを提供したことは適当でなかったが、当時食欲不振解消が重要事項であり、Aの希望に沿って提供されたものであり、これまでおにぎりを摂食した際にむせたことはなく、歯の多くを欠損していたが歯肉を利用するなどしておにぎりを咀嚼すれば嚥下可能であり、注意して嚥下する限り誤嚥することはないことを考慮すれば、Aにおにぎりを提供したことが直ちに過失とはいえず、摂食の際、義歯の装着を勧めてもAはこれを拒否しており、看護師が嫌がる患者本人に強制的に義歯を装着することは実際上不可能であるから、看護師BがAに義歯を装着すべき義務があったとはいえないが、BはAが摂食する際、一口ごとに食物を咀嚼して飲み込んだか否かを確認するなどして、誤嚥することがないように注意深く見守り、誤嚥した場合には即時に対応すべき注意義務を怠り、30分間も病室を離れていたのであるから過失がある。 | 被告らに対し2882万円余(慰1700万円) |
| | 認知症、尿路感染症等 | | | | |
| | 病院 | | | | |
| 【13】<br>松山地判<br>平20・2・18<br>判タ1275・219 | 女・不明 | 民法709条、715条、415条 | 介護職員が朝食(おもゆ、きゅうりともやしの酢の物をミキサーにかけたもの、みそ汁は具の白菜、しめじ、ゆずをミキサーにかけ、とろみをつけたもの)の介助をし、約30度起こしたベッドで後頭部を枕につけた被害者の口にスプーンを | 被害者Aは、脳梗塞、脳血管障害等により、医師から今後も嚥下障害の進行と誤嚥性肺炎の発症の可能性が高いと説明がなされ、食事の際にもむせ込む状態が続いていたのだから、事業者は、介護職員が①覚醒をきちんと確認しているか、②頸部を前屈させているか、③手、口腔内を清潔にすることを行っているか、④一 | 1318万円余(原告の相続分1/2についての金額)(全体の慰2000万円) |
| | 脳梗塞、脳血管障害等 | | | | |

第5章　介護事故の裁判例

| 裁判例 出典等 | 性別・年齢 既往症等（/要介護度） 施設・利用サービス | 請求の 根拠条文 | 事故態様 | 注意義務違反の有無等 | 認容額 （慰謝料額）等 |
|---|---|---|---|---|---|
| | 特別養護老人ホーム | | 入れたところ、むせ込んで誤嚥により死亡した。 | 口ずつ嚥下を確かめているかなどの点を確認し、これらのことが実際にきちんと行われるように職員を教育、指導すべき注意義務があったが、教育および指導および①～③が実施されておらず、注意義務違反がある。 | |
| 【14】 名古屋地 一宮支判 平20・9・24 判タ1322・218 | 男・15歳 中枢神経障害による体幹機能障害により歩行・起立・座位不能 訪問介護サービス | ホームヘルパー：民法709条、事業者：民法415条、事業者代表者：有限会社法30条の3 | ホームヘルパーBが、被害者Aの夕食（一口サイズに切られていたマグロの刺身やロールキャベツ、プリン）介助途中、異変が生じたためAの祖母に告げたところ、祖母はてんかん発作であると思い座薬を投与し、知らせを受けた母が119番通報し、Bは事業者に電話連絡をして代表者Cの指示で人工呼吸等をしたが、誤嚥により窒息死した。 | 被害者Aは、むせを生じるような典型的な誤嚥の症状がなかったこと、Aの祖母がてんかんの発作であると判断して座薬を投与したことからすると、ホームヘルパーBは、訪問介護員2級課程を修了しているが、その養成における医学知識の受講時間に照らしても医師や看護師と同程度の注意義務を認めることはできず、誤嚥に直ちに気付くべきであったとは認め難いが、食事との関連を疑うべきで、事業者においては、異常事態が生じた場合には事業者ないし看護師資格を有する代表者Cに対して連絡するように決められており、Bにはこれを怠った過失がある。ただし、連絡が遅れたのは、祖母の上記行為に起因していることから2割過失相殺する。Cについては、ホームヘルパーを雇用した際の新人研修やサービス実施にあたってのケースカンファレンス等が行われていたことからすると、Bの過失を防ぐことは十分に可能であったから、体制整備に不備はなく、重過失はない。 | 2032万円 （ホームヘルパー、事業者に対し）（代表者に対する請求は棄却）（過失相殺前の慰2400万円） |
| 【15】 東京地判 平22・7・28 判時2092・99 | 男・81歳 | 民法415条 | 夕食時、食堂で顔面蒼白で呼吸がなく、意識を失っているところを発見され、救 | 入居申込書には常食と記載され、誤嚥のおそれや兆候があるとの記載はなく、入所後も常食を通常、自力で | 請求棄却 |

322

## 2. 誤嚥事故の裁判例

| | | | | | |
|---|---|---|---|---|---|
| | アルツハイマー型認知症、緑内障で右目視力なし、左目中心5度程度の範囲の視力／要介護4 | | 急車を手配するとともに、口腔内の少量の米粒を除去し心臓マッサージ等を行って病院に搬送したが誤嚥により窒息死した。 | とっていたことからすると被害者Aにつき誤嚥による窒息の危険を具体的に予見することは困難であり、誤嚥防止のために食事の調理方法や食事形態を改善すべき義務や、常時食事の介助を行い、または食事の開始から終了まで逐一見守るべき義務を負っていたと認められず、義務違反はない。介護職員が、意識を失っているAを発見した後、救急車を手配するとともに、口腔内の少量の米粒を除去し心臓マッサージ等を行って、できる限りの措置を講じ10分程度で救急隊員に引き継いでおり、事故発生後に迅速・適切な措置を行う義務にも違反していない。 | |
| | 介護付き有料老人ホーム | | | | |
| 【16】横浜地判平22・8・26判時2105・59 | 女・82歳 | 民法709条、415条 | 食堂で夕食をとっていたところ、意識を消失し、食事を誤嚥し死亡した。 | 事故は食物の誤嚥による窒息を原因とするとは認められず、脳梗塞、心筋梗塞などによる発作を起こし、それによる吐き戻しの誤嚥が起きた蓋然性が高い。施設にAEDの設備が義務付けられていたとは認められず、人員配置は入所者98名に対し、常勤医師1名、非常勤医師1名、看護師10名、介護士31名が配置されており厚生省令の定める基準を満たしていたことから施設および職員に対する管理体制に過失はなく、事故発生後、介護士はエアウェイ挿入および吸引等を行わず看護師を呼び措置を委ねたが、これらは介護福祉士が行うことが法令上禁止されている医行為に該当する可能性が極めて高いことなどから過失はない。 | 請求棄却 |
| | 心疾患、認知症等／要介護3 | | | | |
| | 介護老人保健施設 | | | | |

323

## 第5章　介護事故の裁判例

| 裁判例<br>出典等 | 性別・年齢<br>既往症等（／要介護度）<br>施設・利用サービス | 請求の<br>根拠条文 | 事故態様 | 注意義務違反の有無等 | 認容額<br>（慰謝料額）等 |
|---|---|---|---|---|---|
| 【17】<br>東京地立川支判<br>平22・12・8<br>判タ1346・<br>199 | 男・81歳<br><br>糖尿病、パーキンソン症候群、認知症／要介護5<br><br>デイサービス | 民法715条、415条 | 昼食時、食事（マグロの味噌焼き、揚げ物、青菜、漬け物等）を誤嚥し、救急車で病院に搬送されたが2か月半後に死亡した。 | 被害者Aは食事につき介助は必要なかったが、介護員がAの手が震えるような不安定な感じを発見し、声かけに返事がなく痙攣が起こったため、タッピング、ハイムリッヒ法を実施し、誤嚥用チューブでの吸引、AED、人工呼吸を実施し、並行して救急通報したのであり過失はない。また、利用契約においてとくに介護保険法等の関係法令の定める基準を上回る介護は約定されておらず、23名の利用者に対して食事の見守りを担当していたのが介護員1名と看護師1名だったことは利用契約に基づく債務の不履行とは認められない。Aは要介護5でも嚥下障害はなく通常食を提供したことに過失はない。 | 請求棄却 |
| 【18】<br>水戸地判<br>平23・6・16<br>判時2122・<br>109 | 男・86歳<br><br>パーキンソン症候群、認知症／要介護3 | 民法415条、709条 | 昼食のまぐろ、はまちの刺身（縦25mm、横40mm、厚さ5mm程度）を誤嚥して窒息し、4か月後に心不全で死亡した。 | 施設サービス計画書には誤嚥の危険性が高い旨の記載が継続的にされており、入所後、全粥、ペースト状にした副食、とろみをつけた飲物を提供し、寿司、刺身、うな重、ねぎとろの4品目については常食での提供を開始した後も、それ以外の食事は変わらず、医師等によるサービス担当者会議において、誤嚥しないよう食事を摂ることが目標として確認され、入所時から事故日まで被害者Aの嚥下状態は良好とはいえず誤嚥の危険性があったと認められるが、提供されたまぐろ、はまちの刺身は、健常人が食べるのとそれほど異ならない大きさであり、嚥下しやすくするための工夫を特段講じたとは認められず、と | 2203万円余<br>（慰1500万円） |

## 2. 誤嚥事故の裁判例

| | | | | | |
|---|---|---|---|---|---|
| | 介護老人保健施設 | | | くにまぐろは筋がある場合には咀嚼しづらく噛み切れないこともあるため、嚥下能力が劣る高齢の入所者に提供するのに適した食物とはいい難く、職員は、誤嚥の危険性が高いことを十分予想し得たと認められ、安全配慮義務違反または過失がある。 | |
| 【19】<br>広島地福山支判<br>平23・10・4<br>公刊物未登載<br>（平成22年(ワ)<br>第246号） | 男・79歳<br><br>四肢麻痺／要介護4<br><br>デイサービス | 民法715条 | 昼食後、他の利用者からもらった飴玉を喉に詰まらせ死亡した。 | 職員は被害者Aが飴を喉に詰めむせているのを発見し、背部叩打法、ハイムリック法、吸引等の措置により、喉頭から飴を取り出そうとしたが功を奏さず、Aは顔色不良となり、遅くともこの時点において救急車を要請すべきであったが、人工呼吸、心臓マッサージを行い、実際に要請したのは10分後であり、この遅れた点において安全配慮義務違反がある。 | 1000万円<br>（慰1000万円） |
| 【20】<br>東京地判<br>平24・1・16<br>公刊物未登載<br>（平成21年(ワ)<br>第3034号） | 男・30歳<br><br>重度知的障害、弛緩性不全対麻痺等／身体障害者1種1級<br><br>知的障害者更生施設の短期入所 | 民法415条、709条 | 食事介助により昼食（オムライス、マカロニサラダ、サラダ菜、粉ふき芋（ジャガイモ）、コーンスープ）を全量摂取した後、デイルームでテレビを視聴していたが、意識不明の四肢脱力状態になっているところを発見され死亡した。 | 被害者Aが昼食時の食材を誤嚥したことによる窒息死であるとは認められず、また、食事を選択したこと、粗みじんよりも誤嚥を生じにくい食事形態とし、トロミを加えるなどして提供しなかったことについて食材調整義務違反はなく、Aは常時、職員が見守らなければその生命・身体等に危険が生じるような状態にあったとは認められないことから、デイルームを監督する職員は1名だけであったが、見守り介護につき注意義務違反はない。 | 請求棄却 |
| 【21】<br>神戸地判<br>平24・3・30<br>判タ1395・164<br>【23】の第一審 | 女・85歳 | 民法415条、709条 | 直腸のポリープを除去する手術を受けて退院し、入居3日目に個室で朝食のロールパンを誤嚥して20分後に昏睡状態で発見され、窒息死した。 | 医師が作成した診療情報提供書等には食道裂孔師ヘルニアによる食後嘔吐等以外には嚥下障害が認められると診断した記載はなく、紹介状には「（食道裂孔師ヘルニア）により、時折嘔吐を | 請求棄却 |

# 第5章 介護事故の裁判例

| 裁判例<br>出典等 | 性別・年齢<br>既往症等（／要介護度）<br>施設・利用サービス | 請求の<br>根拠条文 | 事故態様 | 注意義務違反の有無等 | 認容額<br>（慰謝料額）等 |
|---|---|---|---|---|---|
| | うつ病、直腸潰瘍等 | | | 認めています。誤嚥を認めなければ経過観察でよいと思います。」との記載はあるが、施設において誤嚥のおそれをうかがわせる具体的症状はなく、主治医から特別の食事を提供すべきなどの注意を受けておらず、入居申込書の食事等の希望に何らの記載もないこと等から誤嚥の危険があることを具体的に予見することは困難であり、ロールパンの提供、食事の居室配膳、職員の見守りに過失はない。 | |
| | 介護付き有料老人ホーム | | | | |
| 【22】<br>京都地判<br>平25・4・25<br>公刊物未登載<br>（平成22年（ワ）<br>第3676号） | 女・50歳 | 民法715条 | 介助を受けて夕食のとろみ食を摂取したが、食べ物が口からこぼれ出てくる状況等であったため居室に戻ったところ、ぐったりし救急搬送したが死亡した。 | 被害者Aは、とろみ食を誤嚥し上気道が部分的に閉塞され低酸素状態となって意識レベルが徐々に低下し心停止したと推認できるが、難病による嚥下障害がある入所者が食事中に食べ物を口にしない状況があったとすれば、誤嚥による呼吸困難を疑う必要があったが、職員Bは呼吸状態に注意しようという意識が足りず、呼吸不全を見逃したのであり、また、3割しか食していないのに1時間以上も食事を切り上げていないことを異常なものと認識していなかったのは、管理者Cが、Aの食事介助に当たる者に対する特段の注意喚起を怠ったことにも由来するから、BとCに過失がある。 | 2640万円<br>（慰2400万円） |
| | マシャド・ジョセフ病（脊髄小脳失調症3型） | | | | |
| | ショートステイ<br>（介護複合施設） | | | | |
| 【23】<br>大阪高判<br>平25・5・22<br>判タ1395・<br>160<br>【21】の控訴審 | | | | 施設は診療情報提供書などから、被害者Aには「難治性逆流性食道炎、食道裂孔師ヘルニア（食道裂肛ヘルニア）」等の既往歴があり、入院中全粥食であったが食後嘔吐があったことを把握し、主治医からも「（食道裂 | 1548万円余<br>（慰1250万円） |

326

## 2. 誤嚥事故の裁判例

| | | | | 孔師ヘルニア）により、時折嘔吐を認めています。誤嚥を認めなければ経過観察でよいと思います。」との伝達を受けており、この伝達内容は抽象的で明瞭でない面はあるものの、食道に疾患があり、食物が逆流し、嘔吐することがあり、誤嚥が危惧されるとの意味内容を感得することは医療の専門家でなくても必ずしも困難でないこと、介護事業者スタッフがAに対しては通常の入所者に比して誤嚥についてとくに注意が必要であることを把握できないはずはなく、医療機関の初回の診察・指示があるまでは、食事中の見回りを頻回にし、ナースコールの手元配置等で誤嚥に対処すべき義務があったが、これに違反した過失がある。 | |
|---|---|---|---|---|---|
| 【24】松山地判平26・4・17公刊物未登載（平成24年（ワ）第1125号） | 女・87歳<br><br>認知症／要介護3<br><br>訪問介護サービス | 民法715条 | ヘルパーが昼食にうどんを調理し提供した際、直径6cm～7cmの円形のさつま揚げ様の揚げ物を切らずに麺の上に盛り付けたところ、これを誤嚥し喉に詰まらせて窒息し死亡した。 | 被害者Aは87歳の高齢で、身体機能は徐々に悪化しており、事故前には嚥下障害の徴表として疑うべき痰の発生が認められ、前歯はなく、2、3本しか歯が残っておらず入れ歯も使われていなく、本件揚げ物は重大な窒息事故が発生する危険性の高い形状で、介護事業者はこれらを認識しており、揚げ物を原型のまま提供した場合、窒息事故の発生を予見できたから、ヘルパーには揚げ物を一口大程度の食べやすい大きさに切って提供するなどの注意義務があり調理方法における過失がある。 | 1564万円余（慰1300万円） |
| 【25】東京地判平26・9・11判タ1422・357 | 男・59歳 | 医療法人：民法715条、415条、医師：民法709条 | くも膜下出血の手術後5日目の昼食中に、蒸しパンを喉に詰まらせ窒息して呼吸が停止し、血管性認知 | 被害者は術後5日しか経っておらず、自分の嚥下に適した食べ物の大きさや柔らかさを適切に判断することは困難で、食べ物を一 | 4804万円余（医師に対する請求は棄却）（慰1000万円） |

# 第5章　介護事故の裁判例

| 裁判例<br>出典等 | 性別・年齢<br>既往症等（／要介護度）<br>施設・利用サービス | 請求の<br>根拠条文 | 事故態様 | 注意義務違反の有無等 | 認容額<br>（慰謝料額）等 |
|---|---|---|---|---|---|
| | くも膜下出血<br><br><br>病院 | | 症で精神障害2級の後遺障害を負った。 | 気に口の中に入れようとする可能性があり、嚥下に適した大きさに咀嚼する能力も低下しており、看護師は、これを十分に予測できる状況だったのだから、蒸しパンが窒息の危険がある食品であることを念頭に置き、あらかじめ蒸しパンを食べやすい大きさにちぎっておいたり、動作を観察し必要に応じてこれを制止するなどの措置を講ずるべき注意義務を負っており、これに違反した過失ないし注意義務違反がある。主治医は、提供すべき食事の形態について指示をして医師としての注意義務は尽くしており、看護師に対して具体的な食事介助の方法についてまで指示をする義務はなく、過失ないし注意義務違反はない。 | |
| 【26】<br>福岡地田川支判<br>平26・12・25<br>判時2270・41<br>【27】の第一審 | 女・72歳<br><br>脳梗塞による右片麻痺と言語障害、認知症／要介護5<br><br>グループホーム | 民法709条、715条、415条 | 全介助で食堂で夕食（細かく刻んだ小松菜の煮浸しおよび糸こんにゃくの卵とじ、とろみを付けた味噌汁、粥およびフードプロセッサーに掛けた焼き肉）をとった後、容態が悪くなり、病院へ救急搬送したが、誤嚥により窒息死した。 | 粥や、とろみをつけた汁物、刻んだおかずなど食べやすくした物が与えられており、声掛けをしながら、スプーンで口元に食べ物を運んで食事をとらせ、口から食べ物が流れ出てきた後は、更に食べものを与えたりせず、振戦が見られた後は、食事を中止して様子を見ていること等、嚥下機能が低下している食事介助の方法として不適切ではなく、夕食中、口から食べ物が流れ出、左手の振戦という誤嚥の兆候が出現していたが、声掛けに反応し、振戦も治まり、窒息をきたすような誤嚥をしていると予見することは困難であり、夕食後の見守りの態様等が不適切であったとはいえず、チア | 請求棄却 |

## 2. 誤嚥事故の裁判例

| | | | | | |
|---|---|---|---|---|---|
| | | | | ノーゼによる異常から10分程度後に119番通報したことにも注意義務違反はない。 | |
| 【27】<br>福岡高判<br>平27・5・29<br>判時2270・39<br>【26】の控訴審 | | | | 食事後から口腔ケアを行ったころまでの間、観察しても、むせ込みや顔色の変化など、呼吸状態等の悪化を示す兆候が確認できなかった本件では、夕食中に誤嚥の徴候が出現していたからといって、注意義務違反を認めることはできない。 | 控訴棄却 |
| 【28】<br>大阪地判<br>平27・9・17<br>判時2293・95 | 女・67歳<br><br>統合失調症、腰部脊柱管狭窄症／要介護4<br><br>訪問介護サービス | 民法415条 | 賃貸住宅を運営し訪問介護サービスを提供している被告と賃貸借契約および指定訪問介護契約を締結していたが、夕食中の誤嚥により窒息死した。 | 被害者Aと被告との契約は訪問介護契約であって、夕食時間帯はサービス提供の時間帯ではなく、被告が広告に24時間サービスをうたっていたとしても、それが当然に入居者の一人であるAと被告の契約の内容になっていたとは認められないから、夕食時の見守りの債務はない。また、主治医意見書において食事は自立ないし何とか自分で食べられると記載されており、被告からみて誤嚥の差し迫った危険があったとはいえず、賃貸借契約も特殊なものとは認められないから、契約の範囲にかかわらずAの夕食時に誤嚥を防止する法的義務があったとまではいえず、安全配慮義務違反はない。 | 請求棄却 |
| 【29】<br>東京地判<br>平28・10・7<br>公刊物未登載<br>（平成27年(ワ)第16389号） | 男・59歳<br><br>脳梗塞、左半身完全麻痺／要介護4 | 事業者：民法415条、715条、職員：民法709条 | 施設を初めて利用し、他の利用者がおらず職員が一緒に食事をしながらの昼食（鶏の唐揚げ5個（概ね3cmないし5cm程度）等）を見守っていたところ、5個目の唐揚げを喉に詰まらせ死亡した。 | 通所介護アセスメント表には、常食、嚥下普通、禁食は無と記載され、食欲旺盛が話題とされてはいたものの、自宅で誤嚥した経験もなく、主治医からも家族からも誤嚥について特段の要望はなく、左半身麻痺のため食べこぼしがあったことからは、咀嚼困難等を想定することも不可能ではないが、誤嚥の危険性があることを抽象的にはともかく具体的に予見することは | 請求棄却 |

# 第5章　介護事故の裁判例

| 裁判例<br>出典等 | 性別・年齢<br>既往症等（／要介護度）<br>施設・利用サービス | 請求の<br>根拠条文 | 事故態様 | 注意義務違反の有無等 | 認容額<br>（慰謝料額）等 |
|---|---|---|---|---|---|
| | デイサービス | | | 困難であり、鶏の唐揚げは概ね小ぶりのものであり、3名の職員が直近で見守りながら食事をともにし、むせてせき込み始めたことから直ちに背中を叩いたり口にあるものを出させたりし、顔色が急激に悪くなった直後には119番通報し、その後も気道を確保しながら声掛けをし背中を叩き続けたのであり注意義務違反はない。 | |
| 【30】<br>鹿児島地判<br>平29・3・28<br>公刊物未登載<br>（平成27年（ワ）<br>第542号） | 男・77歳 | 民法715条 | 朝食のロールパン（6〜7cmのもの）を誤嚥し、低酸素脳症で意識が戻らない状態となり第1級1号の後遺障害が残った。 | 入所前、介護支援専門員に対し、妻は、誤嚥を起こしやすいためパンも小さくちぎって食べさせている旨を説明し、アセスメントシートには、嚥下につき、顎の力が弱っており、溜め込むような食べ方をし、水分でむせることがあることから、見守りが必要であるとの記載がされていたのであり、誤嚥のリスクがあることを認識していたのであるから、パンを提供するにしても小さくちぎったものを提供するべき義務があったところ、これに反しロールパンをそのまま提供したのであり過失がある。 | 4054万円余<br>（慰3150万円） |
| | 不明 | | | | |
| | ショートステイ（介護老人保健施設） | | | | |
| 【31】<br>大阪地判<br>平29・12・13<br>公刊物未登載<br>（平成27年（ワ）<br>第6624号） | 男・80歳 | 病院：民法715条、医師：民法709条 | 夕食として摂取したエンジョイゼリーの誤嚥をきっかけに誤嚥性肺炎となりこれによる呼吸不全で死亡した。 | 被害者Aはエンジョイゼリーの誤嚥をきっかけに誤嚥性肺炎となり、これによる呼吸不全によって死亡したのであり、誤嚥後、呼吸が回復し緊急状態を脱したのであるから内科部長の医師Bが直ちにAの診察をしなかったことは不適切ではなく、Aは過去にも誤嚥性肺炎を繰り返し抗生物質投与も既になされているのであるから検査を行わなかったことは不適切ではなく、 | 請求棄却 |
| | 人工透析導入目的入院 | | | | |
| | 病院 | | | | |

330

## 2. 誤嚥事故の裁判例

| | | | | 麻酔のリスク、挿管における嚥下反射による誤嚥、窒息のリスクを考慮して気管挿管による呼吸管理療法を施行しなかったことは不適切ではない。 | |
|---|---|---|---|---|---|
| **【32】**<br>東京地判<br>平30・1・31<br>公刊物未登載<br>（平成27年（ワ）<br>第14268号） | 男・72歳<br><br>アルコール精神障害、うつ病、認知症／要介護2<br><br>介護付き有料老人ホーム | 民法415条、709条 | 談話室で配られたスイートポテトを食べ終えた後、車椅子で移動して10m離れた廊下の配膳台上のスイートポテトを盗食し、これを発見した職員はスイートポテトを吐き出させようとしたができず、談話室に戻ったところ数分後に容体が急変し、誤嚥したことにより低酸素脳症による遷延性意識障害となり急性腎不全で9か月半後に死亡した。 | 被害者Aは嚥下障害で食物を喉に詰まらせて窒息することがあって、被告は医師の診断等をふまえて刻み食を提供しており、Aの盗食をめぐる複数のトラブルを認識していたのであるから、職員Bは、盗食に気付いた時点で、口腔内にある十分咀嚼されていないスイートポテトを喉に詰まらせることの予見は可能であり、Aがスイートポテトを嚥下することを見届け、途中で誤嚥した場合に備えAの様子の監視を続けるべき注意義務を負っていたがこれに違反した。ただし、Aの盗食癖は、施設に入所した時点で発現していたものではなく、病状は盗食癖を含めて1か月ほど前から急速に悪化していた事情に照らし、事故はA自らの認知症の進行に伴う盗食癖に内在する危険が現実化したという側面があり、過失相殺または素因減額として、損害賠償責任は損害額の7割が相当である。 | 3570万円余<br>（過失相殺前の慰2200万円） |
| **【33】**<br>熊本地判<br>平30・2・19<br>公刊物未登載<br>（平成27年（ワ）<br>第1050号）<br>**【36】**の第一審 | 女・80歳<br><br>大脳皮質基底核変性症（CBD）／要介護4 | 民法415条 | 介助を受けながら夕食（米飯、魚の田楽風、人参、ブロッコリーのマヨネーズ和え、豚レバーのケチャップ炒め、すまし汁（そうめん））をとっていた際、しゃっくりが出たが食事を継続し、しゃっくりが強くなり食事を中断したが、誤嚥により心肺停止 | 食事中にしゃっくりが出始めた場合には、直ちに食事介助を中断し、しゃっくりが収まるまで食物の提供を停止する必要があり、被害者につき医師が誤嚥の危険を指摘していたのであるから、食事介助にあたっては、一口ごとに嚥下を確認し、介助の終了時にしゃっくりが継続している場合には、口腔に食物が残っていない | 1960万円余<br>（慰1200万円） |

331

## 第5章　介護事故の裁判例

| 裁判例出典等 | 性別・年齢／既往症等（／要介護度）／施設・利用サービス | 請求の根拠条文 | 事故態様 | 注意義務違反の有無等 | 認容額（慰謝料額）等 |
|---|---|---|---|---|---|
| | 特別養護老人ホーム | | し、低酸素性脳症となった。 | ことを確認すべきであったが、介護士は食事介助を継続し、しゃっくりが強くなったにもかかわらず、介助の終了時に口腔に食物が残っていないことを確認せずに離席したのであり入所契約上の義務違反がある。 | |
| 【34】松山地判平30・3・28公刊物未登載（平成28年（ワ）第123号）【35】の第一審 | 性別不明・89歳 | 民法415条、709条 | 施設の利用者らがレクリエーションとして作ったおやつ用の白玉団子（直径2cmないし3cm）を喉に詰まらせて窒息し、低酸素脳症を発症し、遷延性意識障害となって9か月後に死亡した。 | 被害者Aは高齢で総義歯を使用しており、誤嚥しやすい傾向の円背で認知症であり、本件団子は噛むと粘着性弾力性があり、直径2cmないし3cm程度であったことからすると、Aが団子を喉に詰まらせて窒息することは予見可能であり、団子を提供するのであれば、Aの行動や咀嚼嚥下の状況を注意深く確認すべき注意義務があったが、これに違反した過失がある。職員がAの異常に気が付くや誤嚥と判断し、入れ歯を外して背中を叩き、吸引機で吸引して団子1個半を除去し、事故から3分ないし8分後に119番通報を行ったのであるから救護義務違反はない。Aは、事故前4回の被告施設利用時に普通食を問題なく食しており、被告は、事故前に被告施設外でAに誤嚥事故があったことや嚥下に問題がある旨の報告は受けていなかったことから、損害の7割を負担させるのが相当である。 | 2257万円余（過失相殺前の慰2800万円） |
| | うっ血性心不全、認知症／要介護4 | | | | |
| | デイサービス | | | | |
| 【35】高松高判平30・9・13公刊物未登載（平成30年（ネ）第109号、163号）【34】の控訴審 | | | | 控訴人は、被害者Aが過去に誤嚥事故を起こしたなどの具体的事実までは認識していなかったが、Aの年齢、総義歯、円背、認知症は認識しており、職員Bも団子の提供を止めるよう提案し | 2450万円余（慰2100万円） |

## 2. 誤嚥事故の裁判例

| | | | | | |
|---|---|---|---|---|---|
| | | | | ており、同業者も配慮する対応をしていたことからすると、Aが団子を喉に詰まらせて窒息状態に陥る可能性は容易に予見できたのであり、Aに団子を提供しないか、小さくして提供するか、団子を提供するとしても団子を食べている間、Aの行動や咀嚼嚥下の状況を注意深く確認すべき注意義務があったが、Aに団子を提供したうえ、Aの異常に気付くまで職員はAの行動に全く注意を払っていなかったのであるから注意義務違反がある。ケアマネジャーCから控訴人への情報提供が不十分であったとしても、Cの過失や落ち度をもって過失相殺できない。 | |
| 【36】<br>福岡高判<br>平31・1・22<br>公刊物未登載<br>（平成30年（ネ）第196号）<br>【33】の控訴審 | | | | 食事介助中、しゃっくりが収まるまで食事介助を中断すべきことや嚥下障害を生じ得る要介護者の食事介助の終了時に口腔内を確認すべきことは、介護サービス提供の実践における技術水準に照らして高度な要求ではなく、介護事業者が介護に関する知識および経験の不足している未熟な職員を雇用せざるを得ないからといって、介護契約上負担する義務の内容が軽減されるものではない。 | 1677万円余（慰1200万円） |
| 【37】<br>長野地松本支判<br>平31・3・25<br>判時2471・137<br>【38】の第一審 | 女・85歳<br><br>アルツハイマー型認知症／要介護4<br><br>特別養護老人ホーム | 刑法（平成25年改正法前）211条1項 前段 | 准看護師の被告人Bが、ゼリー系の間食を配膳するとされていた被害者Aにドーナツを提供し、Aは誤嚥して窒息し、1か月後に死亡した。 | ゼリー系の間食を配膳するとされている利用者に常食系の間食を提供した場合、誤嚥、窒息等により、利用者の死亡の結果が生じることは十分に予見でき、被告人Bは、当日、間食の介助を手伝うために食堂に来たものであり、被害者Aに対する間食の形態がゼリー系に変更されたことは伝えられていなかったが、介護士 | 罰金20万円 |

333

# 第5章 介護事故の裁判例

| 裁判例<br>出典等 | 性別・年齢<br>既往症等（／要介護度）<br>施設・利用サービス | 請求の<br>根拠条文 | 事故態様 | 注意義務違反の有無等 | 認容額<br>（慰謝料額）等 |
|---|---|---|---|---|---|
| | | | | 作成の資料を遡って確認するか、介護士に確認する義務がありこれを怠った過失がある。 | |
| 【38】<br>東京高判<br>令2・7・28<br>判時2471・129<br>【37】の控訴審 | | | | 被告人Bが介護資料を遡って確認すべき職務上の義務があったとはいえず、ドーナツで被害者Aが窒息する危険性ないし死亡の結果の予見可能性は相当に低く、食品提供行為が持つ意味をふまえ、Bにおいて自らAに提供すべき間食の形態を確認したうえ、これに応じた形態の間食をAに提供し、ドーナツによるAの窒息等の事故を未然に防止する注意義務があったとはいえず過失はない。 | 無罪 |
| 【39】<br>東京地判<br>令3・3・19<br>公刊物未登載<br>（平成29年（ワ）第23941号） | 女・86歳<br><br>アルツハイマー型老齢認知症／要介護4<br><br>ショートステイ（特別養護老人ホーム） | 民法715条、709条 | ベッドのギャッジアップの角度を80度にし、夕食（おかゆ、澄まし汁（とろみ付）、じゃがいもの煮物（極刻み食）、もやしの和え物（極刻み食）、お茶（とろみ付））で、飲み込んだ食べ物を口腔内に吐き戻す状態を繰り返し、吐き出した食べ物が気管に入る誤嚥が発生し低酸素脳症による高次脳機能障害が残り、誤嚥性肺炎により1か月半後に死亡した。 | 被害者Aは、飲み込みが悪くなっており、その後、痰がからみ食物残渣の吸引を行ったり、度々、食べ物の吐き戻しや口腔内の溜め込みがあり、事故当日はベッド上で過ごし、自力では寝返りも打てない状態であったことからすると、介護職員Bは、嚥下機能の低下によって一度は飲み込んだものの吐き戻した食べ物を含む口腔内の食べ物が気管に入り誤嚥が発生することを予見することが可能であり、Aが誤嚥して窒息しないように食事介助する注意義務があったが、Bは食事前にAの姿勢を直さず、食事前に水分も摂取させず、一口ごとに口の中を確認して飲み込みの確認をしておらず、食事提供の速度は相当に速いものであり、注意義務違反がある。 | 2673万円余<br>（慰1800万円、別途、褥瘡による慰200万円） |

## 2. 誤嚥事故の裁判例

| | | | | | |
|---|---|---|---|---|---|
| **【40】**<br>大阪地判<br>令3・7・19<br>公刊物未登載<br>（令和元年（ワ）<br>第4852号） | 女・89歳<br><br>動作能力低下／要介護5<br><br>ホームヘルパー | 民法415条 | 焼き芋（サツマイモ）を自宅で食べ喉に詰まらせて窒息を原因とする低酸素脳症で死亡した。 | 被害者Aは誤嚥性肺炎で3か月以上入院し、嚥下能力が低下していることをホームヘルパーBに説明していたこと、歯科医師から、食事にはとろみをつけるように注意がされていたこと等からすると、Bには焼き芋を小さく刻み、またはペースト状にしたうえで、とろみをつけたり、水分を十分に含む状態にして提供し、Aが焼き芋を食べている間、Aの行動や咀嚼嚥下の状況を注意深く確認すべき注意義務があったが、黒豆大に切った焼き芋をAに提供し、何らAの行動にまったく注意を払っておらず、過失がある。 | 2000万円<br>（内金請求）<br>（全体の慰2200万円） |
| **【41】**<br>東京地判<br>令3・8・26<br>公刊物未登載<br>（平成31年（ワ）<br>第2366号） | 女・75歳<br><br>レビー小体型認知症／要介護5<br><br>特別養護老人ホーム | 民法415条、715条 | 食事介助を受け朝食（ソフト食、粥ゼリー）をとっていた被害者Aは、むせ込み窒息して死亡した。 | 被害者Aの窒息には気管内の痰が大きくかかわっているが、誤嚥したことが原因とは認定できず、職員に食事介助の前に、痰詰まりによる異常な呼吸音（副雑音）を確認するなど、痰やその他の物が詰まっていないかを確認する義務はなく、事故後、異変を察知するや肩を叩いたりして声かけをし、Aの反応が見られなくなると血圧・体温を測定し、5分程度後には吸引器を使用し、119番通報をして、その後AEDを使用しており救命義務違反は認められない。 | 請求棄却 |
| **【42】**<br>津地伊賀支判<br>令3・9・1<br>自保2126号<br>178頁<br>**【44】**の第一審 | 男・68歳<br><br>障害（介助により外出し、日中はほとんどベッドから離れて生活）、認 | 民法709条 | 食堂で昼食（ちらし寿司、南瓜の煮物、大根サラダ、すまし汁、お茶）をとっていたところ、口腔内に食物を含んだ状態で意識を失って心肺停止状態に陥り死亡した。 | 被害者Aは食事が自立で誤嚥障害は認められなかったから、早食いの傾向があったとしても、誤嚥のおそれがとくに大きいとはいえず、仮に食事中に異常が生じたとしても周囲に助けを求めることが一応期待でき、食事中に職員が常時目を離さない体制を構築するまでの義務があったとはいえず、 | 請求棄却 |

# 第5章　介護事故の裁判例

| 裁判例<br>出典等 | 性別・年齢<br>既往症等（／要介護度）<br>施設・利用サービス | 請求の<br>根拠条文 | 事故態様 | 注意義務違反の有無等 | 認容額<br>（慰謝料額）等 |
|---|---|---|---|---|---|
| | 知症（何らかの認知症を有するが、日常生活は家庭内および社会的にほぼ自立）／要介護1<br><br>デイサービス | | | 食事は自立またはほぼ自立していた利用者15名に対し、看護師1名、介護士1名の人員配置が不適切であったとはいえない。昼食開始後もAに対する声掛けをしており、異常発見後、口腔内および気道内の食物残渣物の排出措置をし、その後、心肺停止状態となったが、異常発見から救急要請の電話までは概ね7分から10分前後で、過失はない。 | |
| 【43】<br>東京地判<br>令3・10・7<br>公刊物未登載<br>（令和2年（ワ）第778号） | 女・78歳<br><br><br>統合失調症および認知症<br><br><br>病院（大腿骨骨折のリハビリ目的入院） | 民法715条、415条 | 腹部ベルトによって身体をベッドに固定する体幹拘束と併せてつなぎを着用させられて、朝食を摂取していたところ、粗キザミのほうれん草が気管に入って窒息し、低酸素脳症の影響による肺炎で2年3か月後に死亡した。 | 被害者Aは、歯牙欠損があったが入れ歯をしておらず、嚥下障害の副作用がある抗精神病薬を服用しており、早食いで、62日間身体拘束を受けていたこと等からすると粗キザミ食によって誤嚥・窒息事故を抽象的に予見することはできたが、C病院、D病院および被告病院において常食を提供されており、摂食嚥下機能障害は見られず、被告病院では、粗キザミ食にすべてとろみ餡をかけて、食事中、ベッドをギャッジアップしており、Aは、食事をほぼ全量摂取し、誤嚥やむせ込み、痰が見られなかったことからすると、とろみ餡がかかった粗キザミであるほうれん草によって誤嚥・窒息する事故を具体的に予見することは困難であり、食事中、Aの見守り等を行う義務およびゼリー食ないしミキサー食程度の嚥下食を提供する義務があったといえない。 | 請求棄却<br>（別途、違法な身体的拘束についての慰謝料等33万円を認容） |

336

**2. 誤嚥事故の裁判例**

| | | | | | |
|---|---|---|---|---|---|
| **【44】**<br>名古屋高判<br>令4・3・22<br>自保2126号<br>173頁<br>**【42】**の控訴審 | | | | 救急要請する間も、看護師は被害者Aに対し胸骨圧迫を行うとともに人工呼吸を実施し、その後救急隊が到着するまで、Aに心肺蘇生措置を継続したことからすれば、Aの異常発見後の対応について被控訴人に過失はない。 | 控訴棄却 |
| **【45】**<br>名古屋地判<br>令5・2・28<br>判時2582・64<br><br>アルツハイマー型認知症／要介護5<br><br>特別養護老人ホーム | 女・81歳 | 民法415条、709条 | 食堂において夕食(アジの塩焼き、甘酢生姜、なすの煮物、木耳酢物および味噌汁)を提供し、職員が、その場を離れたところ、口の中に食物を含んだまま動かなくなり、窒息死した。 | 被告は、被害者Aにかき込み食べがあり、むせ込みからの嘔吐があることを認識しており、医師の指示で「米食＋常菜」から「全粥＋刻み食」に変更したにもかかわらず、Aの子である原告の意向を受けて、「全粥」から「軟飯に近い普通食」に変更したのであるから、職員はAがかき込み食べることにより嘔吐し、その吐物を誤嚥し窒息する危険性を予見できたのであり、被告は、食事の際に職員をして常時見守らせるべき注意義務を負っていたが、これに違反した。ただし、原告は、Aにべちゃべちゃな感じのご飯を食べさせているとして、普通の食事に戻してほしいと要望し、被告は「軟飯に近い普通食」に変更したのであり、被害者側の過失として5割の過失相殺をする。 | 1378万円余(過失相殺前の慰謝2000万円) |
| **【46】**<br>名古屋地判<br>令5・8・7<br>公刊物未登載<br>(令和4年(ワ)第1886号)<br><br>パーキンソン病、アルツハイマー型認知症／要介護3<br><br>特別養護老人ホーム | 男・88歳 | 民法415条、715条 | 朝食のロールパンをのどに詰まらせて窒息死した。 | 被害者Aが事故の1か月余前に朝食のバターロールを食べてむせ込んでいたのは嚥下機能の低下が原因であると考えられ、被告は、ロールパンの大きさにかかわらず、これまでと同じ態様で食事を提供すればむせ込み等の事故が発生し、より重篤な結果が生じるという具体的な危険を認識し得たのであるから、上記むせ込みの後は、常時介助などの方法により、事故が発生しても職 | 2491万円余(慰1600万円) |

337

# 第5章　介護事故の裁判例

| 裁判例<br>出典等 | 性別・年齢<br>既往症等（/要介護度）<br>施設・利用サービス | 請求の<br>根拠条文 | 事故態様 | 注意義務違反の有無等 | 認容額<br>（慰謝料額）等 |
|---|---|---|---|---|---|
| | | | | 員が速やかに対応できるようにすべき注意義務があり、安全配慮義務違反がある。 | |
| 【47】<br>広島地判<br>令5・11・6<br>公刊物未登載<br>（令和4年（ワ）<br>第526号） | 男・94歳<br><br>アルツハイマー型認知症<br><br>ショートステイ | 民法715条 | 食堂で、おやつのゼリーを喉に詰まらせ、窒息死した。 | 施設は、被害者Aの年齢や何度も誤嚥性肺炎を起こしていたこと等から誤嚥を引き起こす危険性がとくに高いことを認識していたのだから、Aが自力で食事の摂取が可能であったことやゼリーが厚生労働省の「えん下困難者用食品許可基準」を満たしていたとしても、Aがゼリーを誤嚥することは予見可能であり、他の利用者に対する配膳が終了した後にAに対する配膳を行う等の一般的な措置を講じる義務があったが、これを行なわず、施設利用者全員への配膳終了後10分程度経過してAの異常に気づいたのであるから義務違反がある。誤嚥した後、最初に警察に通報して救急への通報が遅れ、直ぐにAEDを作動させなかったが、看護師が吸引器等でゼリーを取りだし、心臓マッサージを実施していることから救護義務違反はない。 | 2365万円<br>（慰2000万円） |

# 3. 施設事故の裁判例

峯川　浩子

常葉大学法学部法律学科　教授

## Ⅰ　はじめに

　介護施設で生じる事故としては、個々の職員の行為にかかる事故というよりは、介護事業者の管理・運営そのものに関して生じる事故がある。どのような原因により要介護者が損害を被ったのかという観点から管理・運営にかかる裁判例を整理すると、〔1〕施設の不十分な管理、物的設備の欠陥ないし不備から生じた事故、〔2〕人的管理・人員態勢の不備により生じた事故、〔3〕その要介護者に対する事故防止体制の整備・構築（リスク管理）に不備があった場合の3つに大別することができる。

　本節は、介護事業者の責任が問題となった〔1〕～〔3〕の類型にかかる裁判例[1]を紹介するが、まずは、管理責任を導き出す法的根拠や法律構成による相違点といった基礎的事項について若干の説明を加えることから始めてみたい。

## Ⅱ　施設事故と法的構成

### 1　管理責任と法的根拠

　介護事業者の管理責任を導き出す法的根拠[2]としては、不法行為責任アプ

---

[1]　裁判例には、管理・運営といった点では共通点が多い医療施設における高齢者の事故事例も含めた。なお、裁判例はデータベース（D1-Law、LEX/ DB、判例秘書）および書誌等から得た情報を基に収集した。

[2]　詳細は、峯川浩子「組織医療における損害賠償責任」賠償科学45号48頁、49～50頁（2016年）。

ローチとして、①業務に携わる被用者たる職員の故意・過失を媒介として、事業者の責任を追及する民法715条構成、②介護事業者自身に管理体制の不備があったとして法人たる事業者の責任を直接追及する民法709条構成、③施設の物的構造・設備が安全性を欠いていたときに工作物・営造物の設置管理に瑕疵があったとして責任追及する民法717条構成（民法717条、国家賠償法2条）、さらに、契約責任アプローチとして、④被用者たる職員の故意・過失を媒介として、当事者が給付利益の実現に向けて合意した給付義務ないし給付に際しての保護義務に違反したとして介護事業者の債務不履行責任（不完全履行）を問う債務不履行構成、⑤介護サービス契約に付随する信義則上の義務に違反したとして、事業者の安全配慮義務違反を追及する付随義務構成がある。付随義務違反は、給付義務とは別個に損害賠償義務を発生し得るが、これが認められても直ちに全体として債務不履行にはならないとされる[3]。

　安全配慮義務は、昭和50年2月25日民集29巻2号143頁の最高裁判決が、自衛隊の労働災害事故において、「ある法律関係に基づいて特別な社会的接触関係に入った当事者間において、当該法律関係の付随義務として当事者の一方又は双方が相手方に対して信義則上負う義務」という表現を用いて以降、労働災害において、債務者の本来的な給付義務（労務の提供とこれに対する賃金の支払）を前提に、これに付随する義務として、労働者の生命・健康等の安全を配慮する義務として説かれたものである。

　その後、民間の雇用契約（最判昭和59年4月10日民集38巻6号557頁）、運行委託契約（最判平成2年11月8日集民161号191頁）、請負契約における元請と下請（最判平成3年4月11日集民162号295頁）、在学契約（最判平成18年3月13日集民219号703頁）など様々な場面で認められてきた。

　2000年に介護保険法が施行され福祉サービスの利用が措置から契約に移行した。これにより、事業者は介護サービス利用契約に従って利用者に対し、サービスを提供する義務を負うことになったが、単にサービスを提供すればよいわ

---

**3**　鎌田薫ほか編『新基本法コンメンタール　債権1』（日本評論社、2021年）64頁〔手嶋豊〕。

**3. 施設事故の裁判例**

けではなく、安全にサービスを提供することが求められている。学説は、介護サービス契約における安全配慮義務の存在を異論なく認めるが、義務の法的性質をめぐっては、本来的給付義務と捉える見解[4]と、信義則から生じる付随義務と捉える見解に分かれている[5]。

　介護契約は、2000年に介護保険法が施行され福祉サービスの利用が措置から契約に移行したことに伴い、今日では書面をもって介護利用契約を締結することが一般的あり、通常契約書にはサービスの給付にあたり、被介護者の生命および身体の安全を保護することが明確に定められている。介護サービスの事業者の形態も多様であり契約内容も様々であるから、契約内容によっては事業者の本来的債務に包含されない場合もあり得るが（たとえば【A2、B8】参照）、一般的には、介護サービス契約は債権者（被介護者）が保有している生命・身体・財産権等の利益を侵害しないように配慮して行動する義務（＝保護義務）が給付義務の本来的内容ないし一内容となっている（一部取り込まれている）と解するべきであり、前者が妥当であろう。

## **2　法律構成による相違点**

### ⑴　**債務不履行責任と不法行為責任**

　原告たる被介護者側が損害賠償を請求する場合、医療事故訴訟の場合と同様に、請求権競合を前提に債務不履行責任と不法行為責任（民法709条、715条、717条）を選択的または予備的に併合して請求することが大部分である。

　債務不履行責任と不法行為責任の異同としては、①過失の立証責任、②消滅時効、③遅延損害金発生の起算点、④遺族固有の慰謝料、⑤過失相殺、⑥弁護士費用が挙げられてきた。

---

**4**　笠井修「福祉契約論の課題──サービスの『質』の確保と契約責任」半田正夫古稀記念『著作権法と民法の現代的課題』（法学書院、2003年）674〜676頁、菊池馨実「判批」賃社1440号48頁（2007年）、古笛恵子編『事例解説 介護事故における注意義務と責任〔改訂版〕』（新日本法規、2019年）72頁〔古笛恵子〕。

**5**　品田充儀「福祉契約と契約当事者—介護事故における損害賠償の法理—」新井誠ほか編『福祉契約と利用者の権利擁護』（日本加除出版、2006年）168頁、太矢一彦「判批」現代消費者法40号76頁（2018年）。

## 第5章　介護事故の裁判例

　まず、①については、民法715条1項の責任を事業者に追及する場合には（民法717条については後述する）、その前提として被用者である職員の過失を立証する必要がある。この点で両者は異なるともいえるが、被介護者の生命・身体の保護に向けた債務については、それを給付義務の本来的義務ないし一部として理解するのか、付随義務としての安全配慮義務として構成するのかにかかわらず、結局は、予見し得る危険について事業者は具体的に何をなすべきであったのかということ（＝安全配慮義務の内容）を明らかにし、なすべきことをしなかったこと（＝義務違反に該当すること）が債務不履行だということになる。その立証責任は、債権者側にある（最判昭和56年2月16日民集35巻1号56頁）。そうなると、不法行為における予見可能性を前提とした結果回避義務違反としての過失（注意義務違反）と実質的に異ならないことになる。債務不履行と不法行為では、立証すべき過失の内容が実質的に異ならないことについては従来から医療事故などにおいて指摘されているが、介護事故においても同じことがあてはまるといえよう。

　また、②については、平成29年民法（債権関係）改正によって、生命身体についての消滅時効については、主観的起算点から5年、客観的起算点から20年となり、債務不履行責任と不法行為責任との間で違いがなくなった（民法167条、724条の2）。

　他方、③の遅延損害金については、安全配慮義務違反を理由とする損害賠償は期限の定めのない債務であり、請求の時から遅滞に陥る（民法412条3項）のに対し、不法行為の場合は不法行為時に損害賠償債務が成立し、ただちに遅滞に陥る（最判昭和37年9月4日民集16巻9号1834頁）とされているので、不法行為の方が被害者に有利であり、実質的賠償額に大きな差が生じる可能性がある。

　④については、不法行為によって死亡した場合について、民法711条は、近親者固有の慰謝料請求権を認めているのに対し、安全配慮義務違反による損害賠償についてはこれを認めておらず（最判昭和55年12月18日民集34巻7号888頁）、不法行為の方が有利である。

──342

さらに、⑤の過失相殺については、条文上、文言に違いがある。債務不履行に関する民法418条は、必要的斟酌であり、免責まで認めるのに対し、不法行為に関する722条2項は、裁量的斟酌であり、免責まで認められることはない。しかし、実質的な内容に相違はないと理解されている[6]。

最後に、⑥の弁護士費用については、不法行為の被害者が権利を行使するために提訴を余儀なくされた場合の弁護士費用は、従来から相当の範囲のものに限り賠償が認められていたが（最判昭和44年2月27日民集23巻2号441頁）、現在では、安全配慮義務違反を理由とする債務不履行に基づく損害賠償請求訴訟においても、相当と認められる額の範囲で認められており（最判平成24年2月24日集民240号111頁）、差がない。

## (2) 土地工作物責任

民法717条が規定する土地工作物責任の損害賠償の責任主体は、第一次的には工作物の占有者であり、占有者が損害の発生を防止するのに必要な注意を怠らなかったことを立証したときは、二次的に所有者が賠償責任を負担することになる（補充的責任）。

土地工作物責任の要件でとくに問題となるのは「設置・保存の瑕疵」である。これについては、当該工作物が通常有すべき安全性の欠如という客観的な状態が設置・保存の瑕疵だとする客観説と工作物の危険性が実現しないためになすべきであった義務を怠ったこと（設置・保存の際の行為義務違反）だとする義務違反説が対立している。

判例は、「土地の工作物の設置又は保存の瑕疵とは、当該工作物が通常有すべき安全性を欠いていること」（最判平成25年7月12日集民244号1頁、判タ1394号130頁）としており、客観説の立場に立っているものと解される。また、安全性を欠いているか否かについては、当該工作物の構造、用法、場所的環境および利用状況等諸般の事情を考慮して具体的個別的に判断すべきものである

---

**6** 前掲注（2）82〜83頁〔白石友行〕。

第5章　介護事故の裁判例

とされ（最判平成5年3月30日民集47巻4号3226頁）、およそ被害者の通常予
測できない行動によって事故が発生した場合には、設置または管理の瑕疵を認
めることはできないとされている（最判昭和55年7月17日集民130号263頁）。

### (3)　安全配慮義務違反と土地工作物責任との異同

　被害者の行為が関与して結果が発生する転倒や転落等の事故においては、施
設の安全配慮義務違反とともに、土地工作物責任（民法717条1項）が追及さ
れることが少なくない。安全配慮義務も土地工作物責任も「安全性が欠如」し
ている点で問題とする内容が同じとなる。しかし、両者は予見可能性・結果回
避可能性の要否の点で異なる。

　上述したように、安全配慮義務違反の有無は過失責任を前提として、不法行
為の場合と同様に、債務者たる事業者が、具体的に予見し得る危険について被
介護者の生命・身体等を保護するべく結果回避措置を講じたか否かによって判
断されることになる。これに対して、工作物の占有者責任は中間責任と位置づ
けられており、無過失であったことの証明責任が占有者側に転換されているこ
とから、被害者側が証明すべき瑕疵要件には、過失の要素たる予見可能性や結
果回避可能性を含める必要はなく、占有者側が無過失の立証に成功しない限り
責任から免れないことになる。

　判例がとる客観説の立場によれば、工作物が必要とされる安全性を備えてい
るかは規範的に判断されるため、要求される安全性は社会通念によって必要と
される通常のものであればよく[7]、安全性が欠如していたかどうかの判断は、
当該工作物の構造、用法、場所的環境および利用状況等の諸般の事情を総合考
慮して具体的に判断されることになる。

　この点について、後述する【B5】の裁判所は、「被控訴人のいう具体的危険
の予見可能性は、一般の過失責任における注意義務違反を課す前提として問題
となり得るものではあるが、土地工作物責任においては、工作物（本件におい

---

**7**　潮見佳男『不法行為法Ⅱ〔第2版〕』（信山社、2011年）259頁。

**3. 施設事故の裁判例**

ては本件窓）が通常有すべき安全性を欠く状態にあるため設置・保存の瑕疵が
あるといえるか否かが問題とされるのであり、そこでは、通常予想される危険
を前提としたときに当該工作物が備えるべき安全性を備えているか否かが問題
とされるのであるから、被控訴人主張の『Bが本件窓から無理に外に出ようと
することを具体的に予見することができたか否か』という意味での予見可能性
を問題にする余地はないというべきである。上記安全性は、認知症の一般的知
見から導かれるものであり、本件事故時のAの行動は、上記一般的知見に沿
うものと認められるのであるから、通常予想される危険に属するものというべ
きであ」る、と述べている。

## Ⅲ　裁判例の紹介

## 1　概　要

　上述したように、事業者の管理・運営が問題となった裁判例は、〔1〕施設の
不十分な管理、物的設備の欠陥ないし不備から生じた事故、〔2〕人的管理、人
員態勢の不備により生じた事故、〔3〕事故防止体制の構築の不備により生じた
事故の3つに大別することができる。このうち、〔1〕は施設そのものや物的設
備・備品の安全性が欠如しているときに生じる。〔2〕の人的管理には、職員や
被介護者の管理・監督のほか、被介護者の心身の状態が悪化した場合の対応が
含まれる（たとえば、自殺企図や急な傷病等）。また人員態勢には、人員につ
き法令違反がある場合はもちろんのこと、他の利用者の介護や他の業務に追わ
れ被介護者に適切な対応をすることが不可能だった場合も含まれ得る。〔3〕は、
施設の管理者ないし事業者が、その要介護者に対する事故防止のための事業者
としての取組み（リスク管理）を主導しなかったような場合である。

　重複があるが、収集した裁判例を見ると、〔1〕が主たる請求原因となった
ものとして【**A1、A3、A4、A6、A7、A9、A10、B1 ～ B3、B5、B6、
B8、C1 ～ C6、D2**】がある。介護事故全体として転倒・転落事故が多いせいか、

345——●

第5章　介護事故の裁判例

最も数が多い。〔2〕が原因となったものとして、**【A2、A8、A9、B7、C2、C6、D1】**がある。〔3〕が原因となったものとして、**【A5、A6、A8、B2、B4】**がある。

目立つ事故類型は、①転倒事故、②転落事故、③離設・徘徊にかかる事故である。

原告は、請求権競合を前提に債務不履行責任と不法行為責任（民法709条、715条、717条）を選択的または予備的に併合して請求することが大部分である。責任原因について特徴的なのは、不法行為に基づき損害賠償を認容した判決が多いことである（認容判決20件のうち不法行為が13件、債務不履行が7件）。これは、土地工作物責任を責任原因とした判決が多い（8件）こともあるが、裁判例の中には、遅延損害金や近親者固有の慰謝料、弁護士費用が被害者に有利であることを指摘して、不法行為を責任原因として選択した裁判所もある**【B6、C4】**。他方で、被告の債務不履行責任を認める一方で、不法行為責任の成立を明確に否定する裁判所も存在する**【A2、A8、B4】**。

このように、債務不履行と不法行為の責任判断は必ずしも一致するとは限らない。その理由は、不法行為責任の場合は、不法行為の要件にしたがって義務違反の有無が判断されるのに対し、債務不履行責任の場合は、当事者間で締結された契約によってその義務内容が決まるからである。

## 2　転倒事故

### (1)　責任を肯定した裁判例

#### ア　福島地会津若松支判平成12年8月31日【A1】

脳内出血に起因する片麻痺の入院患者が歩行中、病院の防火扉と接触して転倒し右大腿骨骨折の傷害を負い、後遺障害を残して随時介護が必要となったことについて、占有者ないし所有者である病院に対し、土地工作物責任に基づいて治療費、介護費、家屋改造費、慰謝料等を損害賠償請求した。被告は損害賠償責任を認めたが、原告には右不全片麻痺、大腿骨の骨粗鬆症の疾病があり、原告の転倒に寄与しているから、損害賠償の算定にあたっては、これらを勘案

346

## 3. 施設事故の裁判例

し、7割の減額がなされるべきであるなどと主張した。裁判所は、防火扉の設置保存に瑕疵があったとして、被告の損害賠償責任を肯認したうえで、転倒することへの恐怖心やそれらの起因するリハビリテーションへのやや消極的態度も影響していることがうかがえるが、本件事故現場は病院であり、原告のような、高齢者や身体に疾患を有する者が多数往来している場所であると認められるのであり、こうした場所で、通行者の予想に反して防火扉が閉じるという事態が起きた場合、原告に限らず、心身の疾患からこれを避けることができずに接触して転倒したり、また、衝突の衝撃が比較的軽微なものであっても、従前の疾患も原因となって、重篤な骨折などの傷害を引き起こす事故が起きることは、充分予測できるというべきである。したがって、そうした場所で、施設の瑕疵により利用者の身体に対する傷害事故が起きた場合、被害者の疾患のうち、少なくとも施設の占有者において把握ないし容易に予測できるものについて、これを損害賠償額の算定にあたって斟酌し損害額の減額を図ることは、損害額の公平な分担の要請に反するとし、本件においては、原告の疾患である右不全片麻痺は被告が把握しており、骨粗鬆症はその存在を容易に予測できたものというべきであるから、損害額を算定するにあたり、右不全片麻痺および骨粗鬆症の存在を斟酌することは許されないとして、素因減額を認めなかった。

### イ　東京地判平成15年3月20日【A2】

　被告が設置運営する医院でデイケアを受けたAが介護士Bの運転する送迎バスにより自宅マンション玄関前まで送り届けられたが、Bが踏み台を片づけるなどの作業をしている間に、Aが路上で転倒して骨折し、後日肺炎を発症して死亡したことについて、この死亡は被告またはその雇用する介護士Bの注意義務違反により生じたものであるとして、Aの相続人らが損害賠償請求をした。裁判所は、Aは被告との間で、被告医院においてデイケアを受けるとともに、その通院にあたって被告医院の送迎バスによる送迎を受けるという、診療契約と送迎契約が一体となった無名契約を締結しており、無名契約に付随する信義則上の義務として、Aを送迎するに際し、同人の生命および身体の安全を確保すべき義務（安全確保義務）を負担していた。そして、Aの年齢、身体状況、

347

第5章　介護事故の裁判例

送迎の際に存在する転倒の危険に鑑みるならば、被告はAを送迎するにあたっては、同人の移動の際に常時介護士が目を離さずにいることが可能となるような態勢をとるべき契約上の義務を負っていた。ところが、本件事故当時、Aを送迎するバスに乗車する介護士として、運転手を兼ねたBの1名しか配置しなかった。BはAが送迎バスを降車した後、踏み台用のコーラケースを片づけるなどの作業をする必要があって、Aから目を離さざるを得ず、Aの転倒を防ぐことができなかった。被告としては、Bに対して、送迎バスが停車してAが移動する際に同人から目を離さないように指導するか、それが困難であるならば、送迎バスに配置する職員を1名増員するなどして転倒事故を防ぐための措置をとるべきであった。被告は、Aの生命および身体の安全を確保すべき義務を怠ったことにより、本件事故を防ぐことができず、Aの大腿部頸部骨折の傷害を生じさせたものというべきであり、債務不履行が成立するが、被告の義務違反は当該契約に基づく義務違反に過ぎず、不法行為は成立し難いとした。Aに生じた損害については、老年者の場合、本件のような事故が原因となって大腿部頸部骨折を負った後、肺炎を発症し、最終的に死亡に至るという経過は予見可能な経過であるから、被告の義務違反とそれによるAの肺炎の発症、死亡との間には、相当因果関係が認められるが、事故当時、Aは自立歩行が可能であって、歩行の際に介護士等が手を貸す必要のない状況であったうえ、同人には中等度の痴呆状態が認められていたものの、簡単な指示であれば理解し、判断をすることができたことからすると、本件事故はA自身の不注意によって生じたものと解さざるを得ず、被告の義務違反と相当因果関係にある損害は、Aの損害の4割であるとして、損害額を減じた。

### ウ　福島地白河支判平成15年6月3日【A3】

　介護老人保健施設の入居者がポータブルトイレの排泄物を捨てようとして汚物処理室に入室した際、出入口のコンクリート製凸状の仕切りに足をとられて転倒し大腿骨頸部を骨折したことについて、被告に対し、債務不履行、土地工作物責任に基づき損害賠償を請求した。裁判所は、契約に基づき、介護ケアサービスの内容として入所者のポータブルトイレの清掃を定時に行うべき義務があ

**3. 施設事故の裁判例**

り、その義務違反と本件事故との間に相当因果関係が認められるとして、債務不履行責任を認めた。また、本件施設は、身体機能の劣った状態にある要介護老人の入所施設であるから、その特質上、入所者の移動ないし施設利用等に際して、身体上の危険が生じないような建物構造・設備構造がとくに求められているというべきであり、本件処理場の出入口にある仕切りの構造は、下肢の機能の低下している要介護老人の出入りに際して転倒等の危険を生じさせる形状の設備であり、土地の工作物の設置または保存の瑕疵に該当するとしてその責任を肯定した。一方、被告は、原告はナースコールで介護要員に連絡して汚物の処理をしてもらうことができたはずであり、被告からそのように指導されていたにもかかわらず、また、自らポータブルトイレの排泄物容器を処理する能力に欠けているにもかかわらず、自分で処理しようとした行動には過失があるから、過失相殺がなされるべきであると主張したが、居室内に置かれたポータブルトイレの中身が廃棄・清掃されないままであれば、不自由な体であれ、老人がこれをトイレまで運んで処理・清掃したいと考えるのは当然であるとして、過失相殺の主張を排斥した。

**エ　東京地判平成16年3月31日【A4】**

患者Aが泌尿器科診察室の床上の配線コードにつまずいて転倒したために骨折し、入院リハビリ中も二度目の骨折をし、その後受けた人工骨頭置換術中に死亡したことにつき、Aが死亡したのは、被告病院で配線コードにつまずいて転倒したために骨折し、その後も被告病院の理学療法士や医師から適切なリハビリ訓練や手術を受けることができなかったことが原因であるなどとして、Aの相続人らが民法717条1項、709条ないし715条1項または診療契約上の債務不履行責任（安全配慮義務違反）に基づき、損害賠償請求をした。裁判所は、理学療法士や医師の過失については否定したが、①被告病院は、健康を損ねている者が多数訪れる施設であり、本件診察室を訪れる患者の大半は60歳以上の高齢者であったこと、②高齢者には骨粗鬆症の患者が多く、わずかな外力によっても骨折してしまう場合があること、③ところが、本件診察室には、本件コードが配置されていたこと、④床上のわずかな突起物でも足をとられること

349──●

## 第5章　介護事故の裁判例

があること、⑤本件診察室付けの医師や看護師は、おぼつかない足取りの患者に対して、コードがあるから足元に気を付けるように注意を促すなどしていなかったこと等を総合考慮して、コードの高さが10mm弱にすぎなかったとしても、床上にコードを配置していた本件診察室は、通常有すべき安全性を欠いており、診察室には設置または保存に瑕疵があるとした。当該骨折（第1骨折）と死亡との間に相当因果関係が認められるから、被告はAが死亡したことによる損害を賠償すべきであるが、Aは月に1回程度の割合で被告病院の泌尿器科に通院しており、本件診察室に本件コードがあることを十分認識し得たうえ、泌尿器科を訪れる患者の大半は60代以上の者で、その中には、たどたどしい歩き方をする者やAのようなおぼつかない歩き方をする者もいたが、コードに足を取られつまずきそうになった者は、Aの外にはいなかった。Aは、足元に十分注意を払うべきであり、このような注意を尽くしていれば、コードにつまずくことを回避することができたものと認められるから、Aにも過失があったとして、4割の過失相殺を認めた。一方、Aの重度の骨粗鬆症については、骨粗鬆症は、高齢の利用者の多い病院のような施設においては、個々人の個体差の範囲として、当然にその存在が予定されていたというべきであり、過失相殺の規定を類推適用等することは、公平の理念に照らし相当ではないとした。

### オ　神戸地伊丹支判平成21年12月17日【A5】

　グループホームに入居していた認知症高齢者Aが、居室内のカーテンを開けようとしてバランスを崩して転倒し骨折を伴う事故が二度発生したことについて相続人たる原告らが損害賠償を請求した。本件の争点は①不可抗力による免責の可否、②重過失による免責または過失相殺の可否等[8]であった。裁判所は、原告は、認知症に罹患しており、成年後見人も選任されていたところ、第1事故前の平成18年4月15日に、本件施設内でベッドから落下する事故に遭っ

---

**8**　当事者間で締結した痴呆対応型共同生活介護利用契約書に、事業者は、利用者に対する介護サービスの提供にあたって、万一事故が発生し、利用者の生命・身体・財産に損害が発生した場合は、不可抗力による場合を除き速やかに利用者に対して損害を賠償する。ただし、利用者に重過失があった場合はこの限りでないという旨の特約条項（19条1項）があった。

ており、診療所で、第1腰椎体圧迫骨折、骨粗鬆症の診断を受け、その後、被告は原告の成年後見人から具体的な危険性を指摘した要望を受けていたにもかかわらず、事故発生および損害拡大の各防止のために、何らかの対策をとった形跡がない。また、第1事故後に、被告は原告の就寝後に、被告職員によるこまめな巡視や、居室内のタンスの配置換えにより原告の転倒を防止する配慮をしていたなど、ある程度の対策をとっていたものの、それ以上の対策をとったり、そうした対策を検討していた形跡はないとして、被告の介護利用契約の債務不履行責任を肯定した。原告の過失相殺・素因減額の主張に対しては、精神上の障害により事理を弁識する能力を欠く常況にあった以上、通常人と同様に、重過失や過失を問うことはできず、過失相殺の類推や骨粗鬆症という素因の存在を理由に損害賠償責任を減額するのは相当ではなく、また、原告と被告は、原告が認知症にあり、要介護状態にあることを前提に、本件契約を締結しており、被告が原告に対し、本件契約上、対価を得て介護サービスを提供する立場にあるのであるから、契約関係にない事故の場合と同様には、過失相殺の類推や素因の存在を理由に損害賠償責任を減額するのは相当ではないし、本件全証拠によっても、同減額をすべき特別の事情があるとまでは認められないとした。

## カ　大阪地判平成29年2月2日【A6】

両下肢機能に著しい障害があり、転倒するおそれが相当程度あるにもかかわらず、職員からの再三の注意も聞かずにナースコールを使わずにトイレに行っていた特別養護老人ホームの入所者Aが、トイレに行こうとした際に転倒し、頭部を負傷し、入院先の病院で2か月後に死亡したことについて、相続人たる原告らが、被告法人はポータブルトイレや衝撃吸収マット、離床センサー等による転倒防止措置を講じておらず安全配慮義務に違反した等主張して損害賠償を請求した。裁判所は、本件事故より前にナースコールを自己判断により押さない者に対して離床センサーを設置することが転倒事故の予防に効果があると学会等で発表され、離床センサーを販売する会社においても転倒予防の効果がある旨を商品の説明に用いていたことを認めることができる。本件施設には離床センサーの器具が1台保管されており、本件事故当時は使用されていなかっ

## 第5章 介護事故の裁判例

たから、被告は、本件居室にその離床センサーを設置することが可能であった。したがって、本件事故当時、被告はＡがトイレに１人で行こうとして転倒する危険を回避するために離床センサーを設置することが義務付けられていたというべきであり、離床センサーを設置しなかったことは結果回避義務の違反にあたるとして、介護利用契約に基づく安全配慮義務違反を肯定した。被告は、本件事故によりＡが急性硬膜下血腫を発症したこと、およびＡに後遺症が残存したことについて、Ａの脳出血、脳梗塞の既往障害が寄与しているとして素因減額を主張したが、Ａは転倒によって頭部への外傷を負っており、強く頭部を打ち付けたことがうかがわれるから、それらの既往歴が急性硬膜下血腫の発生に寄与したと認めることはできないとした。他方、過失相殺の主張については、Ａは意思能力には問題がなかったにもかかわらず、１人でトイレに行かずにナースコールで被告の職員を呼ぶようにとの被告の職員の声掛けを無視して１人でトイレに行こうとして転倒したのであるから、Ａにも４割の過失があったとして損害額を減じた。

### キ　さいたま地判平成30年6月27日【A7】

　脳内出血により右上下肢に著しい後遺障害を負った短期入所施設の利用者Ａが付添いなしに口腔ケアを行っていたところ転倒して右大腿骨頸部を骨折した。裁判所は、本件利用契約の内容等をふまえると、被告は、介護事業者として、具体的に予見し得る危険についてＡの生命・身体等を保護するべく配慮する義務を負っていた。Ａは、従前から洗面所の壁に左肩をもたれかけるようにしてうがいをしており、被告の職員はそれを見ていた。そうするとＡは、壁に左肩をもたれかけて体を支えつつ、口腔ケアの動作をすることになるから、バランスを崩すなどして転倒することを、十分具体的に予見し得た。それにもかかわらず、付き添うか洗面所内に椅子を設置するなど転倒を防止する措置を何ら講じず、その結果本件事故が発生したのであるから、本件利用契約の債務不履行（安全配慮義務）に基づき損害賠償義務を負うとした。過失相殺については、当時のＡの認知能力および身体能力、原告が被告に対し二度にわたりショートステイ連絡表で注意を喚起していたこと、被告がＡに対しその能力に応じ

352

## 3. 施設事故の裁判例

た短期入所生活介護の提供を約した介護事業者であること、被告はＡが不安定な姿勢で口腔ケアを行っているのを知っていたことなどを考慮すると、本件事故によりＡが被った損害について、過失相殺をすべきものとは解されないとした。

### ク　京都地判令和元年5月31日【A8】

重度の認知症を患う介護老人保健施設の入所者Ａが短期間の間に2回転倒し、3回目の転倒により頭部に傷害を負い翌日死亡したことについて、相続人らが主位的には使用者責任または法人の不法行為に基づき、予備的には入所利用契約上の義務の債務不履行に基づき損害賠償を請求した。裁判所は、二度の転倒により、被告の職員はＡの転倒リスクが高まっていたことやＡが転倒した場合には、頭部を直接床に打ち付ける可能性が高く、その際に死につながる重大な傷害を負うおそれがあることを十分に認識し得た。被告の職員としては、牛乳を飲みながら歩行しているＡを発見した際に、Ａの近位で付添いを行うべきであることはいうまでもなく、本フロアには、少なくとも4名の職員がおり、そのいずれかがその当時行っていた作業を中断すれば、Ａに対し、近位で付き添い、介助する対応をとることに期待可能性があった。Ａに対し、上記のような対応を継続することは、本件施設の職員に一定の負担を課すことになるが、転倒リスクがどの程度高いものを、何人程度受け入れるかについては、当該施設の人的態勢等をふまえ、施設において判断することができる事項であると考えられる（実際、Ａの心身の状況を考慮し入所を断った介護老人保健施設が複数存在していた）。本件約款には、被告は、利用者およびその家族に対し、利用者の病状、心身状態等が著しく悪化し、本件施設での適切な介護老人保健施設サービスの提供を超えると判断された場合には、約款に基づき入所利用を解除・終了させることができる旨の規定も存在している。被告が、少なくとも10名の入所者について、Ａよりも転倒リスクが高いと評価しつつ、これらの者を含めて、第3転倒時には、定員34名に迫る31名の入所者を受け入れていたことからすると、人的態勢が厳しい状況であったことは、これらの入所者を受け入れ、継続的に介護していた被告の判断の結果であるともいえ、Ａの特別

353

第5章　介護事故の裁判例

養護老人ホームへの入所が順番待ちであったため本件施設に入所したといった事情を考慮しても、施設における人的態勢が厳しいことをもって、被告の責任を否定する理由にはならないとして、第3転倒によるAの死亡について、入所利用契約上の債務不履行責任を肯定し賠償金の支払を命じた。なお、不法行為責任については、Aに付き添い転倒を防止する義務は契約に付随するものであり、不法行為法上の義務まで負っていたとはいえないとした。

## (2)　責任を否定した裁判例
### ア　東京地判平成26年12月26日【A9】

　通所介護施設で宿泊サービスの提供を受けていた歩行が不安定で、かつ徘徊傾向がある利用者Aが施設内の広間で夜間に転倒しているところを発見され、その後、脳内出血を発症し肺炎により死亡した。相続人らは、Aの夜間の徘徊を防止し、転倒を防止しなかったとして、介護契約上の債務不履行または不法行為に基づき損害賠償請求した。裁判所は、本件宿泊介護契約上の義務として、被告は利用者の生命および身体に危害が及ぶことのないよう、利用者の事故を防止し、安全を確保すべき義務を負っており、サービスの提供に伴って、責めに帰すべき事由により、利用者の生命および身体等に損害を及ぼした場合には、利用者に対してその損害を賠償すべき責任を負うものとされていることが認められる。被告が利用者の安全を確保すべき義務に違反したか否かは、利用者の年齢、健康状態、日常生活の状況、過去の事故歴およびこれらの情報が被告に伝達されていたか等の事情に照らし、被告において事故の発生に対する予見可能性があったかどうかであり、仮に予見可能性があったとした場合には、予見される事故の原因、内容、利用者の身体や精神の状況、本件宿泊介護契約に関して法令等が定める基準等および事故当時の宿泊介護の実践における標準的な取扱等を勘案し、事故を回避するために適切かつ相当な措置を行ったといえるかを検討して、判断すべきものと解されると一般論を述べたうえで、本件事故当時、宿泊サービスを提供する通所介護事業所において、利用者がベッドや部屋から出る等した場合に反応するセンサーやブザーを設置することが

一般的であったとは認められず、また、Aにつき、夜間に常時見守りを必要とするほどではなかったことからすると、被告職員をAの部屋への出入りが直接見える位置に配置すべき必要があったとは認められない。その他、原告が主張する、Aのベッドを転倒する危険性が高い場所から離して配置したり、夜間でも足下や周囲が見える程度の明るさを保ったりする等の措置についても、Aのベッドがことさら転倒する危険性が高い場所に設置されていたとは認められず、Aが転倒したデイルームには夜間パイロットランプが付けられていたから、被告の措置が不十分であったとまではいえないとして、事業者の責任を否定した。

### イ　松江地判令和４年９月５日【A10】

　介護老人保健施設に入所者Aが夜間居室のベッド下で転倒しているのが発見され、医師の診察を受けた後に死亡したことについて、相続人らが①主位的には、本件施設の職員に転倒防止用のセンサーマットの運用上の安全配慮義務違反があり、同義務違反がなければ死亡していなかった旨主張し、②予備的には、医師が検査等を行わず経過観察としたことが注意義務違反にあたり、同義務違反がなければその死亡の時点においてなお生存していた相当程度の可能性が存した旨主張して、損害賠償を請求した。裁判所は、本件施設は業者から提案を受けた場所である枕元の壁の高さ約80cmの位置に分配コンセントを設置しており、同コンセントがナースコールの子機もコードで繋がっていることなどをみても、標準的な設置場所に設置されているものと考えられるし、入居者が意識的に切ろうとしなければ誤って切ってしまうような位置ともいえない。本件スイッチはAが切った可能性があるが、Aの認知能力に大きな問題はなかったことや、これまでAが本件スイッチを切ってしまったことはなかったことからすれば、Aが本件スイッチを切ることを予見することはできなかったというべきであるから、これを回避すべくAが切り換えできないような位置に本件スイッチを設置すべき注意義務があったとはいえないとして事業者の責任を否定した。一方、②については、医師の注意義務違反がなければ、Aがその死亡の時点においてなお生存していた相当程度の可能性があるとして慰謝料

第5章　介護事故の裁判例

200万円を認容した。

## 3　転落にかかる事故

### (1)　責任を肯定した裁判例

#### ア　高知地判平成7年3月28日【B1】

　原因不明の下半身麻痺を患っている高齢の患者Aが、ベッド脇の窓から落下し頭蓋骨骨折等により死亡した事故について、相続人たる原告らがAは窓に接着して配置されたベッド上から体勢を崩して転落したものであり、病室の設置・保存の瑕疵、また入院契約上の安全配慮義務違反にあたるとして、病院に対し損害賠償を請求した。裁判所は、落下の原因について、死体の損傷部位、落下地点、Aの死亡直前の精神状態などから自殺を否定し、Aがベッドの柵にくくりつけたさらしをたぐり寄せるなどして何らかの動作をした際に体勢を崩して窓の外に転落したものと判断した。土地工作物責任については、人の診療にあたる病院においては、患者の生命、身体の安全確保を図るべき義務があり、本件のように両下肢麻痺で入院している患者の場合には、その使用するベッドは、窓から離して配置するか、窓に接して配置する場合には窓ないしベッドに手すりを設置するなどして物的設備を安全に整えることにより、同人が窓の外に転落する事故を防止すべき義務があった。それにもかかわらず、病院を経営してこれを所有・占有する被告は、Aが両下肢麻痺で入院しているのに、右義務を怠り、本件ベッドを高低差があまりない窓の下に接して配置し、ベッドにも窓にも手すりを設置していなかったのであるから、本件病室は通常備えるべき安全性を欠いており、工作物の設置・保存の瑕疵があるとして、責任を認めた。また、本件事故は、Aが転落の危険を作出、増大させる体勢をとったことにあるとした被告の過失相殺の主張については、Aは、さらしをたぐり寄せて起き上がろうとした際等に手がすべるなどして転落したことが考えられる。しかし、患者を預かってその生命、身体の安全を守るべき病院関係者に右のような基本的な義務違反がある状況のもとで、体の自由のきかない患者がこのような行為に及んだからといって、これを患者の不注意に帰せしめることはできな

いとした。

### イ　大阪地判平成19年11月7日【B2】

　痴呆対応型共同生活介護施設に入所していた高齢者Aがベッドから転落し、左大腿骨転子部骨折の傷害を負った事故につき、本件事故前にも二度ベッドから転落し、二度ベッドから転落しそうになったにもかかわらず、施設は何ら回避措置を講じず、事故の発生について家族にも説明しなかったとして、債務不履行および法人の不法行為責任、使用者責任に基づき損害賠償を請求した。裁判所は、平成15年11月20日の事故が発生してからも、転落防止に向けた十全の措置がとられた形跡はうかがえないばかりか、Aが11月27日にも転落し、12月4日および23日に転落しそうになっていた事態についての情報提供とそれをふまえた転落防止対策もおよそとられていなかったといわざるを得ず、被告が介護事業者として、契約上負っている安全配慮義務や情報提供義務等を履行していなかったものと評せざるを得ないとして介護利用契約の債務不履行を認めたが、後遺障害が生じたことに対して、痴呆症により、原告自身が骨折したことを忘れて立位や座位の姿勢を無理にとったり、不穏行動が多々みられたり、リハビリに意欲的に取り組むことがなかったことが寄与したとして損害額を5割素因減額した。一方、被告自身の不法行為または職員Bの不法行為に関する使用者責任については、被告の法人としての不法行為責任を問うに足る具体的事情は明らかではないとし、またBの不法行為についても、被告の管理責任者として、原告の介護計画を立案したということを超えて、いかなる具体的な事情のもとに、本件事故の発生を具体的に予見し、その発生を回避すべきであったのかということについては明らかではないとして責任を否定した。

### ウ　徳島地判平成24年1月30日【B3】

　認知障害のある高齢の患者Aが、病院3階の配膳室前のスペースに設置してあった入院患者の配膳用リフトの開口部から落下し死亡したことについて、相続人らが土地工作物の設置・保存の瑕疵、および安全配慮義務違反を主張して、病院を経営する医療法人Y₁および病院の建物を所有するY₂に対して損害賠償を請求した。Aが転落した本件リフト前スペースは廊下に面しており、体調不

## 第5章　介護事故の裁判例

良者、高齢者、認知障害のある者、幼児等を含む入院患者やその見舞客が付近を通行する状態にあった。また、本件リフトの開口部扉には鍵はかけられておらず、上扉を押し上げたり、下扉に手を付き押し下げたりすることによって容易に開閉することが可能であり、ドアロック機能も付けられていなかったために、開口部から人が転落した場合には、かごの屋根部分、あるいは、かごが上階に上がっていた場合には地上部分にまで落下してしまう状態となっていた。裁判所は、このようなリフトの構造、場所的環境、転落した場合の危険性の程度に加えて、本件リフトは頻繁には用いられておらず、開口部扉に鍵をかけたり、スペース前に仕切りを設けて施錠したりするなどの方法をとることによる支障が大きくなかったことや、本件事故後にドアロック機能を付けるために必要とした費用は高額ではないこと等を斟酌して、本件リフトは、工作物が通常備えているべき安全性が欠如していたとして、設置・保存の瑕疵があったとした。

### エ　東京地判平成25年9月24日【B4】

　ショートステイ契約により短期入所生活介護サービス施設に入所した認知症高齢者Aが、明け方、使用していたベッドの脇で転倒しているのを同施設の職員により発見され、左大腿骨頸部骨折の傷害を負っていたことにつき、傷害を負ったのは、被告施設による安全配慮義務違反（本件では、契約上、故意・過失についての立証責任が被告に転換されている）および不法行為に起因するものであると主張して損害賠償請求をした。裁判所は、被告が本件事故による損害賠償責任を免れるには、Aの寝具としてベッドを選択したことについて、Aの普段の状況を家族等から十分に聴取したうえで、Aがベッドを自宅の布団と勘違いすることによるベッドからの転落ないし転倒のリスクを適切に考慮に入れ、これをAの家族に伝えたうえでもなおAの家族においてベッドを要望したためこれに応じてベッドを選択したといった、施設がベッドを選択したことについて無過失であることを基礎付ける事情が必要である。また、Aの認識能力や下肢等の運動能力を十分考慮したうえで、ベッドを使用することの危険性に対応した措置をとったことが認められなければならない。Aの家族に上記

358

転落ないし転倒リスクを伝えることもなく、また、本件施設において対応できる夜間の見守りの状況等について十分説明することなく、Aに問いかけてベッドにするとの回答を得たからベッドを選択したというのであり、上記リスクを念頭に置いた慎重な検討をしたうえでベッドを選択したとは到底いうことができない。本件施設においては、当時、ショートステイの入所者（Aも含む）については介護計画を立てていなかったことなどにも鑑みると、本件施設が、事前のアセスメント等で得られたAの状況を慎重に反映した介護計画を策定し、これを現場の職員にも周知徹底して情報共有を図るなどの、Aの転倒事故を防ぐための十分な態勢がとられていたとはいい難く、被告は、本件事故に関して、Aと締結した本件契約上の注意義務を果たしていたと認めることはできないとして、債務不履行責任を肯定した。他方、不法行為に基づく損害賠償請求については、本件事故について被告の不法行為があったことまでを認めることはできないとした。

### オ　東京高判平成28年3月23日【B5】／原審：東京地立川支判平成26年9月11日（棄却）

　認知症専門棟に短期入所していた認知症高齢者Aが2階食堂の窓から雨どい伝いに降りようとして地面に落下し、搬送先の病院で死亡したことにつき、控訴人らが、安全配慮義務違反または食堂の窓にかかる瑕疵によるものである旨主張して（控訴審で土地工作物責任を追加）、被控訴人に対し、控訴人ら（2名）の相続分につき損害賠償金の支払を求めた。裁判所は、安全配慮義務違反の主張に対しては、原審と同様に、Aが窓から外に出ることの予見は不可能であったとして請求を棄却した。一方、土地工作物責任については、次のように述べて責任を肯定した。本件窓の下にあるキャビネットは、認知症であっても運動能力には問題のない利用者であれば容易に上ることができ、上ってしまえば、窓から体を出すことが容易な構造となっている。施設においては、このような構造の有する危険性を認識し、本件食堂の窓にストッパーを施し、最大150mm程度しか開放されないように制限しようとしたものと認められる。ところが、本件ストッパーは、本件窓をコツコツととくに大きな力によることな

第5章　介護事故の裁判例

く当てることにより容易にずらすことができ、ごく短時間で大人が通り抜けられる程度のすき間が開けられる。このようなストッパーのずらし方は、帰宅願望を有する認知症患者が、帰宅願望に基づき窓を無理に開放しようと考えた際、思いつき得る方法と認められる。ストッパーによる開放制限措置が不適切なものであった以上、本件窓は、その設置または保存に瑕疵があったというべきであり、ストッパーによる開放制限措置が通常有すべき安全性を欠いていたことと本件事故ひいてはAの死亡との間に相当因果関係があるとした。被控訴人は、Aが事理弁識能力ないし一定程度の合理的な判断能力を有していたこと等を挙げて過失相殺をすべきである旨主張したが、本件事故の態様に照らして、事故当時Aが合理的な判断能力を有していたとは認められず、Aが入所していた被控訴人施設は認知症専門棟であって、認知症患者に一般的にみられる徘徊ないし帰宅願望に基づく行動に適切に対処することが求められていたとして、被控訴人の上記主張は採用することができないとした。

　カ　東京地判平成29年2月15日【B6】／控訴審：東京高判平成29年
　　　9月6日（原判決維持）

　入居する認知症高齢者Aが、2階居室の窓から地上に転落して骨折等を負ったことについて、本件施設には設置または保存の瑕疵があるなどと主張して損害賠償を請求した。裁判所は、認知症対応型共同生活介護サービスを提供するグループホームにおいては、認知症高齢者が帰宅願望によって窓から脱出を試みて転落する危険性が高いため、事故を防止するために、施設の設置または保存について十分な措置を講じるべきである。本件窓のストッパーは、本来は窓がまったく開かないように設置することが想定されているにもかかわらず、22.5cmまで開けることができるように設置されていた。このような中間止めの設置方法では、ロックした状態であっても手で強く引っ張れば鍵を使わずに取り外すことができ、認知症高齢者であっても、Aのように日常生活動作がある程度自立しており、活発に動き回ることのできる者であれば、ストッパーを取り外そうとして押したり引っ張ったりしているうちに取り外してしまう現実的な危険性があった。このような危険性は、中間止めの設置方法にも対応でき

**3.** 施設事故の裁判例

るストッパーを設置していれば除去することができた。ストッパーが常にロックした状態になっていたとしても、転落事故を防止するための窓の開放制限措置として十分な措置が講じられていたとはいえず、認知症対応型共同生活介護サービスを提供するグループホームとして、通常有すべき安全性を欠いていたとして土地工作物責任を認めた。責任原因については、工作物責任と債務不履行責任とは請求権競合の関係にあり、遅延損害金の観点からは前者の方が後者よりも原告に有利であり、本件においては工作物責任が認められるから債務不履行責任について判断する必要はないとした。

### (2) 責任を否定した裁判例
#### ア 名古屋地判平成19年4月25日【B7】

肺結核症等の治療のため入院中の患者Aが、病室の窓から転落し、死亡したことにつき、相続人の一部たる原告らが、病院は、転落の直前に看護師が自殺を図ろうとしたことに気付きながら、自殺を防止する義務等を怠った過失があるなどと主張して、被告病院に対し、診療契約の債務不履行（安全配慮義務違反）に基づき損害賠償を請求した。裁判所は、診療契約が締結されて患者が入院している場合、医療機関は疾病に対する医療の提供と関連する範囲では当該患者に対し安全配慮義務を負うことになる。当該範囲には入院中に発生した精神症状も含まれ得るが、精神症状は、診療契約の対象たる疾病そのものとはいい難いから、具体的な精神症状がこれに含まれるかどうかは、当該精神症状発生の蓋然性、患者の状況に関する医療機関側の認識等の事情を斟酌し判断する必要があると一般論を述べたうえで、Aは腰椎を圧迫骨折したことを契機として精神的に不安定になり、飛び降り自殺をほのめかすような発言をし、これを被告病院の医師・看護師らが聞いていることや、本件自殺直前にゴムチューブを首に巻き、胸元に血が付着しているAをB看護師が発見している等の事情を総合的に斟酌すれば、本件事情の下では、被告には、診療契約に基づく安全配慮義務の一内容として、Aの自殺を防止すべき義務があったとした。他方で、B看護師が、息子を呼んでくれるよう頼んで横臥したAの言動を見て、いった

361 ——●

## 第5章　介護事故の裁判例

ん落ち着いたものと判断したのはやむを得ないというほかなく、B看護師がC看護師の応援を頼むためにいったん病室から退出し、同人が本件病室に到着するまでのわずか10秒程度の間に飛び降り自殺に及ぶと予見するのは極めて困難であったとして原告らの請求を棄却した。

> **イ　鹿児島地判令和2年10月30日【B8】/控訴審：福岡高宮崎支判令和3年4月21日（原判決維持）**

　$Y_1$が運営する住宅型老人ホームに入居し、$Y_2$から訪問介護サービスの提供を受けていたAが、入居していた居室の窓から転落して胸椎破裂骨折などの傷害を負い、その後死亡したことについて、相続人たる原告らが、$Y_1$、$Y_2$に対して債務不履行または共同不法行為に基づき、さらに被告$Y_1$に対しては、これらに加えて土地工作物責任に基づく損害賠償請求をした。しかし、裁判所は次のように述べていずれの責任も否定した。本件施設は、介護等のサービスが付いた「介護付有料老人ホーム」ではなく、介護が必要となった場合に、別途、入居者自身の選択により、地域の訪問介護等の介護サービスを利用するという「住宅型有料老人ホーム」である。現に、Aも被告$Y_1$との間の本件入居契約とは別に、被告$Y_2$との間で訪問介護契約を締結し、被告$Y_2$の職員から個別の訪問介護サービスを受けており、その対価である料金の額も利用回数によって増減されるものである。このような本件施設や訪問介護の性質からすると、本件訪問介護契約のサービスが365日24時間提供可能との趣旨は、ヘルパーステーションに$Y_2$の職員が常駐しているために、コールボタンで呼出しがあった場合等には対応可能であるというものにすぎず、本件訪問介護契約の内容から、介護サービス提供時以外に$Y_2$が安全配慮義務を負うものとはいえない。また、原告らは、本件窓が土地の工作物にあたり、ストッパーが使用されていない状況について、通常有すべき安全性を欠いていた旨主張する。しかし、そもそもストッパーが使用されているか否かは、それを人為的に使用するか否かの問題であり、工作物自体の瑕疵の有無の問題ではない。

**3. 施設事故の裁判例**

## 4 離設・徘徊にかかる事故

### (1) 責任を肯定した裁判例

#### ア 静岡地浜松支判平成13年9月25日【C1】

　失語症を伴う老人性痴呆症のデイサービスの利用者Aが高さ84cmの窓から脱出し行方不明となり、1か月後に砂浜で死体となって打ち上げられたことにつき、相続人らが介護職員の過失および施設の建物設備の瑕疵を主張して損害賠償を請求したところ、裁判所は、次のように述べて使用者責任を認めた。Aは、失踪直前に靴を取ってこようとしたり、廊下でうろうろしているところを被告施設の職員に目撃されており、被告職員としては、Aが被告施設を出ていくことを予見できたと認められるから、Aの行動を注視して、Aが被告施設から脱出しないようにする義務があった。しかし、当日の被告施設におけるデイサービスE型利用者を担当していたのは、寮母2名のみであり、1名は、入浴サービスに従事しており、他の1名は、要トイレ介助の女性2名をトイレに連れて行き、亡Eを注視する者はいなかった。Aの失踪時、被告施設の北側玄関は内側からは容易に開かないようになっており、裏口は開けると大きなベルとブザーが鳴る仕組みになっていて、Aが出ることは困難であった。しかし、Aのような身体的には健康な痴呆性老人が、84cm程度の高さの施錠していない窓から脱出することは予見できたと認められる。被告は、法令等に定められた限られた適正な人員の中で事業を実施しているので過失はないと主張するが、法令等に定められた人員で定められたサービスを提供するとサービスに従事している者にとって過大な負担となるような場合であっても、サービスに従事している者の注意義務が軽減されるものではないとして、土地工作物の瑕疵を判断することなく、被告職員の過失を根拠に使用者責任を認めた。他方で死亡との因果関係については、Aが行方不明になったことにより、原告ら家族が被った精神的苦痛については相当因果関係が認められるが、Aは失踪後、約1週間は異常なく生存しており、その後に砂浜に死体となって打ち上げられるに至った経緯は不明であるとして、被告職員の過失とAの死との間の相当因果関係を否定した。

363

## 第5章　介護事故の裁判例

### イ　岡山地判平成22年10月25日【C2】

　介護老人保健施設に入所する認知症高齢者Ａが浴室に入り込み、自ら給湯栓を調整して湯を満たした浴槽内で死亡したことにつき（死因は、致死的不整脈疑い）、相続人らが、被告施設管理義務違反等を主張して、損害賠償を請求した。裁判所は、本件施設の入居者の多くは認知症に罹患していて、かつ、徘徊傾向を有しており、Ａも同様であった。本件事故発生当時の入居者数は34名であり、同日に勤務していた本件施設職員数は5名であったから、これらの職員により、全入居者について間断なくその動静を見守ることは事実上困難であった。したがって、被告としては、適正な数の職員を配置し、入居者の動静を見守る努力を傾注するとともに、本件施設中、入居者が勝手に入り込んで利用するようなことがあれば、入居者の生命身体に危険が及ぶ可能性がある設備ないし場所を適正に管理する責任がある。本件浴室と隣接する扉は施錠されておらず、また、脱衣室から本件浴室へ入る扉も施錠されていなかった。仮に、これらのどちらかの扉が施錠されていれば、本件事故は発生しなかったことは明らかである。たとえ本件事故発生前において、Ａが勝手に浴室に入ろうとしたことはなく、これまで同種の事故がなかったとしても、徘徊傾向を有する入居者が、浴室内に進入することは予見可能であった。被告には原告ら主張の施設管理義務違反が認められるから、Ａの死亡の結果につき過失責任があるとしてその責任を認めた。損害賠償額については、①本件施設職員が本件浴室の浴槽に湯を入れたまま放置したというものではないこと、②廊下から本件浴室に至る扉には施錠していたこと、そして、③Ａが自ら本件浴室内に進入して浴槽に湯を満たして入ったことにより引き起こされたものであること等に照らすと、損害をすべて被告に負担させることは明らかに相当性を欠くとして、民法722条2項を準用して、Ａおよび原告らの損害のうち被告が負担すべき割合は3割とした。

### ウ　さいたま地判平成25年11月8日【C3】

　小規模多機能型居宅介護施設に入所していた認知症高齢者Ａが施設の外に出て行方不明となり、その3日後に施設から約590m離れた畑の畦で死亡して

いるのが発見されたことにつき、相続人らが職員の注視監視義務違反、施設経営者の設備設置義務違反等を主張して、施設に対し不法行為または債務不履行に基づき損害賠償を請求した。裁判所は、介護職員に注視義務違反はなかったとした。しかし、Aは入所した当初から一定程度帰宅願望があり、出入口や窓、そこに付いている鍵を開けようとしたり、外に出ようとしたり、実際にロックされていなかった窓の鍵を開けたことがあった。ケース記録は、通常、施設の職員が書き込み、保管・管理しているものであるから、施設の管理者Bは、当然そこに記載されていることを認識していたものと認められる。被告は、鍵を開けて外に出て行く可能性があり、1人で施設を離れてしまえば、自力で本件施設に戻ることが困難な状態であるAを受け入れていたのであるから、Aが鍵を開けて外に出る可能性があることを認識した時点で、施設職員が気付かないうちにAが施設外へ出ることを防止する措置をとる義務があった。施設において利用者が外に出ることが可能な場所のうち、つまみを回せば簡単に鍵が開いてしまう勝手口のドアに関して、そのドアが開いた場合に音が鳴る器具を設置するなど、Aが施設から外に出た場合に、施設の職員が直ちに気付くことができるものを設置しておくべきであったにもかかわらず、それを怠っており、被告には本件施設の設備の設置義務違反が認められる。Aは、本件施設を離れ、長時間徘徊するなどして熱中症等の傷病によって死亡したと推認され、設備の設置義務違反とAの死亡との間には相当因果関係があり、不法行為責任が認められる。他方で、本件事故は、認知症のAが自ら本件施設の外に出てしまったことにより起こった事故であること、Aが本件施設の外に出たのは本件事故が初めてであること等一切の事情を考慮すると、被告が負担すべきAの死亡による慰謝料は、1400万円が相当であるとした。

### エ　福岡地判平成28年9月9日【C4】

　被告が運営するデイサービスセンターへ通所していた認知症の利用者Aが施設の非常口の扉を開けて施設を抜け出し、その後、施設から約1.5km離れた畑の中で、低体温症により死亡していたことについて、相続人らが施設利用契約の債務不履行、一般不法行為または使用者責任に基づき損害賠償を請求し

# 第5章　介護事故の裁判例

た。裁判所は、Aには認知症状の一つとして徘徊癖が存在して、自ら帰宅など
する意思や能力に乏しい状況にあり、このことは被告ないし被告職員も認識し
ていたから、Aが本件施設を抜け出して徘徊することがないよう被告において
人的・物的体制を整備し、あるいは、被告職員においてAの動静を見守る義
務があった。デイサービスフロアにいた職員が、施設利用相談への対応や引き
膳作業に従事していたしても、Aを含む本件施設利用者の動静に注意を払うこ
とができなかったものとは認められず、職員において、Aが本件施設を抜け出
して徘徊することがないよう、その動静を見守るべき義務（注視義務）に違反
したものと認められる。そして、Aが施設からこのように容易に抜け出せたと
すれば、これは、被告の職員に対する日常的な指導や監督が不徹底であったこ
とを裏付けるものに他ならず、被告は相当の注意をもって被告職員を指導監督
すべきであったとして、債務不履行責任および使用者責任のいずれも肯定でき
るとした。しかし、遺族固有の慰謝料および弁護士費用の点で有利であるとし
て、使用者責任に基づき損害の賠償を認めた。

### オ　長崎地判平成30年1月22日【C5】

　短期入所生活介護サービスを受けていた入所者Aが、施錠されていなかっ
た防火扉を開け、階段を使って1階に降りて施設外へ離設し、21日後に山中で
遺体で発見されたことにつき、相続人らが入所者が施設外に出て死亡したのは
被告の職員の過失によるものであり、また利用者の無断外出を防止し、その生
命・身体を安全に管理するための体制が整えられていなかったと主張して損害
賠償を請求した。被告が、本件事故に関し、過失および安全配慮義務違反があっ
たことを認めたため、被告が主張した過失相殺が争点であった。裁判所は、Aは、
本件事故当時、認知症の中核症状である記憶障害や認知機能障害等により、自
らの置かれた状況を正確に把握することができず、したがって、自身のいるべ
き場所が本件施設内であることを認識して共同生活室に戻ることや、離設後に
自らが迷子の状況にあることを認識して周囲に助けを求めることは、不可能で
あった。Aは、自己の生命等に危険が生じることを予見し、これを回避する能
力を欠いていたというべきであって、事故におけるAの行動をしん酌して過

━━366

失相殺をすることはできないとした。

　　カ　東京地判平成21年9月15日【C6】

　病院に入院して食道亜全摘手術等を受けた患者Ａが病室から失踪し、同病院敷地内に併設された看護師宿舎の屋上から転落して死亡した状態で発見されたことについて、Ａが死亡したのは、同病院の医療従事者らが、Ａは術後せん妄を発症しており、その影響で自殺を含めた危険行動に出ることを予見することが可能であったのに、これを予見しなかったうえ、①術後せん妄による危険行動を防止するために患者の体幹・両上肢の抑制等の措置をとる義務、②失踪した患者を適切に捜索する義務、③家族に対して失踪後直ちに連絡する義務、④失踪した患者が病棟の外に出ないように病棟の出入口をすべて施錠し、警備員に監視させるなど病院施設を適切に管理する義務を怠ったためであるなどと主張して、使用者責任または診療契約の債務不履行に基づき損害賠償請求をした。裁判所は、Ａの診療経過を詳細に検討し、術後せん妄の中核的症状は意識障害であるとされており、診断基準として、患者に意識清明期の後に意識障害、記憶欠損、失見当識、言語障害等の認知の変化の発現が挙げられるが、手術後のＡに上記のような認知の変化にかかる症状は発現しておらず、かえって、失踪直前のＡがＢ医師に対して穏やかで落ち着いた様子を見せていたことなどからすると、被告病院の医療従事者らにおいて、Ａが術後せん妄を発症することを具体的に予見すべきであったということはできず、まして、Ａが術後せん妄によって危険な行動をとり、転落死することを具体的に予見することはできなかったとした。そして、予見可能性がなかったことを前提として①を否定し、また②についても必要と考えられる捜索を自ら実施したとし、③についても注意義務違反はなかったとした。④の施設管理上の義務違反については、被告病院は、患者の生命・身体の安全を確保すべき一般的な施設管理上の注意義務を負うが、患者が病棟の外に出ないようにするには、立体駐車場に続く出入口のみならず病棟の出入口すべてを施錠するか、すべての出入口を警備員に常時監視させる措置を講ずる必要があり、それは容易でなく現実的ではないこと、病院の施設管理について原告ら主張の措置を講ずるべきことを求めた公的な基準

第5章　介護事故の裁判例

等を認めるに足りる証拠はないことからすれば、被告病院において出入口を施錠し、あるいは警備員に監視させる措置を講ずるべき義務があったとはいえず、また看護師宿舎各棟は病院の敷地内にあるとはいえ、病院等とは接続されておらず、部外者の立入りは想定されていないことなどからすれば、被告病院において患者その他の部外者が看護師宿舎の外階段に侵入できないような措置を講ずるべき義務があったとまではいえないとして請求を棄却した。

## 5　その他

### (1)　東京地判平成26年5月29日【D1】

　介護付有料老人ホームの入居者Aが居室の浴槽内で溺死した事故につき、相続人らが被告の介護職員は、安全な入浴のために必要とされる見守り、目配り等の安全配慮義務を怠ったとして債務不履行または不法行為に基づき損害賠償を請求した。裁判所は、本件事故が発生するまでの間、Aまたは原告等から、Aの入浴時に被告の介護職員を付き添わせてAの入浴動作を見守ってほしい旨の要望を受けたことはなく、また、Aが自立して入浴動作ができることに疑念を生じさせるような事情が発生したこともなかった。事故当時、被告において、Aが入浴する際に生命等に危険が及ぶ事故が発生する具体的危険を予見することはできなかったことから、Aが本件居室の浴室内で入浴するにあたって、付添い等をしてAの生命等を危険から保護するよう配慮すべき義務を負っていたと認めることはできないとした。

### (2)　大阪地判令和4年12月22日【D2】

　被告との間で老人デイサービス事業の利用契約を締結し、介護サービスを受けていたAの子である原告らが、Aが新型コロナウイルス感染症に感染した後に死亡したのは、被告が上記デイサービスへの送迎時における安全配慮義務に違反したためである旨主張して、被告に対し、デイサービス利用契約の債務不履行に基づき、Aについて生じた死亡慰謝料の各法定相続分相当額等を損害賠償請求した。裁判所は次のように述べて原告の請求を棄却した。本件送迎当時

は新型コロナウイルス感染症流行のいわゆる第3波にあり、大阪府下に2回目の緊急事態宣言がされていたことからすると、被告は、本件利用契約に基づく安全配慮義務として、上記感染症の感染を予防し、生命または身体の安全を確保するため必要な措置を講ずる義務を負っていた。しかし、本件送迎時、新型コロナウイルス感染症に感染した利用者Bにも他の利用者や職員にも新型コロナウイルス感染症の感染を疑わせる症状はなく、利用者Bが陽性者の濃厚接触者に該当すると判定されたことを被告が把握したのは本件送迎の後であったこと、利用者は、利用日の朝の検温やマスクの着用を実施し、利用者Bも本件送迎の当日朝に検温をしてその結果を本件施設に報告しており、車内では常にマスクをしてAと利用者Bとの間では会話もしていなかったこと、利用者Bの本件送迎車の利用時間は約10分で各利用者等が長時間乗車することは想定されていなかったこと、保健所から本件送迎車に同乗したことを理由に濃厚接触者に指定され、またはPCR検査の対象とされた者はいないこと等からすると、本件送迎の時点で、被告が当時一般に想定されていた新型コロナウイルス感染症の感染拡大リスクを超えて、本件送迎車内で利用者Aから同乗者に感染が拡大する具体的な危険があることを予見または予見し得る状況にあったとはいえない。本件送迎時、被告は、保健所に提出していたマニュアルに従い、車内でのマスク着用、送迎終了後の車内外のドアノブ、手すり等の消毒、乗車中の窓やドアの開閉による換気等による感染対策を履行しており、上記感染対策により本件送迎までの間本件施設における感染はなかったことをもふまえると、原告主張のさらなる措置を行わなかったことに安全配慮義務違反があったとはいえない。

# Ⅳ　おわりに

　最後に、施設事故の裁判例について、損害論の点からまとめておく。

　被害者に対する加害行為と加害行為以前から存在した被害者の疾患や心因的要因がともに原因となって損害が発生した場合に、加害者に損害の全部を賠償させるのが公平を失する場合には、裁判所は、民法722条2項を類推適用して

## 第5章　介護事故の裁判例

被害者の疾患を斟酌し、損害賠償額を算定することが認められている。

　被告が素因減額を主張した裁判例は【A1】（右不全片麻痺、骨粗鬆症）、【A4】（骨粗鬆症）、【A6】（脳出血、脳梗塞の既往障害）、【B2】であるが、認められたのは【B2】のみである。介護事業者が負担する債務の内容は高齢者の素因の存在を予期・認識し現実化しないように注意を含むものであって、素因減額を認容するのは困難であることは首肯できる。

　唯一素因減額を認めた【B2】の裁判所は減額（5割）を認める理由として、原告は、痴呆症状が著明であり、骨折したことを忘れている状況にあって、術前および術後において、立位や座位の姿勢を無理にとったり、不穏行動が多々みられたり、リハビリに意欲的に取り組むことがなかったことが、原告の後遺障害に大いに影響しているものと思われることを挙げている。【B1】と同様に原告が大腿骨骨折の傷害を負った【A1】の裁判所も原告が転倒することへの恐怖心やそれらの起因するリハビリへの消極的な態度が損害を拡大させたことを認めているが、事故が被告病院内で起きたものであること、当時の原告の年齢ならびに骨折の際の肉体的苦痛や事故後の手術やリハビリテーションの負担感などは原告にとって相当程度のものであったであろうと考えられることから、原告の心理的問題は、後遺障害の等級を減じる要素ないし過失相殺の要因とはならないとして、減額しなかった。【A1】における事故は被害者の予想に反して防火扉が閉じ、心身の疾患からこれを避けることができずに接触して転倒したものであり、被告において、原告の従前の疾患も原因となって、重篤な傷害を引き起こすことは充分予測できたものであったが、【B2】の場合は、損害が拡大したのが、被告たる介護施設とは異なる療養先の病院での出来事であり、回避可能性がなかったといった事情が考慮された可能性がある。

　また、加害者に債務不履行または不法行為が認められる一方で、被害者にも一定の落度が認められる場合、裁判所は、損害の公平な分担という観点から、民法418条・722条2項を適用して過失相殺することが認められている。事業者は身体機能や認知機能の劣った事故リスクの高い高齢者を受け入れおり、抗弁として過失相殺の主張がしばしばなされるが、民法722条2項を適用して減

370

額をした裁判例は、【A4】（4割）、【A6】（4割）、【C2】（7割）と少ない。民法722条2項の過失相殺を適用するためには、事理を弁識するに足りる知能が備わっていることが必要とされる[9]。事理弁識能力とは、損害の発生を避けるために必要な程度の能力のことである。事故にあった被介護者の多くは認知機能が低下しており、自己の生命等に危険が生じることを予見したり、これを回避する能力が乏しいことから、数が少ないのはもっともであるともいえる。他方で、被介護者の過失を認定したうえで、因果関係のある損害に限定して損害額を減額している裁判例（【A2】）や、慰謝料を減額することによって賠償額の調整を図っている裁判例（【C3、C5】）もある。

　【A2】は、本件事故は、A自身の不注意によって生じたものと解さざるを得ず、被告の義務違反と相当因果関係にある損害はAの損害の4割と解すべきであるとして、被害者の過失を因果関係の中に位置づけて相当因果関係によって賠償額を限定している。【C3】は、原告は、2500万円の慰謝料を請求したが、本件事故は、認知症のAが自ら本件施設の外に出てしまったことにより起こった事故であること、Aが施設の外に出たのは本件事故が初めてであること、警察犬等による捜索もむなしく結果としてAを発見することができなかったこと等の事情を考慮して、被告が負担すべきAの死亡による慰謝料を1400万円とした。【C5】は、原告は2200万円の死亡慰謝料を請求したが、離設から死亡推定日の同月上旬頃まで道に迷ったうえで山中において死亡したこと、その間、強い恐怖を感じたと推認できることや、認知症高齢者の日常生活自立度（認知度）がⅢaであり、自ら離設したことなど、本件に現れた一切の事情を考慮すると、Aの慰謝料は1800万円とするのが相当であるとした。

　ところで、死亡慰謝料については、しばしば、高齢者だから低額でもよいとの議論がなされる[10]。また、高齢であることを一つの要素として、慰謝料

---

9　最判昭和39年6月24日民集18巻5号854頁。

10　三坂歩ほか「医療・介護施設における高齢者の事故についての損害賠償請求に係る諸問題」判タ1425号69頁、85〜87頁（2016年）、杉浦徳宏「医療訴訟における高齢者が死亡した場合の慰謝料に関する一考察」判時2402号136頁（2019年）。

第5章　介護事故の裁判例

額を減額している例が相当数あるとされる[11]。本稿が検討した裁判例のうち、死亡慰謝料が認められたのは、**【A2、A4、A8、B1、B3、C2、C3、C4、C5】**の9件である。上述したように、被害者の過失を相当因果関係や慰謝料額で考慮した**【A2、C3、C5】**および元々請求額が低かった**【C2】**を除き、「赤い本」[12]の高齢者等の死亡慰謝料の基準2000～2500万円の範疇であり、施設事故においては、高齢であることを要素として減額はなされていないようである。

|  | 認容額 | 請求額 | 原告 |
|---|---|---|---|
| A2 | 1200万円＊ | 2200万円 | 妻、子2名 |
| A4 | 2000万円 | 2400万円 | 子2名 |
| A8 | 2300万円 | 3000万円 | 子2名 |
| B1 | 2400万円 | 3000万円 | 妻、子2名 |
| B3 | 2000万円 | 2000万円 | 妻、子2名 |
| C2 | 700万円 | 700万円 | 子3名 |
| C3 | 1400万円＊ | 2500万円 | 妻、子2名 |
| C4 | 2000万円 | 2000万円 | 夫、子2名 |
| C5 | 1800万円＊ | 2200万円 | 子2名 |

　生命という保護法益は基本的利益であり、若年者であろうと高齢者であろうと異ならないことから、高齢を理由に慰謝料額を減額すべきではないだろう。

---

**11**　三坂・前掲注（10）85頁。
**12**　日弁連交通事故センター東京支部編『民事交通事故訴訟 損害賠償額算定基準』。

**3. 施設事故の裁判例**

〈裁判例一覧表：施設事故〉

| 判決年月日 出典 | 原因類型 | 利用者属性 / 施設・サービス種別 / 事故類型 | 事案の概要 | 請求原因 / 責任原因 | 請求額（傷害慰謝料／後遺障害・死亡慰謝料）/ 認容額（傷害慰謝料／後遺障害・死亡慰謝料） |
|---|---|---|---|---|---|
| 【A1】<br>福島地<br>会津若松支判<br>平12・8・31<br>判時1736・<br>113 | (1) | 71歳・女<br><br>一般病院<br><br>転倒 | 脳内出血に起因する片麻痺の患者が歩行中、病院の防火扉と接触して転倒し右大腿骨骨折の傷害を負い、後遺障害を残して随時介護が必要となった事案 | 717条1項<br><br>717条1項 | 2590万円<br>（後遺障害慰謝料 900万円）<br><br>2010万円<br>（後遺障害慰謝料 350万円） |
| 【A2】<br>東京地判<br>平15・3・20<br>判時1840・20 | (2) | 78歳・女<br><br>小規模精神科デイケア承認施設<br><br>転倒 | 送迎バスにより自宅マンション玄関前まで送り届けられたが、路上で転倒した事案 | 415条、709条、715条1項<br><br>415条 | 3315万7625円<br>（入院慰謝料 200万円／死亡慰謝料 2200万円）<br><br>1720万6545円×0.4=686万6145円<br>（慰謝料1200万円×0.4=480万円）<br>※過失相殺6割 |
| 【A3】<br>福島地白河支判<br>平15・6・3<br>判時1838・<br>116 | (1) | 95歳・女<br><br>介護老人保健施設<br><br>転倒 | 入居者がポータブルトイレの排泄物を捨てようとして汚物処理室で転倒した事案 | 415条、717条1項<br><br>717条1項 | 1054万7970円<br>（受傷慰謝料 139万円／後遺症慰謝料 135万円）<br><br>537万2543円<br>（受傷慰謝料 100万円／後遺症慰謝料 135万円） |
| 【A4】<br>東京地判<br>平16・3・31<br>D1-Law<br>28091929 | (1) | 79歳・女<br><br>一般病院<br><br>転倒 | 高齢の患者が診察室の床上の配線コードにつまずいて転倒した事案 | 415条、709条、715条1項、717条1項<br><br>717条1項 | 4840万4416円<br>（入院慰謝料 100万円／死亡慰謝料 2400万円／近親者固有の慰謝料 子300万円×2名=600万円）<br><br>1665万7944円<br>（入院慰謝料 85万円×0.6=51万円／死亡慰謝料 2000万円×0.6=1200万円／近親者固有の慰謝料 子100万円×2名=200万円）<br>※過失相殺4割 |
| 【A5】<br>神戸地伊丹支判<br>平21・12・17<br>判タ1326・<br>239 | (3) | 90歳・女<br><br>指定痴呆対応型共同介護施設<br><br>転倒 | 居室内で骨折を伴う転倒事故が二度発生した事案 | 415条、715条1項<br><br>415条 | 544万7815円<br>（ア.第1事故関係：慰謝料 219万円、イ.第2事故関係:慰謝料 219万円）<br><br>376万7810円<br>（ア.第1事故関係：慰謝料 120万円、イ.第2事故関係：慰謝料 150万円） |

373

## 第5章　介護事故の裁判例

| 判決年月日 出典 | 原因類型 | 利用者属性／施設・サービス種別／事故類型 | 事案の概要 | 請求原因／責任原因 | 請求額（傷害慰謝料／後遺障害・死亡慰謝料）／認容額（傷害慰謝料／後遺障害・死亡慰謝料） | | |
|---|---|---|---|---|---|---|---|
| 【A6】大阪地判平29・2・2判タ1438・172 | (1)(3) | 79歳・男 | 職員からの再三の注意も聞かずにナースコールを使わずにトイレに行っていた入所者が、トイレに行こうとした際に転倒し、頭部を負傷し、入院先の病院で2か月後に死亡した事案 | 415条、715条1項 | 2549万0419円（入院慰謝料100万円／後遺障害慰謝料2000万円） | | |
| | | 特別養護老人ホーム | | 415条 | 991万2854円（慰謝料1300万円×0.6＝780万円）※過失相殺4割 | | |
| | | 転倒 | | | | | |
| 【A7】さいたま地判平30・6・27判時2419・56 | (1) | 64歳・男 | 脳内出血により右上下肢に著しい障害を後遺していた利用者が付添いなしに口腔ケアを行っていた際に転倒して右大腿骨頸部を骨折した事案 | 短期入所生活介護利用契約の債務不履行（415条）に基づき(1)主位的請求：死亡による損害(2)予備的請求：後遺障害による損害 | 主位的請求5740万0779円のうち一部請求2000万円（入通院慰謝料266万円／死亡慰謝料2500万円／近親者固有の慰謝料500万円）、予備的請求1976万7616円（入通院慰謝料187万円／後遺障害慰謝料1000万円／近親者固有の慰謝料500万円） | | |
| | | 短期入所施設 | | (2) 415条 | 306万5116円（慰謝料250万円）※慰謝料増額理由：事故前のように杖により屋内歩行が自立するまでには退院後更に時間を要したものと推認する。 | | |
| | | 転倒 | | | | | |
| 【A8】京都地判令元・5・31判タ1484・227 | (2)(3) | 82歳・男 | 重度の認知症を患う入所者が短期間の間に2回転倒し、3回目の転倒により頭部に傷害を負い翌日死亡した事案 | 1 転倒により障害を負い後日死亡したことについての損害(1)主位的請求：715条1項、709条（法人の不法行為）(2)予備的請求：415条 2 事実隠蔽と報告を怠ったことについての損害、709条（法人の不法行為、715条1項） | 1 4581万8098円（慰謝料3800万円／第1転倒の慰謝料300万円、第2転倒の慰謝料500万円、第3転倒の慰謝料3000万円）2 220万円（慰謝料220万円） | | |
| | | 介護老人保健施設 | | | | | |
| | | 転倒 | | (1)棄却(2) 415条 | 2817万7240円（慰謝料2300万円） | | |

# 3. 施設事故の裁判例

| 事件 | | 属性 | 事案 | 根拠条文 | 認容額 |
|---|---|---|---|---|---|
| 【A9】<br>東京地判<br>平26・12・26<br>D1-Law<br>29045228 | (1)<br>(2) | 74歳・男 | 要介護4の利用者が夜間に施設内の広間で転倒しているところを発見された事案 | 415条、715条1項 | 3324万7991円<br>（慰謝料 2000万円） |
| | | 通所介護施設 | | 415条 | 0円 |
| | | 転倒 | | | |
| 【A10】<br>松江地判<br>令4・9・5<br>LEX/DB<br>25593441 | (1) | 91歳・女 | 入所者が夜間居室のベッド下で転倒しているのが発見され、医師の診察を受けた後に死亡した事案 | (1)主位的請求：センサーマット運用上の安全配慮義務違反、(2)予備的請求：医師の注意義務違反、(1)(2)の請求原因：709条、715条1項、415条 | (1)(2)ともに2200万円<br>（死亡慰謝料 2000万円） |
| | | 介護老人保健施設 | | | |
| | | 転倒 | | (1)棄却<br>(2)715条1項 | (2)220万円<br>（相当程度の可能性、慰謝料 200万円） |
| 【B1】<br>高知地判<br>平7・3・28<br>判タ881・183 | (1) | 71歳・男 | 原因不明の下半身麻痺を患っている高齢の患者Aが、ベッド脇の窓から落下し頭蓋骨骨折等により死亡した事案 | 415条、717条1項 | 6038万3588円<br>（近親者固有の慰謝料<br>妻1500万円＋子750万円×2名<br>＝3000万円） |
| | | 一般病院 | | 717条1項 | 3637万2612円<br>（近親者固有の慰謝料<br>妻1200万円＋子600万円×2名<br>＝2400万円） |
| | | 転落 | | | |
| 【B2】<br>大阪地判<br>平19・11・7<br>判時2025・96 | (1)<br>(3) | 86歳・女 | 入所していた高齢者がベッドから転落し、左大腿骨転子部骨折の傷害を負った事案 | 415条、709条、715条1項 | 3447万4241円<br>（入院慰謝料 210万円／後遺障害慰謝料 2800万円） |
| | | 痴呆対応型共同生活介護施設 | | 415条 | 602万8641円<br>（入院慰謝料 170万円／後遺障害慰謝料 550万円×0.5＝275万円）<br>※素因減額：後遺障害慰謝料5割 |
| | | 転落 | | | |
| 【B3】<br>徳島地判<br>平24・1・30<br>LLI/DB<br>L06750033 | (1) | 79歳・男 | 認知障害がある高齢の患者が、入院患者の配膳用の配膳用リフトの開口部から落下し死亡した事案 | 415条、717条1項 | 3140万4010円<br>（死亡慰謝料 2000万円／近親者固有の慰謝料 妻300万円＋子150万円×2名＝600万円） |
| | | 一般病院 | | 717条1項 | 2874万5077円<br>（死亡慰謝料 2000万円／近親者固有の慰謝料 妻200万円＋子100万円×2名＝400万円） |
| | | 転落 | | | |

375

# 第5章 介護事故の裁判例

| 判決年月日 出典 | 原因類型 | 利用者属性 施設・サービス類型 事故類型 | 事案の概要 | 請求原因 責任原因 | 請求額（傷害慰謝料/後遺障害・死亡慰謝料） 認容額（傷害慰謝料/後遺障害・死亡慰謝料） |
|---|---|---|---|---|---|
| 【B4】<br>東京地判<br>平25・9・24<br>LEX/DB<br>25515227 | (3) | 82歳・女<br><br>短期入所生活介護サービス<br><br>転落 | 認知症高齢者Aが、明け方、使用していたベッドの脇で転倒しているのを同施設の職員により発見され、左大腿骨頸部骨折の傷害を負っていた事案 | 415条、715条1項<br><br>415条 | 902万8428円<br>（傷害慰謝料220万円／後遺障害慰謝料290万円）<br><br>431万円<br>（傷害慰謝料217万円／後遺障害慰謝料100万円） |
| 【B5】<br>東京高判<br>平28・3・23<br>LEX/DB<br>25542671<br>変更自判<br>（原審：<br>東京地立川支判<br>平26・9・11<br>LEX/DB<br>25542861、棄却） | (1) | 85歳・男<br><br>介護老人保健施設<br><br>転落 | 認知症高齢者が2階食堂の窓から雨どい伝いに降りようとして地面に落下し、搬送先の病院で死亡した事案 | 415条、715条1項、717条1項<br><br>717条1項 | 2354万7482円<br>（慰謝料2400万円×1/3×2名=1600万円）<br><br>1956万2994円<br>（死亡慰謝料2000万円×1/3×2名≒1333万円） |
| 【B6】<br>東京地判<br>平29・2・15<br>判タ1445・219<br>（控訴審：<br>東京高判<br>平29・9・6<br>D1-Law<br>28264309、原判決維持） | (1) | 93歳・男<br><br>グループホーム<br><br>転落 | グループホームの2階居室の窓から入居者が地上に転落して受傷した事案 | 415条、715条1項、717条1項<br><br>717条1項 | 3787万0334円<br>（死亡慰謝料2200万円）<br><br>1075万8723円<br>（傷害慰謝料および後遺症慰謝料900万円） |
| 【B7】<br>名古屋地判<br>平19・4・25<br>判時1994・80 | (2) | 64歳・男<br><br>一般病院<br><br>転落 | 肺結核症等の治療のため入院中の患者が、病室の窓から転落し、死亡した事案 | 415条<br><br>棄却 | 4782万9856円<br>（慰謝料3000万円）<br><br>0円 |
| 【B8】<br>鹿児島地判<br>令2・10・30<br>判時2526・43<br>（控訴審：<br>福岡高宮崎支判<br>令3・4・21<br>判時2526・39、原判決維持） | (1) | 89歳・女<br><br>住宅型有料老人ホーム<br><br>転落 | Y1が運営する住宅型老人ホームに入居し、被告Y2から訪問介護サービスの提供を受けていた認知症高齢者が入居していた2階の居室の窓から転落して傷害を負い、その後死亡した事案 | Y1・Y2に対し415条、719条、Y1に対してはこれらに加えて717条1項<br><br>棄却 | 2471万9304円<br>（慰謝料2200万円）<br><br>0円 |

# 3. 施設事故の裁判例

| 裁判例 | | 属性 | 事案 | 根拠条文 | 認容額 |
|---|---|---|---|---|---|
| 【C1】<br>静岡地<br>浜松支判<br>平13・9・25<br>裁判所ウェブサイト | (1) | 不明・男 | 失語症を伴う重度の老人性痴呆症の利用者が高さ84cmの窓から脱出し行方不明となり、1か月後に砂浜で死体となって打ち上げられた事案 | 715条1項、717条1項 | 4663万5612円<br>（近親者固有の慰謝料 700万円×4名＝2800万円） |
| | | デイサービスセンター | | 715条1項 | 284万9000円<br>（近親者固有の慰謝料 妻130万円＋子43万円×3名＝259万円） |
| | | 離設 | | | |
| 【C2】<br>岡山地判<br>平22・10・25<br>判タ1362・162 | (1)<br>(2) | 81歳・男 | 介護老人保健施設に入所する認知症高齢者が浴室に入り込み、自ら給湯栓を調整して湯を満たした浴槽内で死亡した事案 | 715条1項、717条1項 | 3490万5765円<br>（慰謝料 700万円／近親者固有の慰謝料 子700万円×3名＝2100万円） |
| | | 老人保健施設 | | 715条1項 | 441万7182円<br>（慰謝料 700万円×0.3＝210万円／近親者固有の慰謝料 子100万円×3名＝300万円）<br>※過失相殺7割 |
| | | 徘徊 | | | |
| 【C3】<br>さいたま地判<br>平25・11・8<br>自保1915・167 | (1) | 75歳・男 | 入所していた認知症高齢者が施設の外に出て行方不明となり、その3日後に施設から約590m離れた畑の畝で死亡しているのが発見された事案 | 415条、709条 | 4845万2287円<br>（慰謝料 2500万円／近親者固有の慰謝料 妻200万円＋子100万円×2名＝400万円） |
| | | 小規模多機能型居宅介護施設 | | 709条 | 1980万円（慰謝料 1400万円／近親者固有の慰謝料 妻150万円＋子50万円×2名＝250万円） |
| | | 離設 | | | |
| 【C4】<br>福岡地判<br>平28・9・9<br>LEX/DB<br>25543801 | (1) | 76歳・女 | 被告が運営するデイサービスセンターへ通所していた認知症高齢者が施設を抜け出し、その後、施設から約1.5km離れた畑の中で、低体温症により死亡していた事案 | 415条、715条1項 | 2964万0525円<br>（死亡慰謝料 2000万円／近親者固有の慰謝料 夫200万円＋子100万円×2名＝400万円） |
| | | デイサービスセンター | | 715条1項 | 2870万8945円<br>（死亡慰謝料 2000万円／近親者固有の慰謝料 夫200万円＋子100万円×2名＝400万円） |
| | | 離設 | | | |
| 【C5】<br>長崎地判<br>平30・1・22<br>LEX/DB<br>25549492 | (1) | 83歳・女 | 認知症高齢者が、施錠されていなかった防火扉を開け、階段を使って1階に降りて施設外へ離設し、21日後に山中で遺体で発見された事案 | 415条、709条、715条1項 | 3087万1196円<br>（死亡慰謝料 2200万円／近親者固有の慰謝料 子150万円×2名＝300万円） |
| | | 老人ホーム | | 715条1項 | 2457万7304円<br>（死亡慰謝料 1800万円／近親者固有の慰謝料 子100万円×2名＝200万円） |
| | | 離設 | | | |
| 【C6】<br>東京地判<br>平21・9・15<br>判タ1328・196 | (1)<br>(2) | 63歳・男 | 病院に入院して手術等を受けた患者が、その病室から失踪し、同病院敷地内に併設された看護師宿舎の屋上から転落して死亡した状態で発見された事案 | 415条、715条1項 | 4178万8804円<br>（慰謝料 2500万円／近親者固有の慰謝料 妻・子150万円×4名＝600万円） |
| | | 一般病院 | | 棄却 | 0円 |
| | | 離設 | | | |

377

# 第5章 介護事故の裁判例

| 判決年月日 出典 | 原因 類型 | 利用者属性 施設・サービス種別 事故類型 | 事案の概要 | 請求原因 責任原因 | 請求額（傷害慰謝料/後遺障害・死亡慰謝料） 認容額（傷害慰謝料/後遺障害・死亡慰謝料） |
|---|---|---|---|---|---|
| 【D1】 東京地判 平26・5・29 LEX/DB 25519872 | (2) | 90歳・女 介護付有料 老人ホーム 溺死 | 入居者が居室の浴槽内で溺死した事案 | 415条 | 2200万円 （慰謝料2000万円） |
| | | | | 棄却 | 0円 |
| 【D2】 大阪地判 令4・12・22 D1-Law 28310830 | (1) | 95歳・女 特別養護老人 ホームの デイサービス 感染 | デイサービスを受けていた利用者が、新型コロナウイルス感染症に感染した後に死亡した事案 | 415条 | 2750万円 （死亡慰謝料2500万円） |
| | | | | 棄却 | 0円 |

# 4. 加害事故の裁判例

外岡　潤

弁護士

## Ⅰ　はじめに

　本節では、認知症高齢者や知的障害者が第三者に加害行為をした場合の裁判
例を3つ紹介し、その責任認定方法の特徴と妥当性について比較検証する。

　介護現場の事故を理由とする裁判例は、利用者自身の転倒や誤嚥が典型であ
るが、施設入所者同士の喧嘩がエスカレートし加害行為に及ぶ、あるいは認知
症や知的障害などの理由で他害行為をする場合も少数ながら存在する。

　本節で取り上げる第1の事例は「施設利用者同士の接触事故により、被害者
が施設運営法人の責任を問う」ものである。第2の事例は「施設利用者から被
害を受けた職員が、利用者の同居親族の責任を問う」ものである。第3の事例は、
著名なJR認知症鉄道事故事件（以下「JR事件」という）であるが、「外出し
た高齢者から被害を受けた第三者である鉄道会社が、当該高齢者の同居および
別居の親族の責任を問う」ものである。

　事例が進むにつれ、被害者と加害者の関係性がより希薄になり、加害者の射
程も拡張するという傾向があるが、それを受けて責任認定の思考がどう変化す
るかという点に焦点を置き解説する。

　なお、判決引用中の仮名処理は読みやすさを優先し、簡便にした箇所がある。

379

第5章　介護事故の裁判例

# Ⅱ　事　例

## 1　利用者同士の接触事故（大阪高判平成18年8月29日【1】）

### (1)　事案の概要

　介護保険上のショートステイ（指定短期入所生活介護事業）利用者が車椅子に着座中、他の利用者に背後から押され転倒・受傷し後遺症を負ったことにつき、施設を運営する社会福祉法人および搬送先の医療法人に対し、利用契約上の債務不履行に基づく損害賠償を求め利用者の遺族が提訴した。

### (2)　判決結果

　原判決は全部棄却。社会福祉法人に対し、遺族2名に対する1054万5452円の支払を命じた（うち傷害慰謝料150万円、後遺障害慰謝料500万円）。なお、医療法人に対する請求は棄却した。

### (3)　事故に至る経緯

　利用者A（女性・明治44年8月26日生まれ・認知症）は、平成12年10月18日からショートステイの利用を開始した。

　当時要介護3の認定を受けていたが、その後症状が進行し平成14年に要介護5の認定を受けた。移動の際車椅子を使用していたが、第三者の介助を得れば自力歩行が可能であった。施設においては、移動に便利であるため車椅子を利用してほしいとの要望が施設側からあったことから、施設においてのみ車椅子を利用していた。

　「平成13年9月ころ、Aが施設のショートステイを利用した際、手に血の付いたガーゼを貼られて帰ってきたり、青あざを作って帰ってきたりすることがあった。また、同年10月1日にはトイレットペーパーでお尻を拭くと血が付いたことがあり、同年12月25日は点滴の跡とみられるような針の跡を作って帰ってきたことがあるが、いずれも施設からの報告はなく、原因は分からなかった。

380

平成14年2月25日には、Aが自分で転倒して頭を打ったという報告が施設からあった。」

「Aの家族はこのような状況を踏まえ、Aが怪我をした部位を示したり、意思表示をしたりできないことから、大きな怪我をしたときにはCT及びレントゲン撮影等による怪我の確認を行うように施設に申入れていた。」

本件事故時にAを転倒させた同施設の利用者B（女性・当時92歳・要介護2）は、他人の物を自分の物であると勘違いすることがあり、また喜怒哀楽が激しく、加えて認知症の症状が出てからは、暴言または暴力とみられる行為に出ることがあった。ショートステイ利用時、不機嫌になることがあり、不機嫌になると暴言、暴力的な行為等がみられることがあった。

「Bは歩行については自力独歩行はできず、伝え歩きができる程度であったから、転倒の危険性が高く、転倒防止のための見守り等注意を払う必要が高かった。」

Bは、平成14年7月9日からのショートステイでは、「午前8時30分ころ入所し、午後6時に夕食を自室で摂り、午後9時ころまで眠っていたが、その後目を覚まして自室内を歩き回っていた。施設の職員は、Bの足元が不安定で危険であったことから注意したが、Bは聞き入れる様子がなく、翌10日午前3時ころまで自室内でごそごそしていた。2日目は、入浴時に少し不機嫌になるも、特に変化なく過ごした。同日午後9時ころ、家族が迎えに来て退所する際、不機嫌となって介護職員に対し暴言を吐いたり暴力的な行為をした。」

Bは、「同年7月15日からのショートステイでは特に変化なく過ごした。2日目も午後5時ころまでは不機嫌になることもなかったが、このころ、衣類に尿がついていたことから職員が更衣をさせようとすると、興奮、立腹し、暴言を吐いたり、職員の手や体を叩いたりして抵抗した。その後、居室とデイルームを伝い歩きで行き来し、座っているように声をかけるも落ち着くことがなく、目が離せない状態となった。」

Bは、「同年8月15日からのショートステイでは、午前8時45分ころ、家族に送られて入所し、同日午前10時ころ、自室内にいるよう職員が誘導しても

第5章　介護事故の裁判例

落ち着くことなく廊下へ出てきたりしていた。その際、足元はしっかりしていたが、職員は転倒に注意していた。2日目は、デイルームで昼食を摂った後、午後1時ころ、自室以外の部屋のベッドで休んでいたところ、その部屋の入所者と口論となり、その時対応した職員にも暴言を吐いた。」

Bは、「同年9月15日からのショートステイでは、入所後、同日午前10時ころ、職員が着替えをさせようとすると、引っ掻く、叩くなどして抵抗し、着替えをさせることができなかった。その他は特に変化なく過ごしたが、2日目の退所時、車椅子を使用して誘導されている際、忘れ物があるなどと言って不機嫌となり暴力をふるった。」

### (4)　事故の発生

「平成14年11月17日午後8時15分ころ、Aは、施設内デイルームにおいて車椅子に座っていたところ、車椅子から落ちて転倒した（以下「本件事故」という）。」詳細は以下のとおりである。

「Aは、デイルームの……テーブル付近で車椅子に座ってテレビを見ていた。Bは、Aの車椅子を自らの物と勘違いして13号室（編注：自身の居室）を出てデイルームに入っていき、Aの車椅子のハンドルを掴んだ。職員は、Bがデイルームに入っていくところを見かけたため、Bのところへ行き、Bに対してBの車椅子を示し、ハンドルを掴んでいる車椅子はAのものであることを説明して13号室に戻らせた。Bは、自分の車椅子を受け取って自室へ戻った。」

職員は、別利用者の居室に「おむつ交換のため戻ったが、その後、Bが、再度デイルームに行き、Aの車椅子のハンドルを揺さぶったり、Aの背中を押したりしていることに気づき、再度、Bに言い聞かせて13号室へ戻らせた。」

「しかし、Bは、その後も、また、デイルームへ来て、Aの車椅子のハンドルを揺さぶったり、Aの背中を押したりしたので、職員は、また、Bを13号室に戻らせた後」、別室の入所者のおむつ交換を行い、さらに同室のベッドの上で失禁して眠ってしまった入所者の衣類交換を行い、同人を居室へと誘導していた。

382

4. 加害事故の裁判例

「ところが、デイルームからドスンという物音が聞こえ、職員は……入所者を自室へ送り届けた後、すぐにデイルームへと向かったところ、デイルームでは、Aが車椅子の横に車椅子の方向とは反対方向を向いてうつぶせに倒れていた。車椅子は倒れておらず、Bは、車椅子の背後にハンドルを掴んで立っていた。」

### (5) 事故後の経緯

Aは、同日病院の医師の往診を受け、翌日同病院において、頭部レントゲンおよびCTの撮影が行われ、骨折等の異常はないと診断された。

「同月18日、Aの家族は、再度、病院において診察を受けた。この際、Aに認められた症状は、左目の下に皮下出血が認められた程度であったので、同病院では、骨折の疑いはないと判断し、頭部レントゲン及び頭部CT検査を行った。」

「同月22日午後1時30分ころ、家族が施設を訪れ、Aが歩行できないことを告げたところ、施設の職員は、Aを別の病院に連れて行った。同病院では頭部と左大腿部のレントゲン撮影が行われたが、Aが暴れたため、左膝のレントゲン撮影はできなかった。」

「同月26日、Aは、再度、同病院を受診し、その際、同病院では左大腿骨頚部骨折と診断された。」

「Aは、同月27日、骨折の治療のために……入院し、同月29日、人工骨頭置換術の手術を受け」た。Aは両股・膝関節拘縮、両下肢の機能全廃（左股関節に人工骨頭置換）との障害名で身体障害者等級表1級に認定された。

### (6) 判決の焦点

社会福祉法人が、施設入所者の適切な管理を行う安全配慮義務違反の有無について、裁判所は次のように判示している。

「本件契約は、事業者が、介護保険法令の趣旨に従い、契約者がその有する能力に応じ、可能な限り自立した日常生活を営むことができるように支援する

## 第5章　介護事故の裁判例

ことを目的とし、事業者が、契約者に対して介護保険給付対象サービスとしての入浴、排せつ、食事等の介護その他日常生活上の世話及び機能訓練を提供し、また、契約者との合意に基づき介護保険給付対象外のサービス等を提供するものである。そして、事業者の義務として、事業者及びサービス従事者は、サービスの提供にあたって契約者の生命、身体、財産の安全に配慮すること、……事業者は、サービス提供時において、契約者の病状の急変が生じた場合その他必要な場合は、速やかに主治医又はあらかじめ定めた協力医療機関への連絡を行う等の必要な措置を講じることが定められている」

「Bは、2度、3度と重ねて執拗にAの乗っている車椅子は自分の物であると主張し、しかも、その行為も、単に車椅子を掴むというものではなく、これを揺さぶり、さらに、Aの背中を押したりと直接有形力を行使していたものである。そして、このようなBの行動に照らせば、Bは職員の説得には納得せず、その後も継続してAに同様の行為を行うことは予測可能であったというべきであり、このことは、法人においても、自認するところであって、むしろ、このような経過に照らせば、Bの行動は、さらにエスカレートしていくことも十分に予測可能であったといえる。

　しかも、Bは、日頃から、施設において、不機嫌となって介護職員に対し暴言を吐いたり暴力的な行為をしたり、更衣に際し、興奮、立腹し、暴言を吐いたり、職員の手や体を叩いたりして抵抗した、また、大声を出したり、職員に手をあげ、足で蹴ろうとした、職員が着替えをさせようとすると、引っ掻く、叩くなどして抵抗し、着替えをさせることができなかった等の暴言や暴力行為を行っていて、施設の職員においては、このようなBの言動を承知していたはずである。加えて、Bは、本件事故当時92歳で、自力歩行はできなかったが、原審証人の証言によれば、若いときから肉体労働をしていて腕力が強く、他方、Aは、身長140センチメートルに満たず、体重約33キログラム程度の小柄な体格であり、前記のように、Bが、Aの車椅子のハンドルを揺さぶったり、Aの背中を押したりすれば、「前方へと転落」させ、本件のような事故が発生しうることは容易に予見が可能であったというべきである。……

## 4. 加害事故の裁判例

そうであれば、職員は、単に、Bを自室に戻るよう説得するということのみではなく、さらに、<u>Aを他の部屋や階下に移動させる等して、Bから引き離し、接触できないような措置を講じてAの安全を確保し、本件事故を未然に防止すべきであったもの</u>というべきところ、このような措置を講ずることなく、本件事故を発生させたものであり、法人には、安全配慮義務の違反があるといわざるを得ない。」

「以上によれば、……法人には、本件事故につき、安全配慮義務の違反があり、Aに生じた損害について、これを賠償する責任があるというべきである」（下線部は筆者による）

### (7) 解　説

利用者同士の喧嘩等の加害行為であっても、通常の転倒事故と同様に具体的予見可能性のスキームにより施設側の過失の有無が判定される。すなわち「個々の利用者の能力に応じて具体的に予見することが可能な危険について、法令の定める人員配置基準……を満たす態勢の下、必要な範囲において、利用者の安全を確保すべき義務を負っていると解するのが相当である」（東京地判平成25年5月20日判時2208号67頁）とされる。

本件においても、事故前からBが粗暴であったこと、当日もAの車椅子を自分のものと勘違いし何度もAが座った状態で車椅子を揺さぶったこと等から、本件事故態様は具体的に予見可能であったとして、裁判所はこれを回避する措置を講じる義務を認めたものである。

この点、裁判所は「Aを他の部屋や階下に移動させる等して、Bから引き離し、接触できないような措置を講じてAの安全を確保し、本件事故を未然に防止すべきであった」と述べるが、確かに結果から振り返れば両者を物理的に引き離すことが最も確実な回避策であったことは確かといえよう。

もっとも、ユニット型の施設は各居室に入所者が割り振られ生活し、ユニットごとに完結しているため柔軟に移動させることが困難な場合もあろうかと思われる。とくに本件では、B自身に転倒リスクがあり、また事故直前には他の

## 第5章　介護事故の裁判例

入所者のおむつ交換や失禁対応等、緊急の業務も発生していたこと、また事故直前までは職員がBに注意する度にBは反発することなく自室に引き返していたこと等から、限られた職員数でそのような隔離まで実行できたか、また連続性のある各利用者の行動の中で、具体的にどの時点で介入すべきであったかについて改めて問われると、施設側にとってはあまりに酷であるともいい得る。

　換言すれば、結果回避可能性を否定する要因が複数存在するものの、それらが裁判所において正面から検討されず、実質的にこの要件が形骸化しているのである。

　このような判決の思考過程が定説となり施設側に重い義務が課せられるとどうなるか。利用者の安全確保が促されると思われるかもしれないが、ことは理屈どおりに運ばないことが多い。高リスクの利用者による危害もすべて施設の責任とされるのであれば、介護現場において「手のかかる利用者」「粗暴な利用者」は受け入れを拒否するという施設側の対応が増える現象が懸念される。

　介護保険法令では「正当な理由なくサービス提供を拒んではならない」とされ、利用者の性状をみて「御しやすい」利用者を選別してはならないとされているが、筆者はそのような流れが現実にはあることを施設職員らからよく耳にする。粗暴性のほかにも「痰の吸引や経管栄養など医療的ケアを要する利用者は断られやすい」といったあからさまな選別もなされているようである。

　このように施設側が利用者を選別することは、介護保険制度の趣旨からして本来許されることではないが、それは必ずしも施設のモラルハザードといった問題とは限らず、それだけ現場では職員数が足りず逼迫しているということの現れといい得るのである。

　介護事故全般に当てはまることであるが、予見回避可能性を認めたうえでその結果を回避する可能性を安易に認めることは、介護現場に無理を強いることにつながり、めぐりめぐってその利用者が不利益を受けるという構図になりかねない。少なくとも「現場において実践可能か」という観点から、結果回避可能性の有無については慎重に判定されるべきである。

　いずれにせよ、本件は契約という明確な関係のもと加害者と被害者が定義さ

386

れており、加害者の「射程」については問題とならなかった。次にこの点が問題となる事例を紹介する。

## 2 職員が利用者の同居親族の責任を問う
### (名古屋地岡崎支判平成27年4月8日【2】)

### (1) 事案の概要

障害者支援施設において、知的障害の生活介護サービス利用者の排泄介助中に暴行を受け負傷した施設職員が、加害者の両親に対し損害賠償を請求した。

### (2) 判決結果

5000万円の賠償請求に対し、裁判所は請求棄却とした。

### (3) 事故に至る経緯

原告は、知的障害者施設を運営する社会福祉法人(以下「法人」という)の従業員である。

原告に加害行為をした利用者A(事故当時すでに成人している)は、3歳の時、自閉症、最重度精神遅滞の診断を受けた。小学6年のころより粗暴行動が見られるようになり、平成14年2月から児童ケア専門医にて概ね毎月1回治療を受けるようになった。

被告ら2名はAの両親であり、Aと同居している。

「被告らは、教員らから助言等をもらい、Aには自宅でトイレトレーニングをしてきたが、Aが成人になってからも、依然、被告らがAをトイレに連れて行って座らせて排泄をさせており、Aは自分で排泄をすることはできなかった。また、Aの粗暴行為は、中学部のころからはさらに激しくなり、家の壁を段打して穴を開けたり、トイレに誘導しようとすると、被告らの頭を掴みかかったり、髪の毛を引っ張るなどの行為をした。被告らは、担当医師からは、Aが怒るには原因があるなどと言われていたが、実際にAは、機嫌がよいと思っていたら、突然怒り出して暴力を振るうなど、行動を予測できない面があり、教

387 ——●

# 第5章　介護事故の裁判例

育をすることができないと感じることが多々あった。」

「Aは、高等部の担任の紹介により、平成21年4月から、知的障害者において、自立した日常生活又は社会生活を営むことができるように、排泄及び食事の介護、創作的活動又は生産活動の機会を提供することなどを行う本件施設に入所し、毎週月曜日から金曜日まで通所するようになった。」

「Aは、平成21年において、トイレ補助の際に職員の顔を掴んで興奮したり、トイレ誘導の際に声かけしてもらい、履いてもらう上靴を目の前に置いてもらったところ、興奮して職員の顔を掴みかかって職員2人に制止されたり、登所直後のトイレ時に、個室内で職員に掴みかかったりし、平成22年にも、外庭で不穏な声を出している利用者を見て落ち着かなくなり、職員の顔を掴んだり、裸で庭を走り回り、男性職員4人で対応して落ち着かせられたり、健康診断のX線撮影の際に不安定となって医師会職員に手を出したり、バスを下車後に突然職員に手を出してメガネを損傷させたり、朝のバス内で暴力を振るったりし、また、原因は不明で、突然、大きな声を出して不安定になったり、ラジオ体操前に恐い顔をして職員に近づき、職員が身の危険を感じてよけたところ、他の利用者に殴りかかろうとしたりするなどした。このように、Aは、格別不快なことがなくても、突然、精神的に不安定になって他傷行為を行うことが珍しくなく、程度差はともかく、1か月に7、8件は、職員が負傷するようなことがあった。原告も、これまでAから加害行為を受けたことがあったが、本件施設では、このような出来事が生じた際、担当者が上司に改善案を立案、説明等をしても、職員の体制が改善されることはなかった。」

「被告母は、Aが度々本件施設の職員に暴力を振るうことから、平成23年1月5日、約1年振りにAを病院に同行して受診させ、担当医師に対し、少し落ち着くように薬の量を変更してもらうことを相談し、平成22年11月の2倍の量の薬を投与してもらった。Aが薬を服用するのは、朝夕の2回であったが、薬の量が増えたことから眠気が生じてAが精神的に不安定になることがあったため、被告母は、1回に服用させる分を2回に分けるなど、1日の服用回数や1回に服用する薬の量を加減することがあったが、1日あたりの服薬量を加減

**4. 加害事故の裁判例**

することはなかった。」

### ⑷ 事故の発生

「平成23年1月12日午前12時28分ころ、本件施設において、原告が、Aの排泄介助のためにトイレに誘導したところ、Aから数回にわたって殴打されて負傷した（以下「本件事故」という）。」その詳細は以下のとおりである。

「原告は、昼食後、Aのオムツ交換のため、Aをトイレに誘導した。Aは、穏やかであったが、入所以来、Aが豹変して、突然暴力行為を行うことが度々あったので、原告は、そのような場合に備えて、Aとは2、3mの距離を取り、Aに排泄用の袋を見せてAをトイレに誘導した。そして、原告が建物の廊下からトイレの入口の扉を開け、奥に入って原告がオムツを交換しようと準備をしたところ、Aは突然情緒不安定になって、奥の原告の方に走り寄ってきて殴りかかり、原告はこれをよけたり防御したりしたが、右目にAの手拳が命中した。原告は、視界が見えづらかったが、何とかAをトイレの外に連れ出した。」

### ⑸ 事故後の経緯

「原告は、本件事故前には視力障害がなかったが、Aに右目を殴られて右眼球打撲等の傷害を負い、眼科に通院したものの、右目の視力が0.06に低下したまま回復せず、平成23年9月2日、症状が固定した。したがって、原告には、後遺障害等級第9級に相当する後遺障害が残存し、就労可能年数を通じて40%以上の労働能力を喪失した。」

### ⑹ 判決の焦点（被告らは、民法714条1項または2項に基づく責任を負うかについて）

ア　被告らが民法714条1項の法定監督義務者にあたるか否かについて

精神保健福祉法における保護者制度は平成26年改正により廃止されているため割愛する。

389 ——●

## 第5章　介護事故の裁判例

### イ　被告らが、法定監督義務者に準ずる者にあたるか否かについて

「ア　原告は、予備的に、被告らは民法714条2項に基づく責任を負うと主張しており、必ずしも明確ではないものの、その趣旨は、被告らが法定監督義務者に当たらないとしても、法定監督義務者に準ずる者（事実上の監督者）として不法行為責任を負うというものと解することができるから、以下、この点について検討する。

イ　前記認定事実によれば、被告らは、Aと同居し、本件事故当時は、被告母を主な支援者として、Aの日常生活の介助、支援を行っていたものである。そして、精神保健福祉法20条2項4号における家庭裁判所による保護者の義務を行う者の選任がなされたとすれば、被告らのいずれかが選任された蓋然性は高いものと推認され、この点で、被告らは、法定監督義務者に比較的近い立場にあったことは否定できない。また、被告父は、家族共同体の統率者といえる立場にあり、Aはその一員であったのであるから、本来、家族共同体の統率者の責任から発展したという民法714条の適用ないし準用に親和的な事情をも有するものといえなくはない。

しかしながら、他方、精神障害者の場合、多くの場合、他者と通常の意思疎通を図ることは困難であり、また、家庭内での教育、指導及び指示等を理解することにも困難があり、その行動を統制等することも難しいということができる。まして、成人の場合、その体格も相まって、家族がその行動を監督し、行動の統制等をすることには事実上、相当な困難を伴うものであり、監督義務者にかかる心身の負担は大きく、現に、精神保健福祉法の平成11年の改正においても、保護者の精神障害者に対する自傷他害防止監督義務にかかる規定が廃止されている。

そして、民法714条1項、2項の責任は、監督義務者がその義務を怠らなかったとき、又はその義務を怠らなくても損害が生ずべきであったときに限り免責されるという実質的には無過失責任に近いものであるから、精神障害者について、法定監督義務者に準ずる者（事実上の監督者）に当たるとされるのは、<u>精神障害者が他人に暴行を加えるなどその行動に差し迫った危険があるのに、そ</u>

の家族の統率者たる地位にある者が、当該危険発生回避のために、最低限度の対応もしなかった場合などの特段の事情のある場合に限られると解すべきである。

　そこで、本件についてみると、被告らは、Aが、3歳時に、自閉症、最重度精神遅滞の診断を受けて以来、知的障害者施設に通園及び通学させるとともに、粗暴行為が見られた小学6年時からは、治療院で概ね月1回受診させてきたものである。もっとも、Aは、機嫌がよいと思っても突然怒り出して暴力を振るうなど、行動を予測できない面はあるが、それでも、被告らは、Aが高等部を卒業後、平成21年4月からは、知的障害者が自立した日常生活や社会生活を送れるように、排泄や食事の介護のみならず、創作的活動や生産活動等の機会を提供する本件施設に入所させて、平日は、午前9時から午後4時まで通所させ、本件利用契約を締結した本件事業団には、Aの自宅での生活や、これまでの学校等での出来事を伝え、現状や実態等につき説明や報告をするとともに、Aには通院を続けて薬の服用もさせ、自宅では、専業主婦である被告母が主たる支援者となり、早番と遅番の変則勤務をしていた被告父がこれを補助し、家庭では、家族でその介助等を行ってきたのである。

　そうすると、重度知的障害者であるAには、突発的に他人に暴力を加えるなどの不規則行為を行う危険があったということはできるが、それは常時暴力的というものではなく、機嫌が良いと思っても突然不穏になるというものであるから、これをもって上記危険が切迫していたとまでいえるかは疑問がある。また、被告らは、Aに対し、幼少期から、その生活介助や自立の支援につき、多面から取り組んできたものであって、成人した本件事故当時も、知的障害者の介助や自立支援等を目的とする専門施設である本件施設に入所させ、Bへの通院も継続して専門機関を利用しながら、Aの介助等を継続してきたものであること、本件事故が、上記のとおりの本件施設で介助を受けている最中に突発的に発生したもので、Aを職員に引き渡した被告らにおいて、これを監督することは、事実上不可能であったこと（Aの引き渡しを受けた後は、本件施設が、職員に対する安全配慮義務の履行として、職員の安全が図られるような措置を

第5章　介護事故の裁判例

施すべきである。）を併せ考慮すると、家族の統率者たる被告父のみならず、それに準ずるといえる被告母においても、Aの監督等につき、できる限りの対応を行っていたということができるから、上記特段の事情を認めることはできない。

したがって、本件事故については、被告らに対し、精神障害者の法定監督義務者に準ずる者（事実上の監督者）として、民法714条所定の責任を問うことはできないというべきである。」（下線部は筆者による）

### (7)　解　説

責任無能力者が、当人と契約関係にない第三者に対して加害行為をした場合、当人は責任を負わないところ誰がその者の「監督者」に該当するかが主な論点となる。先の事例では「契約関係に基づき安全配慮義務違反を主張する」というストレートな構成であったが、本件は施設において雇用されている従業員の立場から、加害者と同居する両親を訴えるというイレギュラーな形であるため、原告にとっては何らかの形で両親に監督責任を認めさせる必要があった。

この点、裁判所は民法714条の責任が「実質的には無過失責任に近いものである」という法適用の実態を認めたうえで「他人に暴行を加えるなどその行動に差し迫った危険があるのに、その家族の統率者たる地位にある者が、当該危険発生回避のために、最低限度の対応もしなかった場合」に同条2項所定の準監督義務者と認められるという規範を定立した。

そのうえで裁判所は、本件においてAは「常時暴力的というものではなく、機嫌が良いと思っても突然不穏になるというもの」としたうえで「被告らは、Aに対し、幼少期から、その生活介助や自立の支援につき、多面から取り組んできた」ことを認め、準監督義務者にあたらないとした。

この規範の基本的考え方は、前掲の具体的予見可能性と同じ発想といえ、特段不具合はないようにも思える。

しかし、後掲のJR事件と比較すると、本件では両親は生活介護（日中に利用者を預かり介護を提供する障害福祉サービス）というサービスに利用者を預

392

## 4. 加害事故の裁判例

け、その時間帯に起きた事故であるという点がより重視されるべきではなかったかとも思われる。

すなわち、裁判所が「Aの引き渡しを受けた後は、本件施設が、職員に対する安全配慮義務の履行として、職員の安全が図られるような措置を施すべきである」と判示するとおり、利用者として引き受けた以上その危険は一義的に施設を運営する法人が引き受けたものとみなすべきであり、通常その現場にいない者（両親）については、「当該事故との関係では監督義務者とは認めない」という優先順位的発想である。

このような扱いは硬直的に過ぎ、被害者救済が退行するおそれがあるとの批判も考えられるが、硬直的であろうとあえてその境界を明確にしなければ、監督者の範囲が曖昧となることが懸念される。すなわち、本裁判例のように事案ごとに各家庭における障害者の生い立ちから現在までの取組みを検証するのでは各エピソードの立証の認定も含め検証対象が膨大となり、同じく「差し迫った危険」についても当該利用者の事故以前の成育歴すべてが対象となるため、どちらとも解釈できる浮動的要因が多く介在し、結果「結論ありき」の後付けの論法となる危険性が否めない。

本件においても、たまたま裁判所はAについて「常時暴力的というわけではない」との心証を抱いたことから両親が免責されたに過ぎないのであり、もし裁判官が数多のエピソードからAについて「十分に危険な人物」との印象を抱けば、あるいは被告ら両親の関わり方について不十分との印象を持てば監督者に認定されていた可能性も十分ある。JR事件についても同様のことがいえるが、かかる思考過程そのものが結論導出に恣意性を介在させ、結果法的安定性を阻害するおそれがあるといえるのではないか。

一方で、筆者の主張する「利用者を引き受けた施設が一義的にその危険を引き受ける」とする原則論は、施設にとって過酷な結論とも思われる。

しかし、事案ごとの結論の妥当性は先の大阪高裁のように個別に予見可能性と結果回避可能性を検討すればよく、加えて労働者は労災により保護されるのだから、このことにより特段被害者保護が減殺されるともいえないであろう。

393

## 第5章　介護事故の裁判例

現状のように、たとえその場におらずとも施設内で何かトラブルが起きれば「同居の親族」というだけで監督者の責任を追及されかねないという状況では、家族としても安心して我が子を施設に預けることができない。

　もっとも、そうかといって全責任をただ施設に押し付けるのでは、【1】で検討したような「利用者の選別」が現場で生じ、その結果家族としては利用をあきらめるか、我が子の粗暴性を秘匿し施設にねじ込むといったことが起こりかねない。

　この問題については、現場職員の身体の安全を保護するため、利用者の身体拘束が例外的に許容される要件の整理と立法化が急務であると考える。傍論となるため本稿では詳述を避けるが、利用者の身体拘束については厚生労働省が令和6年3月に発行したガイドライン（「介護施設・事業所等で働く方々への身体拘束廃止・防止の手引き」）しか手掛かりがなく、拘束を「絶対悪」とみなしいかなる場合も許容されないとするドグマが現場を支配しているようである。その結果利用者の危険行為が野放しとなり、現場職員が一方的に被害を受けるという状況が放置されている。

　以上、【2】は【1】と異なり加害者と被害者が直接の契約関係にないパターンであったが、施設でのサービス提供という場面において利用者と職員という接点があった。では、加害者と被害者にまったく接点が無い場合はどのように処理されるか。以下「監督者の射程」という問題意識のもと、第3の事例としてJR事件を検討する。

## 3　鉄道会社が、当該高齢者の同居および別居の親族の責任を問う（最判平成28年3月1日【3】）

### (1)　事案の概要

認知症に罹患したA（当時91歳）が、旅客鉄道事業を営む会社（JR東海、以下「第一審原告」という）の駅構内の線路に立ち入り運行する列車に衝突して死亡した事故（以下「本件事故」という）に関し、第一審原告が、Aの同居の妻およびAの長男らに対し、本件事故により列車に遅れが生ずるなどして

394

**4. 加害事故の裁判例**

損害を被ったと主張して、民法709条または714条に基づき、損害賠償金719万7740円および遅延損害金の連帯支払を求めた。

## (2) 判決結果

上告棄却（第一審は妻と長男に対し各自719万7740円の賠償義務を認め、第二審は妻に359万8870円の賠償義務を認めた）。

## (3) 事故態様

平成19年12月7日午後5時47分頃、第一審原告が運行する東海道本線の共和駅構内において、下り新快速列車が同駅構内を通過する際、高齢の認知症者Aが正当な理由なく線路内に立ち入ったため、同列車と同人が衝突し、同人は死亡した。

## (4) 責任を問われた家族（被告ら）の構成

被告らは、平成19年12月7日に死亡したAの法定相続人で、被告Y₁はAの妻、被告Y₂はAの長男、被告GはAの二男、被告FはAの二女、被告CはAの三女であり、Aの長女はAが死亡する前にすでに死亡している。

### ア　加害行為に及んだ要介護者（A）の責任（責任能力）

「Aは、（編注：自身で営んでいた）不動産仲介業を平成10年頃に停止し、平成14年に廃業したが、84歳となった平成12年12月頃には、食事した直後に食事はまだかと言い出したり、朝・昼・夜の区別がつかなくなって午後5時半を午前5時半と間違えたりして、被告Y₂、被告Cらに認知症の発症を気付かれるようになった。平成14年になると、Aは、晩酌したことを忘れて二度、三度と飲酒したり、寝る前に自ら戸締まりをしたのに夜中に何度も起きて戸締まりを確認したりするようになった。」

「アルツハイマー型認知症においては、初期には記憶障害と時間の見当識障害が出現し、中期には判断力が大きく低下するとともに場所の見当識障害も出現するようになり、後期に入ると人物の見当識障害も加わるようになって、こ

395

# 第5章　介護事故の裁判例

の見当識障害の発生順序には例外がないとされていることが認められるところ、……Aは、平成15年頃に既に記憶障害、時間の見当識障害、場所の見当識障害のみならず人物の見当識障害までが出現していた上、本件当時までには、家人が気付かない間に外出して行方不明になったり、トイレの場所が把握できずに所構わず排尿してしまったりする状態であったのであるから、本件事故当時におけるAの認知症の程度は重いものであったと認められる。

　そして、介護保険における要介護認定においても、平成14年8月においては要介護1であったが、同年11月には要介護2に変更され、平成19年2月には要介護4の認定を受け、一次判定結果においても、日常生活に支障を来すような症状・行動や意思疎通の困難さが頻繁に見られ、常に介護を必要とする状態で、場所の理解もできないなどと判定されているのであって、その後Aの症状が回復したことをうかがわせる事情も全くうかがわれない。

　さらに、Aの主治医である△△医師が、アルツハイマー型認知症により、Aの意思決定能力及び意思伝達能力が欠如しているなどと診断していることも踏まえると、Aは、本件事故当時、鉄道の線路内に立ち入ることが、本件事故のような事故によって原告その他の関係者に対して損害を被らせかねない、法律上違法なものとして非難され法的責任を負わされ得るものであることを弁識する能力を有していなかったものと認めるのが相当である。」

　イ　介護サービス提供者の責任（監督者の責任、介護者固有の責任）

　㋐　第一審判決

　**①　被告Y₂（Aの長男）について**

「Aに認知症が発症する以前においては、日常の帳簿付けや預金通帳の管理などのルーティンな財産管理は被告Y₁が行っていたものの、重要な財産の処分や方針の決定等はAが自ら行っていたと認められるところ、本件各徘徊の後に被告Y₂がA宅の自宅玄関付近に玄関センサーを設置していることや、本件事故後の原告からAの遺族に宛てた書簡に対して被告Y₂が遺族代表として対応していること、Aの遺産分割においても……賃貸中の土地の持分等の重要な財産を被告Y₂が取得していることなどに照らせば、Aの重要な財産の処分

396

や方針の決定等をする地位・立場は、Aの認知症発症後はA本人から長男である被告Y₂に事実上引き継がれたものと認められ、家族会議ⅠおよびⅡにおいて、被告Y₂が、Aの介護方針や介護体制を決定し、妻のBを大府市に転居させてAの介護に毎日従事させるとともに、Aの状況についてBから頻繁に報告を受け、週末にはA宅を訪れるなどしていたことも、被告Y₂がそのような地位・立場を引き継いだことの一環として理解することができる。」

「以上によれば、本件事故当時の被告Y₂は、社会通念上、民法714条1項の法定監督義務者や同条2項の代理監督者と同視し得るAの事実上の監督者であったと認めることができ、これら法定監督義務者や代理監督者に準ずべき者としてAを監督する義務を負い、その義務を怠らなかったこと又はその義務を怠らなくても損害が生ずべきであったことが認められない限り、その責任を免れないと解するのが相当である。」

### ② 被告Y₁（Aの妻）について

「前記前提事実及び認定事実のとおり、被告Y₁は、Aの妻として昭和20年から本件事故に至るまでAと同居し、Bが大府市に移住して本件事務所でAの介護をするようになって以降も、BとともにAの身の回りの世話をしていたものである。もっとも、前判示のとおり、被告Y₁は、平成18年1月6日に要介護1の認定を受け、家族会議Ⅱは、そのような被告Y₁の状況を踏まえて、被告Y₂らがAの介護体制を取り決めたものであったと認められるのであるが、他方において、前記認定事実に照らせば、上記介護体制は、被告Y₁が一定の範囲でAの介護を行うことを期待して取り決められたものである上、被告Y₁自身も、自己に期待されているところを認識し、実際にBとともにAの介護を行うことによって、自己に期待されている役割を引き受けることを被告Y₂らに示していたということができる。」

「そして、前判示のとおり、Aは本件事故以前に二度にわたり独りで外出して行方不明になり、警察に保護されるなどしていたこと、本件事故当時、事務所出入口に設置されていた事務所センサーは電源が切られており、Aは被告Y₁やBに声をかけることなく事務所出入口から外に出るなどしていたこと、B

# 第5章　介護事故の裁判例

は家事などのためにＡのいる部屋から離れることがあり、そのようなときにＡが外出したがることもあったことなどからすれば、被告Ｙ₁においては、日中の本件事務所などの外部に開放されている場所にＡと２人だけでいるときに自分がＡから目を離せば、Ａが独りで外出して徘徊し、本件事故のように線路内に侵入したり、他人の敷地内に侵入したり、公道上に飛び出して交通事故を惹起したりなどして、第三者の権利を侵害する可能性があることを予見し得たといえる。」

「そうだとすれば、被告Ｙ₁には、少なくともＡ宅の外部に開放されている場所にＡと２人だけでいるという場面においては、Ａの動静を注視した上、Ａが独りで外出して徘徊しそうになったときは、自らにおいてこれを制止するか又はＡに付き添って外出するなどの対応をするか、仮にそれが困難であれば、Ｂらにの状況を速やかに伝えて上記のような対応をすることを求めるなどの、Ａが独りで徘徊することを防止するための適切な行動をとるべき不法行為法上の注意義務が存したというべきである。」

「それにもかかわらず、……被告Ｙ₁は、本件事故当日、Ａが□□から帰宅した後で事務所出入口に施錠等がされる前の時間帯において、Ｂが自宅玄関先で段ボール箱を片付けていて、本件事務所内において自己とＡとの二人だけになっていた際に、まどろんで目をつむり、Ａから目を離していたのであるから、上記注意義務を怠った過失があるといわざるを得ない。」

(イ)　第二審判決

**①　控訴人Ｙ₁（Ａの妻）について**

「ところで、夫婦は、婚姻関係上の法的義務として、同居し、互いに協力し、扶助する義務を負う（民法752条）ところ、この協力扶助義務は、夫婦としての共同生活が物質的にも精神的・肉体的にも、お互いの協力協働の基になされるべきものであり、互いに必要な衣食住の資を供与し合い、あたかも相手の生活を自分の生活の一部であるかのように、双方の生活の内容・程度が同一のものとして保障し、精神的・肉体的にも物質的にも苦楽をともにして営まれるべきことを内容とするものであるから、婚姻中において配偶者の一方（夫又は妻）

398

## 4. 加害事故の裁判例

が老齢、疾病又は精神疾患により自立した生活を送ることができなくなったり、徘徊等の（編注：判決文ママ）より自傷又は他害のおそれを来すようになったりした場合には、他方配偶者（妻又は夫）は、上記協力扶助義務の一環として、その配偶者（夫又は妻）の生活について、それが自らの生活の一部であるかのように、見守りや介護等を行う身上監護の義務があるというべきである。そうすると、現に同居して生活している夫婦については、上記協力扶助義務の履行が法的に期待できないとする特段の事情があれば格別、そうでない限りは、上記協力扶助義務が、理念的には、対等な夫婦間における相互義務というべきものではあるけれども、上記のように配偶者の一方（夫又は妻）が老齢、疾病又は精神疾患により自立した生活を送ることができなくなったなどの場合には、他方配偶者（妻又は夫）は、上記協力扶助義務として、他の配偶者（夫又は妻）に対し、上記の趣旨において、その生活全般に対して配慮し、介護し監督する身上監護の義務を負うに至るものというべきであり、婚姻関係にある配偶者間の信義則上又は条理上の義務としても、そのように解される。

　そして、精神保健福祉法上の保護者については、平成11年の同法改正によって、従前存在していた保護者の自傷他害防止義務は削除されたが、保護者には、依然として、精神障害者に治療を受けさせ、及び精神障害者の財産上の利益を保護しなければならず（同法22条1項）、精神障害者の診断が正しく行われるよう医師に協力し（同条2項）、また、精神障害者に医療を受けさせるに当たっては、医師の指示に従わなければならない（同条3項）との義務があるものとされているところ、同法は、精神障害者に後見人又は保佐人がない場合には、配偶者が保護者となる旨定めている（20条2項）。このような同法の定めは、医師と連携を取って精神障害者への適切な医療を確保しつつ、その財産上の利益を保護することとされる保護者の義務が、精神障害者の配偶者が、夫婦間の協力扶助義務の一環として、精神障害者の生活全般に対して配慮し、介護し監督する義務を履行することにより、履行される関係にあるとの趣旨によるものと解されるのである。

　そうすると、配偶者の一方が精神障害により精神保健福祉法上の精神障害者

## 第5章 介護事故の裁判例

となった場合の他方配偶者は、同法上の保護者制度の趣旨に照らしても、現に同居して生活している場合においては、夫婦としての協力扶助義務の履行が法的に期待できないとする特段の事情のない限りは、配偶者の同居義務及び協力扶助義務に基づき、精神障害者となった配偶者に対する監督義務を負うのであって、民法714条1項の監督義務者に該当するものというべきである。」

「控訴人Y₁の監督義務者該当性を検討するに、……控訴人Y₁は、Aと昭和20年に婚姻して以来、Aと同居して生活してきた夫婦であること、Aは、平成14年10月にはアルツハイマー型の認知症を発症し、平成17年8月と平成18年12月には、本件各徘徊をして行方がわからなくなることがあった上、平成19年2月には認知症により、要介護4の認定を受けて、日常生活に支障を来すような症状・行動や意思疎通の困難さが頻繁に見られ、常に介護を必要とし、常に目を離すことができない状態であると判定され、Aは、本件事故当時の相当前から、認知症の進行により、意思疎通が困難で常に目を離すことができない状態であり、場所の理解等もできない状態で、重度の認知症の状態にあったこと、Aの認知症の発症及び進行を受けて、控訴人Y₁は、平成14年3月頃の家族会議Ⅰにおける、Aの介護についての話合い後は、○○市から××市に転居したBに毎日A宅に通ってもらい、控訴人Y₂にも1か月に3回くらい週末にA宅を訪問してもらい、また、介護施設に勤務する1審被告Cからは、介護の専門職として、時々意見や助言を受けたり、A宅を訪問してもらったりするなどの援助を受けながら、Aの介護をしていたものであることが認められるから、Aの配偶者である控訴人Y₁は、重度の認知症を患って自立した生活を送ることができなくなったAに対する監督義務者の地位にあったものということができる。

　この点に関し、控訴人らは、本件事故当時、控訴人Y₁自身が高齢の身障者であって、Aを監督できるような状態にはなかったから、控訴人Y₁をAの監督義務者であるということはできない旨主張する。

　しかし、……控訴人Y₁は、平成18年1月、左右下肢に麻痺拘縮があり、起き上がり・歩行・立ち上がりはつかまれば可能、座位保持・片足での立位は支えが必要であり、日常の意思決定は特別な場合以外は可能、ひどい物忘れがと

**4. 加害事故の裁判例**

きどきある旨の調査結果に基づき、要介護1の認定を受けたこと、しかし、控訴人Y1は、その後も、上記のとおり、B、控訴人Y2及び1審被告Cの補助や援助を受けながら、Aの妻として、Aの生活全般に配慮し、介護するなどしていたことが認められるから、控訴人Y1の上記のような心身の状態をもっては、控訴人Y1について、未だ、夫婦としての協力扶助義務の履行が法的に期待できないとする特段の事情があるということはできないし、他に上記特段の事情を認めるべき証拠はない。」

### (5) 判決の焦点（民法714条2項の準監督義務者の該当性について）

「ある者が、精神障害者に関し、このような法定の監督義務者に準ずべき者に当たるか否かは、その者自身の生活状況や心身の状況などとともに、精神障害者との親族関係の有無・濃淡、同居の有無その他の日常的な接触の程度、精神障害者の財産管理への関与の状況などその者と精神障害者との関わりの実情、精神障害者の心身の状況や日常生活における問題行動の有無・内容、これらに対応して行われている監護や介護の実態など諸般の事情を総合考慮して、その者が精神障害者を現に監督しているかあるいは監督することが可能かつ容易であるなど衡平の見地からその者に対し精神障害者の行為に係る責任を問うのが相当といえる客観的状況が認められるか否かという観点から判断すべきである。」

「これを本件についてみると、Aは、平成12年頃に認知症のり患をうかがわせる症状を示し、平成14年にはアルツハイマー型認知症にり患していたと診断され、平成16年頃には見当識障害や記憶障害の症状を示し、平成19年2月には要介護状態区分のうち要介護4の認定を受けた者である（なお、本件事故に至るまでにAが1人で外出して数時間行方不明になったことがあるが、それは平成17年及び同18年に各1回の合計2回だけであった。）。第1審被告Y1は、長年Aと同居していた妻であり、第1審被告Y2、B及びCの了解を得てAの介護に当たっていたものの、本件事故当時85歳で左右下肢に麻ひ拘縮があり要介護1の認定を受けており、Aの介護もBの補助を受けて行っていたというの

401 ——●

## 第5章 介護事故の裁判例

である。そうすると、第1審被告Y₁は、Aの第三者に対する加害行為を防止するためにAを監督することが現実的に可能な状況にあったということはできず、その監督義務を引き受けていたとみるべき特段の事情があったとはいえない。したがって、第1審被告Y₁は、精神障害者であるAの法定の監督義務者に準ずべき者に当たるということはできない。」

「また、第1審被告Y₂は、Aの長男であり、Aの介護に関する話合いに加わり、妻BがA宅の近隣に住んでA宅に通いながら第1審被告Y₁によるAの介護を補助していたものの、第1審被告Y₂自身は、横浜市に居住して東京都内で勤務していたもので、本件事故まで20年以上もAと同居しておらず、本件事故直前の時期においても1箇月に3回程度週末にA宅を訪ねていたにすぎないというのである。そうすると、第1審被告Y₂は、Aの第三者に対する加害行為を防止するためにAを監督することが可能な状況にあったということはできず、その監督を引き受けていたとみるべき特段の事情があったとはいえない。したがって、第1審被告Y₂も、精神障害者であるAの法定の監督義務者に準ずべき者に当たるということはできない。」（下線部は筆者による）

### (6) 解 説

あまりにも著名な判例であるため事案の概要等は割愛し、ここでは僭越ながら判例の定立した規範（本規範）についてのみ筆者の浅薄な見解を述べることとしたい。

「他人に暴行を加えるなどその行動に差し迫った危険があるのに、その家族の統率者たる地位にある者が、当該危険発生回避のために、最低限度の対応もしなかった場合」とした【2】の規範と比較すると、本規範は「加害者自身の危険性」を考慮せず、一方で「家族の統率者たる地位にある者」のカテゴリにおいては意図的に「家族」や親族その他の共同体概念を除外していることがわかる。これは、714条の立法趣旨を、かつていわれてきた「団体的秩序を根拠とする家長等の絶対的責任」（岡部喜代子裁判官補足意見内の指摘）から脱却させ、家族以外の者も柔軟かつ多様に責任無能力者に関与し、その生活を支え

● 402

るという現代の共生社会の理念と実態に適合させようという意図によるものではないかと推測する。

仮にそうであったとして、その意図の方向性自体は是認できるものの、結果をみれば認知症者や知的障害者らに関われば関わるほど、監督義務者性が認められるという矛盾に陥ることになりかねない。「家族」というたがを外したことにより、監督義務者の範囲が無軌道に拡散してしまったともいえる。

筆者は、弁護士として同種の事案につき相談を受けた際、相談者である高齢者の子から言われた「結局、介護はやり損ですか」という落胆の声が耳に残っている。本規範は畢竟、その落胆を裏付けるものといわざるを得ない。

多数の要因を総合考慮するスタイルが裏目に出て、規範としての意義を希薄化させ法的安定性を損なうという問題も【2】と同様に存在するが、本規範の示す方向性そのものが、共生社会を解体するという深刻な危険を孕んでいるように思われる。

僭越ながら筆者なりの結論を示すと、「民法714条2項の準監督義務者は、介護事業所など明確な契約関係のもと責任無能力者を包括的に監護する立場の者に限定すべきであり、当該無能力者の生活を血縁や情誼的事情など契約外の理由により支える者は対象から除外すべき」と考える。除外される家族等の監督責任については、一般の不法行為責任（民法709条）として論じることで被害者保護の観点からは足りる。

714条が掲げる「損害の公平な分担」における「公平」の意義も改めて見直す必要があろう。JR事件の第二審は「被害者の被った損害の性質・内容・程度と被害者が受けた影響、責任無能力者と被害者との関係などの被害者側の諸事由とを総合的に勘案する」として実質的に過失相殺を認め、JR東海について「社会の構成員には、幼児や認知症患者のように危険を理解できない者なども含まれており、このような社会的弱者も安全に社会で生活し、安全に鉄道を利用できるように、利用客や交差する道路を通行する交通機関等との関係で、列車の発着する駅ホーム、列車が通過する踏切等の施設・設備について、人的な面も含めて、一定の安全を確保できるものとすることが要請されているので

## 第5章　介護事故の裁判例

あり、鉄道事業者が、公共交通機関の担い手として、その施設及び人員の充実を図って一層の安全の向上に努めるべきことは、その社会的責務でもある」としたうえで本件においては「H駅及びJ駅での利用客等に対する監視が十分になされておれば、また、J駅ホーム先端のフェンス扉が施錠されておれば、本件事故の発生を防止することができたと推認される事情もあった」とした。

「被害者」とはいえ大企業であり、社会全体のノーマライゼーション実現とリスク管理のための企業努力は可能である。これを過失相殺の文脈で改めて義務とした点で第二審判決は評価されるべきであり、「公共交通事業者等、金融機関、小売業者その他の日常生活及び社会生活を営む基盤となるサービスを提供する事業者は、国及び地方公共団体が実施する認知症施策に協力するとともに、そのサービスを提供するに当たっては、その事業の遂行に支障のない範囲内において、認知症の人に対し必要かつ合理的な配慮をするよう努めなければならない」とする認知症者基本法7条の実現を後押しするともいえよう。

超高齢社会は認知症者がマジョリティとなる社会である。認知症による事故やトラブルは「想定外」のものではなくなりつつある。これを内包する社会そのものが危険を恒常的に分担しなければ隔離社会からは脱却できない。その意味で特定の「犯人捜し」に問題を矮小化させる監督義務者の発想そのものが、限界を迎えているようにも思われる。

404

### 4. 加害事故の裁判例

**〈裁判例一覧表：加害事故〉**

| 判決年月日 出典 | 施設・サービス種別 / 利用者 / 事故類型 | 事案の概要 | 裁判所の判断 | 認容額（傷害慰謝料／後遺障害・死亡慰謝料） |
|---|---|---|---|---|
| 【1】 大阪高判 平18・8・29 LEX/DB 28112505 | ショートステイ<br>91歳・女<br>転倒 | 利用者が車椅子に着座中、他の利用者に背後から押され転倒・受傷した。 | 法人に対し、遺族2名に対する1054万5452円の支払を命じた。 | 傷害慰謝料 150万円<br>後遺傷害慰謝料 500万円 |
| 【2】 名古屋地 岡崎支判 平27・4・8 判時2270号 87頁 | 障害者支援施設<br>不明（成人）・男<br>手拳による殴打 | 障害者支援施設において、知的障害の生活介護サービス利用者の排泄介助中に暴行を受けた施設職員が、加害者の両親を提訴した。 | 請求棄却 | 請求棄却 |
| 【3】 最判 平28・3・1 判タ1425号 126頁 | サービス外<br>91歳・男<br>電車と接触事故 | 91歳男性が自宅を1人で抜け出し線路に立ち入ったため、列車と同人が衝突した。 | 上告棄却 | 上告棄却 |
| 【4】 東京高判 平27・10・29 LEX/DB 25543122 | 障害者支援施設<br>19歳・男<br>離設 | 施設を抜け出した入所者が高速道路に立ち入り、バイクと接触し避けようとした運転手が死亡した。 | | |
| 【5】 仙台地判 平21・3・23 LLI/DB L06450207 | 養護学校高等部<br>17歳・女<br>ハンマーによる殴打 | 生徒Aが4m先を車いすで移動していた原告に駆け寄り、ハンマーで背後から右顔面を殴打した。 | 県に対し3568万8597円の支払を命じた。 | 後遺障害による逸失利益 1775万3391円<br>慰謝料 1000万円 |

巻末資料

## 巻末資料

2023年11月17日

# 介護・医療現場における転倒・転落～実情と展望～
## 10団体共同声明

日本医療安全学会　日本転倒予防学会　日本集中治療医学会　医療法学研究会　全国老人保健施設協会　日本慢性期医療協会　全国老人福祉施設協議会　回復期リハビリテーション病棟協会　日本認知症グループホーム協会　日本リハビリテーション病院・施設協会

## 1.　はじめに

　近年、ICU入院中の患者（当時26歳）がベッド柵を乗り越え転落した事故で病院の損害賠償義務が認められた判決（高松高判令和4年6月2日判決）や、認知症のある患者がトイレから出た後に廊下で転倒した事故で病院の損害賠償義務が認められた判決（神戸地判令和4年11月1日判決）など、医療施設における転倒・転落事故に対し、医療側の責任を認める判決が司法から相次いで示されている。転倒・転落事故における訴訟においても、様々な制約下で行われている現実の医療・介護現場の実情を踏まえて判断することが重要であり、想像上の理想的な医療・介護現場を基に判断がなされることは、現場の萎縮、混乱を引き起こし、また、医療安全の名を借りた懲罰、責任追及の空気を再び呼び起こすこととなるため、厳に慎むべきである。

　そもそも、転倒・転落事故は、その背景が極めて複雑かつ多彩で、確実に予測・回避することは極めて難しいものの一つであり、かつ、臨床現場ごとに状況が異なるものであるから、例え第三者が事故調査を行ったとしても、実際の臨床現場を目にすることなく、想像で転倒・転落事故を論じた場合、事故原因の本質に迫ることができない。また、転倒・転落事故を減らす努力は当然必要であるが、転倒・転落事故をゼロにすることは不可能であるということ、現場に沿わない机上の検討と対策はかえって弊害すらあることを、患者・利用者及び家族、そして法曹界を含めた社会に理解してもらうことが重要である。

　本提言では、転倒・転落事故の現状と望ましい考え方について触れることとした。本提言が、今後の転倒・転落事故の考え方の一助となることを期待する。

## 2.　転倒・転落事故について

　1987年に高齢者の転倒予防に関するKellogg国際ワークグループより発表された

● 406

GibsonのFallの定義では、「他人による外力、意識消失、脳卒中などにより突然発症した麻痺、てんかん発作によることなく、不注意によって、人が同一平面あるいはより低い平面へ倒れること」とされている。英語圏では、Fallと表記されるが、身体損傷を引き起こしたか否かにかかわらず、体位が突然、予期せず下方に、もしくは物にぶつかったりして変化することであると定義しており、日本語で対応する語は「転倒・転落」となる[1]。

この転倒・転落は、誰もが日常目にするものである。65歳以上の高齢者に焦点を当て、交通事故の死亡者数と転倒・転落による死亡者数を比較した場合、令和2年では、交通事故2199人に対し、転倒・転落8851人と転倒・転落死亡者数は交通事故死亡者数の約4倍となっている[2]。この、転倒・転落事故のうち、10%前後は病院で発生するとされ[1]、特にベッド周囲が多く、廊下、トイレ関係が多いとされており、高齢患者・利用者において、転倒・転落は、極めて日常的に発生しうる事故であり[3]、それは、病院・施設においても例外ではない。

## 3. 転倒・転落事故の背景・原因

有害事象の原因としては、医療・介護従事者が決まった手順のある業務プロセスの手順を守らなかったことによるプロセス型と、患者・利用者側によって引き起こされる非プロセス型があるとされ、非プロセス型の事故に関しては、業務プロセス改善により防ぐことは困難である。転倒・転落事故の背景は多彩であるが、その大半は、患者・利用者側の要因によって起こる非プロセス型の事故であるため、業務プロセス改善による対応は難しく、かつ、転倒・転落事故に関してどのような場面でどのような対策を取れば事故を防げるという確立した対策もなく、完全に防止することは困難であることを念頭に置く必要がある。

転倒・転落の要因という観点からは、以下のような分類がある。すなわち、内的要因として、年齢があげられる。転倒死亡者の約80%は65歳以上であり、80歳以上では全体の約60%を占める[3]。年齢以外の内的要因としては、身体的要因として、筋力低下、歩行障害などの運動要因（筋力の低下を背景とするサルコペニアは、高齢者の転倒・転落の大きなリスクとされている）、視覚障害、バランス障害などの感覚要因、意識障害、注意障害などの高次脳機能要因に加え、自信過剰、転倒後遺症などの心理要因などが加味されていく。また、睡眠薬、降圧薬、血糖降下薬などの薬物要因も転倒・転落の原因となることが知られている。外的要因としては、照明の明るさ、床の性状、段差、手すりなどの環境設備、点滴や酸素装置などのベッド周りの機器の配置、車椅子や歩行器などの療養用具の使用方法などが挙げられる。

巻末資料

## 4. 転倒・転落を正確に予測する方法がないこと

　一般的に、転倒・転落には、①予測可能な転倒・転落と②偶発的に起こる転倒・転落がある。しかし、近年、認知症、せん妄等を発症した高齢患者・利用者が多くなったことから、転倒リスク（可能性）を集約させた転倒リスクアセスメントツールの評価だけでは対応できなくなっている。ケアの現場において転倒・転落が起こりやすいのは、独自の排泄ニーズやせん妄がある場合の移動動作の際であり、個別のニーズに合わせた多職種による専門的なリスク評価とそれに応じたきめ細やかな対策が必要となっている。

　また、多くの患者・利用者が複数の転倒・転落要因を有する中、実際に転倒・転落に至る患者・利用者はごく一部であり、転倒・転落要因の存在が転倒・転落に直結するわけではない。

　以上のように、医療現場においては、患者・利用者の転倒・転落を予測するための評価・観察の方法の模索を続けているにもかかわらず、現時点の医学的知見をもってしても、患者・利用者が転倒・転落することを正確に予測することは不可能な状況にあること、更にいえば、転倒・転落要因の事前分析により、実際に転倒・転落に至る患者・利用者を正確に選別することはできていないことを理解する必要がある。

　そのような中、確実に転倒・転落を予防しようとすれば、一定の転倒リスクのある患者・利用者に対して身体拘束等、過度な対策を取らざるを得なくなり、患者・利用者の人権を著しく侵害する事態となりうる。

## 5. 転倒・転落事故に対する病院・施設の法的責任について

### ⑴　法的構成について

　転倒・転落事故における病院・施設の責任（過失）を法的な観点で見た場合、主として予見可能性を前提とした結果回避義務違反が問題となる（適切な転倒のリスク評価がなされ、リスク評価に合致した対策が取られているか、という予見義務及び結果回避義務という切り口で検討される場合もある。）。

### ⑵　予見可能性について

　予見可能性については、具体的な予見可能性がないとして責任を否定する裁判例がある一方、きわめて抽象的な予見しかない状況でも予見可能性若しくは予見義務を認め、それを前提に結果回避義務違反をも認める裁判例が存在するなど、法的に求められる予見の具体性の程度につき、裁判所ごとのばらつきが大きいため、「予見可能性の予見可能性がない」という事態に陥っている。

　入院患者の7割以上が高齢者であり、認知症などの疾病、治療も加わるため、転倒・転落リスクがない（予見可能性がまったくない）といえる患者はごく少数しかいない

という実情から鑑みると、抽象的な予見可能性で足るとすると、入院患者の殆ど及び利用者全員において予見可能性が常に認められることとなり、もはや法的要件として何の役割も果たさないこととなることから、客観的な基準が求められるところであり、その際、先に示したとおり、転倒・転落を予測することがそもそも困難であることについて留意が必要である。

⑶　結果回避義務について

　前述のとおり、各々の患者・利用者に内在する転倒・転落の要因は多彩であるため、転倒・転落を防ぐためには、個別の患者・利用者の状況に合わせた対策の検討が必要となる。現在、様々な転倒・転落対策、ツールが開発されているものの、一般に有用とされるような転倒・転落の予防策であっても、高齢者は個々のニーズや心身機能の障害による違いが著しく、また、その人の生活において受け入れられる対策でないと、結局は転倒予防につながらない。

　そもそも、加齢や疾病の影響で筋力低下や麻痺、バランス障害が生じれば誰もが転倒の可能性がある。転倒予防に加えて、重要なのは転倒による外傷予防である。日本老年医学会ならびに全国老人保健施設協会の共同声明では、転倒を老年症候群によるものと捉えている。さらに日本老年医学会は、その対策として①移動動作に対する支援（歩行補助具・段差解消・手すり設置）や訓練、②筋力増強のための運動介入、③多剤併用・めまい・せん妄等評価、④転倒時の衝撃緩和（ヒッププロテクター・緩衝マット）が推奨されている。これらに加え、個別のニーズ（不安・苦痛・排泄等）や心身機能の障害へ配慮した多職種による対策が必要となる。現状では、これらの対策が十分とることができない代償として、身体拘束という手段に頼らざるを得ない現状があるが、身体拘束は患者・利用者の心身機能を低下させて寝たきりに至らせかねない。寝たきりになれば転倒は発生しないがQOL（生活の質）やADL（日常生活動作）の低下がもたらされ、本末転倒の結果となる。

　ここに挙げた対策といえども、確実な効果があるとは言えず、デメリットも存在する上、マンパワーや費用の面からも少なからぬ制約が存在する。

　例えば、転倒・転落の回避（予防）策として、医療安全調査機構の提言では、低床ベッドの使用、衝撃吸収マット・床材の使用、4点柵を含めた抑制の必要性、保護帽の使用などが謳われている。しかし、いかに低床としてもそこからの転落による事故を回避することができないことはもとより、患者・利用者の日常生活を考慮した場合、いたずらにベッド高を低くすると、起立時の転倒リスクが上昇することから、海外では適正ベッド高は、低床ではなく、膝上10cm（あるいは、膝高の110％前後）とされ

巻末資料

ているものが多い[1]。また、床材についても、近年販売されている高機能の転倒事故予防床材は、価格が高額で、現実には広範な使用は困難である。また、介護保険では4点柵は乗り越えた後の危険が高いことからガイドライン上身体拘束とみなされて行わないことになっている。

　また、離床センサーについても、複数の判決において、転倒・転落予防器具と誤解されているように見受けられるが、一般的に、離床センサーは、その添付文書からも、患者・利用者がベッドから離れようとしていることを察知する支援となることのみが意図された器具であり、転倒・転落を直接的に防止する器具ではない。離床センサーアラームが鳴り、看護師等がベッドサイドに向かった時点で、既に転落・転倒に至っていることはしばしば見受けられることであり、離床センサーを装着することで転倒・転落を予防できるとの理論は成立しない。また、実際に、転倒・転落発生を低減させているかどうかも明らかではない。さらに、離床センサーの種類によっては、装着自体が患者・利用者に不快感と刺激を与え、転倒・転落を誘発しかねないとされ、また、感度の高い離床センサーの使用は、「誤報」を含めた頻回のアラーム発報を招き、効果がないばかりか業務負担のみを増加させる弊害すらあるし、経済的制約や対応人員不足の故に離床センサーは台数が限られているのが通常である。

　このように、現在、確実に転倒・転落の予防が可能であるといえる転倒・転落予防ガイドライン、アルゴリズムは存在していないのが実情であり、医療水準として確立した対応策は存在せず、医療現場では、個別の患者・利用者の状況に合わせ、医療従事者が自らの知識と経験に照らして模索しつつ対応している状況にある[5]。

## 6.　身体拘束について

　介護保険制度においては、2000年から「原則身体拘束は廃止すること」と厚生労働省令に定められている。2018年からは、身体的拘束等の適正化を図るため、居住系サービス及び施設系サービスについて、身体的拘束等の適正化のための指針の整備や、身体的拘束等の適正化のための対策を検討する委員会の定期的な開催などを義務づけるとともに、義務違反をした施設の基本報酬を減額することとなった。

　具体的には従来の身体的拘束等を行う場合には、その態様及び時間、その際の入所者の心身の状況並びに緊急やむを得ない理由を記録することに加えて、身体的拘束等の適正化のための対策を検討する委員会を3カ月に1回以上開催するとともに、その結果について、介護職員その他従業者に周知徹底を図ること。そして身体的拘束等の適正化のための指針を整備すること。さらに介護職員その他の従業者に対し、身体的

410

拘束等の適正化のための研修を定期的に実施することが行われなければならないこととなっている。

一方、診療報酬制度においても介護保険制度に遅れること16年、2016年に認知症の方に対応するための「認知症ケア加算」が制定されたが、認知症ケア加算を算定する場合も身体拘束をしている日にはその診療報酬が60%に減額され、不要な身体拘束を減らすような動機づけが行われている。

転倒・転落に関する訴訟において、しばしば、「身体拘束をすべきであった」との主張が見受けられる。確かに、患者・利用者をベッド等に縛り付け動けないようにしてしまえば、転倒・転落は生じないかもしれないが、身体拘束は、人権上大きな問題であることから安易になすべきものではなく、切迫性、非代替性、一時性の三要件を満たすような場合にのみやむを得ず認められるものであり、医療従事者としても、慎重に対象を選び、限定的に実施している[4]。

また、前述したように、転倒・転落を確実に予測する方法がない現状では、適切に対象を絞り込んで身体拘束を実施することは難しいことからも、結果として転倒・転落が生じたことを踏まえて安易に身体拘束義務を主張することは厳に慎むべきであるし、人権尊重の観点からも非常に問題があると言わざるを得ない。さらに言えば、臨床現場を知る者にとって、四肢抑制は、患者・利用者の四肢の痩せ具合、脆弱性、皮膚の性情、体形などから、効果的な装着が困難な場面が極めて多い。こうしたことを、臨床現場を見ることのない、法律家・一般市民に認識して頂く必要があるのかもしれない。

## 7. 家族の関わり、理解について

転倒・転落対策の重要な要素として、患者・利用者、家族の存在があげられる。転倒・転落は、物的対策だけでなく、患者・利用者、家族の協力を前提とした上での対策立案が必要であり、医療者側だけでの対策には限界がある。例えば、転倒・転落場面の多くは、排泄に関係していることから、排泄時のナースコールの遵守を患者・利用者に十分理解いただくことから始まり、家庭における環境を家族から学ぶことも重要である。患者・利用者の行動の自由を尊重した環境ではどうしても転倒が起こりやすくなるが、転倒予防の対策も同時に行っていることを家族に伝えておく必要がある。安全管理を目的としたとしても、身体拘束は、患者・利用者の尊厳、身体機能の低下につながるため極力避けねばならない。本当に必要なのは転倒による外傷予防であり、外傷予防のための対策として、安全に移動できる動作の確立や生活環境を整備する必要がある。

巻末資料

そして、その上で、患者・利用者、家族には、「病院・施設とはいえ、転倒・転落の確実な予測は不可能であること」、「患者・利用者の人権尊重の観点からも身体拘束はできるだけ行わず、行動の自由を保障する必要があること」、「病院・施設とはいえ、転倒・転落の危険性をゼロにすることはできないということ」「高齢者であれば、そもそも転倒・転落により骨折するリスクは高いこと」を認識・理解していただく必要がある。

## 8.　最後に

限られた人的物的資源の中で、できる限り転倒・転落を減らすよう私たち医療・介護従事者が努力していかなければいけないことはもちろんである。しかしながら、これまで述べてきたように、人間であれば誰も転倒するのが現状である。転倒はアクシデントではあるが、高齢者であれば誰でも起こりうる老年症候群の一つとして、捉える必要がある。転倒・転落はどこで生活しようとも日常的に発生している事故であり、患者・利用者の疾病や障害に起因した転倒の発生原因の多様性と予防の困難さを考慮すると、すべてを確実に予測・予防することは残念ながら不可能である。そのような状況で不幸にも転倒・転落事故が発生した際に、転倒・転落があったという結果に着目し、予見可能であり、かつ結果回避義務が存在したとして医療機関・介護事業所の法的責任が認められると、医療・介護現場、医療・介護従事者に対して重大な悪影響があり、患者側にとっても、自由を拘束され不利益を被る事態になることを強く懸念する。

医療・介護従事者にとっては、裁判所が指摘する予測は、しばしば現実的ではなく、また、裁判所が指摘する結果回避義務も、転倒・転落発生前に確実に実行することは現実には困難であるし、確実に効果があるとも言い難いことから、もはや結果責任を負わされていると受け止めざるを得ない。そして、そのような判決は、後の医療安全に生かすことができないばかりか、現場の萎縮や過度な身体拘束、行動制限を導く結果、患者自身の不利益につながることから、法曹界には一度立ち止まって真摯に検討いただきたい。私たちは、2000年代に生じた過度な司法介入による医療崩壊を経験している。現在、行われている転倒・転落をはじめとする療養上の世話、介護領域に対する理想論かつ弊害を軽視した司法判断が、看護・介護崩壊を導きうることは十分に予見可能である。国民の生命、健康を守るため、医療・看護・介護崩壊を回避しながら、現実の臨床場面に即した判断をされることを法曹界に切に希望する。

注）

1) LeLaurin JH, Shorr RI. Preventing Falls in Hospitalized Patients: State of the Science. Clin Geriatr Med. 2019 May;35(2):273-283. doi: 10.1016/j.cger.2019.01.007. Epub 2019 Mar 1. PMID: 30929888; PMCID: PMC6446937.

2) 高齢者転倒発生率　厚生労働省人口動態統計、令和2年

3) 久田友治、入院患者における転倒・転落の発生場所と傷害程度の関連、医療の質・安全学会誌、9(3)、P.201、2014.

4) 身体拘束ゼロへの手引き～高齢者ケアに関わるすべての人に～厚生労働省「身体拘束ゼロ作戦推進会議」、平成13年3月

5)「介護施設内での転倒に関するステートメント」、2021、https://www.roken.or.jp/archives/25431

## 介護事故の裁判と実務
### 施設・職員の責任と注意義務の判断基準

令和6年11月26日　第1刷発行

編　著　古笛　恵子

発　行　株式会社ぎょうせい

〒136-8575　東京都江東区新木場1-18-11
URL：https://gyosei.jp

フリーコール　0120-953-431

| ぎょうせい　お問い合わせ | 検索 | https://gyosei.jp/inquiry/

〈検印省略〉

印刷　ぎょうせいデジタル株式会社　　　　　　　　©2024　Printed in Japan
※乱丁・落丁本はお取り替えいたします。
ISBN978-4-324-11469-8
(5108973-00-000)
〔略号：介護事故〕